하 나 님 과 교 제 하 며 동 행 하 는 삶

기도의 삶

T.W.헌터 · 캐서린 워커 지음

번역위원회 옮김

요단

하나님과 교제하며 동행하는 삶

기도의 삶

초판 1판 1쇄 발행 2010년 9월 20일
초판 1판 8쇄 발행 2025년 9월 16일

지은이 T. W. 헌터·캐서린 워커
옮긴이 번역위원회
발행인 김용성
기 획 박찬익
제 작 정준용
보 급 이대성

펴낸곳 요단출판사
등 록 1973. 8. 23. 제13-10호
주 소 07230) 서울특별시 영등포구 국회대로76길 10
기 획 (02)2643-9155
보 급 (02)2643-7290 Fax. (02)2643-1877

구입문의 요단서적 (02) 593-8715 대전서관 (042) 256-2109

값 15,000원
ISBN 978-89-350-1306-7 03230

* 본문에 인용된 성경구절은 개역개정판 성경을 사용하였음을 알려드립니다.

Walking in Fellowship with God

DISCIPLE' S
Prayer Life

T.W.Hunt & Catherine Walker

요단

기도의 삶 개정판을 발행하며

기도는 모든 그리스도인의 생활에서 매우 중요한 부분입니다. 기도는 영적인 호흡과 같다는 표현은 바로 그리스도인의 생활에서 기도의 중요성을 표현한 것입니다.

1991년에 교회진흥원에서 성도들의 기도훈련을 위한 「기도의 삶」(Prayer Life)이 번역, 출판되어 많은 교회들의 사랑을 받아 왔습니다. 그간 개 교회에서 사용해 오면서 번역과 내용에 대한 수정요청이 있어 왔는데, 금번에 다시 개정하여 출간하게 되었습니다. 이 교재를 통해 기도훈련을 받으시는 모든 분들이 하나님과 바른 관계를 맺고, 기도를 통한 축복된 삶이 열려질 것으로 기대합니다.

이 교재는 기도에 대한 개념적이 지식 전달뿐만 아니라 하나님과의 깊은 교제를 통해 기도 그 자체를 배워 기도의 능력을 체험하게 하는 신앙훈련 교재입니다.

이 교재의 번역과 편집 제작에 참여하신 모든 분들의 수고에 감사드리며 또한 한국어 출판을 허락하신 저자와 라이프웨이(LifeWay)에도 감사를 드립니다.

진실된 기도사역을 통해 기도하는 모든 이들에게 주의 나라가 충만히 임하시기를 기도합니다.

2010. 9. 20
요단출판사
대표 안병창

차 례

제1단원

기도생활의 향상

핵 심 개 념　바른 기도의 원리는 하나님께서 기도에 응답할 수밖에 없는 이유를 제의하는 것이다.

단원학습목표　하나님께서 기도에 응답하시는 네 가지 이유와 당신이 기도해야만 하는 네 가지 이유를 알게 된다.

암 송 구 절　"또 여호와를 기뻐하라 그가 네 마음의 소원을 네게 이루어 주시리로다"(시 37:4).
"그를 향하여 우리가 가진 바 담대함이 이것이니 그의 뜻대로 무엇을 구하면 들으심이라"(요일 5:14).

관련기도지침　기도지침 1 하나님이 기도에 응답하실 만한 이유(277쪽)

하나님이 기도에 응답하실 만한 이유

텍사스주 롱뷰시 교외에서 차의 클러치가 고장난 것을 발견하고는 깜짝 놀랐다. 왜냐하면 루이지애나주 슈리잎포트에서 열리는 성경 컨퍼런스 첫 번째 시간에 "그리스도의 마음"이란 주제로 강의하기로 되어 있어서 두 시간 내에 도착해야만 했기 때문이다. 나는 엔진을 끄고 보조기어를 사용하려고 했다. 다시 시동을 걸자 자동차는 말처럼 펄쩍펄쩍 뛰었고, 계기판에는 출발과 정지를 알리는 불이 계속 들어왔다. 그러다가 외제차 정비소에 겨우 도착하였다.

나는 아내와 함께 기도를 했다. "하나님, 저는 주님이 하신 일을 가르치기 위해 길을 가고 있는 중입니다. 이것이 바로 저희들이 제시간에 슈리잎포트에 도착할 수 있게 해 달라는 기도에 하나님이 응답해 주셔야 하는 이유입니다. 바울은 데살로니가교회가 선한 일과 믿음의 사역을 할 수 있도록 주님의 능력이 충만하게 해 달라고 기도했습니다. '우리 하나님과 주 예수 그리스도의 은혜대로 우리 주 예수의 이름이 너희 가운데서 영광을 받으시고 너희도 그 안에서 영광을 받게 하려 함이라' (살후 1:12). 주 예수님을 영광스럽게 하는 것, 이것이 바로 제가 하려고 하는 일입니다. 제가 하고 있는 것은 당신의 일이며, 제가 가르치는 것은 당신의 말씀이며 제가 영광을 돌리는 것은 바로 예수님입니다. 이런 이유 때문에 우리의 기도에 응답해 주시기 원합니다. 수양회가 시작되기 전에 도착하도록 차를 수리할 수 있게 해 주옵소서."

정비소 주인은 유압 브레이크 밸브가 고장났다는 나쁜 소식을 전해 주었다. 그는 여러 부품 가게에 전화했지만 같은 부품을 구할 수 없었다. 그러다가 마침내 하루 일과를 마치려던 한 가게에 같은 부품이 있다는 것을 확인하였다. 정비소 주인은 그 부품을 가지러 가기 위해서 차를 몰고 쏜살같이 달려갔다. 30분이 훨씬 지난 후, 그는 완전히 지친 모습으로 되돌아와서 손가락으로 내 얼굴을 가리키면서 큰소리로 말했다. "손님, 일이 제대로 되지 않았습니다. 여기를 떠나자마자 타이어에 펑크가 났어요. 펑크 난 타이어를 수리한 후에는 기차 때문에 한참 서 있어야 했어요. 그리고 시내 도로에서는 앞서가던 차가 고장나서 교통이 심하게 정체되었어요."

정비소에 있던 모든 사람들이 그에게 주의를 기울였고 수리공들은 나를 빤히 쳐다보고 있었다. 나는 그에게 말했다. "당신은 이 문제에 대한 다른 관점을 보게 될 것입니다. 나는 성경 컨퍼런스를 인도하러 가는 중이고, 당신은 사단이 나를 거기에 가지 못하게 하려 한다고 나에게 말해 주었습니다. 나는 하나님이 그 컨퍼런스에게 보여주실 놀라운 일들에 가슴이 벅차 오릅니다." 정비소에 있던 모든 사람들은 나의 말에 집중하고 있었다. 잠깐 동안의 침묵을 깨고, "부품은 구해 왔습니까?"라고 정비소 주인에게 묻자, 그는 "그렇다"고 대답하였다.

주인은 수리공에게 밸브를 건네 준 후 자신도 주님을 믿는 신자라며, 내게 차를 빌려 주고 싶다고 말하였다. 그러나 내 기도는 다른 차를 빌리는 것이 아니었다. 하나님이 우리 차를 고쳐주시기를 기도했던 것이다. 나는 수리공이 차를 매우 빨리 수리해 줄 것을 믿는다고 말했다. 그 수리공은 몇 분 만에 자동차 열쇠를 내게 건네 주었다. 수중에 돈이 많지 않았기 때문에 수리비에 대해서 걱정하고 있던 나는 수리비용이 얼마냐고 물었다. 수리공은 씩 웃으면서 "정비소 주인이 복음 전도자에게는 부품비용을 받지 말라고 일렀습니다. 그는 선생님에게 무료로 봉사하기를 원합니다. 우리 수리공들도 선생님이 이전에 거래하던 많은 손님들과 다른 분임을 알게 되었습니다. 그래서 우리들도 공임을 받지 않고 봉사하게 된 것을 매우 기쁘게 여깁니다"고 말하였다. 우리는 슈리잎포트로 가는 동안 쉬지 않고 주님을 찬양하였고, 컨퍼런스가 시작되기 전에 무사히 도착했다.

제1과

기도의 삶 입문

오늘의 학습목표 「기도의 삶」교재의 구성 방식을 이해하게 되며, 기도는 하나님과의 교제를 향상시킬 수 있는 당신의 사명인 것을 알게 된다.

환영 : "이 교재를 통해 기도훈련을 시작하신 것을 축하합니다."

지금 당신은 남은 생애를 위해서 혹은 생활 중 가장 흥미 있는 주제 중의 하나를 공부하기 시작했다. 창조주이신 하나님은 그분과 교제할 수 있도록 당신을 창조하였다. 하나님과 교제하면서 동행한 성도들의 삶의 방식을 성경 속에서 배우고 실천함으로써, 하나님과 당신의 관계는 매일매일 새롭게 될 것이다.

이 교재는 기도에 대한 새로운 개념을 독자들이 대충 훑어보게 하려고 쓰여진 것이 아니다. 배우려면 경험되어져야만 한다. 이 교재는 기도지침과 그 지침에 따른 기도생활 사이에 끊임없는 상호작용이 일어나게 하는 특징이 있다. 이 교재는 매우 경험적이어서 당신은 매주 이 교재를 공부하면서 기도에 관하여 많은 것을 배우게 될 것이다. 당신의 기도제목은 하나님만이 아시고, 하나님만이 당신의 기도에 응답해 주실 것이다.

이 교재의 학습목표

「기도의 삶」 공부를 마친 후, 당신은 하나님과의 친교를 향상시키고 기도의 효과를 증대시키는 성경적 원리를 이해하며, 또한 그것을 당신의 기도생활에 적용할 수 있게 될 것이다. 당신은 개인기도 혹은 교회의 기도사역에 참여하여 당신의 삶을 하나님께 전적으로 헌신할 수 있게 될 것이다

위의 학습목표를 다시 읽고, 이 교재를 통해 기도의 삶을 향상시킬 수 있는 핵심 단어에 동그라미를 하고, 아래에 써 보라.

위의 학습목표와 당신이 쓴 핵심단어는 다를 수도 있다. 그러나 이 교재를 다 공부하고 난 후에는 하나님과의 더 많은 친교, 기도의 효과증대, 기도사역에의 헌신 등 적어도 세 가지 정도의 개념은 알게 될 것이다.

이 교재를 다 공부하고 난 후에는 하나님과의 더 많은 친교, 기도의 효과증대, 기도사역에의 헌신 등 적어도 세 가지 정도의 개념은 알게 될 것이다.

「기도의 삶」 개관

「기도의 삶」(Prayer Life)은 "라이프시리즈"(The LIFE) 평신도 훈련(the Lay Institute For Equipping)의 한 과정이다. "라이프시리즈"(The LIFE)는 평신도가 교회와 세상 속에서의 사역을 위한 능력을 구비하도록 마련된 학습과정이다. 그 중에서 「기도의 삶」은 예배와 중보기도 사역을 감당하도록 계획되었다.

라이프시리즈(The LIFE)에는 몇 가지 공통적인 특성이 있다.

(1) 학습자들은 매일 30분에서 60분 동안 정해진 분량의 교재를 개인적으로 공부한다.
(2) 학습자들은 그룹 성경공부를 위해 매주 한 번씩 만나서, 그 주에 공부한 것을 나누고 실천한다.
(3) 실제 경험은 학습자들에게 그 학습을 생활과 관련시키고, 생활을 변화시키는 데 도움을 줄 것이다.

준비물

「기도의 삶」 교재, 성경, 필기도구, 메모지

당신은 다음의 네 가지를 실천해야 한다.

(1) 교재를 읽는다.
(2) 공부한 것을 생활에 적용한다.
(3) 매주 성경공부 모임에 참석한다.
(4) 누락된 부분은 보강한다.

➲ 다음을 읽고 당신이 완수한 항목에 V표 하라.

- ☐ 매 단원의 핵심개념과 학습목표를 읽어라.
- ☐ 기도제목과 기도응답을 적을 수 있는 "기도응답표"(278쪽)를 복사하여 각 단원의 기도지침에 끼워 넣어라. 매 과마다 공부를 마친 후에 기도제목을 표에 기록하고, 기도응답도 기록하라. 각 단원을 마칠 때마다, 기도지침에서 당신이 적용한 기도 원리를 볼 수 있을 것이다.
- ☐ "기도응답표"를 경건의 시간에 사용하라.
- ☐ "성경암송표"를 잘라서 가지고 다니면서 외워라.
- ☐ 인도자는 지도자 지침서를 미리 보라.

개인 공부 방법

이 교재를 공부하며 당신이 해야 할 가장 중요한 것은 기도이다. 당신은 매일 하나님과 경건의 시간을 갖고 기도하게 될 것이다. 당신이 하나님께 기도한 제목과 하나님이 당신에게 말씀해 주신 것을 매 과마다 기록하라.

이 교재를 공부하며 당신이 해야 할 가장 중요한 것은 기도이다.

공부하는 데 방해받지 않을 조용한 장소를 확보하라. 탁자나 책상을 구비하면 더욱 유용할 것이다. 그 위에 여러 책들을 펼쳐 놓을 수 있고, 쉽게 쓸 수 있을 것이다. 매 과를 공부하기 전에 먼저 기도로 시작하라. 하나님은 당신이 기도를 배우는 일에 관심이 많으시다. 하나님은 기도를 통해 당신과 교제하기를 원하신다. 성령은 당신의 특별한 교사가 될 것이다. 성경공부 중에 성령이 크게 역사하시는 것을 보게 될 것이다.

공부하는 데 방해받지 않을 조용한 장소를 확보하라.

매 과마다 공부를 마칠 때, "오늘, 하나님과 교제하며 동행하는 삶"이라는 제목으로 숙제를 내줄 것이다. 이 숙제는 기도를 위해서 다음 시간까지 당신이 해야 할 일을 제시할 것이다. 숙제는 당신이 그날 배웠던 개념과 원리를 적용할 수 있도록 도울 것이다. 숙제는 정성껏 해야 한다. 우리의 소망과 기도는 당신이 하나님과 더욱 친밀하게 교제하는 것이다. 매일 하나님과 동행하며 대화하는 시간을 가져라. 숙제를 잘 기억하기 위해서 카드나 다이어리에 적어 두는 것도 좋을 것이다.

매 과마다 공부를 마칠 때, "오늘, 하나님과 교제하며 동행하는 삶"이라는 제목으로 숙제를 내 줄 것이다.

「기도의 삶」은 당신의 성실성과 전적인 헌신을 요구한다. 만일 당신이 이 교재에서 제시하는 하나님 말씀을 읽고 기도시간을 가진다면, 교재를 다 마친 후 당신의 삶은 변화될 것이다. 만일 당신이 더욱 효과적으로 기도하는 방법을 배우고자 한다면, 아래에 언급된 "기도의 삶 서약서"를 기도하는 마음으로 성실하게 작성하라.

기도의 삶 서약서

나는 더 효과적으로 기도하는 법을 배우기 원하여, 하나님과 기도의 삶 팀원들 앞에 다음과 같이 서약한다.

학기중에 신실하게 「기도의 삶」을 공부하고, 소그룹을 위해서 열심히 봉사하며, 모든 수업에 참석하고, 매일 경건의 시간을 가질 것이다. 또한 「기도의 삶」을 함께 공부하는 팀원들을 위해 매일 기도하겠다.

다음 사항에 서명함으로 나의 헌신을 나타낸다.

날짜 ____________________ 성명 ____________________

____________________ ____________________

____________________ ____________________

____________________ ____________________

____________________ ____________________

경건한 삶

성경말씀

성경에서 하나님이
나에게 주신 말씀

나의 기도제목

오늘, 하나님과 교제하며 동행하는 삶

1. "기도의 삶 서약서"에 사인했다면, 당신은 하나님과 기도의 삶 성경공부에 참석하는 그룹에 귀중한 헌신을 한 것이다. 다음 시간까지 당신의 헌신을 적용해 보고, '주님, 저에게 기도를 가르쳐 주옵소서' 라고 기도하라.

2. 293-294쪽에 있는 "경건의 시간을 가지는 방법"을 읽어라. 오늘 암송해야 할 성경구절에 맞추어서 경건의 시간을 가진 후, 경건한 삶을 완성하라.

제2과

하나님의 명예와 성품 인정

오늘의 학습목표 성경적인 기도를 공부함으로써 당신은 기도할 때 하나님의 명예와 속성을 인정하는 법을 이해하고 하나님을 향한 경외심을 증거하게 된다.

응답을 위한 기도의 이유

응답받는 모든 기도는 하나님 안에서 시작된다. 하나님은 당신의 자녀들을 기도하게 하신다. 기도는 인간의 요구에 따라 사용되기 전에 먼저 하나님의 목적을 위해 사용되어야 한다. 성경에 나오는 기도의 사람들은 하나님의 주도권을 인정하고, 그들의 삶을 향한 하나님의 계획을 알고자 하였다.

성경에 기록된 기도응답을 받은 사람들은 하나님께 기도할 때마다 기도의 이유를 제시했다. 그들이 제시한 이유에는 하나님이 하시고자 하는 목적이 항상 반영되었다. 성경에서 응답받은 인물들이 제시한 저마다의 특별한 이유는 환경과 기도하는 사람에 따라 다양하였다. 그러나 만일 주의 깊게 살펴본다면, 하나님이 기도에 반드시 응답해야 하는 이유를 발견할 수 있다. 응답받은 기도를 한 사람들의 기도문을 세밀히 살펴보면, 그들은 하나님의 관점에서 하나님의 뜻을 찾고자 했다. 그들은 하나님이 하시고자 하는 일을 위해서 기도하였고, 그것을 하나님께서 그들의 기도에 응답하셔야 하는 이유로 제시했다.

기도의 삶을 향상시키고자 한다면, 하나님의 뜻이 항상 고려되어야 함을 명심하라. 하나님께 기도하고자 할 때마다, "하나님이 나의 기도에 응답해야 하는 이유가 무엇인가"라는 질문을 항상 준비해야 한다. 하나님께서 당신의 기도에 응답해야 할 이유를 제시하라.

이번 단원에서 당신은 하나님이 기도에 응답하시는 네 가지 이유를 공부하게 될 것이다. 이 네 가지 이유를 공부하고 기도할 때마다 그 이유들을 사용하도록 연습하라.

하나님이 기도에 응답하시는 이유

① 기도는 하나님을 인정하는 것이다.
② 기도는 대제사장이신 예수님의 중보로 이루어진다.
③ 기도는 성령의 중보로 이루어진다.
④ 기도는 하나님과 예수 그리스도와 연결된 사람에게서 나온다.

용어 해설

인정(Acknowledge)
인식하고, 승인하고, 드러내고, 동의하는 것.

속성(Character)
특성, 자질, 그리고 아주 본질적인 본성.

영광(Glory)
경배의 찬양을 받기에 합당한 것, 장엄함, 너무 아름답고 화려함, 하나님 속성 중에서 빛나는 광채.

명예(Honor)
선한 이름, 명성, 온전하심.

주권(Sovereignty)
초월적인 탁월함, 권능, 권위, 통치.

에스라

"그때에 내가 아하와 강가에서 금식을 선포하고 우리 하나님 앞에서 스스로 겸비하여 우리와 우리 어린아이와 모든 소유를 위하여 평탄한 길을 그에게 간구하였으니 이는 우리가 전에 왕에게 아뢰기를 우리 하나님의 손은 자기를 찾는 모든 자에게 선을 베푸시고 자기를 배반하는 모든 자에게는 권능과 진노를 내리신다 하였으므로 길에서 적군을 막고 우리를 도울 보병과 마병을 왕에게 구하기를 부끄러워하였음이라 그러므로 우리가 이를 위하여 금식하며 우리 하나님께 간구하였더니 그의 응낙하심을 입었느니라"(스 8:21-23).

하나님을 인정

하나님은 그분을 드러내는 기도에 응답해 주신다. 성경에 나타난 위대한 기도의 사람들은 하나님의 속성과 성품 그리고 능력과 그분의 정체성을 잘 알고 있었다. 어떤 사람이 하나님에 대하여 바로 인식하고, 하나님을 경외하는 모습을 보일 때, 세상에서 하나님의 영광을 드러내 보이고자 하는 열정을 보여줄 때 그는 하나님을 인정한다고 볼 수 있다.

➲ 다음 단어에서 '인정하다'와 동일한 의미를 가진 것에 O표 하고, 그 의미와 다르거나 반대되는 단어에 X표 하라.

________ 인식하다	________ 알리다
________ 거절하다	________ 금지하다
________ 승인하다	________ 선포하다
________ 선언하다	________ 반박하다
________ 부인하다	________ 고백하다
________ 무효화하다	________ 동의하다

문제에서 O표(동의어)를 해야 할 단어는 다음과 같다. 인식하다, 승인하다, 알리다, 선포하다, 고백하다, 선언하다, 동의하다. 나머지 단어들은 반대이거나 전혀 다른 의미이다.

하나님께서 기도에 응답하시는 한 가지 이유는 기도하는 사람이 하나님을 인정하면서 기도하기 때문이다. 이것은 기도하는 사람이 하나님의 명예와 영광과 주권을 인식한다는 것을 의미한다.

하나님의 명예를 인정

성경 속에 기록된 기도의 사람들은 하나님의 명예에 관심을 가졌다. 그들은 하나님의 명성과 온전하심 그 자체를 보존하기 원했다. 특별히 하나님의 이름과 속성을 온전하게 하고자 하였다. 우리는 하나님의 이름과 속성을 온전하게 함으로써 하나님의 명예를 드러낼 수 있다. 하나님의 명예를 인정했던 성경 속의 두 사람을 살펴보자.

유대백성들이 바벨론 포로로 잡혀 있을 때, 에스라는 아닥사스다 왕에게 유대백성이 예루살렘으로 귀환해서 성전을 재건하도록 허락해 줄 것을 간청했다. 왕은 그의 간청을 승낙했다(스 7장). 에스라는 성전에 사용될 막대한 양의 금과 은을 유대백성들이 예루살렘까지 안전하게 가져갈 수 있는 방법을 고민했다.

➲ 에스라 8:21-23을 읽어 보라. 하나님의 명예가 이 기도에 어떻게 드러나 있는가?

➲ 왜 하나님은 에스라의 기도에 응답하셨는가?

에스라는 하나님의 손은 자기를 찾는 모든 자에게 선을 베푸신다고 왕에게 고하였다. 만약 에스라가 백성들을 보호할 군사를 왕에게 청하였다면, 하나님에 대한 불신으로 그분의 이름을 불명예스럽게 하였을 것이다.

에스라 8:31-32을 읽어 보라. 하나님은 백성을 예루살렘까지 안전하게 보호해 주심으로써 에스라의 기도에 응답하셨다. 하나님께서 기도에 응답하신 까닭은, 하나님께 구하는 사람은 하나님이 지켜주신다는 하나님의 명예를 드러내 주었기 때문이다.

약속의 땅에 보냈던 정탐꾼들이 믿음 없는 보고를 하자, 하나님은 이스라엘 민족을 도말하겠다고 하셨다. 모세는 하나님의 명예를 위해서 기도하였다. 민수기 14:15-16을 읽어 보라. 모세는 주변국들에게서 하나님의 명예와 명성을 보호하고자 하였다.

하나님의 속성을 인정

우리의 기도는 하나님의 속성에 기초를 두어야 한다. 모세는 여호와 하나님의 속성을 드러내면서 기도했다. 민수기 14:17-19을 읽어 보라. 모세는 하나님의 속성을 인정하였고, 그분의 능력으로 응답해 주실 줄 믿고 기도했다. 그리고 그는 하나님이 기도에 응답해 주시고, 백성들은 그 응답을 경험함으로써 하나님께 감사와 찬양을 드리게 될 것이라고 믿었다.

➲ 하나님께서 이스라엘 백성을 멸망시키지 않은 이유인, 모세가 인정했던 하나님의 속성 중 세 가지 특성을 적어 보라.

모세가 확인한 세 가지 특성은 기도지침 1의 "하나님의 속성표"에 있다. 그 표를 펴서 당신이 적은 것과 비교하라.

하나님의 속성의 특성은 기도응답의 근거가 되니 지금부터 하나님의 속성을 기록하라. 하나님의 속성을 "하나님의 속성표"에 기록하라. 표를 몇 장 만들어서 계속 사용해도 된다.

느헤미야는 예루살렘 성벽이 무너졌다는 것과 예루살렘에 살고 있는 유대인들의 비극적 상황을 듣고 하나님께 기도했다. 느헤미야 1:5-6을 읽어보라.

느헤미야는 하나님이 하늘에 계시고, 크고 두려운 분이시며, 계명을 지키는 자에게 언약을 지키시고, 종의 기도에 응답해 주시는 분인 것을 알았다.

"첫째 달 십이 일에 우리가 아하와 강을 떠나 예루살렘으로 갈새 우리 하나님의 손이 우리를 도우사 대적과 길에 매복한 자의 손에서 건지신지라 이에 예루살렘에 이르러 거기서 삼 일 간 머물고"(스 8:31-32).

모세

"이제 주께서 이 백성을 하나 같이 죽이시면 주의 명성을 들은 여러 나라가 말하여 이르기를 여호와가 이 백성에게 주기로 맹세한 땅에 인도할 능력이 없었으므로 광야에서 죽였다 하리이다"(민 14:15-16).

"이제 구하옵나니 이미 말씀하신 대로 주의 큰 권능을 나타내옵소서 이르시기를 여호와는 노하기를 더디하시고 인자가 많아 죄악과 허물을 사하시나 형벌 받을 자는 결단코 사하지 아니하시고 아버지의 죄악을 자식에게 갚아 삼사대까지 이르게 하리라 하셨나이다 구하옵나니 주의 인자의 광대하심을 따라 이 백성의 죄악을 사하시되 애굽에서부터 지금까지 이 백성을 사하신 것 같이 사하시옵소서"(민 14:17-19).

"하늘의 하나님 여호와 크고 두려우신 하나님이여 주를 사랑하고 주의 계명을 지키는 자에게 언약을 지키시며 긍휼을 베푸시는 주여 간구하나이다 이제 종이 주의 종들인 이스라엘 자손을 위하여 주야로 기도하오며 우리 이스라엘 자손이 주께 범죄한 죄들을 자복하오니 주는 귀를 기울이시며 눈을 여시사 종의 기도를 들으시옵소서"(느 1:5-6).

느헤미야

한나

경건한 삶

성경말씀

성경에서 하나님이 나에게 주신 말씀

나의 기도제목

사무엘의 어머니 한나가 하나님께 드리는 찬송기도를 통하여 하나님의 중요한 특성을 알 수 있다. "여호와와 같이 거룩하신 이가 없으시니 이는 주밖에 다른 이가 없고 우리 하나님 같은 반석도 없으심이니이다"(삼상 2:2). 사무엘상 2:3에서 한나는 여호와를 "지식의 하나님"이라고 불렀다.

한나의 기도를 통해 한나는 하나님의 거룩함과 유일함 그리고 지혜와 지식의 하나님으로 알고 있었음을 발견할 수 있다.

오늘, 하나님과 교제하며 동행하는 삶

1. 하나님의 완전무결한 속성을 묵상해 보라. 하나님의 완전하신 속성이 이전에 축소되거나 모욕을 당한 적이 있었던가? 만약 그렇지 않다면, 하나님의 완전무결한 속성은 여전히 그대로 유지되어 온 것이다. 하나님의 온전함과 명예를 인정하며 그를 찬양하라.

2. 당신의 삶 속에 하나님을 영예롭게 하지 못했던 행동들이 있었는지 알게 해 달라고 하나님께 기도하라. 그런 후 모든 삶을 하나님의 명예와 온전하심을 위해 살겠다고 하나님께 서약하라.

3. 현재 당신이 기도하고 있는 것에 대해 생각해 보라. "하나님이 나의 기도에 응답해 주어야 할 이유는 무엇인가? 만일 하나님이 그 기도에 응답하신다면 어떤 특성을 나타내 보여주신 것인가?" 자문해 보라.

4. 기도지침 1의 "하나님이 기도에 응답하시는 이유"를 참조해서 하나님의 명예와 속성을 생각하면서 오늘 기도에 적용하라. 이 기도의 원리에 따라, 기도지침 1의 "기도 응답표"에 기도제목과 응답을 기록하라.

5. 경건의 시간을 가진 후, 경건한 삶을 완성하라.

제3과
하나님의 영광과 주권을 인정

오늘의 학습목표 기도할 때 하나님의 영광과 주권을 인정하는 방법을 이해하고, 하나님의 영광과 주권을 경외하게 된다.

하나님의 영광을 인정

기도는 하나님의 영광을 위하여 해야 한다. 영광은 하나님의 속성을 빛나게 하는 것이다. 하나님은 다른 어떤 것과도 같지 않고, 하나님의 속성은 다른 모든 것들과 구별된다. 하나님은 영광받으실 만한 분이라는 것을 알아야 한다. 우리는 하나님께 드릴 영광을 다른 것에게 주어서도 안 되고, 우리의 것으로 가져와서도 안 된다. 하나님이 자신에 대하여 선언하신 내용인 이사야 42:8을 읽어 보라.

"나는 여호와이니 이는 내 이름이라 나는 내 영광을 다른 자에게, 내 찬송을 우상에게 주지 아니하리라"(사 42:8).

여호와께서는 기드온에게 삼만 이천 명의 병력을 삼백 명으로 줄일 것을 요구하셨다. 이는 그 영광을 인간이 아닌 하나님께로 돌리기 위해서였다(삿 7:1-25). 다윗이 교만하게 이스라엘 백성의 수를 계수한 것은 자신의 힘을 찬양하기 위해서였다. 하나님은 그런 다윗에게 세 가지 징벌 중 하나를 택하라고 요구하셨다(삼하 24:10-17). 누구에게 영광을 드리느냐에 따라 하나님은 은혜를 줄 수도 있고 벌을 주실 수도 있다.

➲ 14쪽의 용어해설에서 영광에 대한 정의를 다시 살펴보라. 당신이 생각하는 하나님의 영광에 대하여 써 보라.

____

____

"왕이 대답하여 다니엘에게 이르되 너희 하나님은 참으로 모든 신들의 신이시요 모든 왕의 주재시로다 네가 능히 이 은밀한 것을 나타내었으니 네 하나님은 또 은밀한 것을 나타내시는 이시로다"(단 2:47).

성경 속의 성도들은 하나님이 항상 기적을 보여주셨다고 확신했다. 그리하여 그들은 하나님께 영광을 돌렸다. 느부갓네살 왕의 꿈을 해몽하기 위해 불려온 다니엘은 여호와 하나님께 영광을 드리려고 했다. 다니엘은 왕에게 "오직 은밀한 것을 나타내실 이는 하늘에 계신 하나님이시라"(단 2:28)고 말했다. 그는 왕이 여호와의 영광을 고백하게 만들었다. 다니엘 2:47을 읽어 보라.

"이스라엘 사람들아 이 일을 왜 놀랍게 여기느냐 우리 개인의 권능과 경건으로 이 사람을 걷게 한 것처럼 왜 우리를 주목하느냐 아브라함과 이삭과 야곱의 하나님 곧 우리 조상의 하나님이 그의 종 예수를 영화롭게 하셨느니라 너희가 그를 넘겨주고 빌라도가 놓아주기로 결의한 것을 너희가 그 앞에서 거부하였으니"(행 3:11-13).

시몬 베드로는 성전문에 앉아 있는앉은뱅이를 고친 후에 자신은 주님의 도구일 뿐이니 주님께만 영광을 돌려야 한다고 말했다.

➲ 사도행전 3:11-13을 읽어 보라. 베드로는 자기 자신이 아니라 주님께 영광 돌리기 위해 어떻게 하였는가?

____

베드로는 자신이 아니라 주님께 영광을 돌리라고 사람들에게 가르쳤다. 그는 하나님의 아들 예수 그리스도도 병 고침의 역사를 통하여 하나님께 영광을 돌렸다고 말했다.

다음 구절을 읽어 보라. 하나는 하나님께서 마땅히 받으셔야 할 영광에 대한 설명이고, 다른 하나는 사람이 취해서는 안 될 영광을 당연한 것으로 여기고 취한 사람의 경우이다. 다음 중 하나님께 영광을 돌리려고 한 경우에 V표를 하고, 등장인물을 살펴보라.

☐ 사도행전 12:21-23 ______________________

☐ 사도행전 14:8-18 ______________________

하나님께 경배하거나, 하나님이 행하신 기적을 다른 사람에게 전할 때 하나님의 영광을 체험할 수 있다. 그러나 하나님이 하신 일을 자기의 공로인 양 자랑하는 것은 하나님의 영광을 강도짓하는 것과 같다.

사도행전 12장에서, 헤롯왕은 백성 앞에서 연설을 잘할 수 있도록 능력을 주신 하나님께 영광을 돌리지 않았다. 하나님은 자신의 영광을 빼앗기기 원하지 않으시고, 인간이 그 영광을 취하는 것을 허용하지 않으신다. 사도행전 14장은 바울과 바나바가 하나님께서 마땅히 받으셔야 할 영광이 자기들에게 돌려지는 것을 강하게 거절하는 내용이다.

➲ 몇 년 동안 해 오던 기도에 하나님이 응답하셨다고 가정해 보라. 당신은 기쁨에 넘쳐서 기도가 응답된 사실을 다른 사람들에게 말할 것이다. 이런 경우들에서 하나님이 받으셔야 할 영광을 당신이 취했던 적은 어떤 경우였는가?

____

____

하나님께 정확하게 영광을 돌린 경험을 써 보라.

____

____

하나님의 주권을 인정

하나님의 주권은 기도를 위한 또 다른 근거가 된다. 그것은 하나님의 초월적인 능력, 모든 것 위에 뛰어나신 지위와 권능을 의미한다.

앗수르 왕 산헤립이 군대를 모아 히스기야를 치려고 하였다. 그때 히스기야는 만왕의 왕이신 하나님의 주권을 인정했다. 히스기야는 만왕의 왕이신 하나님이 그와 그의 나라를 구원해 주실 것을 믿었다. 열왕기하 19:15-19을 읽어 보라.

"헤롯이 날을 택하여 왕복을 입고 단상에 앉아 백성에게 연설하니 백성들이 크게 부르되 이것은 신의 소리요 사람의 소리가 아니라 하거늘 헤롯이 영광을 하나님께로 돌리지 아니하므로 주의 사자가 곧 치니 벌레에게 먹혀 죽으니라"(행 12:21-23).

"루스드라에 발을 쓰지 못하는 한 사람이 앉아 있는데 나면서 걷지 못하게 되어 걸어본 적이 없는지라 바울이 말하는 것을 듣거늘 바울이 주목하여 구원받을 만한 믿음이 그에게 있는 것을 보고 큰 소리로 이르되 네 발로 바로 일어서라 하니 그 사람이 일어나 걷는지라 … 두 사도 바나바와 바울이 듣고 옷을 찢고 무리 가운데 뛰어 들어가서 소리 질러 이르되 여러분이여 어찌하여 이러한 일을 하느냐 우리도 여러분과 같은 성정을 가진 사람이라 여러분에게 복음을 전하는 것은 이런 헛된 일을 버리고 천지와 바다와 그 가운데 만물을 지으시고 살아계신 하나님께로 돌아오게 함이라 … 이렇게 말하여 겨우 무리를 말려 자기들에게 제사하지 못하게 하니라"(행 14:8-18).

"그 앞에서 히스기야가 기도하여 이르되 그룹들 위에 계신 이스라엘의 하나님 여호와여 주는 천하만국에 홀로 하나님이시라 주께서 천지를 만드셨나이다 … 우리 하나님 여호와여 원하건대 이제 우리를 그의 손에서 구원하옵소서 그리하시면 천하만국이 주 여호와가 홀로 하나님이신 줄 알리이다 하니라"(왕하 19:15-19).

마태복음 8:5-13을 읽어 보라. 백부장의 믿음이 예수님의 주권과 권위를 어떻게 인정하였는지 살펴보라.

예수님의 권위에 대한 백부장의 신앙고백의 결과는 무엇인가?

백부장은 자기 종의 치유를 위해서 예수님의 주권에 근거를 두고 간구하였다. 그는 예수께서 직접 자기 집에 오지 않고 말씀만으로도 충분히 치유된다고 믿었다. 백부장은 옳았고, 예수님은 그의 종을 고쳐 주셨다.

다윗은 대부분의 기도에 응답을 받았다. 그가 성전에서 백성들의 봉헌물을 하나님께 드릴 때 했던 기도를 통해서 어떻게 항상 응답받을 수 있었는가 알 수 있다. 그는 하나님이 모든 창조물을 지으신 분이시고 참되시며 유일하신 하나님이라는 것을 알았다. 역대상 29:11-12을 읽어 보라.

오늘, 하나님과 교제하며 동행하는 삶

1. 지금까지 존재했던 왕 중에서 가장 큰 힘을 가진 왕이신 예수님의 집무실에 당신이 있다고 상상해 보라. 신하들의 얼굴에 드리워진 존경심과 두려움을 그려 보라. 그들의 시선은 왕을 향해 있다. 보좌 가까이 나아가는 것은 가장 엄격한 의전규례를 통해서만 가능하다. 당신은 왕이신 예수님에게 나아가 할 인사말, 칭호, 자세 등과 말하지 말아야 할 주제들에 대하여 사전에 의전 담당관에게 지시를 받게 될 것이다. 지금 예수님에게 충성스런 말을 해 보라. 또한 왕복을 입고 반짝이는 왕관을 쓰고 계신 예수님과 예수님의 말씀을 집행하기 위해서 서 있는 천사들을 상상해 보라. 오늘 하루는 세상 왕의 왕궁에서 그에게 충성하는 것처럼 예수님의 주권을 믿고 그의 영광을 위하여 살아 보려고 해 보라.

2. 당신의 생각 중에서 하나님의 속성을 가장 의미있게 하는 것을 숙고해 보라. 주님의 영광을 보여주신 것에 감사하라. 오늘 만나는 사람에게 하나님의 영광에 대하여 진지하고도 적극적으로 전달하라.

3. 기도지침 1에 있는 "기도 응답표"를 사용하여 기도 응답의 원리에 따라 기도 제목과 응답받은 것을 기록하라.

4. 경건의 시간을 가진 후, 경건한 삶을 완성하라.

경건한 삶

성경말씀

성경에서 하나님이 나에게 주신 말씀

나의 기도제목

제4과
예수와 성령 – 중보자

오늘의 학습목표 하나님이 당신의 기도에 응답하게 하려고 예수님이 간구해 주신다는 확신 속에 기도하며 중보자이신 예수님과 성령의 사역에 감사하게 된다.

용어 해설
중보하다(Intercede)
두 편 사이에 있는 불화를 화해시키려는 행위, 조정하는 것, 타인을 위해 하나님께 기도하는 행위.

중보기도(Intercession)
다른 사람을 위하여 또는 대신해서 드리는 기도.

기도지침 1의 "하나님이 기도에 응답하시는 이유"를 읽어라. 기도응답의 원리로서 네 가지 이유를 배웠다면, 기도시간마다 기도지침 1을 사용하여야 한다.

예수의 제사장직

모든 종교에서 제사장은 신께 직접 나아갈 수 있는 특별한 사람이다. 유대교에서는 대제사장이 특히 중요하였다. 그에게는 다른 제사장들이 결코 수행할 수 없는 의무가 있었다. 오직 그에게만 하나님이 거주하시는 지성소에 들어가는 것이 허락되었다. 제사장직은 구약시대 유대인들에게 특별한 가치를 지녔다.

"그러므로 우리에게 큰 대제사장이 계시니 승천하신 이 곧 하나님의 아들 예수시라 우리가 믿는 도리를 굳게 잡을지어다 우리에게 있는 대제사장은 우리의 연약함을 동정하지 못하실이가 아니요 모든 일에 우리와 똑같이 시험을 받으신 이로되 죄는 없으시니라 그러므로 우리는 긍휼하심을 받고 때를 따라 돕는 은혜를 얻기 위하여 은혜의 보좌 앞에 담대히 나아갈 것이니라"(히 4:14-16).

➲ 히브리서 4:14-16을 읽고 다음의 질문에 대답하라.

우리의 대제사장은 누구인가?

그는 어디에 계시는가?

그는 사람과 어떤 점이 같은가?

그는 사람과 어떤 점이 다른가?

우리가 하나님의 보좌와 대제사장에게 나아가는 이유는 무엇인가?

하나님의 보좌에 나아가는 우리의 마음가짐은 어떠해야 하는가?

예수님이 우리의 대제사장이다. 예수님은 하나님의 사랑하는 아들이었기 때문에 특별히 많은 보호를 받았다(마 3:17). 또한 예수님은 우리를 보호해 주신다. 그는 우리를 변호해 주시기 위해서 하나님 앞에 서 계신다. 그는 우리가 받게 되는 세상의 시험을 똑같이 받으셨다. 그러나 우리는 죄인이지만 그는 결코 죄가 없으셨다. 우리는 주님의 자비와 은혜를 얻기 위해 주님에게로 나아가라고 배웠다. 우리는 확신과 담대함으로 하나님의 보좌 앞에 나아가야 한다.

히브리서 기자는, 우리는 기도를 통하여 하나님께 가까이 나아가고, 예수님을 통하여 우리 기도가 응답되어진다고 말했다. 따라서 기도할 때 주저하거나 소심해질 이유가 전혀 없다. 히브리서 10:21-22을 읽어 보라.

"또 하나님의 집 다스리는 큰 제사장이 계시매 우리가 마음에 뿌림을 받아 악한 양심으로부터 벗어나고 몸은 맑은 물로 씻음을 받았으니 참 마음과 온전한 믿음으로 하나님께 나아가자"(히 10:21-22).

예수님은 당신을 위해 중보하신다

예수님이 우리의 대제사장이라는 것을 알게 되면, 우리는 이루 말할 수 없는 확신을 갖게 된다. 당신을 위하여 기도해 주는 오직 한 사람을 선택해야 한다면, 예수님보다 더 나은 분이 있겠는가? 당신은 홀로 기도하는 것이 아니다. 예수님과 함께 연합하여 기도하는 것이다.

예수님의 중보기도는 우리의 간구를 위하여 대단히 중요함에 틀림없다. 왜냐하면 신약성경에서 그 점을 강조하고 있기 때문이다. 예수님과 그의 기도에 대해서 무엇을 말했는지 살펴보라.

바울은 "누가 정죄하리요 죽으실 뿐 아니라 다시 살아나신 이는 그리스도 예수시니 그는 하나님 우편에 계신 자요 우리를 위하여 간구하시는 자시니라"(롬 8:34)고 했다. 히브리서 기자는 "그러므로 자기를 힘입어 하나님께 나아가는 자들을 온전히 구원하실 수 있으니 이는 그가 항상 살아 계셔서 그들을 위하여 간구하심이라"(히 7:25)고 확신했다. 그리고 나서 그는 "그리스도께서는 참 것의 그림자인 손으로 만든 성소에 들어가지 아니하시고 바로 그 하늘에 들어가사 이제 우리를 위하여 하나님 앞에 나타나시고"(히 9:24)라고 하여 그리스도의 중보기도에 관한 아름다운 그림을 보여준다. 요한은 "만일 누가 죄를 범하여도 아버지 앞에서 우리에게 대언자가 있으니 곧 의로우신 예수 그리스도시라"(요일 2:1)고 말한다. 예수님은 당신을 위해 기도하고 계신다. 예수님은 당신의 모든 기도가 응답되도록 도우시며, 당신이 가장 좋은 것을 얻을 수 있도록 최선을 다해 하나님께 간구하신다.

다시 한 번 하나님의 천국 보좌 앞에 있는 자신을 상상해 보라. 거기에서 예수님은 당신을 위해 하나님께 대언하고 계신다. 지금 모든 것을 중단하고 당신의 중보자 되신 예수님께 감사하라.

성령이 당신을 위해 중보하신다

우리 편에서 행하시는 예수님의 놀라운 사역만큼이나 중요한 것이 성령의 사역

"이와 같이 성령도 우리의 연약함을 도우시나니 우리는 마땅히 기도할 바를 알지 못하나 오직 성령이 말할 수 없는 탄식으로 우리를 위하여 친히 간구하시느니라 믿음을 살피시는 이가 성령의 생각을 아시나니 이는 성령이 하나님의 뜻대로 성도를 위하여 간구하심이니라"(롬 8:26-27).

이다. 왜냐하면 성령의 중보가 없으면 우리는 나약하고 무지할 수밖에 없기 때문이다. 하나님은 우리의 잘못을 이미 알고 계신다. 로마서 8:26-27을 읽어 보라. 성령은 하나님의 뜻 안에서 우리의 기도를 끊임없이 대언해 주신다.

성령은 당신이 하나님의 뜻을 알도록 도와주신다. 성령은 하나님의 뜻을 가르치시기도 하고 계시하기도 한다.

다음 내용이 무슨 뜻인지 생각해 보라. 당신 안에 내주하시는 성령은 이 세상에서 당신을 변호해 주신다. 당신을 구원하기 위해 자기 생명을 바치신 예수 그리스도는 하나님 앞에서 당신을 변호해 주신다. 위대하고 높으시고 거룩하신 두 변호자가 당신을 하나님 앞에서 영광스런 자리에 있게 하려고 끊임없이 함께 사역하고 있다. 그 두 분은 한 마음으로 당신을 위해 끊임없이 하나님께 탄원하고 중보하고 계신다.

지존하신 분들로 말미암는
지극히 고귀한 소원들이
우리를 위하여 끊임없이
지존하신 보좌에 도달하고 있다.

"그들이 이 말을 듣고 마음에 찔려 그를 향하여 이를 갈거늘 스데반이 성령충만하여 하늘을 우러러 주목하여 하나님의 영광과 및 예수께서 하나님 우편에 서신 것을 보고 말하되 보라 하늘이 열리고 인자가 하나님 우편에 서신 것을 보노라 한대 …"(행 7:54-60).

사도행전 7:54-60에서 스데반이 돌에 맞아 죽임을 당하기 직전에 경험한 기사를 읽어 보라. 성난 군중들 외에 누가 스데반의 곤경을 알고 있었는가? 누가 스데반을 위해 기도했는가?

____

____

다음 질문에 대한 답을 쓰라.

만일 예수님과 성령이 당신을 위하여 중보하지 않는다면 당신의 삶과 기도의 삶은 어떠하겠는가?

____

비록 깨닫지 못했을지라도, 예수님과 성령이 당신을 위해서 중보하여 당신의 문제를 해결해 주었던 일이 있었을 것이다. 잘 생각해 보고, 간략하게 그 상황을 써 보라.

____

____

____

오늘, 하나님과 교제하며 동행하는 삶

1. 하나님께 드리는 찬양과 간구 그리고 감사의 기도문을 쓰고 그것이 예수님께서 하나님께 기도하던 내용과 같은지 생각해 보라. 만약 그렇지 않다면, 하나님의 기도응답도 없을 것이다.

2. 만일 예수님께서 오늘 당신과 함께 동행하신다면, 예수님은 하나님께 당신의 기도를 중보해 주실 것이다. 오늘 예수님을 통해 하나님께 기도해 보라.

3. 기도지침 1의 "기도 응답표"를 사용하여 기도제목과 응답된 내용을 적으라.

4. 경건의 시간을 가진 후, 경건한 삶을 완성하라.

경건한 삶

성경말씀

성경에서 하나님이 나에게 주신 말씀

나의 기도제목

제5과
자녀와 종

오늘의 학습목표 하나님의 자녀 혹은 하나님의 종에 대하여 이해하고 그들 관계에 따라 하나님이 어떻게 기도에 응답하는지 이해하게 된다.

믿는 사람은 하나님의 자녀와 하나님의 종으로 일컬어진다. 자녀는 아버지의 응답을 기대하고, 종은 주인의 응답을 기대한다.

아버지와 자녀

하나님은 하나님과 당신의 관계 때문에 기도에 응답해 주신다. 우리들 대부분은 상품판매를 위해 걸려오는 전화를 받지 않거나 외판원의 방문을 거절한다. 그러나 만일 발신자의 목소리가 '아빠' 이거나 '엄마' 이면 아무리 계획이 꽉 차 있어도 시간을 기꺼이 낸다. 예수님은 부활하신 후, 막달라 마리아에게 "내가 내 아버지 곧 너희 아버지, 내 하나님 곧 너희 하나님께로 올라간다"(요 20:17)고 말씀하셨다. 예수님이 하나님을 마리아의 아버지로 표현한 것은 마리아에게 너무 놀라운 일이었다. 예수님은 아버지 하나님께 기도하라고 우리에게 말씀하셨다(마 6:9). 우리가 하나님의 자녀라고 생각한다면, 기도하는 방식에 영향을 줄 것이다. 왜냐하면 하나님은 우리가 그의 자녀라는 생각으로 기도에 응답해 주시기 때문이다.

"무릇 하나님의 영으로 인도함을 받는 사람은 곧 하나님의 아들이라 너희는 다시 무서워하는 종의 영을 받지 아니하고 양자의 영을 받았으므로 우리가 아빠 아버지라고 부르짖느니라 성령이 친히 우리의 영과 더불어 우리가 하나님의 자녀인 것을 증언하시나니 자녀이면 또한 상속자 곧 하나님의 상속자요 그리스도와 함께한 상속자니 우리가 그와 함께 영광을 받기 위하여 고난도 함께 받아야 할 것이니라"(롬 8:14-17).

➲ 로마서 8:14-17을 읽고 당신과 하나님 아버지의 관계를 나타내는 단어나 구절을 써 보라.

____

____

당신이 쓴 답이 맞지 않을 수도 있지만, 문제가 되지는 않는다. 위에 적어야 할 답은 다음과 같다. 하나님의 아들, 양자, 너희는 아바 아버지라 부르짖는다. 하나님의 자녀, 하나님의 후사, 그리스도와 함께한 후사.

자녀는 자기 아버지를 신뢰한다. 신뢰는 가족 관계에서 매우 중요한 요소이며, 성경적으로도 기도를 위한 근거이다. 역대상 5:20을 읽고, 르우벤과 갓과 므낫세 후손들에게 무슨 일이 일어났는지 살펴보라.

"도우심을 입었으므로 하갈 사람과 그들과 함께 있는 자들이 다 그들의 손에 패하였으니 이는 그들이 싸울 때에 하나님께 의뢰하고 부르짖으므로 하나님이 그들에게 응답하셨음이라"(대상 5:20).

누가복음 11:2-13을 읽되 특별히 11-13절에 주의를 기울여라. 자녀의 간청을 들어주는 육신의 아버지와 자녀의 기도에 응답하는 하나님의 방식의 공통점과 차이점을 적어 보라.

공통점	차이점
______________	______________
______________	______________
______________	______________
______________	______________
______________	______________
______________	______________

"…너희 중에 아버지 된 자로서 누가 아들이 생선을 달라 하는데 생선 대신에 뱀을 주며 알을 달라 하는데 전갈을 주겠느냐 너희가 악할지라도 좋은 것을 자식에게 줄 줄 알거든 하물며 너희 하늘 아버지께서 구하는 자에게 성령을 주시지 않겠느냐 하시니라"(눅 11:2-13).

"저녁 소제 드릴 때에 이르러 선지자 엘리야가 나아가서 말하되 아브라함과 이삭과 이스라엘의 하나님 여호와여 주께서 이스라엘 중에서 하나님이신 것과 내가 주의 종인 것과 내가 주의 말씀대로 이 모든 일을 행하는 것을 오늘 알게 하옵소서"(왕상 18:36).

주인과 종

우리는 하나님의 종으로서 기도할 수 있나. 엘리야는 모든 시대에 걸쳐서 가장 능력 있는 기도의 사람 중 한 사람이다. 갈멜산에서 누가 참된 신인지를 이스라엘 백성에게 입증한 그의 기도는 이미 잘 알려져 있다. 왕비 이세벨의 권세를 힘입은 거짓 선지자들은 거짓 신 바알에게 경배하도록 이스라엘 백성들을 미혹했다. 엘리야는 거짓 선지자들에게, 바알에게 기도해서 제단에 불을 내리게 해 보라고 했다. 물론 그들은 바알에게 응답받는 일에 실패했다. 그러나 엘리야가 여호와 하나님께 기도했을 때, 여호와 하나님은 불을 내려서 제단 위의 제물을 말끔히 태워버리셨나. 그의 기도는 주님의 종의 역할을 하기 위한 것이었다. 열왕기상 18:36을 읽어 보라.

"내가 나와 나의 종 다윗을 위하여 이 성을 보호하여 구원하리라 하셨나이다 하였더라"(왕하 19:34).

열왕기하 19:34을 읽고 하나님이 당신의 종 다윗을 위해서 히스기야에게 무엇을 행하셨는지 살펴보라.

____

____

하나님의 종 다윗을 위해 하나님은 예루살렘을 보호하셨다.

"여호와 앞에서 내가 간구한 이 말씀이 주야로 우리 하나님 여호와께 가까이 있게 하시옵고 또 주의 종의 일과 주의 백성 이스라엘의 일을 날마다 필요한 대로 돌아보사 이에 세상 만민에게 여호와께서만 하나님이시고 그 외에는 없는 줄을 알게 하시기를 원하노라"(왕상 8:59-60).

솔로몬 왕이 성전을 봉헌한 후 기도한 내용인 열왕기상 8:59-60을 읽어 보라. 성경에서 종의 섬김과 관련하여 가장 두드러진 예는 의로운 종이신 예수님이시다(사 53:11). 성경에서 가장 위대한 기도는 예수님의 기도이다. 만약 우리가 하나님의 종이라면, 우리의 기도를 통해서 하나님의 일은 이루어져 갈 것이다. 하나님의

경건한 삶

성경말씀

성경에서 하나님이
나에게 주신 말씀

나의 기도제목

일은 하나님께 대단히 중요하며, 성경 속의 시대뿐 아니라 오늘날에도 기도를 통해 하나님의 뜻이 이루어져 간다.

➲ 당신은 하나님의 종으로서 하나님의 일을 완수해야 할 과제가 있다. 하나님의 종으로서 당신의 과제를 적어 보라.

자녀의 기도와 종의 기도는 둘 다 하나님께 중요하다. 우리가 하나님의 자녀로서 기도할 때, 그 기도의 강조점은 영적으로 성장하는 데 두어야 한다. 우리가 하나님의 자녀로서 하나님께 기도할 때, 우리는 하나님을 '아버지'라고 부를 것이다. 그 하나님 아버지를 닮아가고, 하나님 아버지의 뜻을 이루기 위해서 기도할 것이다. 우리는 하나님을 위하여 하나님께 영광을 돌리고 교회를 영예롭게 해야 한다.

우리가 종으로서 기도할 때, 그 강조점은 사역에 있다. 우리는 주님이 우리 사역을 인도해 주시고 도와주실 것을 기도한다. 그때에 우리는 하나님을 '주님'이라고 부른다. 우리는 주님의 나라가 확장되고 다른 종들과 연합하도록 기도해야 한다. 하나님의 모든 일이 하나님의 방식대로 바르게 이루어지도록 기도해야 한다.

자녀 됨과 종 됨은 우리의 사역이 하나님의 일을 굳건히 이루어가게 한다. 이 둘은 우리가 하나님과 관계가 얼마나 잘되어 있는지를 알 수 있게 한다. 하나님은 우리가 기도하도록 이끄시고, 기도의 능력을 통하여 하나님의 일을 이루어가신다. 모든 일은 하나님으로부터 시작되고, 하나님 안에서 끝난다.

오늘, 하나님과 교제하며 동행하는 삶

1. 하나님의 성품 중 닮고 싶은 성품을 생각해 보고, 그중 하나를 위해 하나님께 기도하라. 그 성품이 온전해질 수 있도록 하나님께 기도하라. 당신이 하나님의 자녀이며 동시에 하나님의 종이기도 하다는 믿음으로 기도하라.

2. 주인을 위해서 일하는 당신의 사역을 놓고 기도하라. 당신이 하나님께 가장 중요한 종이라는 것을 보일 수 있게 해 달라고 기도하라. 창조와 계시 속에, 그리고 당신의 삶 속에 있는 주님의 주권을 찬양하라. 오늘 하나님을 위한 사역을 위해서 기도하라. 기도지침 1 의 "기도 응답표"에 기도제목과 응답을 적어 보라.

3. 경건의 시간을 가진 후, 경건한 삶을 완성하라.

제2단원

하나님을 아는 것

핵 심 개 념 　기도의 삶을 살기 위한 가장 중요한 요소는 하나님을 아는 것이다.

단원학습목표 　당신은 하나님의 이름과 몇 가지 속성 그리고 그것들이 하나님과 어떻게 관계를 맺도록 영향을 미치는지 이해하게 된다.

암 송 구 절 　"우리가 보고 들은 바를 너희에게도 전함은 너희로 우리와 사귐이 있게 하려 함이니 우리의 사귐은 아버지와 그의 아들 예수 그리스도와 더불어 누림이라"
(요일 1:3).
"내가 참으로 주의 목전에 은총을 입었사오면 원하건대 주의 길을 내게 보이사 내게 주를 알리시고 나로 주의 목전에 은총을 입게 하시며 이 족속을 주의 백성으로 여기소서"(출 33:13).

관련기도지침 　기도지침 2 하나님을 아는 것(279쪽)

전능하신 하나님

남텍사스에 있는 수양관에서 말씀을 전하기 위하여 폭풍우 속에 경비행기를 타고 갔다. 비행기에 연료를 보충하기 위해 칼리지 스테이션에 착륙했을 때, 항공 당국자는 우리에게 심한 폭풍우 때문에 더 이상 남쪽으로 비행해서는 안 된다고 경고했다. 그러나 조종사는 그 경고를 무시하였다. 우리가 계속해서 남쪽으로 비행하자 점점 더 앞을 볼 수 없게 되었다. 우리가 착륙하려고 했던 잭슨 호수에서 13km 지점에 있는 관제탑에서 무선통신으로 "귀항하라. 안개가 심함. 여기는 착륙 불가능."이라고 알려 왔다. 우리는 너무 낮게 비행하고 있었기 때문에 선회하여 귀항하기에는 무리였지만, 앞을 잘 볼 수 없는 '짙은 구름 속'으로 들어가서라도 귀항해야 했다. 조종사는 아무것도 보이지 않았지만 어둠 속으로 들어가야만 했다.

조종사는 북쪽으로 되돌아가다가, 구름 아래로 내려가면서 구름에서 벗어나 보려고 했다. 나는 소용돌이치는 짙은 안개를 바라보면서 "전능하신 나의 주님, 이 폭풍을 다스려 주소서!" 하고 기도했다. 하나님은 무소부재하시다. 그분은 소용돌이치는 짙은 구름 속뿐 아니라 몹시 심하게 흔들리는 소형 비행기 안에 있는 우리와도 함께 계신다. 구름 아래로 내려오자 라디오 송신탑이 바로 옆에 있었다. 우리는 간신히 그 송신탑을 피할 수 있었다!

그런데 우리는 길을 잃고 말았다. 표지가 될 만한 건물을 찾아보았지만, 우리는 광활한 시골을 날고 있었다. 어두워졌고, 착륙할 장소도 없었고, 공항도 찾을 수 없었다. 계기판도 정상이 아니었다.

비행기는 착륙 활주로를 찾기 위해 여전히 어둠 속을 날고 있었다. 그때 나는 포트 워스에 있는 사우스클리프 침례교회에서 나를 위하여 중보기도하는 사람들을 생각하였다. 중보기도는 하나님의 전지, 전능, 무소부재하심에 의존한다. 나의 마음은 평안해졌다.

우리는 목화털이를 위해 불을 환하게 켜놓은 곳을 발견하였다. 조종사는 그곳에 안전하게 비행기를 착륙시켰다. 우리는 목표지점에서 96km나 떨어진 지점에 착륙했고, 수양관에서 첫 번째 강의를 하지 못했다. 그러나 하나님께서 기도에 능력있게 응답하셨음을 깨달았고, 나는 이전보다 더 열심히 기도생활을 하였다.

기도는 경외심과 공경심을 갖고 시작한다

나는 매일 아침에 경건의 시간을 가지는데, 무엇인가를 말하기 전에 심사숙고하기 위하여 경건의 시간을 가지기도 한다. 하나님의 정체성을 알 때 성공적인 기도를 할 수 있다. 우리는 하나님과 같지 않다. 그분은 하나님이시고, 우리는 하나님의 손으로 지음받은 작품이자 구속의 산물이다.

하나님에 관한 개념은 너무 광대해서 우리는 어쩔 수 없이 몇 개의 단어로만 그분의속성을 묘사한다. 분명한 사실은 어느 누구도 '무한'(Infinite) 또는 '불멸'(Immortal)과 같은 단어들이 내포하는 모든 의미를 다 이해하지는 못한다는 것이다. 두 단어에 사용된 접두사 'in'이나 'im'은 모두 '아니다'(un)는 뜻을 갖고 있다. 따라서 '무한'은 '유한하지 않은'이란 뜻이며, '불멸'은 '죽지 않는'이란 뜻이다. 하나님은 유한하지 않으시며, 죽지 않는 분이시다. 우리는 하나님이 유한성을 얼마나 많이 초월하는 분이신지, 또한 죽음을 얼마나 많이 초월하는 분이신지 알 수 없다. 바로 그와 같은 한계성이 하나님의 무한성이나 불멸성을 이해하지 못하게 한다.

하나님은 초자연적인 분이시다. 즉 그분은 우리와 전혀 다른 분이시다. 그분은 우리의 이해력 너머에 계신다. 심지어 우리는 '하나님의 거룩함' 또는 '하나님의 은혜'와 같은 용어들에 함축되어 의미도 완전히 이해하지 못한다. 이러한 사실들이 우리로 하여금 하나님께 경외심과 공경심을 갖고 기도해야만 한다는 것을 일깨워 준다. 왜냐하면 참된 경외심과 공경심은 겸손을 불러일으키기 때문이다.

제1과
하나님의 이름

오늘의 학습목표 하나님의 이름과 속성이 당신과 하나님의 개인적 관계에 어떤 영향을 미치는지 이해하게 된다.

두 사람이 있을 때, 그들이 자신에 대하여 서로 이야기를 나누지 않으면 상대방을 전혀 알 수 없다. 마찬가지로 하나님이 우리에게 바라시는 것이 무엇인지 알 수 있는 방법은 하나님이 우리에게 계시한 것을 아는 것이다. 하나님은 성경에서 자신의 몇 가지 이름을 통하여 우리로 하여금 알 수 있게 하였다.

나에게는 많은 이름이 있다. 예를 들면 아빠, 선생님, 여보 등이다. 사람들이 내 이름을 사용하는 방식은 그들이 나와 어떤 관계인지를 말하는 것이다. 마찬가지로 하나님을 부르는 이름에 따라 우리와 하나님의 관계에 대한 다양한 관점을 알 수 있다. 오늘 당신이 하나님의 다양한 이름을 읽을 때, 그것이 당신과 하나님의 관계에 대해 무엇을 말하는지 생각해 보라.

하나님(엘로힘, Elohim)

성경은 "태초에 하나님이"란 말로 시작한다. 여기에 사용된 하나님은 히브리어로 '엘로힘'이다. 구약에서 엘로힘은 '하나님'으로 가장 빈번하게 사용된 용어이다. 이 용어는 창세기 1장뿐 아니라 다른 부분에서도 창조의 완전한 능력이란 의미를 함축하고 있다. 하나님이 첫째이다. 우리에게 요구되는 제1계명은 하나님을 사랑하는 것이다(막 12:29-30). 우리는 먼저 하나님의 나라와 그의 의를 구해야 한다(마 6:33). 이때 사용된 '엘로힘'은 하나님이 근원이시며, 우리는 모두 그로 말미암아 나왔다는 것을 의미한다. 창조된 우주 안에 있는 어떤 힘이나 강건 그리고 능력과 영광은 그것을 창조하신 분에게는 조금도 미치지 못하는 미약한 것이다. '엘로힘'은 하나님의 전능하신 능력을 깨달을 수 있게 한다. 우리는 '엘로힘'이란 이름을 통해 하나님이 모든 창조물에 주권을 가지신 분임을 배우게 된다.

주(아도나이, Adonai)

'아도나이'는 '주'로 번역되며, 하나님을 주인 또는 소유주로 지칭하는 데 사용된다. 성경에서 이 이름은 아브라함의 기도에 최초로 나타난다(창 15:2). 아브라함은 상속자 문제를 가지고 하나님(엘로힘)께 나아가 그를 주 또는 주인('아도나이'는 '주 하나님'이란 말로 사용되는 복합명사의 한 부분이다.)으로 부른다. 이 명칭은 하나님 편에서는 지배를, 우리 편에서는 복종의 의미를 내포한다. 아브라함은 하나님을 '주인', 심지어는 '통치자'로 알았다. 두 이름 '엘로힘'과 '아도나이'는 창조와 지배, 능력과 권위를 함축한다. 영어성경에 두 단어가 함께 사용된 경우에는 '주 여호와'라는 장엄한 이름으로 번역되었다.

야훼(여호와, Yahweh)

'여호와'란 이름은 동사형태로서 하나님께 사용되었는데, 그 의미는 스스로 존재한다는 뜻이다. 창세기 2:4에서 최초로 사용된 이 이름은 구약에서 하나님의 인격적 이름 곧 하나님이 모세를 이스라엘에 파송하실 때 사용되었다(출 3:13-15).

이스라엘 백성들은 이 이름을 함부로 언급해서는 안 되며 존경심을 갖고 대해야만 했다. '여호와'는 가장 빈번하게 사용된 하나님의 인격적 이름이며, 하나님에 대한 많은 의미를 함축하고 있다.

- **그분은 창조 전에 존재하셨다.**
- **그분은 지금도 여전히 존재하신다.**
- **그분은 자신의 본성에 매우 신실하시다.**
- **그분은 결코 변하지 않으신다.**

하나님은 위대하시다. "나는 스스로 있는 자니라"(I AM Who I AM, 출 3:14). 이것은 야훼란 이름을 뜻으로 표현하는 유일한 방법이다. 만일 하나님이 "나는 스스로 있는 자"라 고 말씀하셨다면, 우리는 그를 "당신은 스스로 있는 자"라고 말해야 할 것이고, 다른 사람에게도 "그분은 스스로 있는 자"라고 말해야 할 것이다. 이것은 사람이 들을 수 있는 소식 중에 가장 최선의 소식이다.

대부분의 성경 번역판은 이 이름을 'LORD'(대문자 L과 작은 대문자 ORD)로 번역한다. 그래서 대개 영어성경 번역판에서 'Lord'(주)는 '아도나이'(Adonai)로 번역하고 '주인' 또는 '통치자'라는 의미이며, 'LORD'는 '야훼'(Yahweh)로 번역하여 "자존하시는 분"(Self-Existent One)을 의미한다.

"그들이 다시는 각기 이웃과 형제를 가리켜 이르기를 너는 여호와를 알라 하지 아니하리니 이는 작은 자로부터 큰 자까지 다 나를 알기 때문이라 내가 그들의 악행을 사하고 다시는 그 죄를 기억하지 아니 하리라 여호와의 말씀이니라"(렘 31:34).

"하나님이 노아와 그와 함께 방주에 있는 모든 들짐승과 가축을 기억하사 하나님이 바람을 땅 위에 불게 하시매 물이 줄어들었고"(창 8:1).

"그러나 기드온이 그에게 대답하되 오 주여 내가 무엇으로 이스라엘을 구원하리이까 보소서 나의 집은 므낫세 중에 극히 약하고 나는 내 아버지 집에서 가장 작은 자니이다 하니"(삿6:15).

"모세가 여호와께 아뢰되 오 주여 나는 본래 말을 잘 하지 못하는 자니이다 주께서 주의 종에게 명령하신 후에도 역시 그러하니 나는 입이 뻣뻣하고 혀가 둔한 자니이다."(출 4:10).

"아브라함이 그 땅 이름을 여호와이레라 하였으므로 오늘날까지 사람들이 이르기를 여호와의 산에서 준비되리라 하더라"(창 22:14).

다음 성경구절을 읽고 관계가 있는 하나님의 이름과 연결하라.

1. 하나님(엘로힘)	a. 예레미야 31:34
2. 주(아도나이)	b. 창세기 8:1
3. 야훼(여호와)	c. 사사기 6:15
4. 주 여호와	d. 출애굽기 4:10

정답은 1-b, 2-c, 3-a, 4-d이다.

합성어 이름

하나님은 '스스로 존재하시는 분'으로 드러내기 위하여 '여호와'라는 이름을 사용하셨다. 성경에서는 '여호와'를 다른 말과 사용하여 합성어로 나타내기도 한다. 창세기 22:14을 읽어 보라. 아브라함이 이삭을 희생제물로 바치려고 하자 하나님이 이삭 대신 숫양을 준비하셨음을 보고 아브라함은 하나님을 '여호와 이레' 곧 여호와는 나의 준비자라고 불렀다.

'여호와' 이름에 다른 단어를 사용한 합성어 이름 몇 가지를 찾아보라.

출애굽기 15:26 ______________________________

출애굽기 17:15 ______________________________

레위기 20:8 ______________________________

사사기 6:24 ______________________________

시편 23:1 ______________________________

예레미야 23:6 ______________________________

에스겔 48:35 ______________________________

합성어 이름은 '여호와는 나의 준비자'(여호와 이레), "여호와는 나의 치료자"(여호와 라파), '여호와는 나의 깃발'(여호와 닛시), '여호와는 나를 거룩하게 하시는 분'(여호와 메카데쉬), '여호와는 나의 평강'(여호와 살롬), '여호와는 나의 목자(여호와 로이), '여호와는 나의 의'(여호와 치드케누), '나와 함께 계시는 여호와'(여호와 삼마)이다.

마지막 이름 '여호와 삼마'(거기에 계시는 여호와)는 에스겔이 묘사한 최후의 도성, 즉 하나님의 현존이 분명한 그 도성을 그리스도인들이 바라보도록 특별히 약속하고 있다. 또한 사자굴에서 다니엘을, 불길 속에서 사드락, 메삭, 아벳느고를 그리고 빌립보 감옥에서 바울과 실라를 보호하신 분이다.

잠시 '여호와 삼마' 하시는 하나님을 생각해 보고, 찬양과 기도를 드려라. 그리고 기도제목을 적어 보라.

____

____

전능하신 하나님

하나님이 우리에게 주신 하나님의 이름은 매우 중요하다. 하나님께서는 아브라함의 이름을 바꾸실 때, 아브라함과 언약을 맺으실 때, 할례를 행하실 때 자신을 '엘 샤다이(전능하신 하나님)로 부르셨다. '엘'은 능력 있는 하나님의 이름(엘로힘의 단수형)이며, '샤다이'는 지칠 줄 모르는 자원 또는 은혜를 의미한다. '엘 샤다이'는 성경에서 가장 능력 있는 이름 중 하나이다. 사실 전능함은 '엘'이란 명칭 자체가 의미하며, '샤다이'는 전능자의 의지를 완벽하게 충족시키는 것을 의미한

"이르시되 너희가 너희 하나님 나 여호와의 말을 들어 순종하고 내가 보기에 의를 행하며 내 계명에 귀를 기울이며 내 모든 규례를 지키면 내가 애굽 사람에게 내린 모든 질병 중 하나도 너희에게 내리지 아니하리니 나는 너희를 치료하는 여호와임이라"(출 15:26).

"모세가 제단을 쌓고 그 이름을 여호와 닛시라 하고"(출 17:15).

"너희는 내 규례를 지켜 행하라 나는 너희를 거룩하게 하는 여호와이니라"(레 20:8).

"기드온이 여호와를 위하여 거기서 제단을 쌓고 그것을 여호와 살롬이라 하였더라 그것이 오늘까지 아비에셀 사람에게 속한 오브라에 있더라"(삿 6:24).

"여호와는 나의 목자시니 내게 부족함이 없으리로다"(시 23:1).

"그의 날에 유다는 구원을 받겠고 이스라엘은 평안히 살 것이며 그의 이름은 여호와 우리의 공의라 일컬음을 받으리라"(렘 23:6).

"그 사방의 합계는 만 팔천 척이라 그날 후로는 그 성읍의 이름을 여호와 삼마라 하리라"(겔 48:35).

경건한 삶

성경말씀

성경에서 하나님이
나에게 주신 말씀

나의 기도제목

다. 이 개념은 복을 쏟아 부으시는 것을 나타낸다. 이처럼 히브리인들은 하나님의 능력이 충만함을 의미하는 개념을 다양하게 표현하였다. 예를 들면, '모든 것에 능력 있는' 또한 '모든 것을 공급하는' 이란 용어는 '강력한 은혜', '공급하시는 하나님' 그리고 '놀라운 축복의 공급자' 와 함께 사용할 수 있다.

오늘, 하나님과 교제하며 동행하는 삶

1. 기도하기 전에 잠시 하나님이 누구신지 묵상하라. 기도지침 2의 "하나님의 이름"을 이용해서 하나님의 이름과 속성을 숙고하라. 하나님의 특별한 이름 중에서 당신 자신에게 맞는 이름을 하나 선택하여 아래에 제시된 기도시간에 적용하라.

- 식사시간에 감사를 드릴 때
- 하루의 일과를 시작할 때
- 잠자리에 들 때

2. 기도할 때 하나님의 이름을 사용해 보라. 당신이 받은 기도 응답 중에 하나님의 이름에 내포된 하나님의 속성이 드러날 것이다.

3. 경건의 시간을 가진 후, 경건한 삶을 완성하라.

제2과
하나님은 사랑이시다

오늘의 학습목표 하나님의 창조와 마리아의 경배와 찬양에 대한 내용을 통하여 당신을 위한 하나님의 사랑에 반응하게 된다.

하나님의 사랑

다음 글을 읽고 하나님의 사랑을 묘사한 단어나 구절에 밑줄을 그어 보라.

다양한 종류의 사랑이 성경에 묘사되어 있다. 그중 한 가지는 거룩하고 신성한 사랑이다. 하나님의 사랑은 너무나 크고 위대해서 감추어 둘 수 없다. 따라서 그 사랑을 다른 사람에게 전하여야만 한다. 사랑이 위대할수록 사랑의 표현 강도는 더 커진다. 고귀한 사랑은 고귀한 표현으로 나타내어야 한다. 하나님의 사랑은 너무나 커서 더 넓게 표현해야 했다. 성부 성자 성령의 삼위일체 속에서 하나님의 사랑은 더 넓게 표현할 수 있었다. 또한 더 많은 사랑을 보여주시기 위하여 인간을 만드시기도 했다.

하나님과 교제함

전혀 다른 특성을 가진 존재는 서로 교제할 수 없다. 왜냐하면 교제는 공통된 관심사, 공통된 주제, 공통된 자질을 함께 나누는 것을 요구하기 때문이다. 하나님은 교제하기 위해 자기의 형상을 닮은 존재인 인간을 창조하셨다. 그러나 인간은 죄로 인해 창조 때 가진 하나님의 형상을 잃어버렸다. 죄로 인한 파괴는 인간을 구속하기 위한 또 다른 방법을 필요로 했다. 그것은 예수님의 갈보리 십자가 상에서의 죽음을 통해서였다. 하나님은 예수님의 십자가를 통하여 인간을 새 인간으로 재창조하셨다. 이 새 창조의 목적은 특별히 인간을 하나님 아들의 형상으로 만들기 위해서였다. 구속받은 인간은 하나님과 친밀한 교제가 가능한 상태로 회복되었다.

기도는 높고 고귀한 창조물인 인간과 우주 가운데 계시고 지극히 높으신 존재와의 교제이다.

➡ 하나님께서 인간을 창조하신 이유는 무엇인가?

하나님은 우리 자신이나 우리의 기도를 필요로 하지 않으신다. 그러나 그분은 우리와 교제하기를 원하시고, 이 교제는 기도를 통하여 이루어진다. 참된 기도는 하나님과 관계를 아주 가깝게 할 수 있다. 기도는 높고 고귀한 창조물인 인간과 우주 가운데 계시고 지극히 높으신 존재와의 교제이다.

기도는 협력 사역(고후 6:1)이며, 하나님의 사역이다. 기도는 하나님이 인간을 사용하시는 통로인 동시에 인간이 하나님께 도움을 받는 통로이다. 이 상호관계는 특이한 것이다. 동시에 하나님이 진정으로 원하시는 바이다. 따라서 기도를 통한 교제는 하나님의 필요에 의해서가 아니라 원하시기 때문에 이루어진다.

"우리가 하나님과 함께 일하는 자로서 너희를 권하노니 하나님의 은혜를 헛되이 받지 말라"(고후 6:1).

"내 마음이 하나님 내 구주를 기뻐하였음은 그의 여종의 비천함을 돌보셨음이라 보라 이제 후로는 만세에 나를 복이 있다 일컬으리로다 능하신 이가 큰 일을 내게 행하셨으니 그 이름이 거룩하시며 긍휼하심이 두려워하는 자에게 대대로 이르는도다 그의 팔로 힘을 보이사 마음의 생각이 교만한 자들을 흩으셨고 권세 있는 자를 그 위에서 내리치셨으며 비천한 자를 높이셨고 주리는 자를 좋은 것으로 배불리셨으며 부자는 빈 손으로 보내셨도다 그 종 이스라엘을 도우사 긍휼히 여기시고 기억하시되 우리 조상에게 말씀하신 것과 같이 아브라함과 그 자손에게 영원히 하시리로다"(눅 1:47-55)

잠시 눈을 감고 당신을 사랑하고, 당신과 교제하며, 당신이 만물을 다스리기 원하셔서 당신을 지으신 창조의 하나님을 깊이 묵상하고 간단히 적어 보라.

____

____

당신의 생각을 그룹 성경공부 중에 팀원과 나눌 수 있도록 준비하라.

마리아의 기도

하나님에 관한 지식은 기도를 공부하는 데 매우 중요한 요소이다. 이것이 "하나님을 아는 것"을 공부하는 이유이다. 예수의 어머니 마리아는 하나님에 관한 지식이 있었다. 마리아는 아들을 낳을 것이라는 소식을 들은 후 사촌 엘리사벳 앞에서 하나님께 대한 자기의 감정을 매우 아름답게 표현하였다.

마리아의 경배와 찬양의 기도에 주목해 보라. 당신이 찬양의 기도를 드릴 때 그것을 모본으로 삼을 수 있다. 하나님께 대한 마리아의 기도에 주의를 기울이면서, 누가복음 1:39-58을 기도하듯이 읽어라. 47-55절에 있는 마리아의 기도는 '마리아의 송가'(The Magnificat)로 불린다. 마리아의 찬양을 다시 한 번 읽고, 그녀가 하나님에 대해 깨달았던 점을 적어 보라.

47절 ______________________________

48절 ______________________________

49절 ______________________________

50절 ______________________________

51절 ______________________________

52절 ______________________________

53절 ______________________________

54절 ______________________________

기도지침 2의 "마리아의 송가"를 보고 답을 맞춰 보라.

오늘, 하나님과 교제하며 동행하는 삶

1. 하나님의 속성을 찬양한 마리아의 송가를 오늘 당신의 기도시간에 사용해 보라.

2. 당신이 하나님과 공유하고 있는 것들(공통된 본성, 공통된 관점, 공통된 소원, 영생 등등)을 써 보라. 당신이 하나님 아들의 형상을 완전히 닮아가기 위해 하나님과 공통된 성품을 더 많이 가질 수 있도록 기도하라.

3. 몇 분간 예수님의 인격에 집중하라. 당신 삶의 모습과 예수님의 성품을 비교하라. 예수님을 닮지 못한 삶의 모습을 회개하고, 예수님의 인격을 닮기 위해 하나님의 도움을 구하라.

4. 경건의 시간을 가진 후, 경건한 삶을 완성하라.

경건한 삶

성경말씀

성경에서 하나님이 나에게 주신 말씀

나의 기도제목

제3과

하나님은 만유의 주이시다

오늘의 학습목표 기도할 때 하나님과의 관계를 더욱 강화시킬 수 있는 하나님의 세 가지 속성을 알게 된다.

하나님이 무엇을 좋아하시는지 알면 하나님과 더 좋은 관계 속에 교제할 수 있다. 하나님의 위대한 특성 세 가지를 검토해 보자.

전지

전지는 '모든 것을 아심' 을 뜻한다. 우리는 기도할 때 모든 것을 알고 계시는 분과 접촉하게 된다. 하나님은 모든 상황, 모든 측면, 모든 것을 아신다. 그런데도 그 분은 무지하고 배우지 못한 우리와 만나기를 좋아하신다. 하나님은 전지하시며, 하나님과 교제하고자 하는 뜨거운 마음을 가진 사람을 찾고 계신다. 역대하 16:19을 읽어 보라.

"여호와의 눈은 온 땅을 두루 감찰하사 전심으로 자기에게 향하는 자들을 위하여 능력을 베푸시나니"(대하 16:9).

"여호와여 주께서 나를 살펴보셨으므로 나를 아시나이다 주께서 내가 앉고 일어섬을 아시고 멀리서도 나의 생각을 밝히 아시오며 나의 모든 길과 내가 눕는 것을 살펴보셨으므로 나의 모든 행위를 익히 아시오니 여호와여 내 혀의 말을 알지 못하시는 것이 하나도 없으시니이다"(시 139:1-4).

"우리 주는 위대하시며 능력이 많으시며 그의 지혜가 무궁하시도다"(시 147:5).

"깊도다 하나님의 지혜와 지식의 풍성함이여, 그의 판단은 헤아리지 못할 것이며 그의 길은 찾지 못할 것이로다"(롬 11:33).

"이는 우리 마음이 혹 우리를 책망할 일이 있어도 하나님은 우리 마음보다 크시고 모든 것을 아시기 때문이라"(요일 3:20).

➲ 다음 성경구절에는 하나님의 속성 중 어떤 것이 언급되었는가?

- ■시편 139:1-4 ____________________
- ■시편 147:5 ____________________
- ■로마서 11:33 ____________________
- ■요한일서 3:20 ____________________

위의 성경구절은 한 가지 이상의 특성을 묘사하지만, 공통적으로 하나님의 전지하심을 말해 주고 있다.

하나님께서 모든 사실을 알고 계신다는 사실이 당신의 기도에 어떤 영향을 주는가?

____

➲ 하나님의 전지하심에 비추어, 다음 각 상황에서 당신이 어떻게 기도할 것인지 생각해 보고 아래에 써 보라.

1. 정숙이는 중병에 걸렸다. 그래서 검사를 받기 위해 병원에 가는 중이다.

____

2. 동완이는 다른 도시로 이사해야 하는 새 직장 문제로 갈등하고 있다.

____

3. 은아는 새 도시로 이사했다. 그녀는 자신이 직장에 있는 동안 자기의 미취학 아이를 참으로 편안하게 돌보아 줄 양육 센터를 찾고 있다.

---

4. 태훈이는 부부간의 갈등을 겪고 있는 중이다. 그런데 그와 아내는 무엇이 잘못되었는지 정확히 알지 못한다.

무소부재

하나님은 전지하신 것처럼 또한 무소부재하신다. **무소부재**는 '모든 곳에 계심' 또는 '항상 계심' 을 뜻한다. 우리는 기도할 때에 모든 곳, 모든 장소에 계시는 분에게 간구하고 있는 것이다. 하나님은 어느 곳이든지 거기에 있기 위해서 이동할 필요가 없으시며 그분의 이름으로 모인 자들 가운데 특별한 방식으로 임하신다. 하나님은 무소부재하시지만, 우리는 예수님을 통해서만 하나님께 나아갈 수 있다.

"여호와의 말씀이니라 나는 가까운 데에 있는 하나님이요 먼 데에 있는 하나님은 아니냐 여호와의 말씀이니라 사람이 내게 보이지 아니하려고 누가 자신을 은밀한 곳에 숨길 수 있겠느냐 여호와가 말하노라 나는 천지에 충만하지 아니하냐"(렘 23:23-24).

"내가 주의 영을 떠나 어디로 가며 주의 앞에서 어디로 피하리이까 내가 하늘에 올라갈지라도 거기 계시며 스올에 내 자리를 펼지라도 거기 계시니이다 내가 새벽 날개를 치며 바다 끝에 가서 거주할지라도 거기서도 주의 손이 나를 인도하시며 주의 오른손이 나를 붙드시리이다 내가 혹시 말하기를 흑암이 반드시 나를 덮고 나를 두른 빛은 밤이 되리라 할지라도 주에게서는 흑암이 숨기지 못하며 밤이 낮과 같이 비추이나니 주에게는 흑암과 빛이 같음이니이다"(시139:7-22).

하나님의 무소부재를 믿는 것은 우리의 기도에 영향을 준다. 예를 들면, 아프리카에 있는 선교사가 서울에 있는 아버지의 건강이 악화되었기 때문에 자기 어머니가 매우 상심해 있다는 소식을 들었다. 하나님의 무소부재하심은 이것을 믿는 선교사가 부모를 위해 기도하는 데 어떤 영향을 주었으리라 생각하는가?

만일 선교사가, 하나님께서 한 번에 한 곳에만 나타나실 수 있는 공간의 제한을 받으신다고 믿는다면, 어떤 생각을 했겠는가?

만일 하나님께서 무소부재하지 않으시다면 선교사는 무력감에 빠졌을 것이다. 그러므로 하나님의 무소부재하심은 우리 기도에 큰 힘과 위안을 준다.

성경에서 하나님의 무소부재하심에 대해 말하고 있다. 예레미야 23:23-24과 시편 139:7-22을 읽으라.

➊ 하나님의 무소부재는 우리를 위로할 뿐만 아니라 죄에 빠지지 않게 한다. 왜 그러한가?

"배에 오르시매 제자들이 따랐더니 바다에 큰 놀이 일어나 배가 물결에 덮이게 되었으되 예수께서는 주무시는지라…곧 일어나사 바람과 바다를 꾸짖으시니 아주 잔잔하게 되거늘…"(마 8:23-27).

"이스라엘 자손들로 말미암아 여리고는 굳게 닫혔고 출입하는 자가 없더라 여호와께서 여호수아에게 이르시되 보라 내가 여리고와 그 왕과 용사들을 네 손에 넘겨 주었으니…크게 소리 질러 외치니 성벽이 무너져 내린지라…"(수 6:1-21).

"…여호와께서 여호수아에게 이르시되 그들을 두려워하지 말라 내가 그들을 네 손에 넘겨 주었으니 그들 중에서 한 사람도 너를 당할 자 없으리라 하신지라…여호와께서 하늘에서 큰 우박 덩이를 아세가에 이르기까지 내리시매 그들이 죽었으니…태양이 머물고 달이 머물기를 백성이 그 대적에게 원수를 갚기까지 하였느니라"(수 10:7-14).

"…베드로가 이르되 은과 금은 내게 없거니와 내게 있는 이것을 네게 주노니 나사렛 예수 그리스도의 이름으로 일어나 걸으라 하고 오른손을 잡아 일으키니 발과 발목이 곧 힘을 얻고 뛰어 서서 걸으며 그들과 함께 성전으로 들어가면서 걷기도 하고 뛰기도 하며 하나님을 찬송하나…"(행 3:1-16).

빛 속이든 흑암 속이든, 가까이 있든 멀리 있든 우리는 감찰하시는 하나님의 눈길로부터 숨을 수 없다. 이것은 의로운 자에게는 기쁜 소식이지만, 죄인에게는 나쁜 소식이다.

전능

하나님은 전지하시고 무소부재하실 뿐 아니라 전능하시다. **전능**은 "완전한 능력이 있음"을 뜻한다. 우리는 어떤 것이라도 해 주실 수 있는 분에게 기도한다. 하나님은 우리가 기도하는 모든 일을 행할 수 있는 유일한 분이시다. 그러나 하나님은 우리가 하나님의 일을 하기 원하신다. 우리는 하나님의 목적을 이루어가고, 하나님의 뜻을 생각해 보고, 하나님 말씀에 순종하고, 하나님이 보여주시는 놀라운 기적들을 나타냄으로써 하나님을 닮아갈 수 있다.

➡ 하나님의 능력을 보여주는 사건을 성경에서 찾아 써 보라. 마태복음 8:23-27; 여호수아 6:1-21; 10:7-14; 사도행전 3:1-16을 참고하라.

____

____

____

➡ 하나님의 위대한 능력으로 기도 응답을 받은 적이 있는가? 경험한 내용을 간략하게 써 보라.

____

____

기도할 때, 하나님의 세 가지 속성을 기억하는 데 도움이 되도록 삼각형의 각 모서리에 하나님의 속성을 써 보라. 그것은 '하나님의 세 속성 삼각형'(Omni Triangle)이 될 것이다.

오늘 배운 내용을 참고로 하여 세 속성의 의미를 간단히 써 보라.

____

____

____

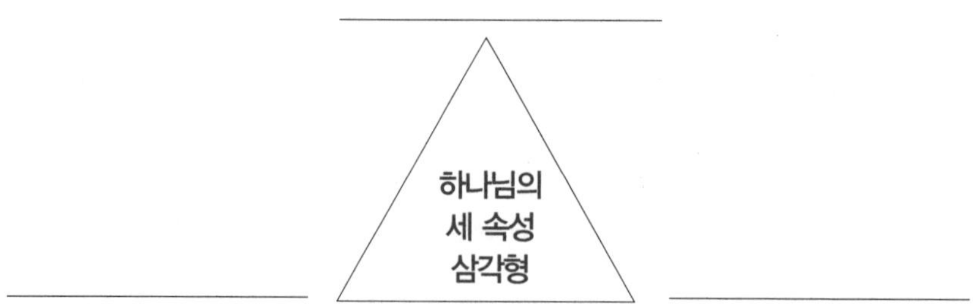

오늘, 하나님과 교제하며 동행하는 삶

1. 하나님이 당신의 삶 속에 계신지 생각해 보라. 하나님의 전지, 무소부재, 전능하심이 오늘 당신의 경건한 믿음생활을 향상시킬 수 있는가?

2. 전지는 모든 것을 안다는 것이다. 하나님의 전지하신 속성이 당신의 삶을 어떻게 변화시켰는가?

3. 무소부재는 하나님의 인격적 현존을 함축한다. 만일 오늘 예수께서 당신의 일을 하시려고 한다면, 그는 어느 일을 강조하고 무엇을 강조하지 않겠는가?

4. 전능의 사전적 의미는, 하나님이 당신 삶의 모든 영역을 지배하는 것이다. 그러나 우리는 하나님의 능력을 거부하고 말로만 하나님이 전능하시다고 한다. 주님이 당신의 말을 지배하도록 주님께 위탁하라.

5. 경건의 시간을 가진 후, 경건한 삶을 완성하라.

경건한 삶

성경말씀

성경에서 하나님이
나에게 주신 말씀

나의 기도제목

제4과

영(Spirit)이신 하나님

오늘의 학습목표 기도할 때 하나님과의 관계를 더 강화시킬 수 있는 또 다른 하나님의 세 가지 속성을 알게 된다.

영(Spirit)

"하나님은 영이시니 예배하는 자가 영과 진리로 예배할지니라"(요 4:24).

하나님에 대하여 알면 알수록 하나님과의 교제는 더욱 깊어진다. 요한복음 4:24에서는 "하나님은 영이시니"라고 하여 영이신 하나님의 속성을 알려주었다. 영이신 하나님과 교제하기 위하여 우리는 영적인 삶을 살아야 한다.

"예수께서 대답하시되 진실로 진실로 네게 이르노니 사람이 물과 성령으로 나지 아니하면 하나님의 나라에 들어갈 수 없느니라 육으로 난 것은 육이요 영으로 난 것은 영이니"(요 3:5-6).

요한복음 3:5-6을 보면 니고데모는 하나님의 나라에 들어가며, 하나님과 교제하기 위해서는 성령으로 거듭나야 한다는 말씀을 들었다. "영으로 난 것은 영이니." 당신은 지금 영적인 삶을 살고 있는가?

본래 사람은 하나님의 일을 알지 못하고 배울 수도 없다. 고린도전서 2:14-16을 읽고, 사람이 하나님의 일을 알 수 없는 이유를 써 보라.

___

___

"육에 속한 사람은 하나님의 성령의 일들을 받지 아니하나니 이는 그것들이 그에게는 어리석게 보임이요, 또 그는 그것들을 알 수도 없나니 그러한 일은 영적으로 분별되기 때문이라 신령한 자는 모든 것을 판단하나 자기는 아무에게도 판단을 받지 아니하느니라 누가 주의 마음을 알아서 주를 가르치겠느냐 그러나 우리가 그리스도의 마음을 가졌느니라"(고전 2:14-16).

새로운 성품과 그리스도의 마음이 없다면 사람은 하나님의 일을 이해할 수 없다. 하나님의 일은 영적으로만 인식될 수 있다.

우리는 예수님으로 인하여 새롭게 태어났기에 새롭게 창조된 영적 성품과 육신의 성품을 구별할 수 있어야 한다. 만일 영이신 하나님께 기도하고자 한다면, 영적으로 기도해야 한다.

잠시 당신에게 새로운 성품을 주신 하나님께 감사기도를 드리라. 당신의 육적 성품에 대하여 하나님이 말씀하시는 것을 잘 들어보고 기록하라.

___

___

거룩(Holy)

거룩함은 하나님의 도덕적 속성으로, 하나님과 우리의 교제에 영향을 준다. 만일 우리가 하나님과 교제하고 있다면 우리는 분명히 거룩해질 것이며, 우리의 기도 또한 거룩하게 될 것이다. 거룩은 죄와 사귈 수 없다. 하나님의 거룩하심은 하나님을 죄인과 분리시키지만, 하나님의 자비하심은 용서와 회복된 관계로 인도한다.

사랑(Loving)

사랑이라는 하나님의 속성은 우리의 기도에 영향을 준다. 하나님의 자비는 그분의 사랑으로만 나타난다. 하나님이 사랑이시라는 사실을 아는 것은 하나님이 우리의 필요에 관심을 가지시며, 우리를 위하여 자신을 바치는 분이심을 상기시켜 준다. 하늘에 계신 우리 아버지는 사랑의 아버지이시다.

하나님은 영이시며, 거룩하시며, 사랑이시다. 이 세 속성을 아래의 이중 삼각형 여백에 써 넣어라.

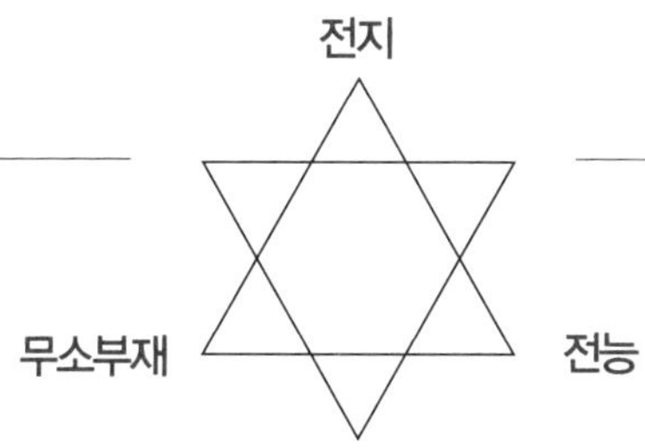

하나님의 세 가지 속성의 의미를 적어 보라.

기도할 때 위에 있는 다윗의 별을 생각하는 것이 기도 응답에 도움을 줄 것이다. 이 다윗의 별은 기도지침 2에 있다.

오늘, 하나님과 교제하며 동행하는 삶

육적인 일도 영적인 방식 안에서 할 수 있다. 예수님은 육적인 일을 해야만 했지만, 그의 모든 일은 성령의 인도를 받았다.

1. 오늘 당신이 식사할 때, 예수님은 어떻게 식사하셨는지 생각해 보라. 그는 하나님께서 양식을 주셨음을 알았고, 하나님께 감사를 드렸다.

2. 친구와 대화할 때, 당신과 함께 계신 예수님을 보라. 하나님의 거룩함과 사랑을 당신의 친구에게 말할 수 있도록 간구해 보라.

3. 일할 때, 목수 일을 하시는 예수님을 생각해 보라. 오늘 당신 곁에서 당신과 함께 일하시도록 그분께 기도하라.

4. 경건의 시간을 가진 후, 경건한 삶을 완성하라.

경건한 삶

성경말씀

성경에서 하나님이 나에게 주신 말씀

나의 기도제목

제5과

예수님의 이름

오늘의 학습목표 예수님의 이름을 공부함으로써, 예수님과의 다양한 관계를 이해하고 기도할 때 필요한 이름을 배우게 된다.

하나님의 가장 명확한 계시는 예수님이 인간의 몸으로 이 세상에 오신 것이다. 그러므로 예수님 이름의 의미를 알 때, 삶과 관련하여 우리는 주님과 더 많은 교제를 할 수 있다.

요한복음의 "나는…이니라"(The "I Ams" of John)

요한복음에서 예수님은 일곱 가지의 다른 이름을 말씀하셨다.

➲ 제시된 성경구절을 읽고, 그 이름이 당신에게 어떤 의미인지 간단하게 적어 보라. 「기도의 삶」 성경공부 팀원들과 그 의미에 대하여 토의해 보라.

"예수께서 이르시되 나는 생명의 떡이니 내게 오는 자는 결코 주리지 아니할터이요 나를 믿는 자는 영원히 목마르지 아니하리라"(요 6:25–58).

1. 나는 생명의 떡이니라 – 요한복음 6:25–58

"예수께서 또 말씀하여 이르시되 나는 세상의 빛이니 나를 따르는 자는 어둠에 다니지 아니하고 생명의 빛을 얻으리라"(요 8:12).

2. 나는 세상의 빛이니라 – 요한복음 8:12

"…그러므로 예수께서 다시 이르시되 내가 진실로 진실로 너희에게 말하노니 나는 양의 문이라…" (요 10:1–10).

3. 나는 양의 문이니라 – 요한복음 10:1–10

"나는 선한 목자라 선한 목자는 양들을 위하여 목숨을 버리거니와…" (요 10:11–18).

4. 나는 선한 목자이니라 – 요한복음 10:11–18

"…예수께서 이르시되 나는 부활이요 생명이니 나를 믿는 자는 죽어도 살겠고 무릇 살아서 나를 믿는 자는 영원히 죽지 아니하리니 이것을 네가 믿느냐…"(요 11:17–44).

5. 나는 부활이요 생명이니라 – 요한복음 11:17–44

6. 나는 길이요 진리요 생명이니라 – 요한복음 14:5-14

7. 나는 참 포도나무이니라 – 요한복음 15:1-17

예수님의 다양한 이름은 예수께서 만난 인간들의 다양한 필요를 의미한다. 당신의 환경이 바뀔 때, 당신의 필요와 욕망도 바뀐다.

앞에서 언급한 예수님의 이름을 생각해 보고, 기도할 때 예수님의 여러 속성이 기도응답에 도움을 줄 수 있는 환경이나 조건을 간단하게 적어 보라.

생명의 떡

세상의 빛

양의 문

선한 목자

부활과 생명

길, 진리, 생명

참포도나무

기도할 때 부르게 될 예수님의 이름을 발견하기를 희망한다. 당신은 안내자가 필요한가? 선한 목자에게 나아가라. 당신은 많은 열매를 맺는 영적 자원이 필요한가? 참 포도나무에게 가서 말하라. 그 짐을 지시는 부활과 생명이신 그분께 기도하라. 나는 예수께서 자신에 대하여 명확한 정의를 해 주신 것에 매우 감사한다.

예수님의 다양한 이름 중 하나를 선택하고 그 이름과 관련된 내용으로 기도하라.

예수님의 다른 명칭들

예수님의 또 다른 명칭들은 그의 속성 또는 역할의 보충적 측면을 계시하며, 우리가 예수님과 더욱 가까워질 수 있는 방법을 알려준다. 어떤 명칭이 예수님께 붙여졌는지 다음 구절에서 찾아보라.

요한복음 3:2

사도행전 10:42

히브리서 3:1

요한계시록 19:16

"…예수께서 이르시되 내가 곧 길이요 진리요 생명이니 나로 말미암지 않고는 아버지께로 올 자가 없느니라"(요 14:5-14)

"나는 참 포도나무요 내 아버지는 농부라 무릇 내게 붙어 있어 열매를 맺지 아니하는 가지는 아버지께서 그것을 제거해 버리시고 무릇 열매를 맺는 가지는 더 열매를 맺게 하려 하여 그것을 깨끗하게 하시느니라…"(요 15:1-17).

예수님의 다양한 이름은 예수께서 만난 인간들의 다양한 필요를 의미한다. 당신의 환경이 바뀔 때, 당신의 필요와 욕망도 바뀐다.

"그가 밤에 예수께 와서 이르되 랍비여 우리가 당신은 하나님께로부터 오신 선생인 줄 아나이다 하나님이 함께하시지 아니하시면 당신이 행하시는 이 표적을 아무도 할 수 없음이니이다"(요 3:2).

"우리에게 명하사 백성에게 전도하되 하나님이 살아 있는 자와 죽은 자의 재판장으로 정하신 자가 곧 이 사람인 것을 증언하게 하셨고"(행 10:42).

"그러므로 함께 하늘의 부르심을 받은 거룩한 형제들아 우리가 믿는 도리의 사도이시며 대제사장이신 예수를 깊이 생각하라"(히 3:1).

"그 옷과 그 다리에 이름을 쓴 것이 있으니 만왕의 왕이요 만주의 주라 하였더라"(계 19:16).

예수님과 또 다른 관계

예수님은 그를 따르는 사람들에게도 새로운 관계를 가질 수 있게 하셨다. 그 관계는 오늘을 살아가는 우리와 예수님과의 관계가 되기도 한다.

친구

이 관계에 대한 예수님의 멋진 표현을 요한복음 15:12-17에서 읽어 보라.

"내 계명은 곧 내가 너희를 사랑한 것같이 너희도 서로 사랑하라 하는 이것이니라 사람이 친구를 위하여 자기 목숨을 버리면 이보다 더 큰 사랑이 없나니 너희는 내가 명하는 대로 행하면 곧 나의 친구라 이제부터는 너희를 종이라 하지 아니하리니 종은 주인이 하는 것을 알지 못함이라 너희를 친구라 하였노니 내가 내 아버지께 들은 것을 다 너희에게 알게 하였음이라 너희가 나를 택한 것이 아니요 내가 너희를 택하여 세웠나니 이는 너희로 가서 열매를 맺게 하고 또 너희 열매가 항상 있게 하여 내 이름으로 아버지께 무엇을 구하든지 다 받게 하려 함이라 내가 이것을 너희에게 명함은 너희로 서로 사랑하게 하려 함이라" (요 15:12-17).

➲ 친구 관계 속에서 예수님의 사역과 친구의 책임을 묘사하는 내용을 아래에 쓰라.

예수님의 사역 ______________________________

____

____

친구의 책임 ______________________________

____

예수님은 제자들과 '친구' 관계를 맺으셨다. 만일 당신이 예수님의 제자라면, 예수님이 당신을 사랑하시고, 당신을 위해 생명을 바치셨고, 당신을 선택하셨고, 당신에게 직분을 주시고, 당신에게 계명을 주셨음을 배우게 될 것이다. 그의 친구로서 당신은 서로 사랑하라고 하신 예수님의 말씀을 완수하고, 예수님을 위하여 열매를 맺을 것이다. 당신은 이와 같은 관계를 싹트게 하는 놀라운 기도의 약속을 알고 있는가? 그는 이런 관계를 세우시면서 "너희가 내 이름으로 무엇을 구하든지 아버지께서 그대로 시행할 것이니라" 고 약속하셨다.

만일 예수님이 제자들을 '친구' 라고 부르셨다면, 그의 제자인 당신도 그를 '친구' 라고 부르면서 기도할 수 있을 것이다.

"거룩하게 하시는 이와 거룩하게 함을 입은 자들이 다 한 근원에서 난지라 그러므로 형제라 부르시기를 부끄러워하지 아니하시고" (히 2:11).

형제

히브리서 2:11을 읽어라. 예수님은 그들을 형제라고 부르는 것을 부끄러워하지 않으셨다. 만일 우리가 하나님의 자녀가 되었다면, 우리는 참으로 하나님의 아들인 독생자 예수의 형제, 자매가 되는 셈이다. 예수님이 우리를 '형제' 라고 부르셨다면, 우리는 그를 '형제' 라고 부를 수 있다. 예수님과 형제라고 하는 호칭에 대해 당신은 잘못된 것이라고 생각할 수도 있다. 그래서 나는 차라리 예수님을 '지극히 높고 거룩한 형제' 로 부르는 것이 낫다고 생각한다.

오늘, 하나님과 교제하며 동행하는 삶

1. 기도지침 2에 오늘 공부한 예수님의 이름들이 있다. 그것들 중에 오늘 당신이 적용할 수 있는 것을 찾아보라. 그가 당신의 영을 위한 양식(자양분)과 랍비(스승)가 되심 등의 이유로 인하여 감사하라. 또한 당신을 형제요, 친구로 부르신 것을 인하여 그에게 감사하라. 실제로 기도할 때, 이 이름들을 말해 보라. 이런 기도가 하나님과 교제하며 동행하는 방법 중 하나이다. 다음 모임 때까지 기도할 때마다 기도지침 2를 참조하라. 성경에 계시된 그의 이름을 통하여 더욱 하나님을 알아가도록 하라.

2. 경건의 시간을 가진 후, 경건한 삶을 완성하라.

경건한 삶

성경말씀

성경에서 하나님이
나에게 주신 말씀

나의 기도제목

제3단원

하나님과의 개인적인 교제

핵 심 개 념	기도의 삶을 살아가기 위한 중요한 요소 중 하나는 하나님 앞에서 자신이 어떤 존재인가를 아는 것이다.
단원학습목표	하나님 앞에 있는 당신의 독특한 점은 무엇이고, 그 독특성이 하나님과 어떻게 교제할 수 있게 하는지 알게 된다.
암 송 구 절	"여호와여 아침에 주께서 나의 소리를 들으시리니 아침에 내가 주께 기도하고 바라리이다"(시 5:3). "하나님이여 주는 나의 하나님이시라 내가 간절히 주를 찾되 물이 없어 마르고 황폐한 땅에서 내 영혼이 주를 갈망하며 내 육체가 주를 앙모하나이다"(시 63:1).
관련기도지침	기도지침 3 기도의 독특성(280쪽)

하나님은 나의 선생님

여러 해 전에 나는 이사야 50:4에 있는 놀라운 약속을 발견하였다.

"주 여호와께서 아침마다 깨우치시되 나의 귀를 깨우치사 학자들같이 알아듣게 하시도다."

이 본문은 비록 메시아에 관한 말씀이지만 우리는 이 말씀을 통해 메시아의 성격을 깨닫게 된다. 어느 날 밤 나는 기도를 드렸다. "주님, 주님께서는 제가 어느 정도의 수면이 필요하지 아십니다. 또한 주님께서 저에게 많은 말씀을 해 주시기 원한다는 사실도 압니다. 내일 아침에 주께서 저를 깨워 주시되, 저의 육체에 필요한 수면시간과 주님과 교제하기를 원하는 저의 열망이 균형을 이룰 수 있는 시간에 깨워 주십시오."

다음날 나는 새벽 5시 30분에 일어났다. 보통 때 같으면 잠에 푹 빠져 있을 시간이었다. 그 후 여러 해 동안 주님께서 나를 깨우시는 일들이 계속되었다. 새벽 5

시 30분쯤에 일어날 때면, 축복된 기도시간을 가질 수 있었고, 4시 30분쯤에 일어날 때는 하나님과의 교제에서 풍성하고도 새로운 이해를 얻을 수 있었다. 어느 날엔가는 새벽 3시에 일어났다. 나는 흥분하여 집에 있는 기도실로 들어가 감동적인 목소리로 기도하였다. "주님은 진실로 저의 목자이십니다!" 그 순간 나는 목자와 양에 대해 내가 아는 것이 거의 없다는 사실을 발견하였다. 나는 대부분의 시간을 대학의 연구소에서 보냈기 때문이다. 그래서 시편 23편을 다음과 같이 나의 말로 적어 보았다.

1. 여호와는 나의 선생님이시니
   나의 지식에 부족함이 없으리로다

2. 그가 나를 그분의 뜻을 알게 하시며
   새로운 시야를 가지도록 인도하시는도다

3. 나의 정신을 소생시키시고

   자기 영광을 위하여 거룩함을 알도록 인도하시는도다

4. 내가 진리가 없는 위험한 세대에 살지라도
   해를 두려워하지 않을 것은 주께서 나와 함께 하심이라
   성령과 성경이 나를 굳건하게 하시나이다

5. 주께서 내 원수의 목전에서 교육과정을 준비해 주시고
   영광의 기름을 내 마음에 부으셨으니
   내 노트가 넘치나이다

6. 내 평생에 지혜와 지식이 반드시 나를 채우리니
   내가 여호와의 집에 영원히 살리로다

다윗은 목자였기 때문에 그의 기도는 목자의 삶에 적합하게 표현되었다. 반면에 나는 교수이기 때문에 하나님을 기쁘시게 하며 나를 감동하게 하는 나만의 독자적인 기도 내용이 있다.

제1과
당신의 시편 23편

오늘의 학습목표 당신의 개성에 맞는 방식으로 하나님께 기도하게 된다.

지난 단원에서는 하나님을 아는 것이 기도 응답을 받는 첫 번째 비결임을 배웠다. 이번 단원에서는 당신의 독특한 기도문으로 응답받는 또 다른 기도 응답의 비결을 공부할 것이다.

독특한 관계

기도할 때 사용하는 하나님의 다양한 이름은 하나님과의 독특한 관계를 나타낸다. 하나님의 다양한 이름에 대해서는 2단원에서 공부하였다.

성경에 나타난 하나님의 여러 이름들을 기도지침 2에서 다시 살펴보라. 그 중에서 당신이 좋아하는 하나님의 이름을 두세 가지 기록하라.

____

____

당신이 좋아하는 하나님의 이름은 당신의 마음속에 남아 있음에 틀림없다. 하나님과의 관계를 생각해 볼 때, 그 관계는 어떤 관계인가? 아버지와 아들, 대장과 병사, 선생과 제자, 등산 안내자와 등산객, 코치와 운동선수, 지휘자와 연주자, 주인과 종, 왕과 신하, 대통령과 시민, 고용주와 고용인, 아니면 어떤 관계인가? 당신은 하나님과 교제할 때 실제로 어떤 관계에서 가장 많이 교제하는가?

아래의 빈칸을 채워라.

하나님과 나의 관계를__________ 과 ______________의 관계로 생각한다.

위의 빈칸을 채우기 전에는 더 이상 진도를 나가지 말라.

나의 "시편 23편"을 기록하는 중에, 개인적으로 나를 표현하는 방법을 발견했다. 나의 기도생활은 성경에 나타난 많은 기도의 인물들처럼 나에게 특별한 것이다. 나의 기도는 본질적으로 '제자' 혹은 '학생'의 기도였으며, 하나님은 '선생님' 혹은 '교수님'이셨다. 나의 기도는 하나님을 알아가는 것이 되었다. 그리고 나의 기도생활은 하나님과의 개인적인 교제를 더욱 깊게 하였다.

당신은 다른 사람이 갖지 못한 독특한 개성을 가지고 있다.

경건한 삶

성경말씀

성경에서 하나님이 나에게 주신 말씀

나의 기도제목

당신의 "시편 23편"

모든 사람은 각자의 독특한 개성이 담긴 기도문으로 하나님께 기도한다. 당신은 다른 사람이 갖지 못한 독특한 개성을 가지고 있다. 하나님의 이름들 중에서 당신의 독특한 개성을 연결할 수 있고, 그 독특성으로 기도하길 하나님은 원하신다. "시편 23편"을 당신의 말로 다시 적어 보면 기도를 위한 당신의 독특한 개성을 더 잘 이해하게 될 것이다.

시편 23편은 여섯 구절로 되어 있다. 시편 23편을 읽고 각 구절에서 다음 내용을 어떻게 설명하고 있는지 살펴보라.

- ■ 1절 : 하나님과 나는 어떤 관계인가?
- ■ 2절 : 하나님은 나를 어디로 인도하시는가?
- ■ 3절 : 나는 하나님과 어떻게 동행했는가?
- ■ 4절 : 예상되는 위험과 하나님의 보호?
- ■ 5절 : 하나님의 예비하심?
- ■ 6절 : 하나님과 특별한 관계 속에 있는 나의 미래?

앞의 내용을 사용해서 "시편 23편"을 당신의 말로 옆의 여백에 적어 보라. 그리고 당신의 삶에서 하나님은 어떤 분이시며, 당신을 어떻게 돌보시는지 기록해 보라.

오늘, 하나님과 교제하며 동행하는 삶

1. 오늘 찬양과 감사의 시간에, 당신의 시편을 적어 보고 당신이 선택한 말로 찬양과 감사와 기도를 해 보라. 당신이 선택한 말에 따라 하나님은 당신의 기도에 응답해 주실 것이고, 당신의 주인이 되어 줄 것이다. 기도 응답해 주실 하나님께 찬양과 감사를 하라.

2. 오늘 기도시간에는 당신의 독특한 개성을 포함한 말로만 기도해 보라.

3. 경건의 시간을 가진 후, 경건한 삶을 완성하라.

제2과
개인적인 독특성, part 1

오늘의 학습목표 개인적 독특성과 기도생활이 기도의 삶을 더욱 풍성하게 한다는 사실을 일게 한다. 당신에게 맞는 기도문을 만들 수 있을 것이다.

독특한 관계

사람은 저마다 하나님과 독특한 관계를 맺는다. 사람마다 하나님을 이해하고 기도하는 방식이 다르기 때문이다. 사람마다 지문이 다르듯, 기도문도 사람마다 독특하다.

개인적 독특성, 당신이 처한 특별한 환경, 그리고 하나님에 대한 이해 등으로 당신은 다른 사람과는 다른 기도문으로 기도할 수 있다. 당신이 처한 환경에 따라 하나님의 모습을 달리 지각하게 된다. 그리고 하나님에 대한 지각은 당신의 기도문에 영향을 준다.

앞으로 두 과에서 기도문에 사용할 당신의 독특성을 발견하고 이해할 것이다. 특별히 당신이 하나님을 어떻게 인지하는지에 대하여 분명하게 이해하고, 당신에게만 맞는 기도문을 개발하도록 하라. 성경에 나오는 몇몇 기도의 인물들을 살펴보면 이러한 점이 더욱 잘 이해될 것이다.

성경에 나타나는 기도의 인물들

성경에는 하나님의 구원 계획뿐만 아니라 하나님께 기도하여 응답받은 사람들에 관한 기록도 있다. 그들은 매일 하나님과 동행하였으며 하나님을 경험하였다.

성경에 나타난 기도의 인물들은 각자 독특한 기도생활을 했다. 그들은 다른 환경에서 살았고, 다른 문제에 부딪혔다. 따라서 그들은 서로 상이한 관점에서 하나님을 보았고 그 결과 그들의 기도도 서로 달랐다.

성경에 나타난 기도의 인물들이 서로 다른 기도의 형식을 의식적으로 추구했던 것은 아니다. 그들은 단지 하나님이 인도하시는 대로 살았고, 그 결과로 하나님의 뜻을 이룰 수 있었다. 그리고 기도의 인물들은 하나님께 기도 응답을 받았다.

성경에 나타난 기도의 인물들을 살펴보면, 그들에게서 다음과 같은 세 가지 중요한 요소를 발견한다.

1. 그들에게는 자신만의 독특한 기도양식이 있었다.
2. 그들은 구체적으로 기도하였다.
3. 그들은 특별한 방식으로 하나님을 만났다(하나님의 사역 속에서 혹은 하나님 이름과 연결된 합성어나 하나님을 지칭하는 말을 적용하였다.).

두 인물을 예로 살펴보자.

고넬료

사도행전 10:1-8, 30-33을 읽고 다음 물음에 답하라.

■ 고넬료의 기도에서 찾을 수 있는 개인적 독특성은 무엇인가?

■ 고넬료의 기도에서 가장 중요한 것은 무엇인가?

■ 고넬료의 하나님은 어떤 분이신가?

본문을 통해 당신은 많은 것을 생각했을 것이다. 위의 질문에 완전하게 답하지 못했다고 실망하지 마라. 이러한 질문에 답하기 위해서는 때로 그 사람의 입장에서 보아야 한다. 그리고 때로는 '행간에 감추어진 의미들'을 찾아내야 한다. 당신이 작성한 답이 다른 사람과 다를지라도 전혀 문제되지 않는다. 누가는 이방인 고넬료를 다음과 같이 설명하였다. 그는 헌신된 사람이었으며, 하나님을 경외하는 자였고, 유대 백성들에게 많은 구제를 베푼 사람이었으며, 지속적으로 기도시간을 가졌던 사람이었다. 고넬료는 그 나름의 신앙적 특징을 지니고 있었다. 그는 "하나님을 경외하는 사람"(2절)이었다. 그는 유대인이 아니었는데도 항상 하나님께 기도하면서 유대인의 하나님을 찾았다(2절). 그러므로 그의 기도에서 중요한 요소는 "하나님을 찾는 것"이었다. 그리고 그는 하나님께 헌신을 결심했던 인물이다. 고넬료에게 하나님은 "진실한 하나님"이셨다. 고넬료의 기도는 하나님께 매우 효과적이었음이 분명하다. 우리는 그 점을 "네 기도와 구제가 하나님 앞에 상달되어 기억하신 바가 되었다"는 천사의 말을 통해 알 수 있다. 그로 인해 하나님께서는 세계의 역사를 변화시키는 일을 시작하셨다. 고넬료의 기도는 기독교가 이방세계로 전파되는 문을 열어 주었다.

"다니엘이 이 조서에 왕의 도장이 찍힌 것을 알고도 자기 집에 돌아가서는 윗방에 올라가 예루살렘으로 향한 창문을 열고 전에 하던 대로 하루 세 번씩 무릎을 꿇고 기도하며 그의 하나님께 감사하였더라"(단 6:10).

다니엘

다니엘의 적들은 그를 제거하려고 하였다. 그들은 다니엘이 지속적으로 기도생활을 한다는 것을 알았고, 오로지 그 기도생활을 이용할 때 다니엘을 책잡는 것이 가능함을 알았다(단 6:5). 그리하여 그들은 30일 동안 왕 외에 그 누구에게도 기도해서는 안 된다는 왕의 칙령을 받아내는 데 성공하였다.

다니엘 6:10을 읽어 보라. 그리고 다니엘이 어떤 사람이었는지 적어 보라.

다니엘은 하나님을 지극히 높으신 분(단 4:17, 5:18)이며 그가 섬기던 왕을 포함하여 모든 왕들보다 높은 분으로 믿었다. 따라서 다니엘은 기도를 계속하였고, 다

리오 왕은 그를 사자굴에 넣을 수밖에 없었다. 그러나 하나님은 사자굴에서 다니엘을 구원해 주셨으며 세상의 어떤 권력보다 높은 분이심을 실제로 보여주셨다. 지금 당신은 다니엘이 용기있고, 신실하고, 충성된 사람이라고 생각할 것이다. '하나님의 충성된 일꾼' 이라는 것이 다니엘의 개인적 독특성이며, 다니엘은 하나님께 충성하는 기도를 했다. 기도하는 사람은 하나님에게 충성하여야 하며, 하나님이 만왕의 왕으로 가장 높으신 분이라는 사실을 믿어야 한다.

적용

고넬료는 참 하나님과 교제하기를 소원하였다. 그는 자기 고향의 우상 신들을 버리고 참 하나님을 만났다. 아마도 그는 예레미야 29:13과 같은 하나님의 약속을 믿고 기도하였을 것이다.

예레미야 29:13을 읽어 보라. 당신은 언제 참 하나님을 찾는가?

하나님은 베드로의 설교를 통해 자신을 구원자로 계시하심으로 고넬료의 열심을 채워 주셨다. 당신은 하나님을 더욱 잘 알기 위해 고넬료와 같이 하나님을 경외하는 자가 되기를 소원할 것이다. 당신 가족 중에 믿지 않는 사람이 있다면, 그들의 구원을 위해 고넬료와 같은 입장에서 기도할 수 있을 것이다.

다니엘과 같은 개인적 특성으로 기도한 기도제목은 무엇인가?

다니엘의 충성은 칭찬받을 만하다. 하나님은 충성된 자 다니엘을 지켜 주셨고, 그로 인해 가장 높으신 분으로서 영광을 받으셨다. 당신은 하나님께 헌신과 충성을 해야 할 상황에 처한 적이 있었는가? 우리는 언제나 다니엘의 됨됨이와 기도생활을 본받아야 하며, 특히 우리의 신실하고 충성스러움으로 인해 하나님께서 세상에서 영광을 받으시게 되는 경우에는 더욱 그러하다.

당신의 기도생활은 어떠한가

앞의 두 가지 예를 통해 기도의 개인적 독특성이 기도에 어떻게 영향을 주는지 살펴보았고, 자기 자신에게 맞는 독특한 기도문을 발견하는 방법을 공부했다. 지난 과에서 공부했던 당신의 "시편 23편"은 가장 잘 기도 응답받을 수 있는 당신의 개인적 독특성이다.

"이는 순찰자들의 명령대로요 거룩한 자들의 말대로이니 지극히 높으신 이가 사람의 나라를 다스리시며 자기의 뜻대로 그것을 누구에게든지 주시며 또 지극히 천한 자를 그 위에 세우시는 줄을 사람들이 알게 하려 함이라 하였느니라"(단 4:17).

"왕이여 지극히 높으신 하나님이 왕의 부친 느부갓네살에게 나라와 큰 권세와 영광과 위엄을 주셨고"(단 5:18).

"너희가 온 마음으로 나를 구하면 나를 찾을 것이요 나를 만나리라" (렘 29-13)

경건한 삶

성경말씀

성경에서 하나님이
나에게 주신 말씀

나의 기도제목

위의 내용을 토대로 아래 물음에 답하라.

■ 당신의 기도에서 개인적 독특성은 무엇인가?

■ 가장 중요한 기도생활은 무엇인가?

■ 당신의 하나님은 어떤 분이신가?

오늘, 하나님과 교제하며 동행하는 삶

오늘은 독특한 방식으로 하나님을 만났던 사람들을 살펴보았다. 고넬료는 참 하나님을 찾았던 사람이었고, 다니엘은 가장 높으신 하나님을 바라는 충성된 인물이었다.

1. '참 하나님'과 '가장 높으신 하나님' 중에서 오늘의 기도제목을 정하여 반복하여 기도해 보라.

2. 경건의 시간을 가진 후, 경건한 삶을 완성하라.

제3과
개인적인 독특성, part 2

오늘의 학습목표 2과에 이어서, 성경에 나타난 기도의 사람들이 자기에게 맞는 기도에 대하여 이해하고, 자신에게 맞는 기도문을 만들어 본다.

성경에 나타난 또 다른 기도의 사람들

기도지침 3의 "성경에 나타난 기도의 인물들" 목록은 기도 응답받았던 위대한 기도의 인물들에 관한 내용을 제공해 준다. 그들은 제각기 특수한 환경 속에서 하나님께 나아왔다. 그들은 하나님이 주신 개인의 독특성을 깨달았고 그 독특성으로 하나님께 기도하여 응답받았다. 그들이 처한 상황과 하나님의 본성에 따라 하나님은 기도 응답해 주신 것이다.

다음에 기록된 사람들과 그에 해당되는 본문을 읽어 보라. 기도지침 3을 읽고, 하나님께 기도하는 세 가지 요소를 찾아 기록하라. 각 사람 이름 밑에 그들이 형성했던 기도문의 독특성과 기도 방법에 영향을 미쳤을 그들의 상황, 필요, 관심을 찾아 기록하라. 그들이 처했던 개인적인 상황을 잘 파악하기 위해서 주어진 본문 이외의 부분도 읽도록 하라. 그리고 만약 당신이 그들의 기도문이나 기도 방법과 다른 것이 있다면, 옆의 빈칸에 적어 보라.

- 에녹 – 창세기 5:21-24

- 아브라함 – 창세기 15:1-6; 18:23-33; 야고보서 2:23

- 야곱 – 창세기 32:9-12, 24-30

- 모세 – 출애굽기 3:5; 4:10-15; 32:11-14; 33:12-13

- 기드온 – 사사기 7:1-7

➲ 기도지침 3에서 아래 각 사람들이 기도 응답받은 것을 살펴보고 시간이 허락된다면 그들의 기도생활에 대해 더 공부해 보라.

- 한나 – 사무엘상 1:10, 15–18; 2:1–10
- 엘리야 – 열왕기상 18:36–37
- 엘리사 – 열왕기하 6:15–17
- 히스기야 – 열왕기하 19:14–19
- 느헤미야 – 느헤미야 1:4–11
- 이사야 – 이사야 26:7–9; 33:2
- 예레미야 – 예레미야 14:7–9, 20–22
- 에스겔 – 에스겔 3:17–21; 11:13–21
- 마리아 – 누가복음 1:46–55
- 베드로 – 사도행전 4:23–31
- 바울 – 에베소서 1:15–21; 3:14–21
- 요한 – 요한일서 1:3; 4:16
- 예수님 – 요한복음 17:1–26

적용

에녹

성경에는 에녹에 관하 이야기가 거의 없다. 그러나 그의 삶이 하나님과 동행하던 삶이었다는 것은 우리에게 도전과 자극을 준다. 당신도 에녹과 같이 하나님과 동행하는 삶을 살기 위해서 「기도의 삶」을 공부하고 있는지 모른다. 당신 외롭다고 느끼고 당신의 말을 귀담아들어 줄 친구가 필요할 때, 에녹은 본받고 따를 만한 좋은 본이 된다. 하나님을 당신의 친구로 택하라.

야곱

야곱에게는 그의 생애에 중대한 전환점이 있었다. 속임수로 장자권을 빼앗았던 그는 형 에서를 만나기 바로 전날, 가족의 생명에 대한 생각 때문에 두려움에 휩싸였다. 불안정한 미래를 생각하면서 그는 하나님의 약속을 기억하였다. 그는 하나님의 약속을 그의 소망의 근원으로 삼고 하나님께 끈질기게 매달렸다.

하나님께서는 야곱을 축복하셨고 그 약속을 성취하세 해 주셨다. 당신도 낙심되고 아무런 도움이 없으며 불확실한 상황에 처했을 때, 하나님의 약속들을 기억하며 그것에 매달림으로써 소망 속에 미래를 맞이할 수 있다. 야곱은 끈질긴 기도의 모습을 보여 준 좋은 본보기이다.

기드온

하나님께서는 이스라엘의 대적과 싸울 이스라엘 군대의 지도자로 기드온을 선택하셨다. 사사시대 초기에, 기드온은 하나님의 뜻을 분명하고도 확실하게 깨닫기 위해 양털 시험을 하였다(삿 6:36–40). 그리고 확신을 얻었으며 확신 속에서 사명을 맡았다. 우리가 이미 아는 것처럼 하나님은 그분의 영광을 다른 어느 것에도 빼앗기기를 원하지 않으시는 질투의 하나님이시다. 하나님은 이스라엘이 자신들의 힘으로 승리했다는 말을 듣기 원하지 않으셨다. 그래서 하나님은 삼만 이천 명의 군대를 삼백 명으로 줄이셨고, 기드온은 순종하는 마음으로 전쟁에 나갔으며, 하나님은 "기드온과 그의 군대"가 승리하게 하셨다.

우리는 종종 우리가 가진 재산이나 개인적인 자원들을 의지하고 하나님을 전적으로 의지하지 않는다. 그리고 뭔가 좋은 일이 생기면 어깨를 으쓱하며 자화자찬한다. 하나님의 사역을 위하여 당신을 부르셨을 때, 반드시 있어야 할 것이 당신에게 없다고 움츠러들지 말라. 기드온을 본받아 순종하며 따르도록 하라. 하나님께서 당신의 위대한 지도자가 되실 것이다. 그리고 당신의 연약함으로 더 큰 영광을 얻으실 것이다(고전 1:26-31).

필요에 따라 기도 내용을 달리함

우리가 공부한 성경의 인물들과 마찬가지로 당신도 기도를 통해서 하나님과 관계를 유지한다. 기도의 독특한 내용은 하나님과 어떤 관계를 맺고 있는가를 보여준다. 때로는 개인의 독특한 기도 내용이 자신이 처한 상황에 더 적합할 때도 있다. 성경에 나타난 기도의 인물들을 공부했기 때문에 당신의 현재 상황에 더 적합한 기도 내용을 찾을 수 있을 것이다. 다윗이 바로 그러한 예가 될 수 있다.

다윗은 성경에 나타난 그 어떤 사람보다도 다양한 개인적 독특성이 있는 기도를 했다. 다윗의 기도의 독특성을 요약한 기도지침 3의 "다윗의 기도"를 보라.
오늘 당신에게 가장 적합한 것은 무엇인가?

기도지침 3의 "다윗의 기도"에 있는 각 기도내용과 관련된 성경구절을 읽어 보라.

다윗은 그가 처했던 상황과 필요에 따라 다양한 방식으로 하나님께 기도했다. 다윗의 기도가 갖는 근본적인 독특성은 '인간다움'에 기초한다. 다윗은 하나님의 말씀을 이해하는 데 온전히 인간적이었다. 그의 기도는 '하나님의 능력을 인정하는 것'이었으며, 하나님을 자신의 '주님'으로 나타내었다.

비록 행실이 바르지 않아 하나님의 길에서 벗어났을 때도, 그의 마음은 하나님의 길에서 떠나지 않았다. 다윗은 죄와 순결, 승리와 패배, 성공과 실패 그리고 고난받는 것과 권력을 얻게 되는 모든 과정을 통해 하나님을 알아갔다. 다윗의 삶을 주관하셨던 하나님이 그의 주님이 되신 것은 우리가 죄를 범하고 그릇된 판단을 하는 잘못을 범했다고 해서 기도를 멈추거나 중단해서는 안 된다는 사실을 보여준다.

경건한 삶

성경말씀

성경에서 하나님이
나에게 주신 말씀

나의 기도제목

오늘, 하나님과 교제하며 동행하는 삶

1. 기도지침 3의 "성경에 나타난 기도의 인물들"에서 사람에 따라 다른 기도의 독특성을 살펴보라. 그리고 그중에서 오늘 당신에게 적용할 수 있는 것 하나를 선택하여 당신의 기도내용으로 사용하라.

2. 당신의 상황에 맞는 기도 내용을 선택하여 '성경에 나타난 기도의 인물들' 처럼 기도해 보라

3. 경건의 시간을 가진 후, 경건한 삶을 완성하라.

제4과

특별한 찬양과 감사

오늘의 학습목표 당신을 특별하게 하신 하나님을 찬양할 이유를 발견하고, 하나님을 찬양하는 데 그 이유를 적용하게 된다.

하나님께서는 당신을 다른 사람들과 구별하여 지으셨다. 따라서 당신은 이 세상에서 한 사람밖에 없는 특별한 존재이고, 하나님은 당신의 삶 속에서 특별한 방식으로 역사하신다. 당신의 삶에 대한 하나님의 계획과 목적은 다른 사람들과 다르고 하나님께서는 자녀들에게 각각 개별적으로 영광을 나타내신다. 따라서 우리 각자의 삶에 특별한 방식으로 역사하시는 하나님을 잘 반영하게 될 때, 하나님께서는 영광을 받으실 것이다.

당신은 다른 사람과는 다르게 창조되었기 때문에 당신과 하나님의 관계는 독특하다. 하나님과 개인적인 교제를 더욱 풍성하고 깊이 있게 하는 또 다른 방법은 당신의 독특함으로 하나님께 찬양을 드리는 것이다. 당신만의 그 독특함이 곧 찬양과 감사의 이유가 된다.

신체적인 특징

당신의 심장은 몸속 세포들에게 산소를 가진 피를 보내기 위하여 1분에 72회씩 뛰고 있다. 하나님은 당신만을 위하여 놀라운 몸을 창조하였다. 눈으로 볼 수 있게 하였고, 혀로 맛의 즐거움을 알게 하였고, 소화기관은 영양분을 공급하게 하였고, 골수는 새로운 피를 만들게 하였고, 허파는 탄소를 제거하고 산소를 피 속에 제공하게 하였고, 뇌는 모든 작용을 통제하게 하였다.

시편 139:14을 읽고, 당신의 몸을 창조하신 하나님을 찬양하라. 당신은 시편 기자의 말을 인용하여 찬양을 드릴 수 있다. 그 내용을 옆 여백에 적어 보라.

"내가 주께 감사하옴은 나를 지으심이 심히 기묘하심이라 주께서 하시는 일이 기이함을 내 영혼이 잘 아나이다"(시 139:14).

찬양으로 기도하기 위해 잠시 중단하였는가? 그러나 만일 당신이 하나님과 더욱 깊은 교제와 동행하는 삶을 살기 원한다면 위에서 제시한 과제를 하나님과 동행하기 위한 새로운 기회로 생각하라. 그리고 만일 단원 암송구절인 시편 63:1을 암송하지 않았다면 그 구절을 암송하도록 하라. 시편 기자가 표현한 대로 매일 하나님의 뜻을 당신의 영혼에 만들 수 있도록 기도하라. 응답될 때까지 계속 기도하라.

장애와 극복

당신은 어떤 종류의 신체적, 정신적, 정서적 장애를 지니고 있는가? 당신의 배경, 교육 수준, 그리고 현재 처한 상황 등이 불리한 조건이라고 생각하는가? 그렇다고 생각되는 것들을 아래에 적어 보라.

당신의 장애와 불리한 조건들이 하나님을 영화롭게 하는 도구가 될 수 있다는 생각을 해 보지 않았는가? 만일 이런 점에 유념하지 못한다면, 당신이 지닌 장애와 불리한 점들로 인해 당신은 실제로 당신이 갖고 있는 잠재력을 온전히 실현하지 못할 것이다. 따라서 이러한 것은 극복해야 한다. 하나님은 우리의 모습이나 우리가 가지고 있는 지식보다는 우리가 장애를 극복하고 성장하는 것을 기뻐하신다. 하나님께서는 당신을 있는 그대로 사랑하시지만, 동시에 하나님의 도우심을 통해 더욱 성숙하며 잠재력을 실현하는 인간이 되기를 원하신다. 하나님은 당신의 장애에 역사하심으로 영광을 얻기 원하신다. 당신의 장애는 당신 삶 중에 다른 부분을 더 뛰어나게 할 수 있는 도전이 될 수 있다는 것을 알라.

당신이 기록한 장애와 불리한 조건을 다시 생각해 보라. 당신에게 장애도 아니고 불리한 점도 아닌 영역은 무엇인가? 당신의 삶을 통해 하나님이 영광받고자 하는 것이 무엇인지 지금 기도해 보라.

타고난 재능

기계를 잘 다루는 재능, 수학적인 재능, 추리력, 가창력 등 당신의 타고난 재능을 적 어보라.

“온갖 좋은 은사와 온전한 선물이 다 위로부터 빛들의 아버지께로부터 내려오나니 그는 변함도 없으시고 회전하는 그림자도 없으시니라”(약 1:17).

하나님은 온갖 선한 것과 온전한 은사의 근원이시다(약 1:17). 하나님을 당신이 가진 재능의 근원으로 인정하는 것은 중요하다. 그리고 그 재능을 하나님을 위해서 사용하는 좋은 청지기가 되는 것도 또한 중요하다. 만일 당신에게 기계를 잘 조작하는 재능이 있다면, 그것을 통해 믿는 형제와 자매의 고장난 차를 수리하는 일을 돕는다든지, 그들의 집에 고장난 것을 수리하는 일을 도울 수 있을 것이다. 만일 당신이 수에 대해 남다른 재능이 있다면, 주일학교의 기록을 보존하는 일 등을 도울 수 있을 것이다. 그리고 만일 당신이 이성적으로 추리하는 재능이 있다면, 다른 사람이 당면한 복잡한 문제를 명확하게 정리해 줄 수 있을 것이다. 당신의 타고난 재능으로 다른 사람을 도와주었던 적이 있는가?

당신에게 타고난 재능을 주신 하나님께 감사와 찬양을 드리라. 그리고 재능으로 다른 사람을 섬길 수 있는 특권을 주신 하나님께 또한 감사를 드리라.

중생에 대한 찬양

나는 열 살에 구원을 받았다. 그러자 부모님들은 내가 그런 결심을 하도록 영향을 주었을 만한 사람들을 찾아다니시면서 그들의 사역에 감사를 표했다. 무엇보다도 그들은 나의 구원에 대해 하나님께 감사를 드렸으며, 나는 그들의 감사가 의도하는 바를 깨달았다.

당신을 그리스도께로 인도하는 데 도움을 주었던 상황을 적어 보라.

당신의 결정에 가장 큰 영향을 준 사람은 누구인가?

당신의 중생을 위해 역사하신 하나님께 찬양과 감사의 기도를 간단히 적어 보라.

영적 은사

타고난 재능보다 훨씬 더 중요한 것은 영적 재능 곧 영적 은사이다. 당신의 영적 은사가 무엇인지 아는가? 만약 안다면, 하나님께서 그 은사를 사용하셨던 방법을 생각해 보라. 당신에게 은사를 주시고 또 그 은사를 사용하신 하나님께 찬양을 드리라.

영적 은사를 주시고 사용하시는 하나님께 대한 감사의 기도를 옆의 여백에 간단히 적어라.

만약 하나님께서 당신에게 주신 영적 은사가 무엇인지 모른다면 하나님께 가르쳐 달라고 기도하라. 그리고 하나님께서 가르쳐 주실 때, 하나님을 위해 은사를 사용하겠다고 약속하라.

하나님 나라를 위한 목적

모든 그리스도인은 하나님 나라를 위한 어떤 목적에 부름받았다.

하나님 나라의 목적을 이루기 위해 당신을 사용하신 방법은 무엇인가?

하나님 나라의 확장을 위해 지금 현재 당신이 할 수 있는 것은 무엇인가?

경건한 삶

성경말씀

성경에서 하나님이
나에게 주신 말씀

나의 기도제목

하나님은 어떤 궁극적인 목표를 가지고 당신을 인도하신다고 생각하는가?

오늘, 하나님과 교제하며 동행하는 삶

1. 하나님에게 당신은 독특한 개성을 가진 존재임을 오늘 하루 깊이 생각해 보라. 오늘 하루 동안 당신의 삶을 통해 자신의 뜻을 이루시는 하나님을 기억하라. 당신이 만나는 사람들에게도 하나님의 놀라운 역사가 나타나도록 기도하라. 시편 139편을 묵상하고 하나님께 기도해 보라.

2. 경건의 시간을 가진 후, 경건한 삶을 완성하라.

제5과

복습

오늘의 학습목표 이번 단원에서 공부했던 것 중에서 중요한 개념들을 공부하고, 기도에 적용하게 된다.

두 가지 비밀

이번 단원 제1과를 시작하면서 하나님께 기도 응답받는 두 가지의 중요한 '비밀'이 있다고 말했다. 제1과로 가서 그것이 무엇인지 찾아보고, 그 비밀을 당신의 기도에 적용함으로써 기도가 나아졌는지 써 보라.

비밀 1 ____________________

____

____

비밀 2 ____________________

____

____

당신이 친구를 알아감에 따라 그 친구에 대한 우정도 깊어진다. 당신이 하나님의 능력, 하나님의 속성, 하나님의 이름 등을 알아감에 따라 하나님과 당신의 교제는 점점 더 깊어질 것이다. 또한 당신 자신을 알아감에 따라 하나님을 더욱 기쁘시게 하거나 혹은 기도 응답이 더 많아질 것이다.

하나님을 알면 알수록 하나님과의 교제는 더 깊어질 것이다.

시편 23편

당신의 "시편 23편"을 다시 읽어 보고, 그 시편을 통해서 기도에 대해 어떤 관점을 가지게 되었는지 써 보라.

____

____

____

당신은 다른 "시편 23편"을 쓸 수도 있다. 다른 "시편 23편"은 당신의 또 다른 독특성을 보여준다.

필요에 따라 기도의 성격을 달리함

기도지침 3을 참고하여 필요, 관심, 상황에 따른 내용을 읽어 보라. 만일 당신이 그런 상황에 처해 있다면 어떤 개인적 독특성과 기도를 내용으로 기도를 하겠는가? "성경에 나타난 기도의 인물들" 표에서 적합한 사람의 이름과 개인적 독특성, 그리고 기도 내용을 적어보라.

1. 나라가 죄로 인해 비틀거리고 죄가 관영하고 있다. 사람들은 하나님의 뜻에 따라 살지 않는다.

---

2. 음식점에서 한 그리스도인 형제(혹은 자매)를 보았는데 그 형제(자매)는 애인이 있는데도 애인이 아닌 다른 사람과 애인 이상으로 친밀한 관계를 갖고 있음을 보게 되었다. 그날 밤 기도하는 중에 그 형제(자매)를 찾아 가서 하나님의 뜻을 권면 해주라고 하나님이 당신에게 말씀하였다.

---

3. 당신의 사장이 그릇된 결정으로 큰 손해를 봤다. 그런데 당신의 동료가 자기의 잘못을 숨기기 위해 거짓을 꾸며 당신의 잘못이라고 고소하였다. 그런데 더욱 불행한 사실은 당신을 변호해 줄 사람은 당신밖에 없다는 점이다.

---

4. 오늘은 정말로 굉장한 날이었다! 오늘 아침 경건의 시간은 너무 은혜스러웠으며, 직장에서는 일을 탁월하게 했다고 칭찬를 받았다. 저녁에 가족과 사랑이 흘러넘치는 즐거운 시간을 보냈다. 하루의 일을 생각하고 난 후, 당신은 "오늘 하나님께서 너무 많은 복을 내려 주신 것이 아닌가!" 하는 생각이 들었다.

여기에 주어진 질문들은 당신의 의견을 물어 보는 것이므로 팀원들과 대답이 달라도 상관없다. 그러나 당신이 작성한 대답이 어떻게 그 상황과 연관되는지에 대해서 설명할 수 있어야 한다. 1번 문제의 경우, 우리는 모세를 선택하였다. 이런 상황에서 당신은 나라를 위한 중보자가 되어 거룩하신 하나님께 자비를 구해야 할 것이다. 2번 문제의 경우, 우리는 에스겔을 본받아야 할 모범으로 선택하였다. 그것은 좋은 일이 아니며, 기도를 오랫동안 한 후에 해야 한다. 더욱이 순종하는 자세로 해야 할 일이다. 3번 문제의 경우, 당신은 의로운 재판관을 절실히 필요로 하는 상황에 처한 것이다. 다윗은 시편 7편에서 몇몇 불의한 원수들과 대면하였다. 다윗의 시편과 그가 보여준 모범이 이 경우 당신이 취할 기도의 본이 될 것이다. 4번 문제의 경우, 당신은 이러한 예가 현실에서 종종 발생하기를 원하지 않는

가? 이에 대해서는 여러 사람을 예로 들 수 있다. 시편 103편에서 예배자인 다윗, 마리아의 찬양, 자기 영광의 근원으로서 하나님을 바라보았던 바울, 하나님 은혜의 사랑을 깨달았던 요한 등이다.

당신의 필요와 관심 그리고 환경이 변할 때마다 기도지침 3을 사용해 보라. 하나님에게 다가가기 쉬울 것이다. "성경에 나타난 기도의 인물들"과 성경에 나타난 또 다른 기도의 사람들의 삶을 본받아 하나님과 개인적인 교제를 깊이 있게 하도록 노력하라.

특별한 찬양과 감사

제4과를 다시 한 번 읽어 보고, 옆의 여백에 쓴 특별한 찬양과 감사를 보라. "하나님과의 개인적인 교제"라는 제목으로 두세 문단 정도 옆의 여백에 써 보라. 이번 과를 통해서 기도의 삶이 어느 정도 나아졌는지 쓰고, 팀원과 나눠라.

오늘, 하나님과 교제하며 동행하는 삶

1. 오늘이 하나님과 당신의 관계를 축하하는 기념일이라고 상상해 보라. 그리고 하나님과 당신의 독특한 관계를 축하하면서 하루를 보내도록 하라. 마음껏 창조력을 발휘하라. 하루를 마친 후, 하나님과의 관계를 축하한 내용을 적어 보라.

2. 경건의 시간을 가진 후, 경건한 삶을 완성하라.

경건한 삶

성경말씀

성경에서 하나님이 나에게 주신 말씀

나의 기도제목

제4단원

기도에서 성경 사용

핵심개념 성경은 우리의 기도와 기도 내용에 대한 모본과 기도한 사람들을 위한 하나님의 약속을 보여준다.

단원학습목표 성경지식을 갖추어 기도하는 법과 그 결과로 기도 응답받는 것을 배운다.

암송구절 "여호와께서 내게 이르시되 네가 잘 보았도다 이는 내가 내 말을 지켜 그대로 이루려 함이라 하시니라"(렘 1:12).
"너희가 내 안에 거하고 내 말이 너희 안에 거하면 무엇이든지 원하는 대로 구하라 그리하면 이루리라"(요 15:7).

관련기도지침 기도지침 4 기도에서 성경 사용(281쪽)

성경의 약속들을 적용

아주 다급한 목소리가 전화기를 통해 들려 왔다. "아빠, 우리에겐 능력있는 성경 약속이 필요해요. 지금 당장요!" 우리는 일찍이 딸 멜라나에게 성경에서 약속한 말씀을 어떻게 활용하는지에 대해 가르친 적이 있다. 멜라나는 남편 스티브가 해군장교 임관 신청서를 제출하지 못했는데 전혀 남편 잘못이 아니라고 설명했다. 임관일은 이틀밖에 남지 않았다. 모든 사관후보생은 임관식 6주 전에 임관 신청서를 제출해야 하는데, 담당 부서에서 스티브를 누락하고 통보해 버린 것이다.

"내일 아침에 제출하면 안 된다더냐?" 내 물음에 딸은 학교에서 처리하는 게 아니고 국방성에 사본 4부를 보내면 국방성에서 장교 승인 과정을 거쳐야 하는데, 그 시간이 족히 6주는 걸린다고 설명해 주었다. "그걸 워싱턴에 있는 국방성까지 가져갈 방법이 막연해요. 설사 가져간대도 국방성에서 그 복잡한 공식 절차를 무슨 수로 하루 만에 해치운단 말예요? 제 생각엔 지금 우리에게 필요한 것은 하나님이 국방성을 움직이는 하나님이라고 쓰여진 성경구절인 것 같아요." 난 껄껄 웃으며 대답했다. "그것보다 더 나은 게 있지. 예레미야 32:27을 한번 들어 보렴.

"나는 여호와요 모든 육체의 하나님이라 내게 할 수 없는 일이 있겠느냐." 딸은 그 구절을 기억하고는 있었지만 되물었다. "아빠 지금 우리가 이런 상황에서 그걸 적용할 수 있으리라 생각하세요?"

난 즉시 전화로 함께 기도할 것을 제의했다. 우리는 스티브에게는 아무 잘못이 없었는데, 일이 잘못된 사실을 주님께 아뢰었다. 딸과 사위는 주님 안에서 결혼생활을 시작했고, 기도의 의미를 배우는 중이었다. 우리가 기도했을 때, 내 마음속에 성경의 말씀대로 그들의 문제가 성취되어, 새 가정에 추억과 교훈이 되리라는 확신이 들었다. 기도를 하니 믿음이 생기고 국방성조차도 하나님의 주권 아래 있다는 확신이 들었다. 우리는 이런 확신 속에 하나님께 요청했다. 그 신청서가 워싱톤 국방성까지 갈 수 있게 하시고, 군 긴급공식 과정을 거치게 하시고, 지휘관이 임관 명령서를 받을 수 있게 해 달라고 말이다. 그것도 단 하루 만에.

다음 날 오후, 나와 내 아내는 우리가 기도한 대로 세 시간 만에 임관 명령서를 받아내기에 충분하다고 믿었다. 그날 아침에 스티브와 멜라나는 석유회사를 찾아가서 그들의 텔렉스를 사용하여 임관 신청서를 국방성으로 보냈고, 지휘관이 모든 절차를 완벽하게 처리하여 국방성에서는 해당 대학교에 임관 명령서를 텔렉스로 보내주었다. 그 전 과정이 당일 오후 2시 반을 넘기지 않았다!

이번 일은 스티브와 멜라나에게 큰 감동을 주었고, 그 가정은 더 열심히 합심기도하게 되었다. 두말할 나위 없이 우리 부부에게도 그러했다!

제1과
기도에서 성경의 가치

오늘의 학습목표　기도에서 성경의 가치를 이해함으로써 성경말씀이 기도생활에 중요한 부분을 차지함을 알게 된다.

경건의 시간(Q.T.)에 자신의 기도만 늘어놓는다면, 하나님과의 교제는 일방적인 것이 될 것이다. 하나님께 말하는 것보다 더 중요한 것은 그분의 말씀을 듣는 것이다. 시편 기자는 시편 85:8에서 하나님의 말씀을 듣는 자세를 보여준다. 하나님의 음성을 들을 수 있는 가장 확실하고 안전한 길은 성경 속에서 하나님의 말씀을 '듣는 것' 이다.

"내가 하나님 여호와께서 하실 말씀을 들으리니 무릇 그의 백성, 그의 성도들에게 화평을 말씀하실 것이라"(시 85:8).

바울은 디모데후서 3:16-17에서 성경의 가치에 대하여 말했다. '모든 선한 일' 이란 그리스도인 생활의 모든 영역이 성경에서 유익을 얻게 된다는 것을 의미한다. '영감(inspiration)의 문자적인 뜻은 '하나님이 호흡을 불어넣은' 이다. 우리의 영적 생활에는 하나님의 호흡이 담긴 말씀이 필요하다. 하나님의 말씀은 기도의 '선한 사역' 을 감당하게 한다. 기도를 가치있게 하는 성경의 네 가지 특징은 다음과 같다.

"모든 성경은 하나님의 감동으로 된 것으로 교훈과 책망과 바르게 함과 의로 교육하기에 유익하니 이는 하나님의 사람으로 온전하게 하며 모든 선한 일을 행할 능력을 갖추게 하려 함이라"(딤후 3:16-17).

성경의 특성

① 성경은 거룩하다 : 기도를 준비하게 한다.
② 성경은 믿을 만하다 : 길을 인도해 준다.
③ 성경은 깨우쳐 준다 : 지혜를 준다.
④ 성경은 진실하다 : 기도제목을 준다.

1. 성경은 기도를 준비하게 한다

성경은 거룩하다. 성령으로부터 나온 것은 모두 거룩하다. 베드로후서 1:20-21을 읽어 보라. 성경은 우리의 생각을 거룩하게 하기 때문에 성경을 공부하는 것은 기도를 준비하는 것이다.

"먼저 알 것은 성경의 모든 예언은 사사로이 풀 것이 아니니 예언은 언제든지 사람의 뜻으로 낸 것이 아니요 오직 성령의 감동하심을 받은 사람들이 하나님께 받아 말한 것임이라"(벧후 1:20-21).

예 : 철호씨는 이번 달에 시편을 읽고 있다. 그는 매일 아침 기도시간 전에 시편을 다섯 편씩 읽는다. 이 훈련으로 그는 하나님이 그분의 백성에게 보여주시는 속성을 깊이 생각하게 되었다. 그는 시편이 기도를 위한 마음의 준비에 도움을 준다는 것을 발견했다.

"여호와의 말씀은 순결함이여 흙 도가니에 일곱번 단련한 은 같도다"(시 12:6).

"주의 말씀을 열면 빛이 비치어 우둔한 사람들을 깨닫게 하나이다"(시 119:130).

"내가 아버지께로부터 너희에게 보낼 보혜사 곧 아버지께로부터 나오시는 진리의 성령이 오실 때에 그가 나를 증언하실 것이요"(요 15:26).

"그들을 진리로 거룩하게 하옵소서 아버지의 말씀은 진리니이다"(요 17:17).

"하나님은 사람이 아니시니 거짓말을 하지 않으시고 인생이 아니시니 후회가 없으시도다 어찌 그 말씀하신 바를 행하지 않으시며 하신 말씀을 실행하지 않으시랴"(민 23:19).

"이는 하나님이 거짓말을 하실 수 없는 이 두 가지 변하지 못할 사실로 말미암아 앞에 있는 소망을 얻으려고 피난처를 찾은 우리에게 큰 안위를 받게 하려 하심이라"(히 6:18).

"네 하나님이 여호와를 경외하며 그를 섬기며 그의 이름으로 맹세할 것이니라"(신 6:13).

"너희가 맛사에서 시험한 것같이 너희의 하나님 여호와를 시험하지 말고"(신 6:16).

"너를 낮추시며 너를 주리게 하시며 또 너도 알지 못하며 네 조상들도 알지 못하던 만나를 네게 먹이신 것은 사람이 떡으로만 사는 것이 아니요 여호와의 입에서 나오는 모든 말씀으로 사는 줄을 네가 알게 하려 하심이니라"(신 8:3).

2. 성경은 길을 인도해 준다

성경은 신뢰할 만하다. 시편 12:6을 읽어 보라. 성경에서 배운 지식은 무엇이나 신뢰할 만한 것이고, 인생의 길을 인도해 주는 지도서가 된다.

예 : 영숙은 하나님이 그녀에게 어떤 모습의 아내가 되기를 원하시는지 생각했다. 오늘 아침에는 잠언 31:10-31에 나오는 현숙한 여인에 관해 읽게 되었다. 말씀을 한 절 읽고 기도하고 적용한 후 다음 말씀을 읽었다. 영숙은 하나님이 원하시는 좋은 아내가 되도록 인도받기 위하여 성경을 지도서로 사용했다.

3. 성경은 지혜를 준다

성경은 빛을 비춰 준다. 시편 119:130을 읽어 보라. 하나님의 지혜는 그의 자녀가 기도할 수 있도록 깨닫게 해 준다. 그리고 성경은 하나님의 지혜가 들어 있는 원천이다.

예 : 성준은 경건의 시간에 에베소서 6:4을 읽었다. "또 아비들아 너희 자녀를 노엽게 하지 말고 오직 주의 교훈과 훈계로 양육하라"는 말씀을 보고 그는 어제 늦게까지 딸을 꾸중하였던 일을 생각하게 되었다. 그리고 딸의 낮은 자존감은 자신의 가혹함과 고집 때문이라는 것을 깨달았다. 그는 하나님께 용서를 청하고 도움을 구했다. 성경은 성준에게 딸과의 문제를 해결할 수 있는 지혜의 원천이었다.

4. 성경은 기도제목을 준다

성경은 진리이고, 성령은 '진리를 위한 영'이다(요 15:26). 예수님은 기도하실 때 "아버지의 말씀은 진리"라고 하셨다(요 17:17). 하나님은 거짓말을 하지 않으신다(민 23:19; 히 6:18). 성경말씀을 믿고 그대로 기도할 때 하나님은 응답해 주신다.

예: 준호는 매일 성경읽기 시간에 에베소서 3장을 읽었다. 그는 14-21절에 나오는 바울의 기도가 힘있고 중요한 기도로 생각되어 친구를 위해 기도할 때 그 말씀을 적용했다. "하나님 아버지, 정수의 속사람이 성령으로 말미암아 강건하게 해 주시고…". 준호는 에베소서 3:14-21을 자신의 기도 내용으로 삼았다.

기도 응답을 더 잘 받게 할 수 있는 네 가지 성경의 특징을 써 보라. 다음에 제시된 단어를 사용하면 된다.

1. 준비 ____________________
2. 인도 ____________________
3. 지혜 ____________________
4. 제목 ____________________

예수님의 예

예수님은 늘 성경말씀에 기초하여 기도하셨고, 기도한 대로 응답받았다. 많은 말씀을 외우고 계셨으므로 필요할 때마다 잘 활용하셨다. 시험을 받으실 때도 성경말씀으로 대처하셨다.

아래에 적혀 있는 성경구절과 마태복음 4:1-11을 읽으라. 예수님이 받으신 시험과 그 시험에 대처한 말씀을 서로 짝지어 보라.

1. 이 돌들이 떡덩이가 되게 하라.	신명기 6:13
2. 뛰어내리라.	신명기 6:16
3. 나에게 엎드려 경배하라.	신명기 8:3

예수님은 말씀을 인용하여 시험을 이기셨고 우리에게 "시험에 들게 하지 마시옵고 다만 악에서 구하시옵소서"라고 기도하라고 가르치셨다(마 6:13). 예수님도 말씀으로 무장하셨다.

예수님은 또한 기도할 때도 성경말씀을 인용하셨다. 십자가에 못 박히셨을 때도 시편 22편에 있는 말씀인 "나의 하나님, 나의 하나님, 어찌하여 나를 버리셨나이까" 라고 부르짖으셨다(마 27:46). 십자가에서 죽으실 때에는 시편 31:5을 인용하여 "아버지 내 영혼을 아버지 손에 부탁하나이다" 하고 기도하셨다(눅 23:46). 예수님은 말씀에 충만해 있으셨고, 아무도 상상할 수 없는 극한 상황에서도 살아 있는 말씀을 사용해 기도하셨다.

오늘, 하나님과 교제하며 동행하는 삶

1. 기도할 때 성경을 사용하는 여러 방법 중 자신의 기도시간에 적용할 내용을 한 가지 이상 선택하여 V표 하라. 기도지침 4의 "기도에서 성경의 가치"를 참고하라.

- ☐ 기도하기 위한 마음의 준비를 위해 성경을 사용하라.
- ☐ 삶의 참된 인도자가 되는 성경을 읽어라.
- ☐ 에베소서 5:18-6:9을 읽고 오늘 기도하기 위하여 지혜를 구하라.
- ☐ 그리스도인의 삶을 살고자 하는 기도제목을 위하여 에베소서 3:14-21의 바울의 기도를 적용하라.
- ☐ 시편을 인용하여 주님께 찬양, 감사, 고백, 간구를 해 보라.

2. 경건의 시간을 가진 후, 경건한 삶을 완성하라.

경건한 삶

성경말씀

______

성경에서 하나님이 나에게 주신 말씀

______

나의 기도제목

______

제2과
성경을 사용하여 기도하는 방법

오늘의 학습목표 기도할 때 성경을 사용하는 방법과 그로 인한 기도응답을 알게 된다.

오늘은 하나님의 사람들이 기도할 때 성경말씀을 어떻게 사용하였는지 함께 살펴보겠다. 그들은 여러 목적을 위하여 다양한 방법으로 성경을 인용했다. 당신도 그들이 했던 것과 같이 성경을 사용하여 기도하는 방법을 배우게 될 것이다. 기도 중에 성경을 사용하는 다섯 가지 방법은 다음과 같다.

기도 중에 성경을 사용하는 방법

① 기도응답을 확신하게 하는 성경 약속을 인용한다.
② 기도가 응답되었을 때 찬양한 것을 인용한다.
③ 현재 상황에 맞는 성경구절을 적용한다.
④ 기도나 찬양의 성경구절을 사용한다.
⑤ 성경구절을 사용하여 기도한다.

성경 안에서의 예들

성경에 나오는 기도의 예를 읽고 위의 다섯 가지 방법 중 어느 것이 사용되었는지 확인하라. 한 가지 이상 사용된 예도 있을 것이다. 성경에 나타난 기도의 사람들이 사용한 방법을 써 보라.

예루살렘의 성도들

사도행전 4:24-30; 출애굽기 20:11; 시편 2:1-2을 읽으라.

사도행전 4:24에서 제자들은 출애굽기 20:11을 사용하여 기도하고 있다. 그들은 헤롯과 빌라도, 이방인과 이스라엘 백성이 그리스도를 어떻게 대하는지 시편 2:1-2에 예언되어 있음을 보여주었다. 그들은 이 예언을 그리스도를 대적하는 지도자들에 관한 것으로 이해하고 성경말씀을 그들이 처한 상황에 적용했다.

오늘날 우리는 성경을 읽을 때 종종 말씀을 우리의 상황과 연관짓는다. 예를 들면 갈릴리 풍랑과 관련된 말씀을 자신에게 적용하여 "주님, 내 마음의 풍랑을 잔잔하게 해 주세요" 하고 기도한다.

오늘날 우리는 성경을 읽을 때 종종 말씀을 우리의 상황과 연관짓는다. 예를 들면 갈릴리 풍랑과 관련된 말씀을 자신에게 적용하여 "주님, 내 마음의 풍랑을 잔잔하게 해 주세요" 하고 기도한다.

느헤미야 1:4-11; 레위기 26:33; 신명기 30:1-4을 읽으라.

느헤미야

레위기 26:33에 이스라엘 백성이 불순종하면 하나님께서 벌을 내려 흩어버릴 것이라고 말씀하셨다. 이스라엘 백성들은 바로 그 벌을 받았다. 느헤미야 1:9에서 느헤미야가 신명기 30:1-4에 있는 약속을 기억해 냈다. 느헤미야는 기도할 때 말씀을 그대로 사용하지 않고 약속의 중요한 골자만 사용하였다. 기도 응답을 확신하게 하는 성경의 주요 내용을 인용했던 것이다. 하나님의 약속이 있는 기도는 느헤미야의 믿음을 더욱 견고하게 했다.

마태복음 12:18-21; 누가복음 2:25-32; 이사야 42:1-7을 읽으라.

시므온

이사야 42장은 오실 메시아에 대한 예언이다. 마태는 예수 그리스도 안에서 그대로 성취된 예언으로 이 말씀을 인용했다(마 12:18-21). 시므온은 성전에서 아기 예수를 만났을 때 6절 말씀을 인용했다.

성경의 약속들은 기도할 때 두 가지 방법으로 사용되었다. 느헤미야의 기도와 같이 응답의 확신으로 사용되기도 했지만 시므온은 성경의 약속을 다른 방법으로 사용했다. 그는 예수님이 메시아에 대한 약속을 완성할 것이라는 것을 알았고, 약속의 완성 때문에 하나님을 찬양하였다.

하나님이 약속하신 말씀을 제시하여 하나님이 기도 응답해 주시게 하라.

구약 성경을 읽고 그 예언이 완성된 것을 보고, 주님을 찬양하라. 하나님이 약속하신 말씀을 제시하여 하나님이 기도응답해 주시게 하라.

예레미야 32:17-19; 신명기 9:29; 창세기 18:14 상; 출애굽기 34:7을 읽으라.

예레미야

예레미야는 성경말씀으로 충만해 있었다. 하나님의 "크신 능력과 펴신 팔"은 신명기 4:34; 5:15; 7:19; 9:29; 11:2에 나타난 '강한 손', '큰 능력', '편 팔'을 인용하였다. "주에게는 할 수 없는 일이 없으시니이다"는 말은 창세기 18:14에 있는 말이다. 18절에 있는 말은 출애굽기 34:7에 있는 가르침을 나타낸다. 이렇듯이 예레미야는 성경구절들을 사용하여 기도하였다.

성경을 공부하고 암송함으로써 당신은 차츰 성경말씀들을 기도에 사용하게 될 것이다. 당신은 이미 하나님의 여러 이름과 그분을 묘사하는 말들을 기도에 사용하고 있다. 당신은 이미 기도할 때 성경을 사용하고 있었을 수도 있다. 기도할 때 성경을 인용하면 기도응답이 더 풍성해진다.

복습과 적용

오늘 공부한 '기도 중에 성경을 사용하는 다섯 가지 방법'을 다시 한 번 읽어 보고, 밑줄을 그어 보라.

기도중에 성경을 사용하는 다섯 가지 방법을 당신의 말로 기록하라.

1. ______________________________
2. ______________________________
3. ______________________________
4. ______________________________
5. ______________________________

당신이 쓴 기도방법과 관계가 있는 기도방법에 번호를 써 넣어라.

A. □ 하나님 아버지, "내가 너와 함께 있을 것이다"고 하신 당신의 약속을 지켜주시기 원합니다. 앞으로 나아갈 수 있는 용기를 주신 당신께 감사드립니다.

B. □ 우리를 위해 죽으신 하나님의 어린 양, 당신의 영광, 위엄, 풍성함, 능력, 지혜, 그리고 사랑을 찬양합니다. 당신은 찬양받을 만한 분이십니다.

C. □ 하나님 아버지, 바울은 하나님이 우리가 감당하지 못할 시험 당함을 허락하지 아니하시며, 시험당할 즈음에 피할 길을 주시는 분이라고 했습니다. 믿지 않는 세상 친구들 대신에 훌륭한 그리스도인 친구들을 주셔서 감사와 찬양을 드립니다.

D. □ 내 영혼아 여호와를 찬양하라. 내 속에 있는 것들아 그분의 거룩한 이름을 찬양하라.

E. □ 하나님 아버지, 이번 성경공부를 위해 저를 준비시켜 주십시오. 주님께서는 "내 양을 먹이라"고 말씀하셨습니다. 제가 그 일을 잘 감당할 수 있도록 도와주십시오.

당신의 기도와 제시된 기도가 중복되기도 하겠지만, 다음과 같이 연결할 수 있다.

A-1, B-5, C-2, D-4, E-3.

오늘, 하나님과 교제하며 동행하는 삶

1. 이번 단원에서 암송한 예레미야 1:12은 하나님이 당신의 기도에 응답해 주신다고 했다. 당신의 삶에 특별한 의미를 주었던 성경말씀을 기억하는가? 당신에게 영향을 준 성경말씀, 당신을 위로해 주었던 성경말씀, 소망을 주고 문제를 해결해 주었던 성경말씀, 매일 당신이 힘들어 할 때 결심을 도와주었던 성경말씀이 있었다면 말해 보라. 당신이 처한 상황에 성경말씀을 적용함으로써 당신의 삶을 채워가게 하라. 오늘의 성경말씀을 기억하면서 기도해 보라.

2. 오늘 기도할 때, 성경말씀을 3절 이상 사용해 보라. 기도지침 4의 "기도 중에 성경을 사용하는 방법"을 참조하여 기도해 보라.

3. 경건의 시간을 가진 후, 경건한 삶을 완성하라.

경건한 삶

성경말씀

성경에서 하나님이
나에게 주신 말씀

나의 기도제목

제3과

하나님의 말씀에 반응함

오늘의 학습목표 하나님의 말씀에 반응할 수 있는 적절한 방식을 알게 된다.

하나님께서는 우리가 하나님의 말씀에 반응하기를 원하신다. 하나님의 말씀에 대한 우리의 반응은 다음과 같이 나타난다.

⇨ 즉각적으로 ⇨ 순종하는 자세로 ⇨ 지속적으로

⇨ 즉각적으로

성경에서 하나님의 사람들은 하나님 말씀에 즉각적으로 반응하였다. 가장 놀라운 순종은 예수님을 따르던 사람들 중에 있었다. 그들은 예수께 어떤 질문도 하지 않았다. 그들은 예수님이 "그물을 내리라"(눅 5:4-5)고 했을 때도, "그물을 버리라"(마 4:18-20)고 했을 때도, 그리고 수익이 좋은 직장을 버리라(마 9:9)고 했을 때도 아무런 대꾸도 하지 않고 즉각적으로 순종하였다. 그들이 즉각적으로 순종하는 마음을 가졌던 것이 예수께서 그들을 제자와 친구로 선택하는 데 중요한 요소로 작용했을 것이다. 예수님은 그들이 영적 권위를 깨닫는 능력을 보셨다.

예수님과 친밀히 지냈던 무리들이 예수님의 말씀에 보였던 즉각적인 자세는 예수께서 만났던 유대인 관원들이 지녔던 자세와 뚜렷한 대조를 이룬다. 하나님께 대한 아무런 반응이 없다는 것은 두 사람 사이에 교제가 없다는 뜻이다. 하나님의 말씀에 대한 우리의 자세는 즉각적이며 순종적이며 지속적이어야 한다. 예수님은 베드로, 야고보, 요한과 상호 교제 관계를 가졌다. 예수님이 질문을 던지시면 그들은 대답하였다(마 16:13-16). 그러나 예수님은 "내가 물어도 너희가 대답하지 아니할 것이니라"(눅 22:68)고 말씀하시면서 예루살렘의 장로들은 나무라셨다. 따라서 우리가 하나님의 말씀에 반응하지 않으면 하나님과 아무런 교제도 할 수 없으며 우리의 기도도 참된 기도가 될 수 없다.

아래에 있는 단어들 중에서 즉각적인 반응을 나타내는 단어에 동그라미로 표하라. 그리고 즉각적인 순종을 설명하는 것이 아닌 단어들을 표시하라.

나중에	지금	즉시로	빨리	연기하다
신속한	지체하면서	어슬렁거리면서	재빨리	촉진시키다
오늘	내일	늦추어서	급하게	물러나면서
전속력으로	서둘러서	재촉하면서	회피하면서	적시에

이것은 단어시험을 치르기 위한 것이 아니다. 그러나 이런 것을 통해 하나님의 말씀에 즉각적으로 반응하는 것을 더 효과적이게 할 수 있다. 위의 단어들 중에서 즉각적인 순종을 나타내지 않는 단어로 표시해야 할 것들은 나중에, 지체하면서, 어슬렁거리면서, 내일, 늦추어서, 회피하면서, 연기하다, 물러나면서 등이다.

순종하는 자세로

성경과 하나님에 대해 가장 중요한 자세는 말씀하신 명령에 순종하는 것이다. 어떤 그리스도인들은 성경이 무엇을 명령하는지 잘 모른다고 말할지 모르겠지만 그러나 대부분의 그리스도인들은 성경의 명령들을 많이 알고 있다. 당신은 최고의 계명인 "네 마음을 다하고 목숨을 다하고 뜻을 다하여 주 너의 하나님을 사랑하라 하셨으니 이것이 크고 첫째 되는 계명이요 둘째도 그와 같으니 네 이웃을 네 자신같이 사랑하라"(마 22:37-39)는 명령에 어떤 자세를 취하고 있는가? 그렇게 많이 알려지지는 않았지만 요한복음 13:34과 갈라디아서 6:2도 우리들에게 순종하고자 하는 의지를 요구한다.

"새 계명을 너희에게 주노니 서로 사랑하라 내가 너희를 사랑한 것 같이 너희도 서로 사랑하라"(요 13:34)

"너희가 짐을 서로 지라 그리하여 그리스도의 법을 성취하라"(갈 6:2)

하나님의 말씀에 대한 적합한 반응이 순종이다. 그 반대는 불순종이다. 순종도 불순종도 아닌 중간지대는 없다. 불순종은 교제를 무너지게 하고 그 다음으로 기도가 되지 않게 한다.

하나님의 명령 또한 약속이다. 하나님은 당신이 할 수 없는 일을 하라고 명령하시지 않는다. 오히려 당신이 순종하기로 결심했을 때 순종할 수 있도록 도우신다. 그러므로 하나님의 명령은 그 명령을 순종하기에 필요한 능력과 재능과 기술과 기회까지 함께한 약속이다.

우리가 하나님의 말씀에 반응하지 않으면 하나님과 아무런 교제를 할 수 없으며 우리의 기도도 참된 기도가 될 수 없다.

빌립보서 2:13을 읽고 296쪽에 있는 "성경의 약속 기록표"에 기록하라.

"너희 안에서 행하시는 이는 하나님이시니 자기의 기쁘신 뜻을 위하여 너희에게 소원을 두고 행하게 하시나니"(빌 2:13).

하나님의 말씀에 순종하는 것이 기도에 왜 중요한지 요약하라.

____

____

____

"너희가 내 말에 거하면 참으로 내 제자가 되고"(요 8:31).

지속적으로

하나님의 말씀 안에 지속적으로 거하는 것에 관한 말씀인 요한복음 8:31을 읽어라. 그의 말씀에 거한다는 것은 그와의 교제가 일시적이 아님을 말한다. 따라서 "나는 어제 오후에는 함께 거하고 있었다"고 말할 수는 없다. 순종도 일시적이어서는 안 된다. 성경에 나타난 모든 거룩한 관계들은 영속적이다. '일시적인' 아버지, '일시적인' 자녀나 '일시적인' 친구는 없다. 당신이 진실로 그리스도 안에 거하고 있다면, 당신의 생각과 기도는 하루 내내 그리고 일년 내내 그의 말씀에 의해 형성될 것이다. 이것은 하나님의 말씀이 당신에게 중요한 요소로 작용할 때에만 실현된다.

당신을 지속적으로 하나님의 말씀 안에 거하도록 해 주는 몇몇 활동을 기록하라.

____

____

____

당신이 할 수 있는 일들이 많이 있을 것이다. 성경공부 시간을 더 늘리는 것, 성경을 암송하는 것, 성경에 나타난 명령과 약속들을 찾아 목록을 만드는 것 그리고 하나님의 말씀을 당신의 삶에 적용시키는 방식에 관하여 친구와 함께 대화하는 것 등이다.

반응의 종류

하나님의 말씀에 대한 기도의 반응은 다양하다. 개인의 상황과 하나님의 말씀에 따라 적절한 반응이 결정된다.

고백

고백의 기도는 죄를 깨달은 후 드리는 기도이다. 하나님께 순종하지 못했을 때 고백의 기도를 한다. 만일 당신이 순종하기 힘든 상황이라면 하나님의 도우심을 구하라.

헌신

헌신을 통한 순종이 하나님의 권위와 명령에 대한 적절한 반응이다. 분노, 음욕, 이혼, 맹세, 송사, 원수를 사랑하는 것(마 5:22, 28, 32, 34-37, 38-41, 44-47) 등에 대한 예수님 말씀에 순종하는 것이 예수님의 권위에 반응하는 것이다. 이러한 문제들은 기도를 통해서만 해결될 수 있으며 변하지 않고 기도할 수 있게 하는 것은 성경을 읽는 것이다.

찬양

하나님의 성품과 속성을 알게 되면 찬양의 기도를 드리게 된다. 당신이 성경을 펼 때마다 성경에서 하나님의 속성을 발견할 수 있을 것이며 그분의 속성이 당신에게 계시되기를 기도할 수 있다. 당신은 하나님 앞에서 기쁨이 충만할 수도 있으며(시 16:11), 하나님의 선하심을 감사드릴 수도 있다(대상 16:34). 여호와의 아름다움을 앙망하며 묵상하기도 하고(시 27:4), 여호와의 율법을 즐거워할 수도 있다(시 1:1-2). 하나님의 이름을 영화롭게 함으로써 그분의 크신 능력에 반응할 수도 있으며(엡 3:20-21) 그분의 도우심을 받을 수도 있다(시 121:2). 그리고 하나님을 사랑함으로 하나님의 사랑에 반응할 수도 있다(요일 4:19). 이와 같이 성경은 창조주와 피조물, 구속자와 구속받은 무리, 선생과 제자들의 관계 속에 있는 교제가 더욱 풍성할 수 있도록 도전을 준다.

"온갖 좋은 은사와 온전한 선물이 다 위로부터 빛들의 아버지께로부터 내려오나니"(약 1:17).

"모든 일을 원망과 시비가 없이 하라"(빌 2:14).

감사

감사의 기도는 하나님의 축복과 은혜에 대한 적절한 반응이다. 야고보서 1:17에서 하나님의 좋은 은사와 선물에 대하여 말씀하였다. 감사의 기도는 좋은 은사와 선물에 대한 반응이다.

관계가 있는 것을 서로 연결시켜 보라.

1. 명령과 권위	a. 고백
2. 축복과 은혜	b. 헌신
3. 죄	c. 찬양
4. 하나님의 성품과 속성	d. 감사

앞에 있는 내용을 참고하여 답을 확인하라. 동일한 성경구절이라고 해도 사람에 따라 반응이 다르게 나타날 수 있다.

빌립보서 2:14을 읽고, 오늘 당신이 반응해야 할 가장 적절한 내용에 V표 하라.

☐ 주님, 오늘 제가 할 일을 불평하거나 다투지 않고 잘하도록 도와주십시오.
☐ 하나님 아버지, 불평하며 지냈던 저의 죄를 용서하여 주시고, 저를 변화시켜 주십시오.
☐ 주님, 어제 제가 여느 때와는 달리 불평하거나 다투지 않고 저의 일을 하게 해 주셔서 감사드립니다. 당신의 뜻에 순종할 수 있게 해 주셔서 감사드립니다.
☐ 주님, 앞으로 저는 일을 할 때 기쁨과 감사의 자세로 하겠습니다.

오늘, 하나님과 교제하며 동행하는 삶

1. 오늘 하나님의 말씀에 즉각적이며 지속적으로 순종하겠다는 결심을 하라. 마태복음 5:21, 22, 28, 32, 34-37, 38-41, 44-47을 읽으라.

2. 성경말씀대로 고백, 헌신, 찬양, 감사의 기도를 하라. 당신은 이렇게 기도할 수 있다. "주님, 주님께서는 쾌락을 위하여 이성을 보는 것은 간음이라고 하셨습니다. 오늘 하루 그 말씀을 기억하며 간음하지 않는 생활을 하겠습니다."

3. 이번 과에서 하나님이 당신에게 말씀하시는 것은 무엇인가? 그리고 당신은 어떤 기도를 하겠는가?

4. 경건의 시간을 가진 후, 경건한 삶을 완성하라.

경건한 삶

성경말씀

성경에서 하나님이 나에게 주신 말씀

나의 기도제목

제4과
구하고, 두드리고, 결정함

오늘의 학습목표 기도로 구하고 두드리는 원리를 이해하고 적용하며 성경적 원리에 근거하여 결정하는 방식을 배우게 된다.

구함

현대소설과 영화는 많은 것들 – 그 대부분이 무가치한 것이지만 – 을 찾고 추구하는 사람들의 모습을 그리고 있다. 아브라함은 뭔가 가치 있는 것을 추구했던 사람이었다. 히브리서 11:10을 읽어보라.

"이는 그가 하나님이 계획하시고 지으실 터가 있는 성을 바랐음이라"(히 11:10).

지난 5년 동안의 당신의 삶을 이야기로 쓴다면, 당신이 추구하였던 중요한 것 두세 가지는 무엇이라고 말하겠는가?

____

____

"너희는 나를 찾으라 그리하면 살리라…너희는 여호와를 찾으라 그리하면 살리라"(암 5:4–6)

"너희 하나님 여호와의 모든 계명을 구하여 지키기로 하라… 네 아버지의 하나님을 알고 온전한 마음과 기쁜 뜻으로 섬길지어다 여호와께서는 모든 마음을 감찰하사 모든 의도를 아시나니 네가 만일 그를 찾으면 만날 것이요.."(대상 28:8–9)

➲ 아래 성경구절을 읽고 각 사람이 구하였던 것이 무엇인지 써 보라.

역대상 16:11 ____________________

아모스 5:4, 6 ____________________

역대상 28:8–9 ____________________

시편 34:10 ____________________

잠언 28:5 ____________________

시편 27:8 ____________________

골로새서 3:1 ____________________

마태복음 6:33 ____________________

"젊은 사자는 궁핍하여 주릴지라도 여호와를 찾는 자는 모든 좋은 것에 부족함이 없으리로다"(시 34:10).

하나님을 찾으라. 하나님께서는 우리에게 그분을 찾으라고 명하셨고, 원하신다. 그분의 능력과 얼굴을 구하라고 하신다(대상 16:11). 여호와를 찾는 자들에게 하신 하나님의 약속이 있다.

"악인은 정의를 깨닫지 못하나 여호와를 찾는 자는 모든 것을 깨닫느니라"(잠 28:5).

여호와를 찾는 자들은...

① 살 것이다(암 5:4, 6).
② 그분을 발견하게 된다(대상 28:9).
③ 모든 좋은 것에 부족함이 없다(시 34:10).
④ 모든 것을 이해하게 된다(잠 28:5).

하나님을 추구하는 데 있어 당신이 본받을 인물은 다윗이다. 다윗이 시편 27:8에서 말한 내용을 보라.

얼굴은 눈, 귀, 입 등 대화에 필요한 기관이 모인 곳이다. 따라서 하나님의 얼굴을 찾는 것은 하나님과 교제하며 대화하기를 원한다는 사실을 나타낸다. 구하는 것은 인내가 필요하다. 인내를 가지고 지속적으로 하는 기도는 하나님의 얼굴을 찾는 한 방법이다.

하나님의 계명을 찾으라. 성경은 우리에게 하나님의 계명을 구하라고(대상 28:8) 하였다. 당신은 성경에서 하나님의 명령을 발견할 수 있다. 당신이 발견한 하나님의 명령을 기도지침 4의 "하나님의 명령"에 기록하고 잊지 않도록 하라.

위에 있는 것을 찾으라. 골로새서 3:1-2은 우리들이 추구해야 할 것이 무엇인지 보여 준다. 골로새서 3:1-2과 마태복음 6:33을 읽어 보라. 세상적인 것은 돈, 명예, 권력, 지위 등 '땅의 것' 을 구하는 것이다. '위의 것' 은 빌립보서 4:8에서 잘 설명해 준다.

두드림

성경상의 '두드린다' 는 개념은 '출입한다' 와 '기회' 라는 개념과 서로 연결되어 있다. '두드리는 것' 은 허락을 나타낸다. 예수님은 "두드리라 그러면 열릴 것이다" 고 말씀하셨다(마 7:7). 하나님은 우리가 하나님의 은혜 안에서 살기 원하신다. 예수님은 "나는 문이다"(요 10:9)라고 말씀하셨으며, 히스기야는 "여호와께 돌아와 그분의 진에 들이기리"(대하 30:8)고 말했다. 히브리서 기자는 "은혜의 보좌 앞에 담대히 나아가자"(히 4:16)고 말한 후, "그러므로 형제들아 우리가 예수의 피를 힘입어 성소에 들어갈 담력을 얻었나니"라고 말했다(히 10:19).

'두드리는 것' 은 또한 기회가 열리는 것을 의미한다. 선교사들은 종종 기도로 그들이 행하는 사역의 문을 두드린다. 바울은 하나님의 뜻을 구하면서 전도여행의 방향을 정하였다. 이방인들도 이미 교회의 일원으로 받아들여지고 있었지만 바울의 1차 전도여행은 특히 이방인들에게 대규모의 운동을 일으켰다. 바울과 바나바는 기도 중에 부름받았다(행 13:2-3). 바울은 이방인에 대한 전도사역을 하면서 이사야 49:6을 인용하였다(행 13:47). 그는 언젠가 이방인들도 주께로 돌아오게 될 것이라는 구약의 예언을 기억함으로 전도여행의 방향에 대해 확인해 볼 수 있었다(렘 16:19; 말 1:11).

아래의 설명 중 '두드림' 의 성경적 의미는 무엇인가? 답이라고 생각하는 것에 V표 하라.

☐ 1. 하나님께 '기회의 문' 을 열어 달라고 간구하는 것.
☐ 2. 하나님의 은혜 안에서 살기 소망하는 것.
☐ 3. 현재 문이 닫혀진 나라에 입국허가 받기를 소망하는 것.

"너희는 내 얼굴을 찾으라 하실 때에 내가 마음으로 주께 말하되 여호와여 내가 주의 얼굴을 찾으리이다 하였나이다"(시 27:8).

"너희가 그리스도와 함께 다시 살리심을 받았으면 위의 것을 찾으라 거기는 그리스도께서 하나님 우편에 앉아 계시느니라 위의 것을 생각하고 땅의 것을 생각하지 말라"(골 3:1-2).

"너희는 먼저 그의 나라와 그의 의를 구하라"(마 6:33).

"무엇에든지 참되며
무엇에든지 경건하며
무엇에든지 옳으며
무엇에든지 정결하며
무엇에든지 사랑받을 만하며
무엇에든지 칭찬받을 만하며
무슨 덕이 있든지
무슨 기림이 있든지
이것들을 생각하라"(빌 4:8).

성경적 원리에 근거하여 결정함

기도로 구하고 두드리고, 성경을 인용하는 것은 당신이 무엇인가를 결정할 수 있도록 인도해 준다. 이와 같이 하나님의 말씀을 사용하는 과정 속에서 당신은 하나님의 원리와 그분의 지도하심을 배우게 된다. 시편 119:105을 읽어 보라.

"주의 말씀은 내 발에 등이요 내 길에 빛이니이다"(시 119:105)

캄캄한 밤에 등불이 되는 주님의 말씀을 사용하라. "내가 이 일을 해야 합니까?" 하고 물으면 하나님께서 성경을 딱 펴서 "이렇게 하라"고 말씀해 주신다는 것을 의미하지는 않는다. 오히려 이것은 하나님의 말씀이 마음과 기도생활에 깊이 배어 있으면 어떤 문제를 결정할 때 성령께서 올바른 결정을 하도록 당신을 도우신다는 것이다. 따라서 하나님의 원리를 잘 알고 있으면 어떤 직업이 그리스도인에게 더 적합하며, 하나님의 말씀을 전하는 일 등에 더 유익한가를 잘 분별하여 결정할 수 있게 된다. 성령께서는 당신을 진리 안으로 인도하실 것이다(요 16:13). 시편 37:23-24을 읽어라.

"여호와께서 사람의 걸음을 정하시고 그의 길을 기뻐하시나니 그는 넘어지나 아주 엎드러지지 아니함은 여호와께서 그의 손으로 붙드심이로다"(시 37:23-24).

한 재능 있는 음악가가 나이트 클럽에서 연주하는 수지맞는 직업을 제안받았다. 그는 돈이 필요하였고, 하나님의 뜻을 발견하기 위하여 기도하였고 성경을 읽었다. 현재의 청구서를 지불하기 위하여 나이트 클럽에서 연주하면서 돈을 버는 것이 올바른 방법인가? 기도하며 성경을 찾는 중에 그는 고린도후서 6:17 "그러므로 너희는 그들 중에서 나와서 따로 있고 부정한 것을 만지지 말라 내가 너희를 영접하여"라는 말씀을 발견하였다. 음악가는 하나님이 그 일을 하지 말라고 말씀하신 것을 알았다.

누가는 베뢰아 사람들을 설명하면서 "베뢰아에 있는 사람들은 데살로니가에 있는 사람들보다 더 너그러워서 간절한 마음으로 말씀을 받고 이것이 그러한가 하여 날마다 성경을 상고하므로"라고 하였다(행 17:11). 베뢰아 사람들은 오실 메시아에 대한 예언을 익히 알고 있었다. 그리고 그들은 예수님에 대한 바울의 이야기를 성경의 기록에 비추어 시험해 본 후 그것을 받아들였다. 그러나 오늘날 행해지는 많은 가르침들은 성경에 비추어 합당하지 못하다. 성경은 당신에게 진리와 오류가 무엇인지를 보여 준다. 따라서 성경을 사용하지 않는 기도생활은 불완전하다.

오늘, 하나님과 교제하며 동행하는 삶

1. 아래에 있는 내용 중에서 하나님께서 당신에게 시급히 행하도록 요구하시는 것이 무엇인지 기도하면서 생각해 보고 V표 하라.

☐ 기도와 성경을 통해 하나님을 찾는 것
☐ 하나님의 계명을 찾는 것
☐ 위의 것을 구하는 것
☐ 매일 하나님과 함께하기 위해 기도의 문을 두드리는 것과 하나님께서 언제든지 나의 마음에 들어오실 수 있도록 내 마음의 문이 그분에게 열려 있도록 유지하는 것
☐ 하나님 나라로 가기 위한 기회의 문을 두드리는 것
☐ 나의 결정을 성경적 원리에 근거를 두는 것
☐ 옳고 그름을 시험하는 기준으로 성경을 사용하는 것

2. 당신이 표시한 것 중 하나를 선택하고, 성경말씀을 사용하여 기도해 보라.

3. 경건의 시간을 가진 후, 경건한 삶을 완성하라.

경건한 삶

성경말씀

성경에서 하나님이
나에게 주신 말씀

나의 기도제목

제5과
성경의 약속들을 사용함

오늘의 학습목표 성경의 약속들을 기도에 사용하는 것을 배우게 된다.

예수님은 기도하거나 말씀하실 때 성경을 사용하셨다. 그는 시험당할 때도 말씀으로 이기셨고, 대적자들에게도 성경말씀으로 응대하셨다. 예수님은 기도하실 때 성경이 가르치는 정신을 사용하기도 하셨으며 어떤 경우에는 성경말씀을 직접 사용하셨다. 이것이 바로 우리가 본받아야 할 본보기이다.

성경이 당신의 마음속에 새겨져서 당신의 삶 가운데 자연스럽게 적용될 정도로 익숙해져야 한다. 기도지침 4의 "하나님의 명령" 표처럼 당신에게 중요한 명령의 표를 만들어라. 그리고 시험에 부딪혔을 때 유용하게 쓰일 성경구절들을 기록하라. 성경에 나타난 약속들을 정리하고, 그 구절들을 암송해 두면 필요한 때 그 말씀들이 생각날 것이다.

예수님과 성경의 약속들

"예수께서 이르시되 너희가 성경에 건축자들이 버린 돌이 모퉁이의 머릿돌이 되었나니 이것은 주로 말미암아 된 것이요 우리 눈에 기이하도다 함을 읽어 본 일이 없느냐"(마 21:42).

메시아에 관한 예언은 구약성경의 약속이며, 예수님이 그 약속을 실현하셨다. 예수님은 자신에 관한 성경의 약속들을 알고 계셨기 때문에 용기를 얻을 수 있었다.

예수님은 자신의 생애가 성경에 기록되어 있음을 아셨고 메시아에 관한 예언도 바로 자신에 관한 것임을 알고 계셨다. 예수님은 예루살렘에서 십자가에 못 박히시기 전에 시편 118:22의 "건축자가 버린 돌이 집 모퉁이의 머릿돌이 되었나니"라는 말씀을 인용하여 마태복음 21:42 말씀을 하셨다. 이런 것을 두고 우리는 "약속의 기도"라고 부른다.

성경의 약속들

어떤 의미에서 하나님께서 하신 말씀은 모두 약속이라 할 수 있다. 초대도 약속이다. 만일 예수님이 "내게로 오라"고 말씀하신다면 이것은 예수님이 우리를 영접하시겠다는 말씀이다. 명령도 약속이다. 만일 하나님께서 "거룩하라"고 명하셨다면 우리는 예수 그리스도 안에서 거룩하게 된 것을 믿을 수 있다. 어떠한 상황에서도 기도하는 사람에게 하나님이 응답하여 주신다고 약속하셨다.

"내 이름으로 일컫는 내 백성이 그들의 악한 길에서 떠나 스스로 낮추고 기도하여 내 얼굴을 찾으면 내가 하늘에서 듣고 그들의 죄를 사하고 그들의 땅을 고칠지라"(대하 7:14).

역대하 7:14을 읽으라. 약속과 기도 응답을 위한 조건을 써 보라.

약속 ______________________________

조건 ______________________________

하나님은 우리의 기도를 들으시고 죄를 사하시며, 그 백성을 고쳐 주실 것을 약속하셨다. 그러나 이를 위해서는 몇 가지 조건이 있다. 즉 백성들은 겸손하고, 기도하며, 하나님을 만나기 원하고, 사악한 길에서 돌아서야 한다.

역대하 34:27을 읽으라. 요시야는 조건을 만족시켰는가?

☐ 예
☐ 아니오

"내가 이곳과 그 주민을 가리켜 말한 것을 네가 듣고 마음이 연약하여 하나님 앞 곧 내 앞에서 겸손하여 옷을 찢고 통곡하였으므로 나도 네 말을 들었노라 여호와가 말하였느니라"(대하 34:27).

하나님은 약속을 지키셨는가?

☐ 예
☐ 아니오

296쪽 "성경의 약속 기록표"에 이 약속들을 기록하라.

이사야 43:1-2의 약속을 읽으라. 약속과 조건은 무엇인가?

약속 ______________________________

조건 ______________________________

"야곱아 너를 창조하신 여호와께서 지금 말씀하시느니라 이스라엘아 너를 지으신 이가 말씀하시느니라 너는 두려워하지 말라 내가 너를 구속하였고 내가 너를 지명하여 불렀나니 너는 내 것이라 네가 물 가운데로 지날 때에 내가 너와 함께할 것이라 강을 건널 때에 물이 너를 침몰하지 못할 것이며 네가 불 가운데로 지날 때에 타지도 아니할 것이요 불꽃이 너를 사르지도 못하리니"(사 43:1-2).

시드락과 메삭과 아벳느고는 우상에 절하지 않았다는 이유로 느부갓네살 왕에 의해 풀무불에 던져졌다. 다니엘은 다음과 같은 왕의 말을 기록하고 있다. "내가 보니 결박되지 아니한 네 사람이 불 가운데로 다니는데 상하지도 아니하였고 그 넷째의 모양은 신들의 아들과 같도다"(단 3:25). 하나님은 약속하신 기도에 대해서는 반드시 응답해 주신다는 사실이 이사야를 통해서도 나타났다.

성경에는 두 종류의 약속이 있다. 하나는 하나님께서 장래 어느 시점에서 어떤 일을 행하시겠다고 하는 약속이며, 다른 하나는 언제든지 유효한 약속이다. 어떤 약속은 조건을 요구하지만 어떤 약속은 아무런 조건 없이 이루어 주신다.

미래 어떤 시점에 대한 특별한 약속 열왕기상 8:56을 읽어 보라. 하나님은 이스라엘 백성을 애굽에서 건져내어 가나안 땅을 주겠다고 약속하셨고, 그 약속을 지키셨고, 솔로몬은 이스라엘에게 약속을 지켜 주신 하나님께 감사를 드렸다.

"서서 큰 소리로 이스라엘의 온 회중을 위하여 축복하며 이르되"(왕상 8:56)

모든 시대에 유효한 약속 어떤 약속들은 모든 시대와 환경에서 다 유효하다. 예를 들면, 아사 왕이 여호와를 의지하지 아니하고 아람을 의지했을 때 하나니가 아사 왕에게 했던 말이다. "여호와의 눈은 온 땅을 두루 감찰하사 전심으로 자기에게 향하는 자들을 위하여 능력을 베푸시나니"(대하 16:9). 이 말씀은 하나님께서

"여호와께서 나를 위하여 보상해 주시리이다 여호와여 주의 인자하심이 영원하오니 주의 손으로 지으신 것을 버리지 마옵소서"
(시 138:8).

"너는 마음을 다하여 여호와를 신뢰하고 네 명철을 의지하지 말라 너는 범사에 그를 인정하라 그리하면 네 길을 지도하시리라"(잠 3:5–6).

"나는 여호와요 모든 육체의 하나님이라 내게 할 수 없는 일이 있겠느냐"(렘 32:27).

"너는 내게 부르짖으라 내가 네게 응답하겠고 네가 알지 못하는 크고 은밀한 일을 네게 보이리라"
(렘 33:3).

"너희 중에 누구든지 지혜가 부족하거든 모든 사람에게 후히 주시고 꾸짖지 아니하시는 하나님께 구하라 그리하면 주시리라"(약 1:5).

"여호와를 찬송할지로다 그가 말씀하신 대로 그의 백성 이스라엘에게 태평을 주셨으니 그 종 모세를 통하여 무릇 말씀하신 그 모든 좋은 약속이 하나도 이루어지지 아니함이 없도다"(왕상 8:56).

늘 어떻게 역사하시는지를 말해 준다.

마태복음 6:33의 "너희는 먼저 그의 나라와 그의 의를 구하라 그리하면 이 모든 것을 너희에게 더하시리라"는 말씀처럼 예수님은 약속을 성취하기 위한 조건을 제시하였다. 여기서 예수님이 하나님께서 돌보고 더하여 주시는 것으로 말씀하신 "이 모든 것"은 25–31절에 나타난 대로 먹는 것과 마시는 것과 입는 것이다. 하나님은 우리의 필요에 관심을 가지며 그것을 채우신다. 또한 하나님은 우리들이 그 분의 나라와 의에 대해 관심을 갖기 원하신다. 우리가 하나님의 문제와 일을 먼저 구할 때, 하나님은 우리의 필요를 공급해 주시겠다고 약속하셨다.

"성경의 약속 기록표"를 사용

296쪽 "성경의 약속 기록표"에 성경의 약속들을 적어 보라. 성경을 공부할 때, 하나님께서 어떻게 행동하시겠다고 하시는지 주의하여 살펴보라. 하나님이 이루어주시겠다고 하신 말씀이 약속이다. 그렇게 약속한 말씀과 약속 성취의 조건을 표에 계속 기록해 보라. 이러한 기록은 당신이 기도할 때 매우 가치 있고 유용한 도구가 될 것이다. 수백 가지의 약속이 성경에 있다. 그중 몇 가지 예가 시편 138:8; 잠언 3:5–6; 예레미야 32:27; 33:3; 야고보서 1:5이다. 각 구절을 읽고 목록에 기록하라.

성경은 예수님의 생애를 묘사한 것처럼 당신 삶의 구체적인 문제들을 상세하게 가르쳐 주지는 않는다. 그러나 우리는, "우리는 그가 만드신 바라 그리스도 예수 안에서 선한 일을 위하여 지으심을 받은 자니 이 일은 하나님이 전에 예비하사 우리로 그 가운데서 행하게 하려 하심이니라"(엡 2:10)고 말할 수 있다. 성경의 원리들은 영원하며 하나님은 그 약속을 반드시 지켜주신다. 하나님은 우리의 생활을 아시고 세상에서 우리가 걸어갈 길을 예비해 두셨다. 그리고 우리의 걸음을 인도하시기 위해 성경 안에 원리들을 담아 주셨고, 또한 성경 안에 기도 응답을 위한 약속을 주셨다. 우리가 할 일은 하나님의 원리를 배우며, 하나님이 요구하시는 조건을 충족시키는 것이다. 하나님의 약속은 당신을 위한 선물이다. 그 약속이 당신의 기도에 응답되도록 하라.

우리가 하나님에게 충성하면, 솔로몬이 말했던 것처럼 하나님이 하신 약속을 모두 이루게 될 것이다. "여호와를 찬송할지로다 … 그 종 모세를 통하여 무릇 말씀하신 그 모든 좋은 약속이 하나도 이루어지지 아니함이 없도다"(왕상 8:56).

오늘, 하나님과 교제하며 동행하는 삶

1. 296쪽 "성경의 약속 기록표"에 당신이 적은 약속들을 살펴보라. 그리고 기도할 때 그 약속들을 사용하는 두 가지 방법이 있음을 기억하라. (1) 응답을 확신할 수 있는 약속을 인용하고, (2) 성취된 약속 때문에 찬양했던 약속의 내용을 인용하라.

2. 오늘 기도할 때, 응답의 확신을 가지고 하나님이 약속하신 말씀을 제시하고, 하나님이 당신의 기도에 응답해 주실 것을 믿고 찬양하라.

3. 경건의 시간을 가진 후, 경건한 삶을 완성하라.

경건한 삶

성경말씀

____

____

____

____

____

____

성경에서 하나님이
나에게 주신 말씀

____

____

____

____

____

____

나의 기도제목

____

____

____

____

____

____

제5단원

감사기도

핵 심 개 념 지속적인 감사는 하나님의 선하심에 대한 그리스도인의 마땅한 반응이다.

단원학습목표 성경이 가르치는 하나님께 대한 감사의 교훈을 깨달아 그것을 실제 생활에 적용하게 된다.

암 송 구 절 "주 나의 하나님이여 내가 전심으로 주를 찬송하고 영원토록 주의 이름에 영광을 돌리오리니"(시 86:12).
"범사에 감사하라 이것이 그리스도 예수 안에서 너희를 향하신 하나님의 뜻이니라"(살전 5:18).

관련기도지침 기도지침 5 감사기도(282쪽)

복의 근원이신 하나님

어느 날 아침 칫솔에 치약을 짜는 순간, 그때까지 치약에 대해 하나님께 감사한 일이 한번도 없었다는 생각이 떠올랐다. 치아에 대해서도 마찬가지였다. "오늘 우리가 가진 모든 것은 하나님이 주신 것이라는 사실을 인정하면, 내일 하나님은 우리에게 필요한 모든 것을 주실 것이다. 만약 우리가 공기와 허파에 대해 하나님께 감사하지 않으면, 공기가 없어지고 허파는 찌그러지겠지"라는 생각이 들었다. 사람들은 자신이 하나님께 철저히 의존하는 존재라는 사실을 거의 인정하지 못한다. 우리가 소유하고 있는 '모든 것' 의 근원자가 하나님이신 것을 모르고 있다.

어느 날 나는 시편 20:7의 "어떤 사람은 병거, 어떤 사람은 말을 의지하나 우리는 여호와 우리 하나님의 이름을 자랑하리로다"는 말씀을 묵상했다. 본 절을 보다 쉽게 옮긴다면 아마 "어떤 이는 지혜를 혹 어떤 이는 책략(혹은 지식이나 능력)을 의지하나 우리는 여호와 우리 하나님의 이름을 의지하리로다"란 말이 될 것이다. 나는 삶의 중대한 문제뿐 아니라 모든 것, 즉 과거 나의 능력이나 노력으로 얻었다고 생각했던 것들에 대해서도 하나님만을 의지하기로 결심하였다. 따라서 나는 필요한 것이 있을 경우 하나님 외의 다른 누구에게도 도움을 청하지 않을 것이다.

한번은 내가 인도하는 "그리스도의 마음"이란 주제의 성경연구 세미나에서 사용할 강의 개요를 인쇄해야 했었다. 그런데 통장을 보니 잔고가 겨우 37달러였다. 나에게는 그 세미나를 인도하는 것이 분명히 하나님의 뜻이라는 확신이 있었지만, 인쇄비가 턱없이 부족하였다. "그리스도의 마음"이란 주제에 대해 가르치는 것이 하나님의 뜻임을 확신하였기 때문에 인쇄에 필요한 비용을 위해 하나님께 기도하였다. 나는 그것을 위해 하나님께만 기도할 뿐, 누구에게도 도움을 부탁해서는 안 된다는 생각을 강하게 했다. 어느 날 교회의 재정부장이 나를 부르더니, 어떤 사람이 나의 사역을 돕기 위해 자신에게 수표를 한 장 주었다고 말했다. 봉투를 뜯어보니 거기에는 1,000달러짜리 수표가 한 장 있었다. 그것은 우리에게 필요한 인쇄비에 거의 가까운 액수였다.

3주 후, 인쇄비 청구서가 날아 왔다. 1,097달러였다. 나는 그것을 받고 적잖이 당황하였다. 인쇄비를 지불하기 위해서는 아직도 97달러가 부족했기 때문이다. 그런데 그날 아침 나에게 배달된 우편물 가운데에 리틀 록크의 소인이 찍힌 봉투가 하나 있었다. 뜯어보니, 그 안에는 다음과 같은 내용의 편지가 들어 있었다. "저는 북부 리틀 록크에서 귀하의 설교를 들은 적이 있습니다. 그때부터 지금까지 저는 귀하의 목회사역을 위해 기도해 왔습니다. 그런데 오늘 아침 저는 당신에게 필요한 것이 생겼다는 말씀을 하나님께 들었습니다. 그분께서는 저에게 그것을 직접 행하라는 감동을 주셨지요. 그래서 수표를 한 장 보냅니다." 그것은 100달러짜리 수표였다.

하나님께서는 크든 작든 우리의 모든 요구를 들어주시는 분이시다. 그후로 나는 그동안 하나님께 감사하지 않고 무심코 사용해 온 모든 생필품—생활용수, 침대, 영양제, 에어컨, 난로 등—에 대해 감사하는 마음을 갖게 되었다. 하나님을 '신뢰' 하는 만큼 '감사' 하게 된다.

제1과
감사의 자세, part 1

오늘의 학습목표 감사의 바른 자세를 깨닫고, 하나님께 감사기도를 한다.

감사에 대한 학습에 들어가기에 앞서, 깊이 감사한 마음이 들었던 일을 아래에 써 보라.

당신이 감사해 했던 것은 무엇이었는지 해당하는 것에 V표 하라.

□ 1. 감사했던 일
□ 2. 사람
□ 3. 하나님

호의를 베푼 사람에게 감사를 표현하는 방법으로 사용했던 것에 V표 하라.

□ 1. "감사합니다"라는 말을 통해 □ 3. 감사의 편지를 써서
□ 2. 전화를 통해 □ 4. 선물을 보내 답례함으로

하나님을 송축함

우리 삶 중에 있는 많은 것에 대하여 감사하는 것은 당연하다. 감사를 표현하는 방법에는 여러 가지가 있다. 성경에는 하나님을 향해 감사의 기도로 가득 차 있는데, 특히 시편이 그러하다.

시편 103:1-5, 19-22을 읽고, 시편 기자가 감사했던 마음을 생각하라. 본문의 "송축하라"는 말 속에는 "하나님의 선하심에 대해 그분께 경배하고 감사하라"는 의미가 암시되어 있다. 따라서 본문을 읽을 때는 이 의미를 마음에 생각하며 읽어 보라.

시편 103:1을 당신 자신의 말로 써 보라.

시편 103:3-5에 언급되어 있는 하나님의 놀라운 축복들을 실제 당신의 삶에 적용하도록 하라. 그리고 당신에게 성취된 축복에 대해 "너에게"와 "네" 대신,

"내 영혼아 여호와를 송축하라 내 속에 있는 것들아 다 그의 거룩한 이름을 송축하라 내 영혼아 여호와를 송축하며 그의 모든 은택을 잊지 말지어다 그가 네 모든 죄악을 사하시며 네 모든 병을 고치시며 네 생명을 파멸에서 속량하시고 인자와 긍휼로 관을 씌우시며 좋은 것으로 네 소원을 만족하게 하사 네 청춘을 독수리같이 새롭게 하시는도다"(시 103:1-5).

"여호와께서 그의 보좌를 하늘에 세우시고 그의 왕권으로 만유를 다스리시도다 능력이 있어 여호와의 말씀을 행하며 그의 말씀의 소리를 듣는 여호와의 천사들이여 여호와를 송축하라 그에게 수종드는 모든 천군이여 여호와를 송축하라 여호와의 지으심을 받고 그가 다스리시는 모든 곳에 있는 너희여 여호와를 송축하라 내 영혼아 여호와를 송축하라"(시 103:19-22).

"내게"와 "내"라는 단어로 바꾸어 써 보라.

시편 103:3-5이 제시하는 하나님의 놀라운 축복들에 대해 감사하라.

하나님을 영화롭게 함

"우리 가운데서 역사하시는 능력대로 우리가 구하거나 생각하는 모든 것에 더 넘치도록 능히 하실 이에게 교회 안에서와 그리스도 예수 안에서 영광이 대대로 영원무궁하기를 원하노라 아멘" (엡 3:20-21)

신약성경은 하나님을 향한 감사의 자세에 관해 어떻게 말하고 있는지 살펴보자. 에베소서 3:20-21을 읽고 거기에 나타나 있는 것과 같은 감사의 마음을 가질 수 있는지 생각하라. 그리고 본문의 내용에 근거하여 다음 질문들에 답하라.

➲ 20절에서 바울은 하나님의 어떤 능력에 감사와 영광을 드렸는가?

➲ "교회 안에서와… 영광이 대대로 영원무궁하기를 원하노라"는 말은 곧 감사를 표현한 것이다. 이것에 대해 예, 아니오로 답하라.

➲ 21절에서 우리가 하나님에 대해 얼마나 오랫동안 영화롭게 하는 마음을 가져야 한다고 가르치는가?

에베소서 3:20-21에서 바울은 하나님께서는 우리가 구하는 것이나 생각하는 모든 것을 행하실 수 있는 전능하신 분이심을 고백하고 있다. 그는 하나님의 선하신 능력에 대해 확신하였다. "영광이 대대로 영원무궁하기를 원하노라." 이 말은 하나님의 성품과 능력에 대한 감사의 표현으로 볼 수 있고, 그리스도인은 항상 하나님께 영광을 돌려야 한다는 것을 알 수 있게 한다.

다른 종이에 본문 내용을 중심으로 하여 당신이 하나님께 드리는 개인적인 기도문을 작성하라. 하나님을 가리키는 대명사 "…이에게"를 "아버지께"로 바꾸어 표현하라. 당신이 작성한 기도문으로 기도하라.

베푸시는 하나님과 받는 인간과의 관계

감사는 은혜를 베푸는 자와 받는 자 사이의 바람직한 관계를 나타낸다. 기도에서 감사는 하나님과 우리의 관계 가운데 중요한 부분이다. 감사는 하나님과의 특별한 관계를 시인하는 것이다. 이스라엘 백성이 광야에서 죄에 빠졌던 중대한 원인 가운데 하나는 바로 그들에게 하나님을 향한 감사가 부족했다는 것이다. 모세는 그들을 "어리석고 지혜 없는 백성아 여호와께 이같이 보답하느냐"(신 32:6)라고 책망하였다. 하나님과 우리 사이의 영적 관계는 그분을 향한 우리의 감사가 바르게 정립될 때 성장이 가능하다.

감사란 우리를 유익하게 하시는 하나님과 그것을 누리는 인간의 관계를 알려 준다.

다음 그림 속에 이러한 관계에 있어 당신을 향한 하나님의 마음, 하나님께 대한 당신의 마음을 한마디씩 써 넣어라.

나의 마음 하나님의 마음

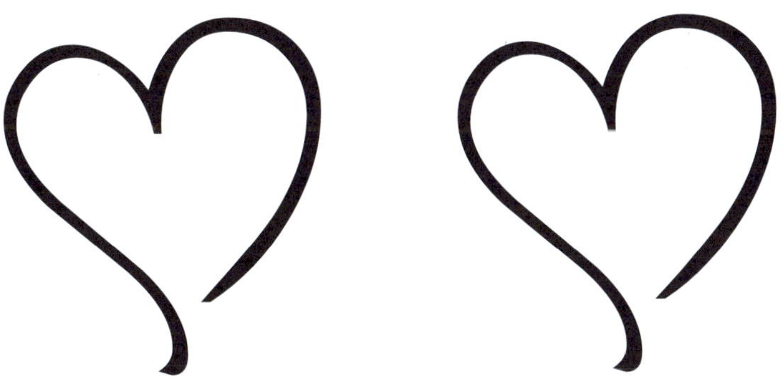

다음 성경구절에서 바울은 우리가 무엇에 대하여 감사해야 한다고 말했는가?

에베소서 5:20 ____________________

빌립보서 4:6 ____________________

"범사에 우리 주 예수 그리스도의 이름으로 항상 아버지 하나님께 감사하며" (엡 5:20).

"아무것도 염려하지 말고 다만 모든 일에 기도와 간구로, 너희 구할 것을 감사함으로 하나님께 아뢰라"(빌 4:6).

바울은 '범사'에 그리고 '항상' 감사할 것을 권했다. 그는 우리가 감사하되, 기도와 간구로 감사할 것을 가르친다. 물론 이것이 불가능한 것은 아니지만 그렇다고 모든 사람들에게 결코 쉬운 일도 아니다. 우리는 자신에게 유익한 것만이 아닌 '범사'에 감사해야 한다.

참된 감사는 하나님을 향한 무조건적인 반응이지, 반작용이 아니다.

반작용은 상황에 따라 부정적일 수도, 긍정적일 수도 있다. 따라서 그것은 사건의 결과에 의해 수시로 변한다. 그러나 하나님에 대한 감사는 항상 변하지 않는 마

경건한 삶

성경말씀

성경에서 하나님이 나에게 주신 말씀

나의 기도제목

음 자세이다. 하나님을 향한 감사의 자세는 그분과의 지속적인 교제에서 나타나는 겸손한 태도 가운데 하나이다.

오늘, 하나님과 교제하며 동행하는 삶

1. 시편 103:1-5에 기록된 하나님의 놀라운 은혜에 주목하라. 그리고 거기에 열거되어 있는 각각의 은혜를 당신 입장에서 하나님께 고백하라. 다시 말해, 당신의 생애 가운데 그것들이 그대로 실현되었음을 시인하라. 당신의 삶 가운데 하나님께서 은혜를 주시는 범위가 어디까지인지 생각해 보라.

- 하나님께서 영적 위험, 도덕적 위험, 육신의 위험, 정신적 위험 등 매우 위험한 상황에서 당신을 구원하신 사실이 있으면 말해 보라.
- 인자와 긍휼로 관을 씌우시며, 특별히 하나님 나라에 참여하는 기쁨을 주신 하나님께 감사하라.
- 5절 말씀에 근거하여, 지난 몇 년 동안 당신의 영적인 삶을 되돌아보라. 그리스도의 양식(요 4:34), 생명의 떡(요 6:35), 생수(요 4:14), 신령한 젖(벧전 2:2) 등과 같은 영적 양식을 통해 영적으로 자라도록 도와주신 하나님 은혜에 감사하라.

2. 하나님께서 주시는 모든 유익한 것들, 즉 당신의 직장, 일을 통해 얻는 수입, 음식물, 주변의 친구, 교회, 매일 이용하는 교통수단, 주택 등에 대해 하나님을 송축하라. 당신의 일상생활에서 떼어놓을 수 없는 모든 생필품, 즉 식수, 의복, 가전제품, 기타 생활 편의 도구(전화나 일용품) 등도 무심코 사용하지 말고, 반드시 하나님께 감사하라.

3. 경건의 시간을 가진 후, 경건한 삶을 완성하라.

제2과

감사의 자세, part 2

오늘의 학습목표 1과에 이어서, 감사의 바른자세를 깨닫고 하나님께 감사기도를 한다.

다음 네모칸 안에 있는 소주제들을 주의해서 보라. 그리고 각각의 소주제에 대해 연구할 때 그것을 쉽고도 오랫동안 기억할 수 있게 도와줄 수 있는 장면을 연상하라. 오늘 학습이 끝날 때쯤 당신은 상상한 것들을 그림으로 그리거나 글로 나타내게 될 것이다.

감사에 대한 그리스도인의 자세

① 삶의 전반에 걸쳐 나타난다.
② 하나님께서 선하신 분임을 믿는다.
③ 하나님을 신뢰한다.
④ 하나님을 영화롭게 한다.

감사는 삶의 전반에 걸쳐 나타난다

감사에는 고마움을 인식하는 것 이상의 의미가 있다. 그리고 단순히 말로만 고마움을 표현하는 것 이상의 고귀한 가치가 있다. 감사는 삶의 한 자세이다.

감사에 대해 말하고 있는 골로새서 4:2에 대한 다음 두 가지 성경 역본을 비교하라.

"감사하는 마음으로 기도하면서, 깨어 있으십시오"(새번역판).

"기도를 계속하고 기도에 감사함으로 깨어 있으라"(한글개역개정).

새번역판과 한글개역개정판 성경에서 발견할 수 있는 다른 개념은 무엇인가?

비울은 감사함으로 기도하라고 말했다. 감사를 표하는 데에 말이 중요한 것은 사실이지만, 그것만으로는 감사를 온전히 표할 수 없다. 감사란 우리를 항상 축복하시고, 우리에게 필요한 것들을 공급하시며, 우리에게 기쁨을 주시는 하나님과의 관계에서 오는 지속적인 태도이다. 감사란 하나님의 선하신 행위뿐 아니라, 그분의 거룩하신 성품에 대해 우리의 마음 깊은 곳으로부터 나오는 반응이다.

➲ 감사의 반대 개념은 무엇인가?

➲ 감사가 부족한 마음 상태를 나타내는 방법에는 어떠한 것들이 있는가?

아마 당신은 감사의 반대 개념을 무관심이나 배은망덕이라고 답했을지 모른다. 사실 은혜에 대해 무관심한 태도와 배은망덕은 동일한 의미이다. 당신의 삶에는 감사하는 마음이 얼마나 많이 자리 잡고 있는가? 골로새서 4:2을 다시 읽고, 감사의 기도를 드려라.

감사는 하나님께서 선하신 분임을 믿는 것이다

감사의 자세는 하나님께서 선하신 분이심을 믿고 있음을 보여주는 것이다. 하나님이 선하다는 확신은 하나님의 은사와 뜻도 선하다는 것을 포함한다. 하나님이 좋은 은사만을 주시는 것은 하나님의 성품과 일치하는 것이다.

"온갖 좋은 은사와 온전한 선물이 다 위로부터 빛들의 아버지께로부터 내려오나니 그는 변함도 없으시고 회전하는 그림자도 없으시니라"(약 1:17).

"너희 중에 누가 아들이 떡을 달라 하는데 돌을 주며 생선을 달라 하는데 뱀을 줄 사람이 있겠느냐 너희가 악한 자라도 좋은 것으로 자식에게 줄 줄 알거든 하물며 하늘에 계신 너희 아버지께서 구하는 자에게 좋은 것으로 주시지 않겠느냐"(마 7:9-11).

야고보서 1:17과 마태복음 7:9-11은 하나님의 선하심에 대해 어떻게 말하고 있는가?

하나님은 선하신 분이시다. 따라서 각양 좋은 은사가 다 하나님으로부터 온다. 우리가 악할지라도 좋은 것으로 자식에게 줄줄 알거든, 하물며 선하신 하나님께서 그분께 구하는 자들에게 좋은 것으로 주시지 않겠는가?

➲ 하나님이 당신의 삶 중에 주신 놀라운 은사나 선물 여섯 가지를 아래 네모 속에 써 보라.

하나님께 감사하라. 하나님께서는 그것을 듣고 기뻐하실 것이다.

우리에게 일어나는 모든 일이 다 하나님이 하신 것은 아니지만, 당신에게 좋은 것이 되게 하고 하나님의 영광을 위하여 모든 것을 도구로 사용하실 수 있다(롬 8:28). 이번 단원의 암송구절인, "범사에 감사하라 이것이 그리스도 예수 안에서 너희를 향하신 하나님의 뜻이니라"(살전 5:18)는 말씀은, 우리가 고통과 환난 중에도 감사함으로 하나님을 의지해야 함을 말한다. 하나님께서는 지금도 우주를 통치하시며, 우리의 삶을 주관하고 계신다. "범사에 감사하라"는 것은 하나님께서 지금도 살아 역사하고 계시다는 사실을 우리에게 주지시킨다.

우리를 통해 영광을 드러내며 하나님의 뜻을 성취하고자 하시는 위대한 목표와는 전혀 무관하게 계획을 세우기 때문에 우리 중에는 사소한 일에도 화를 내는 자들이 많다. 우리는 종종 주변의 작은 일과 삶 속에 주시는 풍성한 은혜에 만족하며 감사하는 경우가 많다. 물론 작은 사건들이 우리에게는 유익하며, 때로는 중요한 의미를 줄 수도 있다. 하지만 그것들이 감사생활의 제1원리가 될 수는 없다. 진정한 감사는 하나님의 영광을 위하여 하나님이 이루어주신다는 믿음에 기초한다.

우리가 삶 가운데 '유익한 것'으로 간주하는 것들을 보면 대개가 현실적으로 만족을 주는 것들이다. 그리고 우리가 추구하는 것들도 대부분 자기중심적인 욕심에서 나오는 것인 경우가 많다. 따라서 그것들은 우리의 영적인 것과는 전혀 무관하거나 심지어는 적대적인 것들로 우리의 육신적인 편리와 기쁨 그리고 개인적인 욕구를 충족시키는 것들과 관계된 것이다.

하나님의 선하신 뜻은 우리가 생각할 수 없을 만큼 광대하다. 따라서 우리는 하나님의 광대하고 선한 뜻을 헤아릴 수 없다. 하나님의 선하신 뜻은 우리 자신뿐 아니라 다른 사람에게도 유익을 주는 우주적인 계획과 조화를 이룬다. 따라서 하나님의 선하심은 우리의 선택보다 훨씬 위대하다는 사실을 알게 될 것이다.

하나님의 선하심은 우리의 선택보다 훨씬 위대하다는 사실을 알게 될 것이다.

그동안 당신에게 일어났던 나쁜 사건들을 옆 여백에 써 보라. 3분 동안 생각나는 모든 나쁜 사건들을 기록하고, 각각의 사건 옆에 하나님께서 그것을 통해 당신에게 가져다 준 유익이 무엇인지 기록하라. 우리는 때로 특별한 상황 속에서 행하시는 하나님의 섭리를 이해하지 못한다는 사실을 기억해야 한다. 그러나 많은 경우 삶의 여러 부분에 걸쳐 하나님의 섭리하시는 손길이 함께함을 발견할 수 있다. 이번 단원 「기도의 삶」 모임에서 그것에 대해 토의하라.

감사는 하나님을 신뢰한다

하나님의 선하심에 대한 확신은 우리에게 감사의 마음이 일어나게 할 뿐 아니라, 그분에 대한 믿음과 신뢰감을 촉진시킨다. 때로 우리는 현실적인 만족에 대해서만 감사하는 경향이 있다. 만약 우리의 신앙이 그것에 의해 좌우된다면, 우리의 믿음은 바다 위에서 요동치는 부표처럼 불안하게 될 것이다. 보여지는 환경만으로는 하나님이 하신 일을 이해할 수 없다. 참다운 만족은 하나님께서 모든 일을 선

"우리가 다 하나님의 아들을 믿는 것과 아는 일에 하나가 되어 온전한 사람을 이루어 그리스도의 장성한 분량이 충만한 데까지 이르리니 이는 우리가 이제부터 어린 아이가 되지 아니하여 사람의 속임수와 간사한 유혹에 빠져 온갖 교훈의 풍조에 밀려 요동하지 않게 하려 함이라 오직 사랑 안에서 참된 것을 하여 범사에 그에게까지 자랄지라 그는 머리니 곧 그리스도라"(엡 4:13-15).

"우리가 알거니와 하나님을 사랑하는 자 곧 그의 뜻대로 부르심을 입은 자들에게는 모든 것이 합력하여 선을 이루느니라 하나님이 미리 아신 자들을 또한 그 아들의 형상을 본받게 하기 위하여 미리 정하셨으니 이는 그로 많은 형제 중에서 맏아들이 되게 하려 하심이니라 또 미리 정하신 그들을 또한 부르시고 부르신 그들을 또한 의롭다 하시고 의롭다 하신 그들을 또한 영화롭게 하셨느니라"(롬 8:28-30).

"너희도 그 안에서 충만하여졌으니 그는 모든 통치자와 권세의 머리시라"(골 2:10).

"아버지여, 아버지께서 내 안에, 내가 아버지 안에 있는 것같이 그들도 다 하나가 되어 우리 안에 있게 하사 세상으로 아버지께서 나를 보내신 것을 믿게 하옵소서 내게 주신 영광을 내가 그들에게 주었사오니 이는 우리가 하나가 된 것같이 그들도 하나가 되게 하려 함이니이다 곧 내가 그들 안에 있고 아버지께서 내 안에 계시어 그들로 온전함을 이루어 하나가 되게 하려 함은 아버지께서 나를 보내신 것과 또 나를 사랑하심같이 그들도 사랑하신 것을 세상으로 알게 하려 함이로소이다" (요 17:20-23).

하게 이루어주신다는 믿음에서 온다.

우리 삶을 위한 하나님의 목적이 무엇인지 이해할 때 그분의 선하심에 대해 신뢰하는 자세를 갖게 된다.

에베소서 4:13-15을 읽고, 당신의 삶을 위한 하나님의 목적을 간단히 써 보라.

에베소서 4:15에는 하나님의 궁극적인 목적에 대해 다음과 같이 기록하고 있다. "오직 사랑 안에서 참된 것을 하여 범사에 그에게까지 자랄지라 그는 머리니 곧 그리스도라." 하나님의 목적은 당신이 예수 그리스도를 닮는 것이다.

참된 믿음은 환경이나 일시적인 사건 변화에 좌우되지 아니하며, 하나님의 선하신 속성을 의지한다. 하나님의 속성은 결코 변하지 않는다. 우리가 감사하는 이유가 바로 그 때문이고, 우리의 믿음이 변하지 않는 것도 바로 그 때문이다.

감사는 하나님을 영화롭게 한다

우리의 삶을 통해 나타나는 하나님의 영광은 우리가 누릴 수 있는 가장 놀라운 축복이다. 하나님의 영광이 가장 위대하게 드러나는 때는 하나님의 속성이 우리 삶 속에서 기적을 보여줄 때이다.

만약 우리에게 계속되는 곤고한 환경이 결국 하나님의 위대한 영광의 길로 인도하리라는 사실을 확신한다면, 아무리 어려운 상황이라 해도 감사하지 않을 사람은 없을 것이다. 결국 하나님이 약속하신 것은 모두 기도응답해 주신다.

로마서 8:28-30을 읽고, 당신의 생애에 대한 하나님의 궁극적인 목적이 무엇인지 생각해 보라.

골로새서 2:10을 읽고 그 내용을 요약하여 아래에 적어 보라.

하나님께서는 당신이 영적으로 성숙하여, 그리스도의 장성한 분량에 이르며, 그리스도 안에서 완전하게 되기를 원하신다. 예수님이 하나님을 영화롭게 했던 것처럼 당신이 예수님을 닮기 위하여 무엇을 해야 한다고 생각하는가?

요한복음 17:20-23에서, 예수님은 성도들이 온전하게 되며 하나가 될 때 세상이 자기의 영광을 보며 하나님께서 자기를 보내신 것을 믿으리라고 말씀하셨다. 당신 생활에서 그리스도가 드러날 때 하나님께서 영광을 받으신다.

오늘, 하나님과 교제하며 동행하는 삶

1. 지금까지 공부한 것을 토대로 하여, 당신의 삶 가운데 진정 선한 것이 무엇인지 다시 정리해 보라. 당신이 지금 하나님의 심판대 앞에 서 있으며, 세상에서의 삶의 모습을 영상화면을 통해 생생하게 보여주신다고 가정하자. 그분께서는 어떻게, 또 무슨 이유로 오늘날까지 당신을 세상에서 살게 하셨는지 보여주실 것이다. 당신은 자신의 모습이 비치는 영상화면을 보면서 그때에는 미처 깨닫지 못했던 고통스럽고 슬프며 절망적이던 것들이 하나님의 영광을 드러내는 것이었음을 발견할 것이다.

2. 「기도의 삶」 제5단원을 공부하면서 어떠한 자세로 살았는가? 기도하고자 하는 열심이 생기게 된 동기는 무엇인가? 당신의 삶을 통해 나타난 모든 영광에 대해 하나님께 감사하라. 오늘도 하나님께 감사하는 마음을 가져라.

3. 경건의 시간을 가진 후, 경건한 삶을 완성하라.

경건한 삶

성경말씀

성경에서 하나님이
나에게 주신 말씀

나의 기도제목

제3과
참된 감사

오늘의 학습목표 하나님께 감사하는 방법을 배우게 된다.

그리스도인의 감사하는 자세는 지속적이고, 일생 동안 계속되어야 한다.

시간적으로

지속적이어야 함. 우리는 항상 감사함으로 충만해야 한다.

"그 안에 뿌리를 박으며 세움을 받아 교훈을 받은 대로 믿음에 굳게 서서 감사함을 넘치게 하라" (골 2:7).

바울이 골로새서 2:7에서 언급한 그리스도인의 특징이 무엇인지 보라. 하반절에서는 성도가 지녀야 할 감사에 대해 어떻게 말하는지 써 보라.

____

하나님의 선하심은 항상 그리스도인의 감사의 원천이 되어야 한다. 하나님의 인자하심이 끊임없이 계속되며, 결코 변함이 없으신 분인 이상 우리의 감사도 지속적이어야 한다.

하나님께서는 우리에게 항상 선을 베푸신다. 거기에는 시작도 없으며 끝도 없다. 우리는 때로 '초자연적인 축복들' 만 하나님의 선하신 행위로 간주하여 그분께 감사한다. 물론 우리는 대단히 놀랍고, 훌륭한 것들에 대해 감사하여야 한다. 그러나 산봉우리들이나 계곡들이 하나님의 속성을 드러내지는 않는다. 그것들은 하나님 사역의 과정을 나타내는 것이지 하나님의 속성을 보여주는 것은 아니다. 하나님은 영원히 동일하시고, 우리의 가장 큰 감사는 하나님 안에서 항상 즐거워하는 것이다.

"나 여호와는 변하지 아니하나니" (말 3:6).

하나님께서는 말라기 3:6에서 자신에 대해 어떻게 말씀하시는가?

____

영원히 계속되어야 함. 만약 감사가 하나님의 인자하심에 대한 반응이라면, 하나님의 인자하심이 영원한 것같이 우리의 감사도 영원히 계속되어야 한다. 우리의 감사하는 마음이 계속될 수 있는 유일한 방법은 우리가 자신에게 유리한 것에 대해서만 감사하는 것이 아니라, 하나님의 모든 행사에 대해 감사의 자세를 갖는 것이다.

항상 감사할 수 있는 일에 대하여 써 보라.

____

____

____

만약 하나님의 인자하심이 영원히 변하지 않는다는 생각이 확고하다면, 우리는 삶의 모든 영역에서 하나님의 인자하심에 대한 감사와 신뢰를 가지고 생활할 수 있으며, 마땅히 그렇게 해야 한다. 우리의 모든 삶, 슬픈 일이나 기쁜 일은 모두 다 하나님의 주권 아래 있다. 우리에게 일어나는 모든 새로운 사건들은 하나님께서 우리에게 갖고 계신 최후의 목적을 향해 우리를 한 걸음씩 가까이 인도한다.

기도는 일정한 자세에서 시작된다. 우리는 "감사함으로 그 문에 들어간다"(시 100:4). 즉 의로운 말로써가 아니라 하나님의 선하신 목적에 감사함으로 기도를 시작할 수 있고, 그 감사야 말로 기도를 시작하는 문이다.

복습

시간과 관련하여 그리스도인이 감사해야 하는 두 가지 단어는 무엇인가?

1. ____
2. ____

그렇게 해야 하는 두 가지 이유는 무엇인가?

1. ____
2. ____

당신이 적은 답과 앞에 있는 내용을 비교하라.

모든 것을 위한 감사

그리스도인은 두 가지 단계의 감사를 한다

낮은 단계

대부분의 그리스도인은 하나님의 섭리 중 자신에게 유익한 것만 믿는 경향이 있고, 자신들에게 유익이 있을 때만 감사드린다. 즉 하나님께서 자신들에게 선물을 주실 때만 감사한다. 많은 그리스도인들이 실제 그렇게 하고 있는데도 불구하고, 자신의 그러한 태도를 인정하려고 하지 않는다. 만약 유익만이 진정한 감사의 조건이라면, 하나님께서는 언제나 '초자연적' 축복을 통해 그리스도인의 관심을 끄셔야 할 것이다.

낮은 단계의 감사에는 두 가지 오류가 있다.

첫째, '현실적인 축복'에 대해서만 하나님께 감사하는 자는 감사를 자기 중심적으로 생각한다. 그들은 자신의 만족도에 따라 축복의 척도를 평가한다. 따라서 그들은 그리스도인에게 가장 큰 축복이라고 할 수 있는 하나님의 속성과 복음증거

성경말씀

성경에서 하나님이
나에게 주신 말씀

나의 기도제목

를 통해 성취되는 하늘나라의 확장에 대해서는 전혀 무관심하다. 하나님의 축복은 인간이 생각하는 축복의 의미로는 이해할 수 없을 만큼 크다.

둘째, 하나님께서 주시는 '커다란' 축복에 대해서만 관심이 있는 자는 '사소한' 축복에 대해서는 생각조차 해 보지 않으려고 한다. 시편 기자는, "하나님의 모든 은택"(시 103:2)을 잊지 않으려 하였다. 우리도 범사에 감사하는 성도가 되기 위해서는 비단 큰 일뿐 아니라 작은 일에도 감사할 줄 알아야 한다.

높은 단계

감사에 대해 높은 영적 단계에 있는 자는 하나님을 사랑하는 자들에게는 모든 것이 합력하여 선을 이룬다는 원리를 안다. 이러한 자는 모든 것을 믿음으로 행하며, 크고 작은 일들에 있어 하나님께 대한 감사가 끊임없이 솟는다. 이것이야말로, "감사함을 넘치게 하라"(골 2:7)는 성경적인 자세이다.

당신이 만약 모임에서 "범사에 감사하는 생활"이란 제목으로 간단한 말씀을 전한다면, 당신은 어떻게 말하겠는가? 대강의 개요를 작성한 후 요점별로 나누고, 필요한 예화를 삽입하며, 평소 잘 알고 있는 관련 성경 구절들을 인용하여 옆의 여백에 써 보라.

참된 감사는 지속적으로 범사에 하나님께 감사하는 것이다. 큰 일이든 작은 일이든, 좋은 일이든 나쁜 일이든, 모든 일에 하나님께 감사하는 것이다.

오늘, 하나님과 교제하며 동행하는 삶

1. 함께 있는 사람을 업신여기는 것은 무례한 행위이다. 그러나 많은 사람들이 "내가 너희와 항상 함께 있으리라"고 말씀하신 예수님을 무시한다. 당신이 그러한 죄를 범하지 않기 위해 아래에 있는 세 가지 색깔을 통해 예수께서 항상 당신의 삶 가운데 임재하신다는 사실을 상기하기 원한다.

붉은색 : 붉은색을 볼 때마다, 예수께서 당신의 죄를 위해 십자가 위에서 흘리신 보혈에 대해 묵상하며 감사하라.
녹 색 : 녹색을 볼 때마다 당신에게 주어진 영생과 영적 성장에 대해 주님께 감사하라.
푸른색 : 푸른색을 볼 때마다, 그리스도의 순결과 그분 안에서 변화된 당신의 새로운 인격을 생각하라.

이것을 지킨다면 당신은 하루에도 수없이 감사하게 될 것이다. 기도지침 5의 내용을 사용하여 감사기도하라.

2. 경건의 시간을 가진 후, 경건한 삶을 완성하라.

제4과

감사하는 방법

오늘의 학습목표 　감사의 세 가지 방법을 익혀, 하나님과의 교제에 적용하게 된다.

감사는 밖으로 표현될 때 비로소 가치가 있다. 그러므로 하나님을 향한 감사가 있다면 반드시 표현하라. 감사는 밖으로 표현될 때 더욱 커진다.

감사를 표현하는 방법에는 여러 가지가 있을 수 있다. 창세기 8:20; 여호수아 8:30-31; 사무엘상 7:12을 읽어 보고, 구약성경에서 감사를 표현한 방법을 적어 보라.

"노아가 여호와께 제단을 쌓고 모든 정결한 짐승과 모든 정결한 새 중에서 제물을 취하여 번제로 제단에 드렸더니"(창 8:20).

"그때에 여호수아가 이스라엘의 하나님 여호와를 위하여 에발 산에 한 제단을 쌓았으니 이는 여호와의 종 모세가 이스라엘 자손에게 명령한 것과 모세의 율법책에 기록된 대로 쇠 연장으로 다듬지 아니한 새 돌로 만든 제단이라 무리가 여호와께 번제물과 화목제물을 그 위에 드렸으며"(수 8:30-31).

물질을 드리는 감사

구약성경에서 성도들은 제단을 쌓거나(창 8:20; 수 8:30-31) 또는 기념비를 세워서(수 4:1-7) 감사했다. 그들은 구체적으로 감사했고 물질을 드려 감사를 표현했다. 그들은 때때로 기념비를 세워 그것에 하나님의 역사를 인정하는 특별한 이름을 붙여서 감사하기도 하였다(삼상 7:12의 "에벤에셀"은 "도움의 돌"을 의미한다.).

"사무엘이 돌을 취하여 미스바와 센 사이에 세워 이르되 여호와께서 여기까지 우리를 도우셨다 하고 그 이름을 에벤에셀이라 하니라"(삼상 7:12).

➊ 만일 당신이 돌판에 하나님께 대한 감사의 글을 새긴다면 어떻게 쓰겠는가?

기도지침 5 의 "돌판 위에 새긴 나의 감사"에 '하나님께 감사하는 말' 을 새겨 보라. 가능하면 그 문구를 액자나 벽걸이, 비단천, 십자형틀, 카펫 혹은 기타 사람들이 쉽게 볼 수 있는 곳에 써 넣는 것도 고려할 만하다. 그리고 그것에 대한 생각을 「기도의 삶」 모임에서 나누도록 하라.

중요한 것은 우리가 하나님의 선하신 행위에 대한 공로를 그분께 돌리는 것이다.

말로 하는 감사

감사를 나타내는 가장 일반적인 방법은 입으로 표현하는 것이다. 입으로 감사를 말하는 것은 실제로 그것을 온전히 나타내기에는 매우 미흡하다. 그러나 그것은 감사의 뜻을 시사하는 한 수단이 됨에는 분명하다. 감사할 자세만 되어 있다면, 감사해야 할 조건은 너무나 많다.

"온 땅이 주께 경배하고 주를 노래하며 주의 이름을 노래하리이다 할지어다"(시 66:4)

경건한 삶

성경말씀

성경에서 하나님이
나에게 주신 말씀

나의 기도제목

감사의 조건

① 우리에게 있었던 과거의 모든 사건.
② 우리의 삶 가운데 현재 역사하고 있는 하나님의 섭리.
③ 장차 하나님을 영화롭게 하고, 하나님의 나라를 확장시키며, 우리를 보다 거룩한 모습으로 성화시킬 미래의 사건들.

➲ 당신은 다윗처럼 훌륭한 시인은 아닐지 모르나, 하나님을 향한 감사를 2행시로 나타낼 수 있다. 아래에 써 보라.

이것을 「기도의 삶」 모임에서 함께 나누도록 하라.

기도, 찬양, 간증을 통한 감사

기도와 찬양 그리고 간증을 통해서 감사를 표현할 수 있다. 우리는 개인적으로나 공적으로 하나님께 기도하며 찬양할 수 있다. 중요한 것은 우리가 하나님의 선하신 행위에 대한 공로를 그분께 돌리는 것이다. 우리가 회중들 앞에서 아무리 열심히 간증한다 해도 자신의 개인적인 삶 가운데 역사하시는 하나님의 행위를 구체적으로 증거하지 않는 간증은 전혀 무의미하다.

오늘, 하나님과 교제하며 동행하는 삶

1. 하나님의 목적과 영광을 위해 당신에게 특별히 허락하신 것들에 대해 감사하라. 먼저 당신에게 주어진 변할 수 없는 조건들–당신의 성별, 신장, 목소리 등–에 대해 그것이 하나님께로부터 왔음을 인정하고 그분께 감사하라.

2. 다음에는 하나님께서 주도적으로 당신에게 가하신 변화 사건들–구원, 인생에 변화를 가져다 준 영감의 찬송, 하나님을 향해 마음 문을 열게 한 사건, 그리고 들을 때 결신하도록 감동을 준 설교 등–에 대해 그분께 감사하라. 그리고 시편 66:4 말씀을 읽고, 기도지침 5의 "감사하는 방법"을 참고하여 감사 기도하라.

3. 경건의 시간을 가진 후, 경건한 삶을 완성하라.

제5과
영적 은혜를 위한 감사

오늘의 학습목표 성경이 가르치는 영적인 것들에 대한 감사의 기도방법을 배우게 된다.

우리는 물질적인 것들보다 영적인 것들에 더욱 감사해야 한다. 물질적인 것들은 우리에게 영적인 세계를 비추어 주는 도구가 될 때만 중요한 가치를 갖는다. 물질적인 것들에 대해서도 감사해야 하지만 영적인 사람에게는 영적인 은혜가 보다 중요한 비중을 차지한다.

바울의 모범

바울 서신들은 그가 물질적인 것보다 영적인 문제를 얼마나 강조했는지 보여준다. 바울의 기도를 읽고, 그의 기도와 감사의 주제가 되었던 영적인 것들에 대해 써 보라.

에베소서 1:3 ______________________

골로새서 1:4 ______________________

골로새서 1:10 ______________________

골로새서 1:11 ______________________

골로새서 1:12 ______________________

고린도전서 15:56-57 ______________________

디모데전서 1:12 ______________________

바울은 하나님께서 신자들에게 주신 영적 은혜에 대해 항상 감사하였다. 그는 하늘에 속한 모든 신령한 것들로 복 주신 하나님을 찬미하였다(엡 1:3). 그리고 성도들에게 주신 믿음과 하나님의 사랑에 대해 감사하였다(골 1:4). 바울은 골로새서 1:10-12에서, 신자에게 합당히 행하고, 선한 일에 열매를 맺으며 하나님을 아는 지식에서 자랄 수 있는 능력이 주어졌다는 사실을 말하고 있다. 따라서 그들은 모든 능력으로 견디고 오래 참으며 기뻐할 수 있다. 뿐만 아니라 하나님께서는 우리에게 예수님의 구원을 체험하거나 전도할 수 있는 기회를 주셨다. 또한 바울은 죄와 사망의 권세를 물리치고(고전 15:56-57), 자기를 복음의 일꾼으로 불러 주신 것(딤전 1:12)에 대해 감사하였다.

"찬송하리로다 하나님 곧 우리 주 예수 그리스도의 아버지께서 그리스도 안에서 하늘에 속한 모든 신령한 복을 우리에게 주시되"(엡 1:3).

"이는 그리스도 예수 안에 너희의 믿음과 모든 성도에 대한 사랑을 들었음이요"(골 1:4).

"주께 합당하게 행하여 범사에 기쁘시게 하고 모든 선한 일에 열매를 맺게 하시며 하나님을 아는 것에 자라게 하시고"(골 1:10).

"그의 영광의 힘을 따라 모든 능력으로 능하게 하시며 기쁨으로 모든 견딤과 오래 참음에 이르게 하시고"(골 1:11).

"우리로 하여금 빛 가운데서 성도의 기업의 부분을 얻기에 합당하게 하신 아버지께 감사하게 하시기를 원하노라"(골 1:12).

"사망이 쏘는 것은 죄요 죄의 권능은 율법이라 우리 주 예수 그리스도로 말미암아 우리에게 승리를 주시는 하나님께 감사하노니"(고전 15:56-57).

"나를 능하게 하신 그리스도 예수 우리 주께 내가 감사함은 나를 충성되이 여겨 내게 직분을 맡기심이니"(딤전 1:12).

사람에 대한 감사

로마서 1:7-8; 고린도전서 1:4; 빌립보서 1:3-5; 데살로니가전서 1:2을 읽고 바울이 하나님께 감사한 것을 기록하라.

바울이 감사한 것 중에 가장 많은 비중을 차지한 것은 물질이 아니라 사람에 대한 것이다. 바울 서신의 수신자들인 로마, 고린도, 빌립보, 데살로니가에 있는 성도들이야말로 바로 그가 하나님께 감사한 대상이었다.

우리를 영적으로 도와주는 자들에 대해 하나님께 감사해야 하고, 우리에게 영적인 도움을 주는 교회에 대해서도 하나님께 감사해야 한다(빌1:3-5). 교회의 충성된 일꾼을 뽑는 제직 임명식을 통해서 혹은 신실한 믿음으로 다른 사람들에게 자비를 베푸는 자들에 대해 하나님께 감사해야 한다.

➲ 특별히 감사해야 할 사람들의 이름을 아래에 적어 보라.

지금 그들을 붙여 주신 하나님께 감사하는 시간을 갖도록 하라.

영적 체험에 대한 감사

하나님께서 우리에게 영적 체험을 하게 하신 것에 감사해야 한다.
사도행전 28:15에서 바울이 크게 감사한 사건은 무엇인가?

바울은 로마로 압송되어 가고 있는 중이었다. 그때 어떤 그리스도인 형제들은 바울을 만나 그를 격려하였고, 바울은 그들이 자기를 격려해 준 것에 대해 하나님께 감사하였다.

➲ 다른 사람들에게 도움을 받았을 때 감사의 마음을 느꼈는가? 그들이 당신을 어떻게 도왔는지 써 보라.

"로마에서 하나님의 사랑하심을 받고 성도로 부르심을 받은 모든 자에게 하나님 우리 아버지와 주 예수 그리스도로부터 은혜와 평강이 있기를 원하노라 먼저 내가 예수 그리스도로 말미암아 너희 모든 사람에 관하여 내 하나님께 감사함은 너희 믿음이 온 세상에 전파됨이로다"(롬 1:7-8).

"그리스도 예수 안에서 너희에게 주신 하나님의 은혜로 말미암아 내가 너희를 위하여 항상 하나님께 감사하노니"(고전 1:4).

"내가 너희를 생각할 때마다 나의 하나님께 감사하며 간구할 때마다 너희 무리를 위하여 기쁨으로 항상 간구함은 너희가 첫날부터 이제까지 복음을 위한 일에 참여하고 있기 때문이라"(빌 1:3-5).

"우리가 너희 모두로 말미암아 항상 하나님께 감사하며 기도할 때에 너희를 기억함은"(살전 1:2).

"그곳 형제들이 우리 소식을 듣고 압비오 광장과 트레이스 타베르네까지 맞으러 오니 바울이 그들을 보고 하나님께 감사하고 담대한 마음을 얻으니라" (행 28:15).

하나님의 나라 확장에 대한 감사

우리는 무엇보다도 복음 사역의 열매에 대해 하나님께 감사해야 한다.

고린도후서 9:12-15을 읽고, 바울이 감사한 내용이 무엇인지 써 보라.

"이 봉사의 직무가 성도들의 부족한 것을 보충할 뿐 아니라 사람들이 하나님께 드리는 많은 감사로 말미암아 넘쳤느니라 이 직무로 증거를 삼아 너희가 그리스도의 복음을 진실히 믿고 복종하는 것과 그들과 모든 사람을 섬기는 너희의 후한 연보로 말미암아 하나님께 영광을 돌리고 또 그들이 너희를 위하여 간구하며 하나님이 너희에게 주신 지극한 은혜로 말미암아 너희를 사모하느니라 말할 수 없는 그의 은사로 말미암아 하나님께 감사하노라"(고후 9:12-15).

바울은 고린도교회 교인들이 많이 연보하고, 성도들의 부족함을 채워 주고, 복음을 진실히 믿는 것에 대해 감사했다. 하나님의 나라가 확장되어 가는 것을 볼 때 그것을 성령의 역사로 믿고 하나님께 감사해야 한다. 또한 새로운 지역에 복음이 들어가 전파되는 것을 볼 때에도 감사해야 한다. 그리고 영혼구원을 위해 다른 나라에 선교사가 파송되어 새로운 교회가 개척될 때 하나님께 감사해야 한다. 우리가 하나님의 놀라운 축복에 대해 감사할 때, 그분의 도우시는 손길을 더욱 크게 하며, 우리가 행하는 하나님의 영광을 위한 사역에 보다 많은 열매를 얻을 수 있다.

세계 전역에서 진행되고 있는 복음전파에 관련된 어떤 좋은 소식을 들은 일이 있는가? 어디에서든 영적으로 놀라운 변화가 일어나는 것을 본 일이 있는가? 그것들에 대해 깊이 생각한 후, 하나님께 감사할 특별한 사건이나 변화가 있으면 기록하라. 그것들을 기록한 후에 영적 승리에 대하여 하나님께 감사하라.

공적이며 개인적인 감사

하나님께 대한 감사의 표현은 개인적인 방법뿐 아니라, 공적인 방법을 통해서도 이루어질 수 있다. 예를 들어 온 회중이 교회에 모여 예배드리는 것은 교인 전체가 하나님께 감사를 표현하는 것이다. 교회는 교회 안에서 행해지는 기도회나 주일학교, 기타 모임에서 하나님께 무엇을 구하는 기도뿐만 아니라 감사를 나타낼 수 있는 기회를 주어야 한다. 그러므로 당신의 지도력을 발휘해서 교인들에게 간증과 기도, 혹은 찬양을 통해서 감사하는 훈련을 시키도록 하라.

➡ **가장 최근에 사람들에게 고마움을 표현할 수 있는 기회가 있었다면 어떤 것인가?**

경건한 삶

성경말씀

성경에서 하나님이
나에게 주신 말씀

나의 기도제목

오늘, 하나님과 교제하며 동행하는 삶

우리 대부분은 보여지는 축복에만 감사해 한다. 새 자동차는 돈을 많이 번 어떤 사람의 능력을 영광스럽게 할 수 있다. 그러나 구원은 오직 하나님의 영광만을 드러낸다. 당신에게 주신 최고로 값지고 고결한 모든 선물들에 대해 하나님께 감사하고, 그분께 영광을 돌려라. 기도지침 5의 "영적 은혜에 대한 감사"를 참고하여 하나님이 주신 영적 은혜에 대하여 감사기도하라.

1. 물질적이고 보여지는 것이 아니라, 순전히 영적인 은혜에 대하여 하나님께 감사하라. 구원, 당신을 전도한 사람, 유혹의 극복, 삶의 변화, 새로운 소망, 당신이 영적으로 성장하게 한 사람으로 인하여 하나님께 감사하라.

2. 영적 은혜의 도구로 삼으신 것들에 대해서도 하나님께 감사하라. 당신을 예수님께 처음 인도한 사람, 당신을 영적으로 성장하게 인도해 준 사람, 당신으로 하여금 복된 삶을 살게 한 목회자나 교회, 당신이 참가한 컨퍼런스와 성경공부 과정, 당신의 영적 성장에 도움을 준 책 등으로 인하여 하나님께 감사하라.

3. 경건의 시간을 가진 후, 경건한 삶을 완성하라.

제6단원

기도를 통한 예배

핵심개념 예배를 받으시기에 합당한 하나님은 당신이 영과 진리로 그분을 예배하는 것을 기뻐하신다.

단원학습목표 성경에 나타난 모범적인 경배 형태를 통해 성경적인 예배의 의미와 방법을 깨달아 개인적 예배와 공적인 예배가 나아지게 된다.

암송구절 "우리 주 하나님이여 영광과 존귀와 권능을 받으시는 것이 합당하오니 주께서 만물을 지으신지라 만물이 주의 뜻대로 있었고 또 지으심을 받았나이다 하더라"(계 4:11).
"하나님은 영이시니 예배하는 자가 영과 진리로 예배할지니라"(요 4:24).

관련기도지침 기도지침 6 기도를 통한 예배(283쪽)

찬양을 받으실 하나님

나는 개인적으로 은밀한 고통을 겪고 있었다. 그 일로 인해 기도할 때 하나님을 찬미하는 일을 멈추게 되었는데, 그것을 깨닫지 못했다. 하나님께 그러한 고통에서 구원해 주실 것을 간구했지만, 나에게는 아무런 위로도 임하지 않았다. 그처럼 절망적인 상태에서 하나님을 찬양하는 일도 잊은 채 5일 동안 혼자 몸부림치며 지냈다.

그런데 토요일 아침에 나는 갑자기 내가 '매우 행복한 상태'에서만 하나님을 찬양하고 '환난중'에는 찬양하지 않는다면 그것은 내 감정에 따라 하나님을 찬양하는 것일 뿐 진정 그분을 찬양하는 것이 아님을 깨달았다.

사실 나는 그때 하나님을 찬미하고 싶은 마음이 없었다. 그러나 하나님께 대한 우리의 헌신의 결단은 어디까지나 의지적인 문제일 뿐 감정적인 것이 아니라는 사실을 알고 있었다. 하나님은 변함이 없는 분이시고, 하나님의 영광과 위엄과 목적은 우리 삶 속에서 일어나는 사건에 의해서 손상을 입거나 피해를 당하지 않는다.

나는 여전히 많은 축복을 누리고 있음을 알았다. 나의 구원은 완전한 것이었고, 가족 모두 경건한 신앙으로 하나님을 섬겼으며, 나에게는 안정된 직장도 있었다. 힘든 날이 계속되는 동안 불길한 생각만 들었지만, “복의 근원이신 하나님”이란 찬양을 부르는 순간 예전에 느끼지 못했던 영혼의 빛이 밝아오는 것을 깨닫기 시작하였다. 그리고 나서 하나님의 놀라운 축복들이 제시되어 있는 시편 103편의 내용을 고백하였다. 지금도 하나님의 임재 가운데 그때의 기쁨을 계속 느끼고 있으며, 찬양을 통해 나타난 내적 변화에 감탄하지 않을 수 없다.

그때 영적인 경이감은 나에게 어려운 상황에서도 여호와 하나님을 찬양한 하박국을 생각나게 하였다. 바벨론을 통해 이스라엘을 징계하시는 하나님께 “왜 우리에게 이토록 큰 고통을 주느냐”고 강력하게 설명을 요구하던 하박국은 하나님의 말씀에 따라 하나의 굳은 확신으로 결론을 맺었다. 그는 여섯 가지 재앙에 대해 단 한 가지로 해결책을 말하였다.

비록 무화과나무가 무성하지 못하며,
포도나무에 열매가 없으며,
감람나무에 소출이 없으며,
밭에 먹을 것이 없으며,
우리에 양이 없으며,
외양간에 소가 없을지라도,

나는 여호와로 말미암아 즐거워하며,
나의 구원의 하나님으로 말미암아
기뻐하리로다.
주 여호와는 나의 힘이시라.
나의 발을 사슴과 같게 하사,
나를 나의 높은 곳으로 다니게
하시리로다(합 3:17-19).

이 성경구절을 몇 년 동안이나 보아 왔지만, 하박국이 그의 어려운 환경 속에서 어떻게 하나님을 찬양할 수 있었는지 이해한 것은 처음이다. 나는 그것을 통해 찬양의 새로운 정의를 깨닫게 되었다.

제1과
예배의 대상이신 하나님

오늘의 학습목표 예배의 본질을 이해하여, 우주를 지으신 영원하신 하나님은 예배받기에 합당하신 분인 것을 배우게 된다.

예배의 정의

예배를 나타내는 영어 단어 worship은 '가치있는'(worth-ship)이란 뜻으로 앵글로 색슨어 weorthscipe에서 유래하였다. 예배는 하나님을 존귀하게 높이는 행위이다. 다시 말해 예배는 하나님의 존귀한 것들을 시인하고, 그분의 거룩하신 모든 속성을 인정하며, 그분의 의로운 심판을 믿는 것이다.

예배는 하나님의 인격을 높이는 행위이다. 하나님은 온전하시기 때문에 존귀성을 인정받는다. 하나님의 인격과 사역에는 흠이 없다. 사무엘하 22:4과 신명기 32:4을 읽어 보라.

"내가 찬송받으실 여호와께 아뢰리니"(삼하 22:4).

"그는 반석이시니 그가 하신 일이 완전하고 그의 모든 길이 정의롭고 진실하고 거짓이 없으신 하나님이시니 공의로우시고 바르시도다"(신 32:4).

찬양을 받으실 하나님

시편 145:3을 읽어 보라.

"여호와는 위대하시니 크게 찬양할 것이라 그의 위대하심을 측량하지 못하리로다"(시 145:3).

우리는 측량할 수 없는 하나님의 광대하심을 찬양해야 한다. 하나님이 찬양받아야 하는 이유를 생각해 보고, 기도지침 6의 "하나님이 찬양받으실 만한 이유" 표에 써 보라. 마음과 입으로 하나님을 찬양하라.

하나님은 무한한 분이시다. 인간의 제한된 지식으로는 하나님의 무한한 속성을 측량할 수 없다. 비록 우리가 하나님의 무한성을 온전히 이해할 수는 없지만, 무한하신 하나님을 경외할 수는 있다.

- 시편 기자는 하나님의 지혜와 능력을 이렇게 찬양하였다. "그가 별들의 수효를 세시고 그것들을 다 이름대로 부르시는도다 우리 주는 위대하시며 능력이 많으시며 그의 지혜가 무궁하시도다"(시 147:4-5).
- 이사야는 하나님에 대해, "너는 알지 못하였느냐 듣지 못하였느냐 영원하신 하나님 여호와, 땅 끝까지 창조하신 이는 피곤하지 않으시며 곤비하지 않으시며 명철이 한이 없으시며"(사 40:28)라고 예찬하였다.
- 하나님이 인간의 길을 바꾸기도 하신다는 것을 안 시편 기자는, "이는 여호와께서 행하신 것이요 우리 눈에 기이한 바로다"(시 118:23) 라고 외쳤다.

하나님은 초월적인 분이시다. 하나님께서 우리의 지식을 초월하시는 분이라는 점에서 그분을 경외해야 한다. 하나님께서는 그분이 창조하신 피조물들과는 본질적으로 다르시다. 신학자들은 이와 같이 피조물들과 다른 하나님의 우월하신 속성을 '초월' 이란 말로 표현한다. 시편 기자는 그것에 대해 매우 준엄한 말로 다음과 같이 표현하였다. "여호와 우리 하나님과 같은 이가 누구리요 높은 곳에 앉으셨으나"(시 113:5). 그리고 하나님께서는 솔로몬이 "하나님이 참으로 땅에 거하시리이까 하늘과 하늘들의 하늘이라도 주를 용납하지 못하겠거든 하물며 내가 건축한 이 성전이오리이까"(왕상 8:27) 하고 물은 것처럼, 우리가 온전히 헤아릴 수 없을 만큼 무한히 광대하시다.

하나님은 유일한 분이시다. 하나님은 유일한 분이시기 때문에 우리는 그분을 예배해야 한다. 이것에 대하여 한나는 다음과 같이 말하였다. "여호와와 같이 거룩하신 이가 없으시니 이는 주밖에 다른 이가 없고 우리 하나님 같은 반석도 없으심이니이다"(삼상 2:2). 바울은 "권세는 하나님으로부터 나지 않음이 없나니 모든 권세는 다 하나님께서 정하신 바라"(롬 13:1)고 말하였다. 하나님께서 유일한 분이신 까닭에 우리에게는 다음과 같은 의무가 따른다. "너는 다른 신에게 절하지 말라 여호와는 질투라 이름하는 질투의 하나님임이니라"(출 34:14). 하나님께서는 모든 거룩함과 모든 능력과 모든 권세의 근원이 되신다. 이 세상에 하나님과 비교할 수 있는 것이 아무것도 없다. 하나님께서는 만유 가운데 으뜸이시요, 머리가 되신다.

하나님은 지혜로운 분이시다. 하나님은 무한한 지혜의 소유자이시기 때문에 그분을 찬양해야 한다. 하나님의 영광을 생각할 때마다 자주 송영을 부른 바울은, "깊도다 하나님의 지혜와 지식의 풍성함이여, 그의 판단은 헤아리지 못할 것이며 그의 길은 찾지 못할 것이로다"(롬 11:33)라고 찬미하였다.

하나님은 절대적으로 온전한 분이시다. 하나님은 흠이 없으시고 온전하시다. 시편 기자는 "여호와의 법도 진실하여 다 의로우니"(시 19:9)라고 하고 다시 "여호와께서는 그 모든 행위에 의로우시며 그 모든 일에 은혜로우시도다"(시 145:17)라고 노래하였다. 이와 같이 하나님의 온전성은 그분을 다른 피조물들과 구별한다. 우리는 하나님께서 찬양과 예배를 받으시기에 합당한 분이심을 인정해야 한다.

➲ 하나님만이 예배를 받으시기에 합당한 분이심을 보여주는 다섯 가지 이유는 무엇인가?

예배의 형태

요한계시록은 하나님과 어린 양 되신 독생자 예수 그리스도에 대한 영광스러운 예배장면을 기록하고 있다. 요한계시록 5:8-14을 읽고, 아래의 질문들에 답하므로 예배의 바른 형태를 이해하도록 하라.

■ 5:8-10에서 예배를 받는 분은 누구인가?

■ 예배를 드린 자들은 누구인가?

■ 네 생물이 그들의 예배에서 취한 행동은 무엇인가?

■ 그들이 예배를 드릴 때 지킨 항목은 무엇인가?

■ 그들은 어떠한 형태의 예배를 드렸는가?

■ 그들이 예수 그리스도의 죽음이 가져온 결과에 대해 찬양한 이유는 무엇인가?

■ 5:11-14에서 생물과 장로들 외에 예배에 참여한 것들은 무엇인가?

■ 그들은 자신들의 예배를 어떻게 드렸는가?

■ 그들은 하나님과 어린 양을 찬양할 때 어떠한 말들을 사용하였는가?

네 생물과 이십사 장로들은 어린 양을 예배할 때 거문고와 금대접을 사용하였다. 금대접에는 성도의 기도를 상징하는 향이 담겨 있었고, 그들은 어린 양 앞에 엎드려 예배하였다. 그들은 어린 양을 예배할 때 새로운 노래로 찬미하였다. 그들은 자기들을 구원하시고, 왕과 제사장을 삼으신 예수 그리스도에게 찬양하였다.

이 광경을 상상해 보라. 네 생물과 이십사 장로들이 어린 양을 예배하며 하나님의 보좌에 둘러앉아 있다. 거기에는 수천 수만의 천사들로 구성된 성가대가 있고, 하늘 위와 땅 위 그리고 땅 아래와 바닷속에 있는 모든 만물이 어린 양을 찬미하고

"그 두루마리를 취하시매 네 생물과 이십사 장로들이 그 어린 양 앞에 엎드려 각각 거문고와 향이 가득한 금 대접을 가졌으니 이 향은 성도의 기도들이라 그들이 새 노래를 불러 이르되 두루마리를 가지시고 그 인봉을 떼기에 합당하시도다 일찍이 죽임을 당하사 각 족속과 방언과 백성과 나라 가운데에서 사람들을 피로 사서 하나님께 드리시고 그들로 우리 하나님 앞에서 나라와 제사장들을 삼으셨으니 그들이 땅에서 왕 노릇 하리로다 하더라 내가 또 보고 들으매 보좌와 생물들과 장로들을 둘러 선 많은 천사의 음성이 있으니 그 수가 만만이요 천천이라 큰 음성으로 이르되 죽임을 당하신 어린 양은 능력과 부와 지혜와 힘과 존귀와 영광과 찬송을 받으시기에 합당하도다 하더라 내가 또 들으니 하늘 위에와 땅 위에와 땅 아래와 바다 위에와 또 그 가운데 모든 피조물이 이르되 보좌에 앉으신 이와 어린 양에게 찬송과 존귀와 영광과 권능을 세세토록 돌릴지어다 하니 네 생물이 이르되 아멘 하고 장로들은 엎드려 경배하더라"(계 5:8-14).

경건한 삶

성경말씀

성경에서 하나님이 나에게 주신 말씀

나의 기도제목

있다. 이 얼마나 장려한 예배인가!

하늘의 천사들로 이루어진 성가대가 하나님을 찬양할 때 사용한 말들을 당신도 사용하여 찬양할 수 있다. 어린 양이신 예수님은 능력, 지혜, 존귀, 찬송, 부, 힘, 영광 등을 받으시기에 합당하다. 무한하신 참 하나님만이 인간에게 무한히 찬양을 받으실 수 있다. 네 생물과 이십사 장로들은 하나님의 보좌 앞에 엎드려, "우리 주 하나님이여 영광과 존귀와 권능을 받으시는 것이 합당하오니 주께서 만물을 지으신지라 만물이 주의 뜻대로 있었고 또 지으심을 받았나이다"(계 4:11)라고 말하였다. 하나님께서는 창조주이시고, 우리의 모든 것을 채워 줄 수 있는 근원이시다. 우리는 하나님 한 분만을 만유 가운데 으뜸이시며, 무한하시고, 영원하신 분으로 예배해야 한다. 비록 우리가 하나님을 온전히 이해할 수 없다 할지라도, 그 분께서 영광을 받으시기에 족하다는 사실만은 확신할 수 있다. 당신이 지음받은 것은 하나님의 기뻐하심을 위해서이다. 그런즉 하나님을 예배함으로 그분을 기쁘시게 하라.

오늘, 하나님과 교제하며 동행하는 삶

나는 하루를 시작하기 전 매일 아침 경건의 시간을 가진다. 또한 나는 기도하기 전에, 성경을 읽기 전, 묵상하기 전에 경건의 시간을 가진다.

1. 이번 단원 각 과를 공부할 때 기도지침 6의 "하나님이 찬양받으실 만한 이유" 표에 기록하거나 "당연히 받으실 만한 예수님" "하나님을 찬양하는 말들" 등을 활용하여 묵상해 보라.

■ 하나님은 무한한 분이시다. 하나님의 무한성에 대해 온전히 이해하기는 불가능하다. 하지만 무한한 사랑과 거룩, 그리고 끝없는 자비와 은혜를 생각할 수는 있다.

■ 하나님을 초월적인 분이시다. 하나님의 '초월적인 속성'을 다 이해할 수는 없지만 하나님의 초월성은 두려워하고 예배해야 한다.

■ 하나님은 유일한 분이시다. 하나님께서 유일하신 까닭에 다른 모든 피조물들과 분리되어 있는 것처럼 보인다. 그러나 하나님이 구진하신 사랑으로 예수 그리스도를 통해 우리를 당신의 보좌 우편에 앉게 하신다.

■ 하나님은 지혜로운 분이시다. 하나님께서 지혜로우시다는 것은 우리의 모든 것을 통해 당신의 영광을 나타내실 수 있다는 것을 의미한다.

■ 하나님은 온전한 분이시다. 하나님의 온전하심을 확인하려면 그분께서 우리에게 주신 선물들, 즉 당신의 아들 예수 그리스도, 성령, 성경, 완전한 구원에 대해 생각하라.

2. 경건의 시간을 가진 후, 경건한 삶을 완성하라.

제2과
영과 진리로 드리는 예배

오늘의 학습목표 참된 예배와 거짓된 예배의 차이점을 분별하고, 영과 진리로 예배하는 것을 배우게 된다.

"하나님은 영이시니 예배하는 자가 영과 진리로 예배할지니라"(요 4:24).

영적 예배

요한복음 4:24을 읽어 보라. 예배는 영적이어야 하지만, 많은 그리스도인들은 '영적 예배'의 개념을 혼동한다. 영적 예배란, 성령으로 말미암아, 성령의 능력으로, 성령의 인도하심에 따라 드리는 예배이다.

그러므로 당신의 입장에서 영적 예배는 다음과 같다.

① 성령의 주도하심에 대한 적절한 반응이다.
② 육신의 능력이 아니라 성령의 능력을 의지한다.
③ 성령의 인도하심을 깨닫고 순종한다.

육적 혹은 영적 예배

"육체의 소욕은 성령을 거스르고"(갈 5:17).

어려운 성서적 개념을 이해할 수 있는 한 가지 좋은 방법은 서로 반대되는 것을 대조하여 그 차이점을 가려내는 것이다. '영적 예배'의 개념과 반대되는 것을 대조함으로 알 수 있다. 우리가 드려야 할 영적 예배와 반대되는 것은 육적인 예배이다. 갈라디아서 5:17을 읽어 보라.

"육신을 따르는 자는 육신의 일을, 영을 따르는 자는 영의 일을 생각하나니 육신의 생각은 사망이요 영의 생각은 생명과 평안이니라 육신의 생각은 하나님과 원수가 되나니 이는 하나님의 법에 굴복하지 아니할 뿐 아니라 할 수도 없음이라… 육신에 있지 아니하고 영에 있나니 누구든지 그리스도의 영이 없으면 그리스도의 사람이 아니라 또 그리스도께서 너희 안에 계시면 몸은 죄로 말미암아 죽은 것이나 영은 의로 말미암아 살아있는 것이니라"(롬 8:5-10).

성경에 나오는 '육'이란 말의 가장 일반적인 의미는 우리가 하나님께서 주시는 능력과 인도하심을 무시하고 자력으로 일을 행하는 것을 뜻한다. '육신의 일'이란 인간적인 욕심만을 충족시키기 위해 행하는 노력이다. 신약성경 전반에 걸쳐 나타나는 '육'이란 단어는 곧 교만과 오만함을 의미한다. 그렇게 볼 때, '육'이란 말은 인간의 죄악 된 본성을 상징한다고 말할 수 있다.

➲ 로마서 8:5-10; 갈라디아서 5:16-25; 6:7-9; 베드로후서 2:9-12을 읽고 '육'의 의미를 써 보라.

➲ 빌립보서 3:3을 읽어 보라. 바울은 영적인 예배에 반대되는 것을 무엇이라고 했는가?

"하나님의 성령으로 봉사하며 그리스도 예수로 자랑하고 육체를 신뢰하지 아니하는 우리가 곧 할례파라."(빌 3:3).

☐ A. 예배시간에 여자 성도의 예쁜 옷을 보는 태도.
☐ B. 삼위일체의 한 위격이 되는 예수님을 마음에 그려보는 것.
☐ C. 오늘따라 목사님의 설교가 지루하게 생각되는 느낌.
☐ D. 오늘의 설교를 통해 이전에는 미처 깨닫지 못했던 많은 진리를 발견했다는 생각.
☐ E. 우리 교회 성가대가 다른 교회 성가대보다 훨씬 낫다는 생각.
☐ F. 예배를 드리면서 많은 청소년들이 그리스도를 영접하고 시인하기를 위해 기도함.
☐ G. 성가대원 중 독창자의 찬양을 통해 하나님의 임재를 강하게 느낌.
☐ H. 모든 회중이 자신의 대표기도에 감동받았다고 생각하는 교만한 마음.
☐ I. 다른 사람들에게 보이기 위해 많은 돈을 헌금하는 태도.

☐ 1. 그날따라 많은 사람들이 예배에 참석했기 때문에 나도 참석함.
☐ 2. 1년 동안 하루도 빠짐없이 주일학교에 출석한 것에 대해 우쭐하는 마음을 가짐.
☐ 3. 가족이 모두 교회에서 봉사를 하기 때문에 우월한 위치에 있다고 생각함.
☐ 4. 교회가 큰 것을 자랑스럽게 생각함.
☐ 5. 목회자의 웅변적인 설교에 자부심을 가짐.
☐ 6. 교회 안에서 자신이 맡은 직분에 대해 자만심을 가짐.
☐ 7. 재능있는 음악이나 달란트에 대해 교만한 태도를 가짐.

"그러나 관리 중에도 그를 믿는 자가 많되 바리새인들 때문에 드러나게 말하지 못하니 이는 출교를 당할까 두려워함이라 그들은 사람의 영광을 하나님의 영광보다 더 사랑하였더라"(요 12:42-43).

하나님 없이 모든 것을 할 수 있다고 생각하는 자는 육적인 것들을 의지한다. 마찬가지로 우리의 '예배' 행위가 교만한 마음 가운데 드려진다면, 그것은 하나의 육적인 예배에 불과하다. 바울은 "그 육신의 생각을 따라 헛되이 과장하고"(골 2:18)라고 하여 교만하게 예배드리는 자를 거짓 예배의 주범으로 단정하였다. 바꾸어 말해, 교만은 육적인 것의 대표적인 특징이다.

다음 사항 가운데 육적인 예배의 요소에 해당한다고 생각하는 것을 모두 골라 V표 하라.

☐ 1. 인간적인 욕구를 충족시키고자 하는 노력
☐ 2. 교만을 유발시키는 종교행위
☐ 3. 자만하게 만드는 종교적 체험
☐ 4. 하나님의 도움 없이도 할 수 있다는 확신

옆의 여백이 있는 사항 중 영적 예배의 요소로 적당하지 않다고 생각되는 것에 V표 하라.

당신은 A, C, E, H, I에 각각 V표 해야 한다.

옆의 여백에 있는 다른 항목에 대해서도 당신의 교만한 태도나 행위와 관계있는 것에 V표 하라.

율법주의에는 우리의 예배를 육적인 것으로 만들 수 있는 요소가 많이 있다. 왜냐하면 그것은 형식적이고, 제도적인 것이 될 수 있기 때문이다. 우리는 예배에만 열심히 참석하면 '훌륭한' 신자로 보는 경향이 있다. 그러나 마음과 생각이 하나님께 드리는 예배에 전혀 관심이 없어도 교회에 가고 싶은 충동은 얼마든지 느낄 수 있다.

영적인 예배는 내적인 것으로, 인간의 수단에 의해 가시화될 수 없다. 예배자의 마음이 교만하면 절대로 진정한 예배가 될 수 없다. 만일 예배를 받는 대상이 인간이라면, 그것을 평가하는 것도 인간일 것이다. 그러나 우리는 예배의 대상이신 하나님의 명령대로 예배해야 하며, 예배를 평가하는 분이 하나님이시기 때문에 하나님이 원하지 않는 교만한 마음으로 예배를 드려서는 안 된다.

사도 요한은 관리 중에도 하나님의 영광보다 사람의 영광을 더 좋아하는 자들이 있다고 말하였다. 요한복음 12:42-43을 읽어 보라. 그들은 사회적으로 어떠한 신분에 있는 사람이었는가? 그들이 하나님의 영광보다 사람의 영광을 더 취했다는 증거는 무엇인가?

관리들은 바리새인들을 두려워했고, 종교공동체에서 쫓겨날까 봐 두려워했기 때문에 그리스도를 고백하지 않았다. 그들은 하나님의 영광보다는 사람의 영광을 더 사랑했던 것이다. 그러한 예배는 하나님을 결코 기쁘시게 할 수 없다(요 12:44-50). 그들의 육적인 예배행위와 그리스도에 대한 태도는 마지막 때 반드시 심판을 받을 것이다.

육적인 예배는 신령한 마음이 결여되고 형식에 치중된 예배를 의미한다. 다시 말해, 예배를 단순히 교회에서 행하는 하나의 요식 행위나 습관적으로 갖는 개인적인 시간 정도로 치부한다. 그러나 영적 예배는 우리의 모든 것, 우리 삶 전체를 하나님께 드리는 행위이다.

육적인 예배자들은 예배가 끝난 후, "예배가 끝났으니 이제는 다른 것들을 얼마든지 해도 되겠지" 하고 생각한다. 영적인 예배자들은 하나님께서 요구하시는 예배를 드리기에 힘쓰며, "지금부터가 시작이지. 하나님의 임재는 앞으로 나에게 계속될 거야" 하고 생각한다.

지난 주일 당신이 드렸던 예배를 생각하라. 그리고 예배에 대한 당신의 반응이 '육적' 이었는지 '영적' 이었는지 생각해 보라. 설교나 예배의 다른 순서가 육적인 예배였는지 영적인 예배였는지 결정하게 할 수도 있다. 옆에 있는 항목 중 당신의 반응에 V표 하고, 글로 써 보라.

옳지 않은(육적인) 반응

_____ 독창자가 찬양을 매우 훌륭히 했다고 생각함.

_____ 우리 교회는 역시 음악적으로 매우 뛰어나다는 생각.

_____ 목사님은 확실히 유창한 말의 은사를 갖고 있다는 느낌.

_____ 멋진 예배를 드리고 나면 기쁘고 만족스럽다고 생각함.

_____ 목사님은 신학대학원에서 훌륭한 교수에게 배웠을 것이라고 생각함.

그 밖에 다른 육적인 반응을 느낀 것이 있으면 써 보라.

올바른(영적인) 반응

_____ 목사님의 모든 설교에 "아멘"으로 답함.

_____ 하나님은 참으로 선하신 분이심을 실감함.

_____ "버림받은 저를 찾아 구원하신 하나님 감사합니다"라고 기도함.

_____ 하나님께서 기뻐하시는 일과 기뻐하시지 않는 일을 구별해 행하기로 결단함.

_____ 신앙생활에 도전을 주는 것들을 통해 순간순간 많은 감동을 받음.

그 밖에 다른 영적인 반응을 느낀 것이 있으면 써 보라.

진리 안에서 드리는 예배

하나님께서 우리에게 요구하시는 예배는 영적일 뿐 아니라 진리 안에서 드리는 것이이다. 예수님이 사마리아 여인에게 하신 말씀하신 요한복음 4:24을 읽어 보라.

"하나님은 영이시니 예배하는 자가 영과 진리로 예배할지니라"(요 4:24).

진리 안에서 예배드릴 때 하나님께서 주신 모든 진리 가운데 기쁨을 발견한다. 즉, 그것은 하나님에 대해 더 많은 것을 탐구하게 하며, 그분에 대해 알고 있는 모든 진리를 깨닫게 하고, 우리가 아직도 그분에 대해 알고 이해해야 할 것이 많다는 사실을 인식하게 한다.

진리의 반대 개념은 오류이다. 성경의 교리가 곡해되거나 바르게 전달되지 못할 때, 그것은 본래의 진리를 상실하게 된다. 내가 알고 있던 한 목회자는 당시 윤리적인 과오를 범하고 있었으므로 하나님의 사랑과 자비에 대해서는 지나치게 강조하면서도 하나님의 거룩하심에 대해서는 언급하지 않았다. 이처럼 부분적인 강조는 일부 사람들을 도덕적으로 타락된 생각에 빠지게 하였다. 하나님의 거룩한 속성에 대한 의식이 결여된 사랑과 자비의 개념은 사람들에게 방종과 윤리적인 타락의 원인을 제공하였다. 그는 하나님의 의가 포함될 때만 비로소 완전해질 수 있는 하나님의 참사랑과 자비를 가르치지 않았다. 그 목회자는 자기의 양들이 하나님께 진리 안에서 예배를 드리도록 바르게 인도하지 못했다. 왜곡되고 잘못된 신념으로 드리는 예배는 하나님을 기쁘시게 할 수 없다.

하나님의 진리가 곡해되는 다른 한 가지는 행함이 없이 말로만 하는 경우이다. 우리가 의식에 따라 입으로만 시인하는 예배를 드린다면, 그것은 행함이 없는 믿음이고 죽은 믿음임을 깨달아야 한다. 진리 안에서 드리는 예배는 입으로 시인하는 것과 행함이 함께 동반되어야 한다.

다음 항목 가운데 지난 주에 당신에게 해당되는 것이 있으면 V표 하라.

☐ 나는 찬송가의 가사를 하나하나 음미하며 불렀다.
☐ 나는 모든 기도에 "아멘"으로 화답하면서, 신령한 기도를 드렸다.
☐ 나는 그날의 설교를 생활에 적용하였다.

"내가 너희 절기들을 미워하여 멸시하며 너희 성회들을 기뻐하지 아니하나니 너희가 내게 번제나 소제를 드릴지라도 내가 받지 아니할 것이요 너희의 살진 희생의 화목제도 내가 돌아보지 아니하리라 네 노랫 소리를 내 앞에서 그칠지어다 네 비파 소리도 내가 듣지 아니하리라"(암 5:21-23).

지나치게 형식적인 예배는 과거 유대인의 경우처럼 외식적인 예배가 된다. 아모스는 이스라엘 백성이 참된 예배를 드리지 못하고 잘못된 예배를 드린 것을 책망하였다. 그들의 예배에는 두 가지 큰 잘못이 있었다.

1. 그들의 삶은 악으로 가득하였고, 그들의 예배는 내적인 의로부터 나오지 않았다. 그들은 의식을 철저히 준수했지만, 영적 예배를 드리지 못하였다.
2. 그들의 예배에는 신실성이 없었다. 그들은 자기들이 말하는 신앙고백대로 살지 못했고, 형식적인 예배를 드렸다. 의식적인 신앙고백만 했을 뿐 진실이 없는 거짓된 예배를 드렸다.

하나님은 성경 어디에서도 저주의 말씀을 하시지 않았지만, 아모스 5:21-23에서는 이스라엘의 잘못된 예배를 크게 책망하였다.

하나님께서 정죄하신 두 가지의 잘못된 예배는 무엇인가?

____

____

하나님은 악하고 불의한 자들이 드리는 예배를 정죄하셨고, 신실함과 성의가 없으며 행함이 따르지 않는 예배도 정죄하셨다.

영과 진리 안에서 드리는 예배를 요구하시는 하나님께서 행여 우리의 어떤 잘못된 예배 때문에, "내가 너희의 주일 아침예배를 미워하여 받지 아니하며, 수요일 밤 예배도 기뻐하지 아니하노라. 너희가 내게 십일조와 그 이상의 헌금을 바칠지라도 받지 않을 것이요. 그 외의 다른 특별 헌금도 돌아보지 아니하리라. 내 앞에서 찬송 소리를 그칠지어다. 너희들의 피아노 소리와 오르간 소리에 귀를 기울이지도 아니하리라"고 노하실 것을 생각하면 두려워 견딜 수가 없다.

하나님을 향한 우리의 바른 반응과 신실한 마음은 인간이 만들어낸 규칙들-시간, 장소, 태도, 신앙고백이나 기타 인간적인 것-을 준수하는 것이 아니라 영과 진리 안에서 예배하는 것이다. 예수께서, "나는 자비를 원하고 제사를 원하지 아니하노라"(마 12:7)고 하신 말씀이 의미하는 것 가운데 하나가 바로 "내가 원하는 것은 네 마음이며 형식이 아니니라"는 것이다.

오늘, 하나님과 교제하며 동행하는 삶

1. 천사 가브리엘이 당신에게 나타나 다음과 같이 말했다고 가정하자. "하나님께서 온전한 예배를 위해 당신을 선택하셨소. 그런데 당신이 영과 진리로 드려야 하는 예배의 본질을 오해하지 못하게 하려고, 오늘 아침 하나님이 저에게 당신을 천국으로 데려오도록 명하셨소. 오늘 당신이 하나님께 드릴 예배는 결코 잊지 못할 경험이 될 것이오." 그리고는 가브리엘이 당신을 더없이 영화롭고, 찬란하며, 아름다운 세계로 데려간다. 천사는 우리가 거룩하신 하나님의 보좌에 들어가기 위해서는 특별한 방법으로 목욕해야 하며, 당신도 온전히 씻음받기 전에는 하나님 앞에 나아갈 수 없다는 것을 설명한다. 그러면서 말하기를, "내가 당신을 매우 특별하게 목욕시킬 테니 놀라지 마시오. 단지 그대는 몸이 온전히 깨끗해질 때까지 가만히 있으시오"라고 한다.
   그런데 당신을 씻겨주는 것이 당신이 생각했던 것과는 전혀 다른 것, 즉 물이 아니라 피로 씻겨지고 있음을 발견한다. 그러나 감히 당신은 그것을 거절하지 못한 채 당신의 온 몸을 씻게 한다. 놀라운 것은 피가 닿는 곳마다 이전에는 미처 상상조차 할 수 없는 방법으로 순식간에 깨끗하게 되는 것이다. 따라서 당신은 탕 속에서 나오면서 난생 처음으로 '흠과 티가 없다'는 것이 무엇인지 실감한다. 그리고 천사 가브리엘은 당신이 그리스도의 보혈로 씻음받았음을 말해 준다.
   그런 후 가브리엘은 당신에게 웅대한 성을 가리키면서, "당신은 이제 하나님의 보좌에 나아갈 수 있소. 하나님의 궁정에 들어가는 자들이 입는 옷으로 당신에게 갈아 입힐 것이오" 하고 말한다. 세상에서는 볼 수 없는 화려하고 아름다운 옷에 놀라자, 천사는 당신이 그리스도의 의의 옷을 입고 있음을 설명해 준다. 옷을 완전히 입자 당신에게, "이제 하나님의 지성소로 들어가시오" 하고 명령한다. 당신은 하나님께 가까이 나아가면서, 하나님이 당신을 얼마나 기다리고 계셨는지 깨닫게 된다. 당신은 영원한 기쁨이 있고, 온전한 사랑과 하나님의 영광이 충만한 하나님의 보좌로 걸어가고 있다.
   이때 당신이 하나님 앞에서 드릴 말씀을 생각해 보라.
   이것이 예배를 통하여 얻게 되는 당신의 경험이 될 것이다. 기도하는 것은 예수님의 보혈로 씻음받아 예수님의 의로 옷 입은 채 하나님의 거룩한 성읍에 들어가는 것이고, 당신은 거룩하신 하나님과 교제하며 그분의 사랑 안에서 환대받는다. 그러므로 하나님께 영적이며, 진리 안에서 예배 드리도록 하라.

2. 경건의 시간을 가진 후, 경건한 삶을 완성하라.

경건한 삶

성경말씀

성경에서 하나님이 나에게 주신 말씀

나의 기도제목

제3과
하나님을 찬양하는 말들

오늘의 학습목표 기도할 때 성경에 나온 하나님을 찬양하는 말들을 사용할 수 있게 된다.

우리가 하나님을 찬양할 수 있는 방법 중 하나는 성경에 나타나 있는 찬양 방법대로 하는 것이다. 기독교 역사에서 가장 훌륭한 찬양은 히브리인의 찬송가라 할 수 있는 시편이다. 따라서 시편에서 하나님을 예찬하는 말들은 모든 그리스도인이 기도에 사용할 수 있다. 그 낱말들은 우리가 하나님을 찬양하는 데 매우 유익하다. 예배드릴 때 사용할 수 있는 말은 광대하심, 높임, 돌림, 기뻐함, 즐거워함, 송축함 그리고 찬송함 등이다.

광대하심과 높임

"나와 함께 여호와를 광대하시다 하며 함께 그 이름을 높이세"(시 34:3).

다윗은 시편 34:3에서 하나님을 광대하시다 하며, 높일 것을 강권한다. 하나님을 광대하게 하고, 높이는 것은 그분의 위대하심과 존귀한 위치를 널리 드러냄으로 가능하다. 하나님의 위대하심을 가장 돋보이게 하는 것은 우리 자신을 크게 하는 것이 아니라, 하나님을 드러내고 하나님에게 초점을 맞출 때이다. 바꾸어 말하면, 우리가 가장 낮아질 때 하나님은 가장 높아지신다는 것이다. 하나님은 "나는 내 영광을 다른 자에게, 내 찬송을 우상에게 주지 아니하리라"(사 42:8)고 말씀하셨다.

하나님께 영광 돌리기보다 자신을 드러내기 위하여 찬송한다면, 하나님은 당신의 찬송을 받지 않으실 것이다. 하나님을 광대하게 하거나 높이는 기도만이 하나님께 영광 드릴 수 있다. 그러므로 당신의 겸손한 삶은 하나님의 영광을 더욱 빛나게 할 것이다.

돌림

"너희 권능 있는 자들아 영광과 능력을 여호와께 돌리고 돌릴지어다 여호와께 그의 이름에 합당한 영광을 돌리며 거룩한 옷을 입고 여호와께 예배할지어다"(시 29:1-2).

'돌리다' 란 표현은 하나님의 특별한 속성과 사역을 찬양할 때 사용되었다. 시편 29:1-2을 읽고 다윗이 하나님께 돌린 것은 무엇인지 써 보라.

"내가 여호와의 이름을 전파하리니 너희는 우리 하나님께 위엄을 돌릴지어다"(신 32:3).

신명기 32:3을 읽고 모세가 하나님께 돌린 것은 무엇인지 써 보라.

우리는 모든 영광과 능력과 존귀를 하나님께 돌려야 한다. 우리가 무엇을 하나님께 '돌린다' 함은 영광이 하나님의 것임을 인정하거나 하나님의 완전하심을 시인하는 것을 의미한다. 우리는 하나님과 그의 사역을 인정해야 한다. "모든 것이 주께로 말미암았사오니"(대상 29:14)라고 말한 다윗의 기도는 이스라엘의 모든 축복이 하나님에게서 왔음을 고백한 것이다.

기뻐함과 즐거워함

구약성경은 하나님 앞에서 기뻐하고, 즐거움으로 충만할 것을 권면한다. '즐거움으로 충만하다'는 말은 '크게 기뻐한다' 혹은 '기쁨으로 환호한다'는 의미이다. 율법서인 신명기 12:12에서는, "너희와 너희의 자녀와 노비와 함께 너희의 하나님 여호와 앞에서 즐거워할 것이요 네 성중에 있는 레위인과도 그리할지니"라고 말한다.

시편 기자가 기뻐하거나 즐거워한 이유와 그 대상이 무엇인지 기록하라.

시편 19:8 ______________________________

시편 20:5 ______________________________

시편 9:2 ______________________________

우리는 하나님의 승리, 혹은 구원으로 인해 기뻐할 수 있다. 무엇보다도 하나님 안에서 우리는 기뻐할 수 있다.

송축함

인간이 하나님을 송축할 수 있을까? 시편 기자는 하나님께 대한 송축이 우리 마음 깊은 곳에서 우러나와야 한다는 것을 깨달았다. 그는 하나님께서 우리에게 주시는 은혜(시 103:2-5)와 하나님의 창조능력과 그 솜씨(시 104편)를 송축하였다. "우리는 이제부터 영원까지 여호와를 송축하리로다"(시 115:18)고 시편 기자는 영원히 하나님을 송축할 것을 결심하였다.

찬송함

성경에서 하나님을 예친히는 행위 가운데 가장 많이 사용되는 것이 '찬송'이나. 우리는 감사함으로 여호와의 궁정에 들어갈 뿐 아니라 찬송함으로 들어간다(시 100:4). 하나님을 찬송하는 것은 그리스도인에게 지극히 당연한 행동이다. "할렐루야"나 "알렐루야"는 "여호와를 찬양하세"란 의미이다.

신약성서에 나오는 "호산나"는 예수께서 예루살렘에 입성하실 때 그분을 환영한 기쁨의 외침이었다.

"여호와의 교훈은 정직하여 마음을 기쁘게 하고 여호와의 계명은 순결하여 눈을 밝게 하시도다"(시 19:8).

"우리가 너의 승리로 말미암아 개가를 부르며 우리 하나님의 이름으로 우리의 깃발을 세우리니 여호와께서 네 모든 기도를 이루어 주시기를 원하노라"(시 20:5).

"내가 주를 기뻐하고 즐거워하며 지존하신 주의 이름을 찬송하리니"(시 9:2).

"내 영혼아 여호와를 송축하며 그의 모든 은택을 잊지 말지어다 그가 네 모든 죄악을 사하시며 네 모든 병을 고치시며 네 생명을 파멸에서 속량하시고 인자와 긍휼로 관을 씌우시며 좋은 것으로 네 소원을 만족하게 하사 네 청춘을 독수리같이 새롭게 하시는도다"(시 103:2-5).

"능히 너희를 보호하사 거침이 없게 하시고 너희로 그 영광 앞에 흠이 없이 기쁨으로 서게 하실 이 곧 우리구주 홀로 하나이신 하나님께 우리 주 예수 그리스도로 말미암아 영광과 위엄과 권력과 권세가 영원 전부터 이제와 영원토록 있을지어다 아멘"(유 1:24-25).

경건한 삶

성경말씀

성경에서 하나님이 나에게 주신 말씀

나의 기도제목

예수께서 승리하신 왕으로 예루살렘에 입성하실 때 많은 무리가 찬송했는데 바리새인들은 그것을 반대하였다. 이러한 저들의 태도에 대해 예수께서는 "만일 이 사람들이 침묵하면 돌들이 소리 지르리라"(눅 19:40)고 말씀하셨다.

다음 낱말들을 당신의 말로 정의해 보라.

광대하심과 높임 ______

돌림 ______

기뻐함과 즐거워함 ______

송축함 ______

찬송함 ______

당신이 정의한 것을 앞에서 설명한 내용과 비교하라.

오늘, 하나님과 교제하며 동행하는 삶

1. 유다서 1:24-25을 묵상한 후, 하나님과 대화한 내용을 기록하라.

2. 기도지침 6의 "하나님을 찬양하는 말들"을 예배에서 사용하라. 그 말을 찬양 기도에서도 사용해 보라.

3. 다음 성경구절을 암송하여 기도할 때 적용하라.

시편 34:3 나와 함께 여호와를 광대하시다 하며 함께 그의 이름을 높이세.

시편 29:2 여호와께 그의 이름에 합당한 영광을 돌리며 거룩한 옷을 입고 여호와께 예배할지어다.

시편 103:1 내 영혼아 여호와를 송축하라 내 속에 있는 것들아 다 그의 이름을 송축하라.

시편 9:2 내가 주를 기뻐하고 즐거워하며 지존하신 주의 이름을 찬송하리니

시편 147:1 할렐루야 우리 하나님을 찬양하는 일이 선함이여 찬송하는 일이 아름답고 마땅하도다.

4. 경건의 시간을 가진 후, 경건한 삶을 완성하라.

제4과
예배의 형태

오늘의 학습목표 시편을 통하여 예배의 형태를 배우게 된다.

기도

하나님께 기도하는 데 시편을 사용할 수 있다. 시편에 있는 다양한 내용들을 우리의 여러 가지 필요와 처해 있는 환경 그리고 영적인 상태와 자세 등에 적용할 수 있다. 당신이 처한 환경에 따라 시편을 사용해 보라.

오늘부터는 시편을 읽을 때 다음 지시에 따라 그것을 유형별로 쉽게 알아볼 수 있도록 성경에 문자로 표시하라. 그렇게 함으로써 기도나 경건의 시간에 다시 사용할 수 있을 것이다.

E. 예배에 대한 권면(Exhortation)의 내용임을 표시함.
C. 예배에 있어 묵상(Contemplation)의 내용임을 표시함.
R. 예배하는 자리가 우리의 피난처(Refuge)임을 표시함.
M. 예배를 받으실 하나님의 위엄(Majestic)을 표시함.

권면

시편에는 우리를 권면하는 내용이 있다. 권면은 "다른 사람에게 충고하거나 격려 혹은 요구하는 것"을 의미한다. 시편 34:3을 읽어 보라. 하나님을 향한 우리의 넘치는 열정 가운데 한 가지 특징은 다른 사람들도 함께 하나님을 찬송하게 해야 한다는 것이다. 시편 67:3을 읽어 보라. 시편의 마지막 네 편의 시는 이스라엘과 자연이 하나님을 찬양하고, 악기로 하나님을 찬양할 것을 권하고 있다.

시편 기자의 입장과 같이 당신은 권면의 시편에 E를 써 넣을 수 있다. 시편 34:3; 67:3; 147; 148; 149; 150편에 E를 표시하라. 나중에 예배에서 사용할 수 있을 것이다.

"나와 함께 여호와를 광대 하시다 하며 함께 그의 이름을 높이세"(시 34:3).

"하나님이여 민족들이 주를 찬송하게 하시며 모든 민족들이 주를 찬송하게 하소서"(시 67:3).

묵상

시편에는 하나님의 완전하심에 대해 묵상하는 시들도 있다. 시편 62편은 다윗이 하나님께서 베푸신 구원의 은혜를 묵상하며 그분의 능력에 의지하는 시이다. 그리고 시편 65편은 하나님의 많은 역사를 경외하며 묵상하는 내용이다. 그 밖에 하나님의 속성과 사역에 대하여 묵상할 수 있는 시편은 시편 1; 42; 84; 119편이다. 이들 시편에 각각 C 표시를 하라.

피난처

하나님께서 우리의 피난처이심을 노래하는 시들이 있다. '피난처'란 안전하고 안심할 수 있는 장소를 상징한다. 종교 개혁자 마틴 루터는 "내 주는 강한 성이요"란 찬송 가사의 기초가 된 시편 46편을 특별히 좋아했다고 한다.

시편 11편은 우리에게 영혼의 평안을 주는 데 사용할 수 있으며, 시편 16편은 하나님과 우리 사이의 영적 관계가 갖는 의미에 대해 확신을 고취시키는 데 유익을 준다. 시편 57; 59; 71; 91; 121; 124; 141편은 우리를 도와주시고 안전하게 인도하시는 하나님을 찬양하기도 한다. 위의 시편과 시편 11; 16편에는 R로 표시하라.

위엄

하나님의 위엄을 노래하는 시는 우리에게 경이감을 주며, 우주의 주권자이시며 놀라운 능력의 소유자이신 하나님의 임재를 느끼게 한다. 시편 8; 19; 24편은 하나님의 전능하신 사역을 찬미하는 시이지만, 놀라운 힘을 가진 하나님과 교제하는 모습도 보여준다. 또한 전능하신 능력과 영화로우심과 위엄과 만물 가운데 가장 높으신 하나님을 생각하게 한다. 시편 8; 19; 24; 29; 48; 50; 76; 93; 113편에 M으로 표시하라.

당신이 기록한 문자를 보고, 그 시편이 예배에서 무엇을 의미하는지 아래에 간단히 적어 보라.

E____

____

C____

____

R____

____

M____

____

확신에 찬 찬미

"내가 전심으로 여호와께 감사하오며 주의 모든 기이한 일들을 전하리이다 내가 주를 기뻐하고 즐거워하며 지존하신 주의 이름을 찬송하리니"(시 9:1-2)

그리스도인은 기쁨을 느낄 때 하나님께 찬송하고 싶은 충동을 느낀다. 그런데 만약 우리가 '기쁠 때만' 하나님을 찬송하고, '고통 가운데 있을 때'는 찬송하기를 거절한다면, 그것은 하나님을 찬송하는 것이 아니라, 우리의 감정을 찬미하는 것이다. 시편 기자들은 종종 자신의 고통에 대한 호소와 간절한 도움의 간구로 시를 시작하지만, 그것은 순식간에 하나님에 대한 찬송으로 바뀌고 있다. 시편 13편은, "여호와여 어느 때까지니이까 나를 영원히 잊으시나이까"란 질문으로 시작하지만 곧 하나님께 대한 믿음에서 나오는 확신에 찬 신앙을 고백한다. "나는 오직 주의 사랑을 의지하였사오니 나의 마음은 주의 구원을 기뻐하리이다 내가 여호와를 찬송하리니 이는 주께서 내게 은덕을 베푸심이로다"(시 13:5-6)). 찬송은 의지적인 것이지 감정적인 것이 아니다. 다윗이 시편 9편에서 보여주는 자세를 본받아야 한다. 우리는 여기에서 다윗이 "내가…하리니"라는 의지적인 표현을 반복하고 있음을 주목해야 한다.

오늘, 하나님과 교제하며 동행하는 삶

1. 시편 13편을 읽고 절망에서 믿음으로 바꾸어 보라. 하나님께 예배하고자 하는 당신의 의지를 표현하기 위하여 시편 9:1-2을 사용하라. 찬양할 때, 기도 지침 6의 "하나님을 찬양하는 말들"을 참고하라.

2. 경건의 시간을 가진 후, 경건한 삶을 완성하라.

경건한 삶

성경말씀

성경에서 하나님이 나에게 주신 말씀

나의 기도제목

제5과
예배를 이루는 외적 요소

오늘의 학습목표 몸동작과 음악, 헌금을 하나님께서 기뻐하시는 예배의 도구로 사용하는 방법을 배우게 된다.

예배에서는 영적인 것과 하나님께 찬송하는 것 외의 외적인 것들도 중요한 역할을 차지한다.

"너희 만민들아 손바닥을 치고 즐거운 소리로 하나님께 외칠지어다"(시 47:1).

"온 땅이여 하나님께 즐거운 소리를 낼지어다"(시 66:1).

"이러므로 나의 평생에 주를 송축하며 주의 이름으로 말미암아 나의 손을 들리이다"(시 63:4).

"나팔 소리로 찬양하며 비파와 수금으로 찬양할지어다 소고 치며 춤 추어 찬양하며 현악과 퉁소로 찬양할지어다 큰 소리 나는 제금으로 찬양하며 높은 소리 나는 제금으로 찬양할지어다"(시 150:3-5).

몸동작

몸의 위치, 몸의 동작, 몸의 표현은 내적인 태도를 나타낸다. 시편에서 열정적인 몸의 예배는 오늘날 우리에게도 하나님께 예배하는 모본이 된다.

다음 성경구절을 읽고 시편에서 몸의 예배는 어떤 것이 있는지 알아보라. 그리고 몸의 예배를 드리기 위해 다른 사람을 초대해 보라.

- 시편 47:1 ________________________
- 시편 66:1 ________________________
- 시편 63:4 ________________________
- 시편 150:3-5 ________________________

시편은 하나님을 찬양하는 데 손뼉을 치고(47:1), 즐거운 소리를 내며(66:1), 손을 들어 올리고(63:4), 심지어는 춤까지 출 것(150:4)을 주장하였다. 그리고 큰 소리 나는 악기를 통해서도 하나님을 찬송할 것을 요구한다(150:3-5). 우리는 조용히 하나님을 찬송할 수 있지만, 시편에서는 시청각적인 모든 수단을 동원한 뜨거운 예배의 모습을 보여 준다.

음악

음악으로 예배를 표현한다. 음악에서 가장 중요한 방법은 노래하는 것이다. 시편은 수금으로 찬송하며(33:2), 즐거이 노래할 것(95:1)을 강조한다. 우리는 여호와를 찬송해야 하며(136; 27:6), 그분에 대해 구체적으로 찬송해야 하고(66:2; 89:1), 하나님의 모든 영광을 노래해야 한다.

시편에서 노래한 것은 무엇인가? 시편 51:14; 59:16; 89:1을 읽고 여기에서 노래한 주제들을 찾아 아래에 써 보라.

우리는 무엇보다도 하나님의 이름을 찬양해야 한다(68:4; 135:3). 시편은 하나님의 의와 능력과 긍휼과 신실하심을 찬송하였다(96:1; 98:1; 149:1). 이러한 찬양을 해 보라.

시편처럼 새로운 시편을 쓴다면 더 포함시키고 싶은 내용을 아래에 써보라.

예배에서 가장 찬양하기 좋아하는 주제들이 무엇인지 순서에 따라 몇 가지 써 보라.

헌금

헌금은 하나님을 찬양하는 행위이다. 예수께서 성전 뜰에 앉아 무리가 연보궤에 헌금하는 것을 지켜보신 일이 있다(막 12:41). 그때 예수님이 과부의 헌금을 칭찬하신 것은 그 액수가 많았기 때문이 아니라, 그녀가 자기 소유를 전부 바쳤기 때문이다. 바울은 헌금에 대해, "있는 대로 받으실 터이요 없는 것은 받지 아니하시리라"(고후 8:12)고 말했다. 그리고 마게도냐 교회가 많은 시련 가운데서도 "넘치는 기쁨"(고후 8:1-2)으로 풍성한 연보를 했다고 말하였다.

헌금에 대한 다음의 질문에 답하라.

1. 참으로 기쁘게 헌금을 드렸던 예배는 언제였고, 어떻게 헌금을 드렸는가?

---

2. 예배에서 헌금은 언제 하고, 헌금이 예배에서 당신에게 특별한 감동이 있게 하는가?

"하나님이여 나의 구원의 하나님이여 피 흘린 죄에서 나를 건지소서 내 혀가 주의 의를 높이 노래하리이다"(시 51:14).

"나는 주의 힘을 노래하며 아침에 주의 인자하심을 높이 부르오리니 주는 나의 요새이시며 나의 환난 날에 피난처심이니이다"(시 59:16).

"내가 여호와의 인자하심을 영원히 노래하며 주의 성실하심을 내 입으로 대대에 알게 하리이다"(시 89:1).

헌금은 하나님을 찬양하는 행위이다.

3. 헌금하고 있는가? 이에 대해 "예", "아니오"로 밝히고 그 이유를 써라.

4. 습관적이거나 혹은 죄의식 때문에 헌금한 적이 있었는가? 그렇다면 헌금에 대한 태도를 바꾸게 한 동기는 무엇인가?

"나와 내 백성이 무엇이기에 이처럼 즐거운 마음으로 드릴 힘이 있었나이까 모든 것이 주께로 말미암았사오니 우리가 주의 손에서 받은 것으로 주께 드렸을 뿐이니이다"(대상 29:14).

이스라엘 백성이 성전 건축을 위해 즐거운 마음으로 예물을 가져온 것에 대해 역대기에서는 다음과 같이 기록하였다. "백성들 자원하여 드렸으므로 기뻐하였으니 곧 그들이 성심으로 여호와께 자원하여 드렸으므로 다윗 왕도 심히 기뻐하니라"(대상 29:9). 베다니의 마리아가 주님의 발에 "매우 비싼" 향유를 부은 것은 순전한 마음으로 예물을 드린 잘 알려진 모범적인 예이다(요 12:3). 우리의 모든 것을 주님께 드리는 헌금이 전심으로 드려진 것이 될 수 있다.

우리는 다윗을 통해 헌금의 의미를 올바르게 이해할 수 있다. 다윗이 성전 건축 헌금을 드리면서 하나님께 감사한 내용을 역대상 29:14에서 읽어 보라. 하나님께서는 지극히 존귀하시고 거룩한 분이시다. 그런즉 하나님께서는 우리의 수준에서 드리는 예물이 필요하지 않다. 하나님은 물질이나 재능, 기술, 지혜, 지식 등 우리가 귀하게 여기는 어떠한 것도 필요로 하시지 않는다. 하나님을 위해 필요로 하시는 것은 아무것도 없다. 따라서 우리가 바치는 예물은 하나님의 필요를 채워드리기 위함이 아니라, 하나님께서는 우리가 모든 선한 것들과 우리가 소유하고 있는 예물을 바칠 때 기뻐하신다. 모든 것이 하나님께로부터 왔으며, 우리는 기쁨으로 그것을 시인해야 한다.

➲ 예배시간의 헌금 순서가 예배를 보다 의미 있게 만들어 줄 수 있다고 생각되는 방법이 있으면 한 가지만 써 보라.

영원한 과제

우리는 예배에 관한 모든 것을 온전히 이해하지 못한다. 시편이 예배에 대해 상세히 설명해 주고 있지만, 그것만으로는 우리가 예배에 관한 모든 것을 충분히 알기에 부족하다. 예배는 레위기, 말라기 그리고 요한계시록에서 다루어지고 있는 중요한 주제 가운데 하나이다. 우리는 이스라엘의 지도자와 교회사를 통해 중요한 순간마다 예배가 드려졌음을 발견한다. 바울의 하나님께 대한 송영은 그의 예배생활에서 자연스럽게 나온 것이다. 예배는 우리가 평생을 통해 연구해야 할 과제이다. 가장 위대했던 기도의 용사들은 성경과 기독교 역사 전반에 걸쳐 예배를 그들의 기도생활 가운데 매우 중요한 부분으로 삼았다. 기도생활에 열심인 성도는 일생을 통해 더 다양하고 의미 있으며 영광스러운 예배를 탐구하는 일에 자신의 생애를 헌신하기 원할 것이다.

오늘, 하나님과 교제하며 동행하는 삶

1. 개인적으로 기도와 찬양하는 시간에 몸동작으로 표현해 보라. 예를 들어, 하나님께 찬송할 때는 당신의 두 손을 높이 들어 올린다거나, 시편을 읽을 때는 손뼉을 쳐서 기쁨을 표해 보라.

2. 성경에서 가장 좋아하는 찬양시를 선택하고, 그것으로 하나님께 찬양하라.

3. 하나님께 헌금을 드리라. 헌금으로 드릴 돈을 준비하기 위하여 기도하라. 당신의 인생을 하나님께 헌신하며, 그것이 당신의 모든 것을 드리는 예물로 상징되게 하라.

4. 경건의 시간을 가신 후, 경선한 삶을 완싱하라.

경건한 삶

성경말씀

성경에서 하나님이
나에게 주신 말씀

나의 기도제목

제7단원

합심기도

핵 심 개 념 합심기도는 기도의 능력이 나타나게 하고 기도의 힘을 증진시킨다.

단원학습목표 소그룹 모임이나 예배에서 다른 그리스도인과 함께 기도하는 방법을 배우고 실행하게 된다.

암 송 구 절 "내 이름으로 일컫는 내 백성이 그들의 악한 길에서 떠나 스스로 낮추고 기도하여 내 얼굴을 찾으면 내가 하늘에서 듣고 그들의 죄를 사하고 그들의 땅을 고칠지라"(대하 7:14).
"신실로 다시 니희에게 이르노니 너히 중의 두 사람이 땅에서 합심하여 무엇이든지 구하면 하늘에 계신 내 아버지께서 그들을 위하여 이루게 하시리라 두세 사람이 내 이름으로 모인 곳에는 나도 그들 중에 있느니라"(마 18:19-20).

관련기도지친 기두지침 7 합심기도(284쪽)

기도로 연합됨

나와 아내 래번은 결혼하기 전에 가정예배를 드리기로 약속했다. 50대 중반에 들어선 지금 그동안 서로를 위해 했던 기도가 응답된 사실에 놀라워하며 기뻐하고 있다. 우리는 사위가 좀더 경건한 사람이 되기를 기도했는데 그 기도도 응답받았다. 우리 딸도 주님께 전적으로 헌신하고 있다. 그들은 경건하며 기도하는 그리스도인이 된 것이다.

손자들도 우리 기도의 응답으로 아름다운 생활을 하고 있다. 이처럼 우리 가족의 가정예배는 부족함이 없었고 각자 주님 안에서 성장하는 생활을 하고 있었다. 우리 가정에는 감사의 제목들이 차고 넘쳤다.

그런데 래번이 암에 걸렸다. 그러자 즉시 두 가지 일이 시작되었다. 첫 번째는 더 깊은 차원에서, 본능적으로 하나님께 의지하는 것이었다. 큰 슬픔은 종종 새로운 통찰력을 낳는 아버지가 된다. 예수님이 우리 삶의 주인으로 들어오신 것을 깨달았을 때 "당신은 나의 하나님이시오니"라는 제목으로 노트를 만들었고, 하나님의 말씀과 우리의 깨달음을 적어갔다(그것은 성경말씀을 가사로 만든 어느 찬송가의 제목이었다. 그 가사는 가장 절망적인 시기에 우리에게 엄청난 도움을 주었다.).

두 번째는 우리가 더욱 가까워졌다는 것이다. 나는 아내와 집에서 더 많은 시간을 보내려 했고, 함께 식사했고, 아내와 함께 갈 수 있는 곳이면 어디든지 갈 수 있도록 내 시간표를 조정했다. 우리는 여러 시간 성경을 함께 읽었고, 자주 함께 기도했다. 그러자 놀랍게도 우리는 몇 가지 기도의 응답을 경험하기 시작했다.

래번에게 외과 수술에 자주 나타나는 대상포진이 나타났다. 의사는 우리에게 아주 길고 괴로운 투병생활을 각오하라고 했다. 우리는 계속해서 기도했고, 삼 일이 지나서 모든 증상은 사라졌다!

나의 안식년 휴가가 다가오고 있었는데 나는 그 기간에 책 한 권을 쓸 계획이었다. 우리는 저술 때 사용할 컴퓨터를 두고 기도했다. 나는 그 당시 시중에 나와 있는 것 중에서 가장 작은 것을 생각하고 있었는데 래번은 하나님께 구하는 데 더 담대했다. 나의 필요를 전혀 모르는 포트 워스에 사는 어떤 그리스도인 사업가가 컴퓨터 한 대와 충분한 소프트웨어와 모뎀과 글씨체가 좋은 프린터를 우리에게 사주었다.

어느 날 저녁 우리는 합심기도하여 일어난 일들에 대해 놀라워하는 가운데 합심기도에 대한 한 가지 원칙을 분명하게 표현할 수 있었다.

유대관계가 밀접하면 밀접할수록 기도는 더 강력해진다.

합심이 잘될수록 그만큼 기도의 힘은 커진다.

제1과

기도 파트너

오늘의 학습목표 다른 사람과 함께 기도하는 것의 가치를 이해하며 기도 파트너를 얻음으로써 합심기도의 진가를 알게 된다.

바울과 실라–성경에 나오는 기도 파트너

바울과 실라는 빌립보 감옥에서 '기도 파트너'였다. 사도행전에 보면 "한밤중에 바울과 실라가 기도하고 하나님을 찬송하매 죄수들이 듣더라"(행 16:25)고 하였다. 사도행전에서는 그들의 기도 내용을 말해 주지는 않지만, 지진과 그들의 결박이 풀린 것이 빌립보 감옥의 간수와 그의 가족이 회심하는 결과를 가져오게 했다. 유럽에서의 첫 번째 교회는 놀랍게 출발했고, 두 명의 기도 파트너는 놀랄 만한 기도 응답을 받았다.

당신이 빌립보 감옥에서 바울과 함께 있는 실라라고 가정해 보라. 사도행전 16:6–40에 나오는 이 경험의 기사를 읽어 보라. 당신(실라)과 바울이 그러한 상황에서 무엇에 대하여 기도할 것인지 생각해 보라. 당신이 기도할 제목 몇 가지를 열거해 보라.

"성령이 아시아에서 말씀을 전하지 못하게 하시거늘 그들이 브루기아와 갈라디아 땅으로 다녀가 무시아 앞에 이르러 비두니아로 가고자 애쓰되 예수의 영이 허락하지 아니하시는지라 무시아를 지나 드로아로 내려갔는데 밤에 환상이 바울에게 보이니 마게도냐 사람 하나가 서서 그에게 청하여 이르되 마게도냐로 건너와서 우리를 도우라 하거늘 바울이 그 환상을 보았을 때 우리가 곧 마게도냐로 떠나기를 힘쓰니 이는 하나님이 저 사람들에게 복음을 전하라고 우리를 부르신 줄로 인정함이러라"(행 16:6–10).

이런 경험을 하고 있는 입장에서 당신은 바울처럼 함께 기도하기를 원하는가? 아니면 혼자서 기도하기를 원하는가? 당신의 대답에 V표 하라.

- ☐ 나는 바울과 기도하고 싶다.
- ☐ 나는 혼자 기도하고 싶다.

바울과 실라는 고난 가운데서도 하나님을 찬양했다. 바울은 마게도냐에서 본 환상(행 16:6–10)을 통하여 하나님의 목적을 이미 알고 있었다. 바울과 실라는 루디아와 그녀의 가족(빌립보에서의 첫 번째 회심자들)을 위해서 기도했을 것이다. 악한 영에서 해방시켜 준 여종을 위해서, 그들을 투옥시킨 사람들을 위해서, 그들에게 채찍질한 사람들과 동료 죄수들과 간수의 가족들을 위해서 기도했을 것이다. 그들은 자신들을 그리스도를 위해 고난받 사람으로 인정해 주신 것에 감사했을 것이다. 빌립보 감옥에서 그들의 합심기도는 기도하는 소리를 들었던 사람들에게 엄청난 영향을 주었고, 한 간수와 그의 가족을 구원받게 해 주었다.

다른 사람들과 함께 기도해야 할 이유

에베소서 6:18-19; 골로새서 4:3; 데살로니가후서 3:1을 읽고 공통점을 써 보라.

바울은 교회들에게 그를 위해 합심기도해 달라고 요청했다. 그러나 어떤 사람은 "왜 다른 사람에게 우리를 위해 기도해 달라고 요구해야 하는가?" "왜 우리는 누군가에게 우리와 함께 기도하자고 요구해야 하는가?" "하나님은 개개인이 하는 기도는 듣지 않으시는가?" "하나님은 나 자신을 위해 기도하는 것을 듣지 않으시는가?" 하고 질문할지도 모른다. 여기에 당신이 다른 사람들과 함께 기도해야 할 두 가지 이유가 있다.

1. 다른 사람들의 기도는 당신의 기도를 강화시켜 준다.

2. 다른 사람들은 당신이 보지 못하는 요소들을 볼 수 있다.

바울은 다른 그리스도인의 기도가 자신의 기도를 강화시켜 준다는 것을 확신하고 있었다. 합심기도는 개인기도보다 더 능력이 있다. 다른 사람과 함께 기도해야 할 또 하나의 이유는 당신이 인식할 수 없는 요소들을 다른 사람이 볼 수 있기 때문이다. 당신은 "두 사람의 머리는 항상 한 사람의 머리보다 낫다"는 옛 속담을 들어 보았을 것이다. 기도 파트너와 함께 기도하는 것은 당신의 믿음을 강화시켜 주고, 기도에 관한 관심을 넓혀 주며, 당신의 기도 습관에 특별한 책임의식을 더해 준다.

➲ 이번 단원에서 암송한 성경구절들 중 하나는 합심기도의 가치를 말해 준다. 마태복음 18:19-20을 읽고 합심기도가 왜 가치 있는지 그 이유를 써 보라.

마태복음 18:19-20을 묵상하고 다른 사람과 합심기도할 수 있는 방법을 알게 해 달라고 간구하라.

성경에 나오는 다른 기도 파트너

역대하 32:20-21을 읽으면서 기도 파트너의 이름에 밑줄을 긋거나 표시하라.

산헤립이 유다를 침략했을 때 히스기야와 이사야는 기도 파트너가 되었다. 왕과 이사야가 합심기도했을 때 하나님은 기도에 응답해 주셨다. 우리가 합심기도할 때 하나님은 기도 응답해 주실 것이다.

하나님은 그 국가를 대표하는 지도자와 예언자가 연합하여 기도했을 때 응답하셨다. 하나님은 또한 더 큰 집단이 기도 동료가 되어 함께 기도했을 때 응답하셨다.

➡ 민수기 27:1-11을 읽어 보라. 합심기도에 누가 함께 참여하는가?

당신은 "단지 모세만 기도했다"고 답했을지 모른다. 그러나 슬로브핫의 딸들이 모세에게 기업을 얻게 해 달라고 청원했고 그때 모세는 그들의 청원을 하나님께 고했다. 어떤 의미에서 그 딸들과 모세는 기도 파트너가 된 것이었고, 그들의 기도는 응답되었다.

르우벤 지파와 갓 지파와 므낫세 반 지파가 이방 족속들로 이루어진 연합군과 전쟁할 때에 합심기도하였기 때문에 "…그들이 싸울 때에 하나님께 의뢰하고 부르짖으므로 하나님이 그들에게 응답하셨음이라"(대상 5:20)고 말씀하신 것처럼 응답받았다. 슬로브핫의 딸들은 겨우 다섯 명이었지만 합심기도함으로 응답을 받았고, 세 지파들도 역시 합심기도하였기 때문에 기도 응답을 받았다. 기도하는 사람의 수가 많고 적음은 문제되지 않는다. 하나님께서 찾고 계신 것은 함께 합심기도하는 것이다.

합심기도는 상호관계를 통해서 확실한 도움을 준다. 심지어 예수님께서도 겟세마네 동산에서 제자들에게 "이에 말씀하시되 내 마음이 매우 고민하여 죽게 되었으니 너희는 여기 머물러 나와 함께 깨어 있으라 하시고"(마 26:38)라고 호소하셨다. 제자들이 잠자고 있는 것을 보신 예수님은 "시험에 들지 않게 깨어 기도하라"(마 26:41)고 그들에게 말씀하셨다. 바울도 합심기도를 통해서 얻을 수 있는 이러한 도움을 인식하고 있었다. 고린도후서 1:11을 읽어 보라.

하나님은 이스라엘이 국가적으로 기도하기를 원하셨다. 그리고 어떠한 크기의 집단이든지 함께 기도하기를 원하셨다. 이러한 뜻은 사도들의 사상에도 영향을 주었다. 초대교회에서 사도들이 본연의 사역에 전무하지 못했을 때, 접대하는 일을 대신 할 사람 일곱 명을 교회에서 임명하게 했다. 그때 그들은 "우리는 오로지 기도하는 일과 말씀 사역에 힘쓰리라 하니"(행 6:4)라고 선언했다. 그들은 함께 기도해야 할 긴급한 필요성을 느꼈다. 그리고 분명히 말씀을 전하는 사역은 그러한 합심기도에 달려 있었다. 합심기도는 우리가 하나님의 백성임을 증명한다.

기도 파트너를 구하라

「기도의 삶」 모임에서 지금쯤 합심기도의 가치를 확신했으리라고 생각한다. 지금은 하나님께 기도하기 위한 또 하나의 커다란 발걸음을 내디딜 시간이다. 기도 파트너와 함께 정기적으로 기도하기 시작하라. 지금부터 일주일에 적어도 한 번은 함께 기도할 수 있는 기도 파트너를 구하라.

단 두 가지 제한이 있다. 당신 가족 중에 한 사람을 기도 파트너로 삼아서는 안 되며, 「기도의 삶」 팀원도 안 된다. 기도 파트너가 반드시 당신의 교회 교인일 필요는 없으나 분명히 그리스도인이어야 한다. 모든 가능성을 고려하되 심지어 바깥 출입을 할 수 없는 사람도 고려 대상에 넣어라. 기도 시간은 직접 함께해도 되고 전화로 가져도 된다.

기도 파트너로 고려해 본 사람의 명단을 만들어 보라. 그리고 나서, 접촉할 한 사람을 정하고 그에 관해 기도하라. 그에게 연락하면서 당신이 오늘 함께 기도하는 것에 대해서 배운 바를 설명해 주라. 그와 기도제목을 주고받을 수 있는 특권을 당신에게 줄 수 있겠느냐고 그에게 물어보고, 적어도 일 주일에 한 번은 함께 기도할 수 있겠느냐고 물어 보라. 그 사람이 그렇게 하겠다고 대답하면 서로에게 헌신하기를 서원하는 기도를 함께하라. 합심기도에서 함께 기도할 기도제목을 다음과 공부모임에 가져 오라.

➲ 당신의 기도 파트너의 이름, 주소, 전화번호를 써 보라.

이번 단원 다섯 과를 하는 동안 간단하게 합심기도를 해 볼 것이다. 기도 파트너와 함께 혹은 소그룹에서 합심기도할 수 있는 시간을 내 보라. 함께 기도하는 시간은 약 30분에서 45분으로 계획하라.

함께 기도할 사람과 시간이 정해졌으면 「기도의 삶」 팀원 중 한 사람에게 당신의 합심기도를 위하여 기도해 달라고 부탁하라.

➲ 당신의 합심기도를 위하여 기도 부탁한 「기도의 삶」 팀원의 이름을 써 보라.

➲ 기도 파트너와 기도하는 시간을 써 보라.

오늘, 하나님과 교제하며 동행하는 삶

1. 함께 기도하는 중에 다른 사람들로부터 배운 것들을 상기할 수 있도록 도와달라고 하나님께 구하라. 이것들 중에는 믿음, 분별력, 기쁨, 찬양, 감사하는 태도, 하나님의 임재 체험 등이 포함될 것이다. 이 모든 것을 위하여 주님께 감사하라.

2. 기도를 통해 하나님과 교제가 더욱 발전하고, 더 효과적으로 기도하는 법을 깨달을 수 있도록 하나님께 구하라. 기도생활을 통해 다른 사람들을 섬기는 사역에 겸손히 참여할 수 있는 기회를 주시도록 기도하라.

3. 경건의 시간을 가진 후, 경건한 삶을 완성하라.

경건한 삶

성경말씀

성경에서 하나님이
나에게 주신 말씀

나의 기도제목

제2과

가정에서 합심기도, part 1

오늘의 학습목표 가정예배의 필요성을 이해하고 가족과 함께 기도할 수 있는 더 좋은 방법들을 알게 된다.

가정에서 기도하는 것은 중요하다. 당신이 독신으로 혼자 산다면 당신의 상황에 맞추어 오늘 공부하는 것을 적용해 보라. 예를 든다면, 친한 사람과 함께 정기적으로 기도할 수 있다. 당신이 결혼했다면 배우자와 함께 정기적으로 기도할 수 있다. 「기도의 삶」 팀원들이 가정예배를 드릴 수 있도록 기도하라.

가정예배의 장점

가족이 함께 예배드리고 기도하는 것의 장점들은 무수히 많다. 가정예배는…

- 주님 안에서 자녀들에게 다른 어떤 것이 줄 수 없는 안정감을 준다.
- 부모님에게 믿음, 인내, 소망, 그리스도인의 덕목들을 나타내 보여준다.
- 자녀들에게 올바른 것과 그릇된 것의 의미를 알도록 훈련시켜 준다.
- 성경 읽는 것이 포함되어 있으면 자녀들에게 성경지식을 가르쳐 준다.
- 가정문제에 대한 하나님의 해결책을 구하는 데서 가족들을 단결시킬 기회를 제공한다.
- 가족이 함께 기도할 기도제목, 기도응답, 근심거리들을 나눌 수 있는 기회를 제공한다.
- 하나님께 능력을 공급받고 하나님의 뜻이 이 땅에 펼쳐지게 함으로써 하나님 나라를 섬긴다.

단합된 가족의 기도는 하나님께 큰 축복을 받을 수 있는 능력이 나타나게 한다.

단합된 가족의 기도는 하나님께 큰 축복을 받을 수 있는 능력이 나타나게 한다. "함께 기도하는 가족은 항상 단결할 수 있다"는 가정예배의 또 다른 유익점도 있다. 가정에서 합심기도는 풍성하고 훨씬 더 큰 축복을 경험하게 한다. 가족의 관심사와 필요에 마음을 쓸 줄 알게 되며, 하나님의 뜻이 이루어지는 것을 보기 위해 함께 기도하고, 그리스도께서 각자의 삶 속에서 일으키고 계신 변화를 서로에게 보여주는 가정이야말로 끊을 수 없는 긴밀한 사랑을 발전시키는 곳이다. 가정들이 너무 쉽게 깨어지는 이때 그리스도인 가정에게는 가족의 합심기도가 절실하게 요구된다.

위에서 공부한 가정 합심기도의 유익을 다시 읽어 보고, 가족을 위한 당신의 기도가 응답받은 것을 생각해 보라. 가정예배에서 합심기도를 할 수 있도록 기도하라.

가정을 위한 하나님의 뜻

하나님은 아담과 하와로 첫 번째 가정을 만드셨고, 그들이 하나가 되도록 명령하셨다(창 2:24). 예수님도 가정을 이루라고 말씀하였고, "그런즉 이제 둘이 아니요 한 몸이니 그러므로 하나님이 짝지어 주신 것을 사람이 나누지 못할지니라"(마 19:6)고 가정의 중요성을 말씀하였다. 태초부터 하나님의 이상은 가정이 하나님과 그의 백성의 연합, 그리스도와 그의 교회의 연합의 모형이 되는 것이었다(엡 5:25-32). 하나님은 자신을 삼위로 표현하시지만 동시에 하나님은 한 분이시다. 하나님은 가족이 하나가 되는 것 즉, 연합하는 것을 원하신다. 그러한 연합이 표현될 수 있는 가장 좋은 영역 중 하나는 합심기도를 통한 것이다.

베드로전서 3:7-9을 읽고 기도에 관하여 말한 것을 간단히 써 보라.

가정에서의 기도의 중요성은 베드로의 명령에 분명히 나타나 있다. '기도들' 이라는 말 앞에 나오는 '너희' (7절)란 말은 복수형이다. 따라서 기도가 방해받을 수 있는 위험 인자가 단지 남편에게만 국한될 수는 없고, 가족들 모두가 가정에서 기도하지 못하게 하는 장애물이 될 수 있다. 함께 기도할 수 있도록 해야 할 의무는 부부 양쪽 모두에게 적용된다. 또한 가정에서 기도는 너무나 값진 것이어서 그것 없이는 지낼 수 없다는 것이 암시되어 있다. 그러므로 가정에서의 합심기도는 어떤 것으로부터도 방해받아서는 안 된다.

성경상의 모범들

성경에서 가정기도의 많은 유형을 찾아볼 수 있다. 예를 들면, 부모가 자녀들을 위해 기도하는 경우, 부부가 함께 기도하는 경우, 그리고 가족들이 식사 시간에 감사기도를 드리는 경우 등이다.

성경에 나오는 위대한 몇 가정의 기도가 두드러진다. 이 가정들은 하나님의 뜻을 성취하는 데 중추적인 역할을 했다. 아브라함과 사라의 결혼(창 12-22장), 엘가나와 한나의 결혼(삼상 1:1-2:11), 사가랴와 엘리사벳의 결혼(눅 1:5-25, 57-80), 요셉과 마리아의 결혼(마 1:18-25; 2:13-23; 눅 2장)은 하나님의 이상을 성취했다. 이처럼 성경에 나타난 경건한 가정들은 경건한 자녀를 배출해 냈다.

부모 중 한편 혹은 양편 모두가 성경 속의 기도의 사람들로 유명하다. 자식을 위한 아브라함의 기도(창 15:2-4, 6)는 그를 큰 민족의 아버지가 되게 했다. 한나의 유명한 기도(삼상 1:10-12; 2:1-10)는 궁극적으로 이스라엘 역사에 큰 영향을 주었다. 사가랴는 아들을 구하는 기도를 했고(눅 1:13), 그 아들이 태어났을 때 그는 위대한 메시아 대망을 기도했다(눅 1:68-79). 요셉이 환상을 보았다는 것(마 1:20; 2:13)은 그가 기도의 사람이었다는 것을 의미하고, 마리아의 노래는 고금을

"남편들아 아내 사랑하기를 그리스도께서 교회를 사랑하시고 그 교회를 위하여 자신을 주심같이 하라 이는 곧 물로 씻어 말씀으로 깨끗하게 하사 거룩하게 하시고 티나 주름 잡힌 것이나 이런 것들이 없이 거룩하고 흠이 없게 하려 하심이라 이와 같이 남편들도 자기 아내 사랑하기를 자기 자신과 같이 할지니 자기 아내를 사랑하는 자는 자기를 사랑하는 것이라 누구든지 언제나 자기 육체를 미워하지 않고 오직 양육하여 보호하기를 그리스도께서 교회에게 함과 같이 하나니 우리는 그 몸의 지체임이라 그러므로 사람이 부모를 떠나 그의 아내와 합하여 그 둘이 한 육체가 될지니 이 비밀이 크도다 나는 그리스도와 교회에 대하여 말하노라"(엡 5:25-32).

"남편들아 이와 같이 지식을 따라 너희 아내와 동거하고 그를 더 연약한 그릇이요 또 생명의 은혜를 함께 이어받을 자로 알아 귀히 여기라 이는 너희 기도가 막히지 아니하게 하려 함이라 마지막으로 말하노니 너희가 다 마음을 같이 하여 동정하며 형제를 사랑하며 불쌍히 여기며 겸손하며 악을 악으로, 욕을 욕으로 갚지 말고 도리어 복을 빌라 이를 위하여 너희가 부르심을 받았으니 이는 복을 이어받게 하려 하심이라"(벧전 3:7-9).

남편과 아내는 서로 협력하여 가정에서 영적 지도력을 발휘해야 한다.

성경말씀

성경에서 하나님이
나에게 주신 말씀

나의 기도제목

통틀어 가장 위대한 찬송시 중 하나가 되었다(눅 1:46-55). 위대한 기도는 이 위대한 가정들의 가장 중요한 부분이었다.

➲ 위에서 언급한 네 가정에서 각각 위대한 기도자 한 사람씩을 아래에 쓰고, 관련된 성경구절을 적고, 각 가정에서 배출한 경건한 자녀의 이름을 써보라.

기도하는 부모는 가정에 큰 영향을 준다. 성경에서 볼 수 있듯이 기도하는 가정의 자녀들은 특별히 축복을 받는다. 당신이 위의 답란에 이삭과 아브라함을, 사무엘과 한나를, 침(세)례 요한과 사가랴를, 예수님과 요셉과 마리아를 짝지워 놓았다면 옳은 답을 쓴 것이다.

당신 가정의 가정예배 시간을 평가해 보라. 하나님이 원하시는 대로 모든 것이 제대로 되어 있는가? 하나님이 원하시는 가정예배를 드릴 수 있도록 기도하라. 그리고 옆의 여백에 가정예배를 드리고자 하는 당신의 바람과 이상적인 가정예배의 모습을 적어 보라.

당신의 기도 파트너 혹은 「기도의 삶」 팀원 중 한 사람과 가정교회를 위한 당신의 바람을 함께 기도하라. 하나님의 뜻에 따라 가정예배를 드릴 수 있도록 기도 파트너에게 기도해줄 것을 부탁하라. 기도 파트너의 이름, 함께 기도한 날짜와 시간을 써 보라.

기도 파트너 ______________ 날짜 ____________ 시간 __________

오늘, 하나님과 교제하며 동행하는 삶

1. 가정예배를 위한 하나님의 뜻은 무엇인가? 하나님의 뜻이 당신의 뜻이 되게 해 달라고 기도하라.

2. 당신의 가족들을 생각나게 하는 물건을 찾아보라. 예를 들면 사진, 자녀의 장난감 중 하나, 파마용 세팅 기구, 혹은 가족들 이름이 써 있는 색인 카드도 좋다. 이 물건을 당신이 가지고 다니거나 수시로 기억할 수 있도록 눈에 잘 띄는 곳에 놓아두라. 그 물건을 볼 때마다 그 가족이 가정예배를 잘 드릴 수 있도록 기도하라. 가족을 위하여 기도하고, 극복해야 할 장애물들을 위해 기도하라. 올바른 우선순위 확립을 위해 기도하고, 하나님의 인도하심을 위해 기도하라.

3. 경건의 시간을 가진 후, 경건한 삶을 완성하라.

제3과

가정에서 합심기도, part 2

오늘의 학습목표 가족들이 합심기도하는 방법을 알아 열심히 가정예배를 드릴 수 있게 된다.

가정예배를 위한 Tip

- 교회 목사님과 영적 지도자들은 가정예배를 드려 성도들의 모범이 되어야 한다.
- 남편과 아내는 서로 협력하여 가정에서 영적 지도력을 발휘해야 한다.
- 가정예배의 요소로 다음의 것들이 포함될 수 있다.
  - · 성경 본문
  - · 읽은 것에 관한 의견과 생각을 나눔.
  - · 함께 생활한 것에 관하여 이야기함.
  - · 교회에 관해 이야기함.
  - · 주님의 일 중에서 우리가 기도로 영향을 줄 수 있는 것들을 이야기함.
  - · 기도가 필요한 가족과 친구에 관하여 이야기함.
  - · 기도
- 토론한 문제들의 해결책을 마련해야 한다는 강박감을 갖지 말라.
- 영적으로 보이려 하거나 다른 이보다 더 감명 깊은 기도를 해야 한다는 강박감을 갖지 말라.
- 당신의 모습 그대로 자연스럽게 기도하라.
- 아침에 가정예배를 드리고, 하루 중 틈틈이 가족들을 위해 기도하라.
- 만약 가정예배를 저녁에 드리는 것이 적당하다면 주님과 함께하는 시간의 영원한 가치를 위하여 텔레비전 시청을 포기하라. 가장 좋은 시간은 아마도 잠자리에 들기 직전일 것이다.

가정예배를 위한 계획

시간 아침 시간은 가족들의 일정이 거의 없기 때문에 그들을 붙잡아 둘 수 있는 장점이 있다. 밤 시간은 자녀들에게 가족들이 하루 일과를 끝내고 하나님과 함께 잠자리에 든다는 즉, 하나님의 보호하심에 대한 든든함을 준다. 그러나 어느 시간에 가정예배를 드리느냐는 것보다는 정기적으로 가정예배를 드리는 것이 더 중요하다.

⊙ 가정예배를 드릴 수 있는 가장 좋은 시간은 언제이고, 그 이유는 무엇인가?

____

____

순서 가정예배의 순서는 참석하는 가족의 나이, 지식, 능력에 따라 달라진다. 먼저 성경을 함께 읽어라. 만약 자녀들이 읽을 수 있으면 읽는 데 참여시키라. 성경을 읽은 후, 가족들이 성경구절에 대해 토의할 수도 있고 그들이 기도하기 원하는 것들에 대해 토의할 수도 있다. 가족 중 원하는 사람은 누구나 기도하게 한다. 그들이 기도하는 순서는 중요하지 않지만, 그 부모가 기도하는 순서를 정해 주어 흐름을 잡아 준다면 자녀들은 안정감을 얻게 된다. 기도는 길게 할 필요도 없고 더욱이 남에게 보이려고 할 필요도 없다.

다음의 간단한 아웃라인은 가정예배를 인도하는 기본적인 틀이다.

① 성경 읽기　　② 토론　　③ 기도

상상력이 풍부한 부모는 여기에 신나고 흥미진진한 다른 항목들을 첨가할 수 있을 것이다.

위의 간략한 가정예배 아웃라인과 당신의 가정예배 계획을 비교하라. 위의 항목들이 포함되었는가? 여기에 나열하지 않은 다른 것들도 포함되었는가? 당신의 계획과 위의 간단한 가정예배 지침의 차이점과 당신이 추가한 항목을 써 보라.

____

____

____

가정예배를 위한 다른 도움

가정예배를 드릴 수 있도록 도와줄 수 있는 것은 많이 있다. 가정예배를 인도하는 데 도움이 되는 책들이 있고, 그 책들은 매일 가정예배를 드리는 지침서로 사용할 수 있다. 자녀들과 성경말씀을 창의적으로 토론할 수 있는 방법을 찾아보라.

올바른 우선 순위를 정하라

성경은 가정에서 반드시 예배와 기도를 하라고 말씀했다. 가정예배 드리는 것은 당연한 것이다. 그러나 우리가 사는 이 바쁜 세상에서 많은 가정들은 아마 식사시간을 제외하고는 따로 기도시간을 내지 않고 있을 것이다. 이것은 기도보다 다른 활동들이 더 높은 우선 순위를 가지고 있다는 것을 말해 준다. 그러나 가장 바쁜 그리스도인들 중에서도 어떤 사람은 정기적으로 가정예배를 드리고 있고, 당신도 가정예배를 우선 순위로 할 수 있다.

세상은 함께 기도하는 가족들로 가득 찬 교회가 할 수 있는 일을 깨닫지 못한다. 요한복음 17장에 있는 예수님의 제사장적 기도는 교회 연합의 중요성에 관한 말씀으로만 받아들이고 있다. 그러나 그것은 교회뿐만 아니라, 가정에서도 함께 예배드리는 중요성을 포함하고 있다. 예수는 매우 경건한 가정에서 태어나셨고, 가정들이 연합되기를 기대하셨다. 신약 교회의 위대한 왕국 성취와 성경의 위대한 가정들의 업적은 그들이 함께 기도했기 때문에 가능했다. 가정합심기도는 해도 좋고 안해도 좋은 선택사항이 아니다. 함께 기도하는 가정은 갈라지지 않고 뭉치지만 더 중요한 것은 그 가정이 연합된 기도를 통해서 하나님께 기도 응답받을 수 있다는 것이다. 하나님의 영원한 목적은 합심기도를 통하여 성취된다.

책임감

남편 남편들과 아버지들은 대개 가정예배에서 주도권을 갖는다. 가정예배와 가정합심기도를 드리거나, 앞으로 더 잘하겠다고 주님 앞에서 결심하라.

아내 가정예배를 할 수 있도록 겸손하게 말할 수 있는 효과적인 방법을 찾아보라. 가정에 따라서 아내가 단순히 가정예배 드리자고 말해도 가능하겠지만, 그렇지 않은 가정에서는 아내가 남편에게 어떤 분야에 대해 기도의 도움을 요청하거나, 어떤 성경구절이나 영적인 원리를 이해하도록 지도해 주기를 부탁하거나, 부드러우면서도 당차게 촉구하는 편이 더 나을 것이다. 남자 편에서든 여자 편에서든 강요나 위협 그리고 협박하는 것은 경건에 상치되는 것이므로 그러지 않도록 주의해야 한다. 만약 남편이 참석할 수 없거나 참석하지 않으려 하면, 먼저 하고자 하는 가족과 가정예배를 시작하라.

독신자 다른 사람과 함께 가정예배를 드리라. 당신이 잘 알고 있는 가정들을 위해 기도하라. 가정예배를 함께 드릴 수 있는 사람을 찾으라.

하나님을 기쁘시게 할 가정예배를 드릴 수 있는 단계를 옆 여백에 적어 보라. 그리고 이번 단원을 공부하는 동안 그 단계대로 실행해 보라. 「기도의 삶」 모임에서 가정예배를 잘 드릴 수 있도록 기도해 달라고 부탁하라.

오늘, 하나님과 교제하며 동행하는 삶

1. 기도 목록을 사용하여 각 사람과 기도제목을 놓고 기도하라. 기도지침 7의 "가정예배를 위한 Tip"을 참고로 하여, 가정예배를 위한 하나님의 뜻이 무엇인지 생각해 보라. 그리고 하나님의 뜻대로 가정예배를 드릴 수 있도록 기도하라.

2. 경건의 시간을 가진 후, 경건한 삶을 완성하라.

경건한 삶

성경말씀

성경에서 하나님이 나에게 주신 말씀

나의 기도제목

제4과
교회 : 기도하는 집

오늘의 학습목표 교회가 '기도하는 집'이 될 수 있는 방법들을 이해하며 교회에서 기도 사역을 위한 계획을 세우게 된다.

"나는 세상에 더 있지 아니하오나 그들은 세상에 있사옵고 나는 아버지께로 가옵나니 거룩하신 아버지여 내게 주신 아버지의 이름으로 그들을 보전하사 우리와 같이 그들도 하나가 되게 하옵소서 아버지여, 아버지께서 내 안에, 내가 아버지 안에 있는 것 같이 그들도 다 하나가 되어 우리 안에 있게 하사 세상으로 아버지께서 나를 보내신 것을 믿게 하옵소서 내게 주신 영광을 내가 그들에게 주었사오니 이는 우리가 하나가 된 것 같이 그들도 하나가 되게 하려 함이니이다 곧 내가 그들 안에 있고 아버지께서 내 안에 계시어 그들로 온전함을 이루어 하나가 되게 하려 함은 아버지께서 나를 보내신 것과 또 나를 사랑하심같이 그들도 사랑하신 것을 세상으로 알게 하려 함이로소이다"
(요 17:11, 21-23).

1세기의 그리스도인

초대교회 그리스도인들은 하나가 되어 열심히 기도한 사람들의 모임이었다. 요한복음 17장에서 예수님은 제자들의 연합이 중요함을 거듭 말씀하였다.

요한복음 17:11, 21-23을 읽고 다음 질문에 답하라.

1. 예수님은 제자들을 위해 무엇을 기도하셨는가?

---

2. 예수님은 제자들이 누구처럼 연합하기 원하셨는가?

---

3. 예수님께서 제자들이 하나되기를 원하신 이유는 무엇인가?

"진실로 다시 너희에게 이르노니 너희 중의 두 사람이 땅에서 합심하여 무엇이든지 구하면 하늘에 계신 내 아버지께서 그들을위하여 이루게 하시리라 두세 사람이 내 이름으로 모인 곳에는 나도 그들 중에 있느니라"(마 18:19-20).

"여자들과 예수의 어머니 마리아와 예수의 아우들과 더불어 마음을 같이하여 오로지 기도에 힘쓰더라"(행 1:14).

"그들이 사도의 가르침을 받아 서로 교제하고 떡을 떼며 오로지 기도하기를 힘쓰니라"(행 2:42).

"날마다 마음을 같이하여 성전에 모이기를 힘쓰고 집에서 떡을 떼며 기쁨과 순전한 마음으로 음식을 먹고 하나님을 찬미하며 또 온 백성에게 칭송을 받으니 주께서 구원받는 사람을 날마다 더하게 하시니라"(행 2:46-47).

예수님은 제자들이 하나 되는 것 즉 하나의 목표와 영으로 연합되기를 원하셨다. 예수님은 아버지 하나님과 하나가 된 것같이 제자들도 하나 되기를 원하셨다. 이런 종류의 연합이 교회 안에 나타날 때 주변의 많은 사람들은 참으로 하나님께서 예수님을 보내셨음을 알고 믿게 될 것이다. 사람들을 그리스도께로 잘 인도하지 못하는 것은 우리의 하나됨이 부족하기 때문이다.

마태복음 18:19-20을 읽어 보라. 예수님은 그리스도인들이 함께 기도하기 위해 모일 때 그들과 함께하겠다고 약속하셨다.

예수님은 교회가 하나되어 합심하여 기도하기를 원하셨다. 이것은 초대교회에서 볼 수 있는 바로 그것이다. 합심기도의 결과가 하나됨과 기도를 더욱 잘 드러나 보이게 할 수 있다. 사도행전의 1:14; 2:42; 2:46-47을 읽어 보라.

합심기도는 계속되었고, 아시아와 데살로니가와 아가야에 있는 교회까지 번져 나갔다. 바울이 3차 선교여행을 마치고 돌아가는 길에 온 교회가 그를 해변까지 전송했고, 그들은 모두 함께 기도했다. "이 여러 날을 지낸 후 우리가 떠나갈새 그들이 다 그 처자와 함께 성문 밖까지 전송하거늘 우리가 바닷가에서 무릎을 꿇어 기도하고"(행 21:5).

기도하는 집

교회에서 갖는 어러 모임에서 기도가 갖는 의미를 생각해 보라. 아래의 모임을 진행할 때 어느 정도로 기도에 집중하는지 평가해 보라. 아래의 척도를 사용하여 각각의 경우를 평가하라.

척 도	행사
0–기도에 거의 혹은 전혀 집중하지 않는다.	– 주일 아침예배
	– 주일 저녁예배
2–기도는 대부분 습관이다.	– 수요일 저녁예배
	– 실무추진 모임
5–기도시간은 짧지만 의미가 있다.	– 주일 학교
	– 교회 훈련회
8–때때로 기도에 많은 집중을 한다.	– 성가 연습
	– 선교회 모임
10–기도시간은 절대적 우선권을 갖는다.	– 위원회 모임

교회에서 어떤 사역은 다른 어떤 것보다도 기도를 더 중요하게 생각한다. 각 사역이 교회에서 나름대로의 기능을 갖고 있으나 어떠한 경우에도 기도를 무시해서는 안 된다.

예수님이 교회에 관하여 말씀하신 누가복음 19:46을 읽어 보라. 당신의 교회가 기도하는 집인가? 그렇지 않는가? 대답에 대한 이유를 간단히 적어 보라.

____

____

____

"내 집은 기도하는 집이 되리라"(눅 19:46).

당신의 교회가 기도하는 집이 되게 할 수 있다

기도는 교회의 모든 모임에서 드려지는데 적어도 모임을 시작하고 마칠 때는 반드시 해야 한다. 만약 당신이 주일학교 교사나 성가대 지휘자 혹은 주일학교의 연령별 부서의 부장 또는 어느 기관의 회장 혹은 목사와 같은 지도자라면 교인들이 기도를 더 잘할 수 있도록 이끌어 줄 수 있다.

대부분의 성가대 지휘자들은 성가연습을 기도로 시작한다. 주일학교의 각 연령별 부서 부장들은 성경학습의 여러 측면들을 위한 기도, 마음이 열리기를 위한 기도, 교사들의 지혜와 교사들이 하나님의 인도하에 있게 되는 것 등을 위한 기도 등에 관심을 가져야 한다.

지도자이든 아니든, 당신이 속한 그룹이 기도할 수 있게 영향을 줄 수 있다.

1. 모임의 멤버나 지도자와 나누는 비공식적인 대화를 통하여.
2. 위원회 혹은 사역 담당자에게 제안을 통하여.
3. 기도시간을 인도할 때 직접 가르치는 것을 통하여.

➲ 현재 당신 교회의 기도생활에 영향을 줄 수 있는 기회로는 어떤 것들이 있는가?

기도 사역들

제13단원은 교회의 기도사역에 관하여 훨씬 더 자세하게 다루고 있다. 지금은 교회의 특별한 기도 사역에 관해서만 생각해 보자.

교회들은 여러 가지 방법으로 기도를 강조하고 기도에 우선권을 둔다. 다음의 것들은 몇몇 교회에서 사용하는 기도 계획들이다.

1. 기도제목과 기도응답을 부착할 수 있는 게시판.
2. 주일아침에 성경공부와 예배에서 영적 열매를 맺기 위해 기도하는 모임.
3. 예배 순서에 목사님과 회중들이 아직 구원받지 못한 사람들을 위해 갖는 기도시간.
4. 식사보다는 기도에 더 주의를 기울이는 조찬 기도회.
5. 기도제목이 있을 때 다음 사람에게 전화로 기도요청을 하는 기도 비상망, 기도 요청은 간결해야 하며 기도 비상망의 다음 사람은 기도제목을 받아 적는다. 기도응답도 같은 방법으로 전달한다.
6. 중보기도팀에 기도제목이 전달되면 기도할 수 있는 기도실. 교회들 중에는 교회의 규모와 중보기도팀에 따라서 하루 24시간, 12시간, 6시간 혹은 그 이하로 기도하는 교회들이 있다. 개인, 교회 그리고 전 세계를 위한 기도제목들을 기록하여 체계적으로 기도한다. 기도응답도 역시 보고한다.
7. 부흥회와 수양회를 위한 가정기도.
8. 특별한 행사를 위해 혹은 어떤 결정을 앞두고 24시간 하루 연속 기도를 한다. 한 사람 혹은 그 이상의 사람들이 총 24시간 중 자기가 맡은 시간에 기도하는 것이다.

기도에 초점을 맞추고 기도를 강조하기 위한 방법들은 많이 있다. 이 시점에서 교회 기도사역에 참여하도록 하나님께서 이끌고 계시다는 감동이 오는가?

누가복음 19:46을 다시 읽고 교회 기도사역에 참여할 것에 관하여 기도하라.

오늘, 하나님과 교제하며 동행하는 삶

1. 우리들 중 많은 사람들은 지도자의 위치에 있지 않지만 지도자들을 위해 기도해 줄 것을 요청받는다. 당신의 교회 지도자들이 교회가 기도로 하나 될 수 있도록 하나님의 인도를 받게 해 달라고 기도하라. 기관의 지도자들이 기도의 지도자가 되게 해 달라고 기도하라. 기관의 구성원들이 기도하는 지도자들의 영을 나누어 받아 기쁜 마음으로 기도사역에 동참하도록 기도하라. 당신의 교회에서 기도의 부흥이 일어나도록 기도하라. 당신의 교회를 알고 있는 모든 사람들이 당신의 교회를 기도하는 집이라고 부를 수 있도록 기도하라.

2. 경건의 시간을 가진 후, 경건한 삶을 완성하라.

경건한 삶

성경말씀

성경에서 하나님이 나에게 주신 말씀

나의 기도제목

제5과

교회에서 기도해야 할 제목들

오늘의 학습목표 교회에서 기도해야 할 제목들을 알아 그중 몇 가지를 놓고 다른 사람과 함께 기도하게 된다.

합심기도

이번 단원을 시작하면서 맺은 기도 파트너와 함께 혹은 소그룹에서 30분에서 50분 정도 합심기도해 보라.

➲ 함께 기도할 파트너는 누구이고, 언제 어디서 기도하겠는가?

____

____

기도 제목들

어떤 사람들은 다른 사람들과 함께 기도할 때 기도제목을 생각해 내는데 어려움을 겪는다. 그러나 지금은 당신이 그런 단계를 넘어 많이 진보해 있기를 바란다. 하지만 기도 제목을 정하고 기도하면 도움이 된다.

아래의 왼쪽에 있는 내용과 오른쪽에 있는 성경구절을 연결하라.

1. 옳은 삶을 위하여	• 마태복음 9:38
2. 모든 그리스도인을 위하여	• 요한복음 15:16
3. 그리스도인의 열매를 위하여	• 사도행전 4:24-31
4. 치유를 위하여	• 사도행전 8:15
5. 선교사를 위하여	• 사도행전 12:5
6. 성령충만을 위하여	• 사도행전 13:2-5
7. 교회 지도자를 위하여	• 사도행전 14:23
8. 지혜를 위하여	• 고린도후서 5:20
9. 그리스도의 일꾼을 보내어 주시도록	• 고린도후서 13:7
10. 화목을 위하여	• 에베소서 6:18
11. 전도의 담대함을 위하여	• 빌립보서 1:9
12. 사랑, 지식, 총명을 위하여	• 데살로니가전서 5:23
13. 보전을 위하여	• 디모데전서 2:1-2
14. 투옥된 자를 위하여	• 야고보서 1:5
15. 권좌에 있는 사람을 위하여	• 야고보서 5:14-16

위의 답을 기도지침 7의 "기도제목" 표와 비교해 보라.

➡ 위의 성경구절 중 하나를 선택해서 묵상하고 기도하라. 묵상한 내용을 아래에 써 보라.

오늘, 하나님과 교제하며 동행하는 삶

1. 기도지침 7의 "선교사와 공산국가에 있는 성도를 위한 기도"를 읽고 기도하라.

2. 경건의 시간을 가진 후, 경건한 삶을 완성하라.

경건한 삶

성경말씀

성경에서 하나님이 나에게 주신 말씀

나의 기도제목

제8단원

하나님의 뜻에 따르기

핵심개념 신앙생활과 기도생활의 핵심은 하나님의 뜻에 따르는 것이다.

단원학습목표 고백의 성경적 의미와 중요성, 그리고 그리스도인이 해야 하는 고백의 종류를 알게 된다.

암송구절 "만일 우리가 우리 죄를 자백하면 그는 미쁘시고 의로우사 우리 죄를 사하시며 우리를 모든 불의에서 깨끗하게 하실 것이요"(요일 1:9).
"하늘에 있는 자들과 땅에 있는 자들과 땅 아래에 있는 자들로 모든 무릎을 예수의 이름에 꿇게 하시고 모든 입으로 예수 그리스도를 주라 시인하여 하나님 아버지께 영광을 돌리게 하셨느니라"(빌 2:10-11).

관련기도지침 기도지침 8 하나님의 뜻에 따르기(285쪽)

그리스도의 신부

아내의 가슴에 생긴 혹으로 인해 우리 가족은 곤경에 빠진 적이 있었다. 그러나 다행히 방사선 기사가 좋은 소식을 전해 주었는데 X선 촬영 결과 정상이라는 것이었다.

그러나 6개월 후 혹이 점점 자라고 있다는 것을 감지한 아내 래번은 의사에게 진찰을 받았다. 진찰 후 의사는 그녀가 옳다는 사실을 확인하고 생체조직 검사를 위해 그녀를 외과의사에게 보냈고, 악성 종양이 임파선으로 번졌다는 것을 알게 되었다. 암 전문의는 화학요법으로 그녀를 치료하기 시작하였다. 의사는 암이 재발 없이 파괴될 수 있는 확률은 절반이라고 말했다.

래번과 딸은 힘든 고통을 잘 견디었다. 겉으로는 태연한 척했지만, 나도 마음속으로는 흔들리고 있었다. 같이 있을 때는 미소를 지었지만 혼자 있을 때는 울곤 하였다. 고통이 최고조에 이르자 더 이상 아무것도 할 수 없었다. 나는 사무실 문을 걸어 잠그고 엎드렸다. 마음이 수천 갈래로 무너져 내렸다. 주님은 나의 지식을 초월하는 분이심을 고백하고, 내가 알지 못하는 놀라운 일을 주님이 이루어주시길 간구했다. 그리고 주님께 이 고통의 의미를 가르쳐 달라고 울부짖었다.

나중에, 내가 하고 있는 일의 전임 목사님 말씀이 내게 새로운 세계를 열어 주었다. 그 목사님은 "예수님은 당신의 심정을 이해하십니다. 무엇보다도 예수님은 당신을 너무 사랑하십니다." 그 목사님으로 인해 나의 기도는 새로운 방향을 잡게 되었으며 확실히 알게 된 것이 있었다. 그것은 내가 예수님의 마음을 미처 깨닫지 못했다는 것이었다. 내 아내의 몸에 생긴 암은 내게 극심한 고통이며 슬픔이었다. 그렇듯이 교회 안에서 짓는 죄는 내가 체험했던 것 이상으로 교회의 영광스러운 남편인 그리스도께 훨씬 더 고통스러운 것이다. 만약 내가 예수님의 마음과 생각이 어떠한지 알고자 한다면 그분이 교회의 남편으로서 겪었던 고통을 무시할 수 없을 것이다.

예수님이 큰 사랑과 슬픔, 그리고 인내로 교회의 암 덩어리(죄)를 고쳐 주셨다. 처음으로 나는 두려움과 공포 가운데 그것들을 보았다. 나의 개인적인 죄에 대해 하나님께 고백하는 것이 무엇인지를 배우게 되었다. 이제 나는 훨씬 더 강하게 나의 죄를 고백해야 했다. 교회 안에 있는 죄를 보여 달라고 기도하지는 않았다. 그러나 나는 교만과 분노, 공동생활을 해치는 비밀스러운 죄를 보게 되었을 때 더욱 더 뜨겁게 기도하였다. 기도를 통해 내 자신의 죄를 더욱 혐오하게 되었고 주님과 지속적인 화해 속에 거할 수 있는 새로운 열망을 얻게 되었다.

아내의 암은 점차 회복되어 갔다. 그녀가 나의 진실된 내조자로 있게 된 것에 무한히 감사한다. 나는 전보다 더욱더 하나님과 함께하기를 갈망하고 있다. 이제 나의 가장 큰 기도 중 하나는 그리스도의 신부인 교회와 교회의 지체인 내가 흠도 없고 점도 없이 그분의 영광과 순결을 지키는 것이다.

제1과
고백의 의미

오늘의 학습목표 넓은 의미의 고백과 죄 고백의 차이점을 배우게 된다.

➲ 이번 단원에서 기도 파트너와 기도할 시간을 계획하고, 그 날짜와 시간을 써 보라.

하나님의 몇몇 속성들에 대해 간단히 복습해 보도록 하자.

- 전지성-모든 것을 알고 계심. 그분은 당신을 창조하셨고, 당신에게 가장 좋은 것이 무엇인지를 알고 계신다.
- 의로움
- 공평하심
- 지혜로우심
- 신실하심
- 사랑하심

하나님의 속성들은 일시적으로 존재하는 것이 아니라 영원한 것이다. 그분은 이러한 속성들 즉 완전한 지식, 공의, 정의. 지혜, 신실성, 사랑 등의 속성을 완전히 소유하고 계신다. 그렇다면 하나님의 뜻에 따르지 않아도 되는가? 대답은 분명하다. 하나님 뜻에 따르지 않는 것은 말이 되지 않는다. 그러나 어떤 사람들은 하나님의 뜻에 따라 살지 않음으로 인하여 고통스럽게 살아간다.

하나님의 뜻에 따라 사는 삶의 중요성

사람들은 하나님의 뜻에 따라 살지 않기도 한다. 이것은 우리의 의견이나 방법이 하나님의 의견이나 방법보다 더 낫다고 생각하는 것을 의미한다.

마태복음 16:21-23에 있는 베드로의 경험을 읽어 보라. 베드로는 하나님의 계획에 따르고 있는가? 그렇나. 아니다 둘 중 어느 것인가?

예수님은 로마군인에 의해 십자가에 못 박혀 죽으실 것을 예언하셨다. 그러나 베드로는 자신의 의도가 옳다고 생각하고 예수님이 십자가 상에서 죽을 것을 말림으로써 예수님과 사이가 나빠졌다. 예수님의 말씀이 이상하게 들렸을지라도 베

"이 때로부터 예수 그리스도께서 자기가 예루살렘에 올라가 장로들과 대제사장들과 서기관들에게 많은 고난을 받고 죽임을 당하고 제 삼일에 살아나야 할 것을 제자들에게 비로소 나타내시니 베드로가 예수를 붙들고 항변하여 이르되 주여 그리 마옵소서 이 일이 결코 주께 미치지 아니하리이다 예수께서 돌이키시며 베드로에게 이르시되 사탄아 내 뒤로 물러 가라 너는 나를 넘어지게 하는 자로다 네가 하나님의 일을 생각하지 아니하고 도리어 사람의 일을 생각하는도다 하시고"(마 16:21-23).

드로의 의견(비록 좋은 의도였을지라도)은 잘못된 것이었다. 예수님의 의견이 옳았다. 베드로는 예수님을 주님으로 부르는 동안에도 예수님과 맞지 않았다.

예수님은 우리의 모본이시다. 예수님은 하나님 아버지와 온전히 일치하는 삶을 사셨다. 그는 아버지의 집에 거하셨다(눅 2:49). 시험을 받았을 때 예수님은 사단과 불화하였고, 하나님의 말씀을 인용함으로써 하나님과 일치함을 보이셨다. 요한복음 17장의 대제사장의 기도는 아버지와 아들이 완전히 하나 된 경외로운 모습이다. 그 일치가 너무도 완전했기 때문에 예수님은 "나와 아버지는 하나이니라"고 말씀하실 수 있었다(요 10:30).

어떤 사람들은 하나님과 일치된 삶을 산다. "에녹이 하나님과 동행하더니"(창 5:22)라는 말씀을 통해 그는 하나님의 뜻과 일치하는 삶을 살았다고 볼 수 있다. 노아도 하나님과 일치된 삶을 산 사람이다. 그는 쾌락이 가득찼던 시대에서도 순결했다(창 6:8-9, 11-12). 아브라함도 마찬가지였다. 그래서 그는 "하나님의 벗"(약 2:23)이라고 불려 왔다. 하나님 뜻과 일치하는 삶을 사는 것은 현명한 것이고, 하나님과 친밀한 교제를 가질 수 있는 유일한 방법이다.

"두 사람이 뜻이 같지 않은데 어찌 동행하겠으며"(암 3:3).

아모스 3:3을 읽으라. 하나님 뜻에 따라 살지 않는 것을 무엇이라고 말하고 있는가?

이스라엘은 하나님께 범죄하였다. 그들의 불의 때문에 하나님은 벌을 내려야만 하셨다. 아모스는 "너희의 범죄가 하나님과의 교제를 깨뜨려 버렸다"라고 말했다. 하나님의 뜻에 따라 사는 것은 하나님이 원하시는 것을 위하여 기도하고, 하나님의 법을 지키며 살고, 하나님의 생각과 같은 생각을 하는 것을 의미한다. 하나님의 방법 대신에 나 자신의 방법을 선택하는 것 즉 죄가 바로 하나님과의 교제를 단절시키는 것이다.

당신이 하나님 뜻대로 살지 않는다면, 하나님과 동행하는 삶을 살 수 없다. 모든 사람이 죄를 범했기 때문에(롬 3:23) 고백, 회개, 용서는 하나님과 교제하는 데 중요하다.

당신이 하나님 뜻대로 살지 않는다면, 하나님과 동행하는 삶을 살 수 없다. 모든 사람이 죄를 범했기 때문에(롬 3:23) 고백, 회개, 용서는 하나님과 교제하는 데 중요하다.

고백

고백은 보통 죄를 자백하고 인정하는 사실 이상의 폭넓은 내용을 담고 있다. 헬라어 신약성경에 나오는 고백은 "하나님이 말하는 것과 똑같이 말하는 것"을 의미한다. 하나님의 뜻에 맞아야 한다.

하나님의 뜻에 따라 기도하는 것과 그분의 뜻과 일치된 삶을 사는 것은 신앙생활과 기도생활의 핵심이다.

고백의 정의를 당신의 말로 써 보라.

고백이란 ______________________________

이번 단원에서 당신이 배우게 될 것은 다음과 같다.

- 죄를 고백함.
- 필요를 고백함.
- 예수님이 구주와 주님 되심을 고백함.
- 진리를 고백함.

다윗의 죄 고백

다윗은 밧세바를 간음하는 죄를 범한 후 죄를 숨기기 위해 그녀의 남편을 살해하였다. 이에 나단이 죄를 지적하자 다윗은 주님 앞에 굴복하였다. 이 사건을 잘 모르는 사람은 사무엘하 11장-12장을 읽으라. 이런 상황에서 다윗은 시편 51편을 쓰게 되었다.

시편 51편 다윗의 기도를 읽고 다음 질문에 답하라.

1. 다윗이 잘못을 표현하는 데 사용했던 네 가지 단어를 찾아 쓰라.

____

2. 다윗이 하나님의 용서를 바라는 뜻으로 사용한 단어(동사)와 구를 각 성경구절에서 찾아 써라.

1절 ______________________________
2절 ______________________________
7절 ______________________________
14절 ______________________________
15절 ______________________________

3. 다윗이 고백과 회개의 결과로서 삶 속에서 어떤 변화가 일어나길 원했는지 각 성경구절에서 찾아 써라.

6절 ______________________________
7절 ______________________________
8절 ______________________________
10절 ______________________________
12절 ______________________________

경건한 삶

성경말씀

성경에서 하나님이 나에게 주신 말씀

나의 기도제목

기도지침 8의 "시편 51편 죄 고백의 모델"과 위에 쓴 당신의 답을 비교하라.

다윗은 죄가 있다는 것을 하나님 앞에 고백하는 법을 배웠다. 다윗은 자신의 행동에 대해 하나님과 논쟁하거나 정당화할 어떤 여지도 없었다. 그는 하나님이 보신 대로 자기의 더러운 죄를 보았고, 그 죄가 자신의 삶에 큰 영향을 주었음을 알았다. 그는 하나님이 보시던 것과 같은 눈으로 용서와 변화의 필요성을 깨달았고, 하나님과 화해하는 법을 배웠다. 다윗이 하나님의 마음에 합한 사람이라고 알려진 것은 놀라운 일이 아니다.

당신의 죄를 고백하고자 할 때 시편 51편 중에서 사용할 구절을 선택해 보라.

오늘, 하나님과 교제하며 동행하는 삶

1. 고백은 항상 즉각적이어야 한다. 고백하지 않은 죄는 쌓이게 되며(약 5:16) 하나님과 교제를 단절시킨다. 조용히 하나님 앞에서 당신의 삶 속에 고백하지 않은 죄와 하나님 뜻에 따라 살지 못한 부분이 없는지 알게 해 달라고 간구하라. 기도지침 8의 "시편 51편 죄 고백의 모델"을 참고로 하여 당신의 죄를 고백하기 위해 다윗이 사용했던 몇몇 단어들을 사용해 보라.

2. 시편 51편을 여러 번 읽고 당신의 생각을 써 보라.

3. 당신이 알고 있는 성도들 중에 하나님께 죄를 고백할 필요가 있는 사람들의 고백과 죄 용서를 위해 기도하라.

4. 경건의 시간을 가진 후, 경건한 삶을 완성하라.

제2과
죄 고백의 단계, part 1

오늘의 학습목표 죄를 해결하기 위해서 자기 죄를 인정하고 회개하여야 하는 것을 배우게 된다.

죄 고백의 단계

1. 죄를 범했음을 인정하라.
2. 죄를 회개하고 죄에서 돌이키라.
3. 하나님의 용서하심을 받아들이라.

죄를 인정함

하나님의 뜻에 따라 살기 위해서는 당신에게 죄가 있다는 것을 아는 것이 중요하다. 하나님에게 죄를 고백하는 첫 번째 단계는 죄가 있다는 것을 깨닫는 것이다. 당신은 죄인임을 인정해야 한다. 하나님께서 이스라엘에게 "너는 오직 네 죄를 자복하라 이는 네 하나님 여호와를 배반하고"(렘 3:13상)라고 명하셨다. 다윗이 "내가 이르기를 내 허물을 여호와께 자복하리라"(시 32:5상)고 기도한 대로 행하였다. 시편 32:5에서 "자복하다"(acknowledged)라는 단어의 일차적인 뜻은 알거나 지각하는 것이다. 당신은 범죄했을 때 죄를 알 필요가 있다. 시편 32:5에 사용된 "acknowledged(자복하다)"는 NASB 성경 시편 51:3에서 "know"(알다)로 번역되었다. 즉 "내 죄과를 아오니 내 죄가 항상 내 앞에 있나이다"라고 하였다.

구약성경과 신약성경에 나오는 사람들은 죄를 자백하고 고백할 것을 요구받았다. 성경에서 세 가지 고백의 사례로서 이스라엘 민족, 침(세)례 요한을 따르는 자, 탕자의 고백 등을 생각해 보라.

레위기에 기록된 모세의 율법에는 죄를 다루는 조항이 실려 있다. 레위기 5:4-6을 읽고 이스라엘 백성의 죄와 그 고백과 관련된 세 사건들을 올바른 순서대로 번호를 적어 보라.

_________ a. 죄과에 따른 속죄제물을 가져옴.
_________ b, 잘못한 일과 말을 알고,
_________ c. 잘못을 정확하게 고백하고,

"만일 누구든지 입술로 맹세하여 악한 일이든지 선한 일이든지 하리라고 함부로 말하면 그 사람이 함부로 말하여 맹세한 것이 무엇이든지 그가 깨닫지 못하다가 그것을 깨닫게 되었을 때에는 그 중 하나에 그에게 허물이 있을 것이니 이 중 하나에 허물이 있을 때에는 이무 일에 잘못하였노라 자복하고 그 잘못으로 말미암아 여호와께 속죄제를 드리되 양 떼의 암컷 어린 양이나 염소를 끌어다가 속죄제를 드릴 것이요 제사장은 그의 허물을 위하여 속죄할지니라"(레 5:4-6).

"그 때에 침례 요한이 이르러 유대 광야에서 전파하여 말하되 회개하라 천국이 가까이 왔느니라 하였으니 이 때에 예루살렘과 온 유대와 요단 강 사방에서 다 그에게 나아와 자기들의 죄를 자복하고 요단강에서 그에게 침례를 받더니"(마 3:1–2, 5–6).

"하나님의 성령을 근심하게 하지 말라 그 안에서 너희가 구원의 날까지 인치심을 받았느니라"(엡 4:30).

"내가 입을 열지 아니할 때에 종일 신음하므로 내 뼈가 쇠하였도다"(시 32:3).

"저녁 제사를 드릴 때에 내가 근심 중에 일어나서 속옷과 겉옷을 찢은 채 무릎을 꿇고 나의 하나님 여호와를 향하여 손을 들고 말하기를 나의 하나님이여 내가 부끄럽고 낯이 뜨거워서 감히 나의 하나님을 향하여 얼굴을 들지 못하오니 이는 우리 죄악이 많아 정수리에 넘치고 우리 허물이 커서 하늘에 미침이니이다"(스 9:5–6).

"내가 또 들으니 하늘에 큰 음성이 있어 이르되 이제 우리 하나님의 구원과 능력과 나라와 또 그의 그리스도의 권세가 나타났으니 우리 형제들을 참소하던 자 곧 우리 하나님 앞에서 밤낮 참소하던 자가 쫓겨나고"(계 12:10).

마태복음 3:1–2, 5–6을 읽으라. 침(세)례받기 전에 백성들이 행한 것은 무엇인가?

누가복음 15:11–21의 비유를 읽고 아래에 탕자의 고백을 쓰라.

돌아온 탕자가 그의 아버지에게 한 첫마디는 "아버지 내가 하늘과 아버지께 죄를 지었사오니 지금부터는 아버지의 아들이라 일컬음을 감당하지 못하겠나이다"(눅 15:18–19)라는 것이었다. 침(세)례 요한을 따르는 자들도 자신들의 죄를 고백하고 회개할 것을 요청받았다. 이스라엘 백성들은 범죄했을 때 그들의 죄를 고백한 후에 하나님께 속죄제물을 가지고 왔다.

성경은 또한 죄 고백의 결과에 대해서도 가르치고 있다. 죄 고백에 관한 귀한 약속을 명명한 성경구절 중 하나가 바로 요한일서 1:9이다. 죄 고백의 결과는 무엇인가?

성도에게 죄가 있을 때 성령은 그 사람의 새 성품에 대하여 말한다. 성령을 근심하게 해서는 안 된다(엡 4:30). 성령에 대한 모독은 자신의 새 성품을 부인하는 것보다 더 심각한 일이다. 잘못인지 알면서도 행하는 것은 하나님께 대한 큰 죄이다. 그러므로 우리의 새 성품과 상충하는 죄의 성품을 가능한 한 빨리 인정하고 하나님의 성품과 방법을 받아들여야 한다.

죄를 인정할 때 말해야 할 것은 "주님, 나의 죄는 당신의 성품도 아니며 또 나의 새 성품도 아님을 인정합니다. 내 죄를 당신께 고백합니다. 주님의 뜻에 따라 살기 원합니다. 나의 생각대로 살지 않고, 주님의 방법대로 따르겠습니다." 하는 것이다.

하나님을 아는 사람이 죄를 고백하지 않으면 불안에 빠지게 된다. 시편 32:3을 읽어 보라. 죄 고백은 참된 성품으로 돌아오게 한다.

죄를 고백하는 첫 번째 단계는 무엇인지 아래에 쓰라.

회개

죄 고백의 두 번째 단계는 회개이다. 즉 죄지은 것을 슬퍼하고 죄에서 돌이키는 것이다. 하나님의 뜻에 따르는 것은 우리의 죄에 대해 탄식하는 것을 의미한다. 그러나 회개는 죄지은 것을 슬퍼하고 탄식하는 것 이상이다. 그것은 죄로부터 돌이켜 하나님의 뜻에 따라 살고자 하는 것이다. 성경에서는 죄에서 돌이키는 것을 '회개' 라고 말한다. 에스라 9:5-6을 읽고 에스라의 슬픔을 생각해 보라.

구원받을 때의 회개는 하나님의 뜻에 따르는 첫 번째 단계이다. 하나님은 과거나 현재, 또 영원히 의로운 분이시다. 당신의 옛 모습은 잘못된 것이었다. 그때의 회개는 당신의 삶에서 가장 큰 전환이었다.

회개는 슬픔과 눈물 이상의 것을 포함한다. 참된 회개는 죄에서 돌아서서 하나님을 기쁘시는 하는 삶을 사는 것이다. 참된 회개는 당신이 행하는 모든 일에 근본적인 변화를 요구한다.

죄를 해결하는 두 가지 단계를 설명하라.

1. 죄를 인정함 ______________________________

____

2. 회개함 ______________________________

____

오늘, 하나님과 교제하며 동행하는 삶

사단의 참소(계 12:10)와 성령의 깨닫게 하심 사이에는 엄연한 차이점이 있다. 당신은 주님을 알아갈수록 당신의 죄에 대한 사단의 참소와 성령께서 근심하시는 것의 차이점을 쉽게 구분할 수 있을 것이다(엡 4:30). 민감하며 성숙한 성도는 성령을 근심하게 하는 일을 빨리 알아차리고 하나님의 뜻에 따라 살아가고자 한다.

1. 하나님을 더 알아갈 수 있게 해 달라고 기도하라. 매 순간마다 하나님의 뜻에 따라 살아갈 수 있도록 당신을 영적으로 민감하게 해 달라고 기도하라. 만약 당신의 생각과 행동을 하나님의 뜻에 맞춘다면 당신은 하나님과 연합되는 즐거움을 경험할 것이다. 만약 당신이 하나님과 연합하지 못한다면 당신은 슬픔을 경험하게 될 것이다. 기도지침 8의 "죄 고백의 단계"를 참고하여 당신의 죄를 고백하라. 하나님의 뜻에 따라 살기 바란다.

2. 경건의 시간을 가진 후, 경건한 삶을 완성하라.

경건한 삶

성경말씀

____

성경에서 하나님이
나에게 주신 말씀

____

나의 기도제목

____

제3과

죄 고백의 단계, part 2

오늘의 학습목표 하나님께서 당신이 죄를 고백할 때 용서하시는 네 가지 이유에 대해 이해하게 된다.

죄 고백의 두 가지 단계를 써 보라.

1. ______________________________

2. ______________________________

3. 하나님의 용서하심을 받아들이는 것.

죄 용서를 믿는 이유

1. 성경이 죄 용서를 약속한다.
2. 성경이 죄가 제거된 상태를 보여준다.
3. 예수님의 보혈이 양심을 깨끗하게 한다.
4. 용서받은 자는 다른 사람을 용서할 수 있다.

"만일 우리가 우리 죄를 자백하면 그는 미쁘시고 의로우사 우리 죄를 사하시며 우리를 모든 불의에서 깨끗하게 하실 것이요"(요일 1:9).

성경이 죄 용서를 약속한다

성경에서 죄 용서를 약속하고 있기 때문에 우리는 죄를 고백하면 용서받게 됨을 믿을 수 있다. 요한일서 1:9을 읽어 보라.

"자기의 죄를 숨기는 자는 형통하지 못하나 죄를 자복하고 버리는 자는 불쌍히 여김을 받으리라"(잠 28:13).

잠언 28:13은 당신이 죄를 자백할 때 당신에게 무엇을 약속하고 있는가?

____

아무리 죄를 숨기려고 해도 숨길 수 없다. 그러나 하나님께서는 죄를 고백하는 자에게 죄 용서의 은혜를 베푸신다.

성경이 죄가 제거된 상태를 보여준다

죄 용서를 믿는 두 번째 이유는 고백한 죄가 없어지는 것을 성경에서 보여주고 있기 때문이다.

다음의 성경구절을 읽고 용서받은 죄가 어떻게 되었는지 아래 각 빈칸에 간단히 그려 보라.

미가 7:18-19	이사야 38:17	시편 103:12

"주와 같은 신이 어디 있으리이까 주께서는 죄악과 그 기업에 남은 자의 허물을 사유하시며 인애를 기뻐하시므로 진노를 오래 품지 아니하시나이다 다시 우리를 불쌍히 여기셔서 우리의 죄악을 발로 밟으시고 우리의 모든 죄를 깊은 바다에 던지시리이다"(미 7:18-19).

"보옵소서 내게 큰 고통을 더하신 것은 내게 평안을 주려 하심이라 주께서 내 영혼을 사랑하사 멸망의 구덩이에서 건지셨고 내 모든 죄를 주의 등 뒤에 던지셨나이다"(사 38:17).

"동이 서에서 먼 것같이 우리의 죄과를 우리에게서 멀리 옮기셨으며"(시 103:12).

놀랍게도 예수님의 십자가 능력을 모르는 구약의 몇몇 성도들은 지금의 신자들보다 훨씬 쉽게 하나님의 용서하심을 받아들였다. 미가는 "우리의 모든 죄를 깊은 바다에 던지시리이다"(미 7:19)라는 회화적인 문구를 사용해서 하나님의 죄 용서의 의미를 그려 내고 있다. 히스기야도 "나의 모든 죄를 주의 등 뒤에 던지셨나이다" 하고 기도함으로 죄 용서를 묘사하고 또 시편도 "동이 서에서 먼 것같이"라는 표현으로 고백한 죄가 용서된 상태를 서술하고 있다. 당신이 그린 그림들은 어느 누구의 그림보다 더 당신에게 의미가 있을 것이다. 기도지침 8의 "죄 용서 그림" 세 개를 통해서 하나님이 당신의 죄를 용서한 은혜를 항상 기억하기 바란다.

예수님의 보혈이 양심을 깨끗하게 한다

죄 용서를 보증하는 세 번째 이유는 예수님이 십자가에서 죽으심으로 죄를 회개한 사람은 정결케 할 수 있는 보혈을 흘렸다는 사실이다. 미가 선지자와 히스기야도 하나님의 죄 용서하심을 알고 있었다면, 예수님의 죽음과 부활을 알고 있는 우리는 하나님의 완전한 죄 용서를 생각할 때마다 어찌 더욱 기뻐하지 않을 수 있을 것인가! 히브리서 9:13-14를 읽어 보라.

다윗이나 이사야와 같은 사람들도 하나님이 죄를 용서해 주신 것을 믿었다면, 당신은 죄 용서받을 것에 대한 더 확실한 증거를 구할 필요가 있겠는가? 더 이상의 이유는 없다.

"염소와 황소의 피와 및 암송아지의 재를 부정한 자에게 뿌려 그 육체를 정결하게 하여 거룩하게 하거든 하물며 영원하신 성령으로 말미암아 흠 없는 자기를 하나님께 드린 그리스도의 피가 어찌 너희 양심을 죽은 행실에서 깨끗하게 하고 살아 계신 하나님을 섬기게 하지 못하겠느냐"(히 9:13-14).

용서받은 자는 다른 사람을 용서할 수 있다

고백한 죄가 용서받은 것을 입증하는 네 번째 증거는 용서받은 자의 삶과 행동에서 나타난다. 용서받았음을 입증하는 가장 강력한 증거는 기꺼이 다른 사람을 용서할 수 있다는 것이다. 다른 사람의 과실을 용서하면 자비의 하나님으로부터 용서받을 수 있음을 확신하게 된다. 예수님은 우리에게 "우리가 우리에게 죄지은 자를 사하여 준 것같이 우리 죄를 사하여 주시옵고"(마 6:12)라고 기도를 가르쳐 주셨다. 많이 용서를 받았기 때문에 우리를 용서하신 자비로우신 하나님의 성품을 닮아가려는 점을 발견하게 될 것이다.

"너희가 사람의 잘못을 용서하면 너희 하늘 아버지께서도 너희 잘못을 용서하시려니와 너희가 사람의 잘못을 용서하지 아니하면 너희 아버지께서도 너희 잘못을 용서하지 아니하시리라"(마 6:14-15).

마태복음 6:14-15을 읽어보라. 예수님은 용서에 대한 약속과 함께 경고도 말씀하셨다. 하나님과 화해하는 것은 하나님의 성품도 닮아가는 것을 포함한다.

하늘의 심판은 지상의 법정과 다르다. 지상의 법정에서는 죄를 자백하면 선고를 받게 된다. 그러나 하나님의 심판에서는 죄를 고백하면 과거의 잊혀진 일처럼 죄가 없어져 버린다. 그 이유는 고백이 하나님과 화해하는 것이기 때문이다. 즉 고백이란 "주님, 나의 새 성품으로 인해 나는 주님의 성품을 닮았습니다. 나는 주님의 뜻에 따라 살겠습니다."라고 말하는 것이기 때문이다. 또한 하나님께서 죄를 싫어하는 것을 알고, 죄의 길에서 돌아서는 것을 말하는 것이다.

➲ 고백한 죄가 용서받은 것을 믿을 수 있는 네 가지 이유를 아래에 쓰라.

1.______________________________

2.______________________________

3.______________________________

4.______________________________

만약 어떤 사람이 죄를 용서받지 못했다고 생각한다면, 죄를 고백하면 용서받는 이유를 어떻게 설명해 주겠는가? 옆 여백에 간단히 써 보라.

"그들이 다시는 각기 이웃과 형제를 가리켜 이르기를 너는 여호와를 알라 하지 아니하리니 이는 작은 자로부터 큰 자까지 다 나를 알기 때문이라 내가 그들의 악행을 사하고 다시는 그 죄를 기억하지 아니하리라 여호와의 말씀이니라"(렘 31:34).

"나 곧 나는 나를 위하여 네 허물을 도말하는 자니 네 죄를 기억하지 아니하리라"(사 43:25).

잊어버리는 것

완전히 용서함을 받았다면 이제 과거의 죄를 잊어버려야 한다. 하나님은 새로운 언약에서 다시는 그 죄악을 기억하지 아니하리라고 말씀하셨다. 예레미야 31:34과 이사야 43:25을 읽어 보라. 하나님께서 기억하지 않겠다고 하면 당신도 기억해서는 안 된다. 만약 당신이 죄를 잊지 않는다면 당신은 실로 그분의 용서하심을 받아들인 것이 아니다. 이 말은 죄의 결과가 존속하지 않는다고 말하는 것이 아니다. 죄의 결과는 확실히 계속된다. 때로는 비극적이기까지 하다. 그러나 용서받았다는 사실을 받아들이는 행위는 하나님과의 관계가 나아지고 있음을 뜻하는 것이다. 죄는 잊어버리고, 죄의 결과를 잊어서는 안 된다. 왜냐하면 죄의 결과는 미래에 하나님의 은혜를 생각하게 해 주기도 하기 때문이다. 용서받았다는 사실을 받아들이지 않는 것은 하나님을 거짓말쟁이로 만들며, 하나님의 뜻에 따라 살지 않겠다는 것이다. 하나님과 화해하는 것은 하나님이 죄를 멀리 던져버린 것처럼 우리도 죄를 등 뒤로 던지는 것을 말한다.

오늘, 하나님과 교제하며 동행하는 삶

지난 과에서 하나님께 더욱더 민감하기를 구하는 중요한 단계를 밟았다. 그리스도 안에서 성장은 위로나 앞쪽으로 진행되어야지 아래나 뒤로 퇴보해서는 결코 안 된다. 용서하심을 받아들이지 않는 것은 엄연히 퇴보이다. 용서함의 기초는 예수 그리스도의 피로 인해 정결하게 된 것을 뜻한다.

1. 스스로 질문해 보라. "만약 하나님께서 용서하시면, 내 죄는 용서받았는가? 만약 하나님이 뭔가를 하신다면, 얼마나 온전히 성취될 수 있는가?" 히브리서 9:13-14을 인용하여, 14절 "너희 양심"이란 말을 "나의 양심"으로 바꾸어 읽어 보라. 기도지침 8의 "죄 용서에 대한 그림"을 다시 한 번 보라.

2. 기도지침 8의 "죄 용서를 믿는 이유"를 참고로 하여 당신이 죄를 용서받은 이유를 생각해 보라.

3. 경건의 시간을 가진 후, 경건한 삶을 완성하라.

경건한 삶

성경말씀

성경에서 하나님이
나에게 주신 말씀

나의 기도제목

제4과
그 밖의 고백, part 1

오늘의 학습목표 자신의 필요를 하나님께 기도하고, 그 필요를 다른 사람들에게도 고백해야 하는 이유와 가치를 알게 된다.

필요를 고백함

자신의 필요와 다른 사람의 필요를 기도로 고백하는 것은 하나님의 뜻에 따르는 또 다른 방법이다. 하나님은 우리의 필요를 기도하면 응답해 주신다. 만약 당신의 삶과 다른 사람의 삶 속에서 필요로 하는 것들이 하나님의 뜻에 맞고, 그 필요를 얻기 위해서 기도한다면 하나님은 채워 주실 것이다.

"억눌린 사람들을 위해 정의로 심판하시며 주린 자들에게 먹을 것을 주시는 이시로다 여호와께서는 갇힌 자들에게 자유를 주시는도다 여호와께서 맹인들의 눈을 여시며 여호와께서 비굴한 자들을 일으키시며 여호와께서 의인들을 사랑하시며 여호와께서 나그네들을 보호하시며 고아와 과부를 붙드시고 악인들의 길은 굽게 하시는도다"(시 146:7-9).

시편 146:7-9을 읽고 하나님께서 관심을 가지고 있는 사람들의 유형을 쓰라.

하나님은 억압받는 자, 주린 자, 갇힌 자, 비굴한 자, 소경, 의인, 객, 고아, 과부 등의 필요에 관심을 가지신다. 하나님은 모든 사람들에게 관심이 있으시지만, 특별히 이런 사람들을 더욱더 돌보신다.

➲ 이런 사람들에게 관심을 가지게 해 달라고 기도하고, 그 기도제목을 써 보라.

"주의 성령이 내게 임하셨으니 이는 가난한 자에게 복음을 전하게 하시려고 내게 기름을 부으시고 나를 보내사 포로 된 자에게 자유를, 눈 먼 자에게 다시 보게 함을 전파하며 눌린 자를 자유롭게 하고"(눅 4:18).

예수님께 병이 낫게 해 달라고 한 많은 간청은 필요의 고백이었다. 간청의 고백에 사용된 단어들을 함께 살펴보자. "개들도 제 주인의 상에서 떨어지는 부스러기를 먹나이다"(마 15:27하). "내 어린 딸이 죽게 되었사오니 오셔서 그 위에 손을 얹으사 그로 구원을 받아 살게 하소서"(막 5:23). "다윗의 자손이여 우리를 불쌍히 여기소서"(마 9:27하). 예수님은 하나님의 뜻에 따라 필요를 채워 주셨다. 누가복음 4:18을 읽어 보라.

그러나 우리의 가장 큰 필요는 영적인 것들임을 기억해야 한다. 우리는 구원과 영적 성장, 우리의 삶 속에 성령의 축복과 역사, 그리고 다른 성도와의 교제를 구해야 한다. 바울에게는 복음 전하는 것이 필요였다(고전 9:16). 간단히 말하면, 우리 삶의 모든 측면에서 하나님이 필요하다.

➡ 하나님께 기도로 고백하고 싶은 세 가지 영적 필요는 무엇인가?

____

____

____

➡ 하나님께 기도로 고백해야 하는 다른 사람의 세 가지 영적 필요는 무엇인가?

____

____

____

혼자 있다면, 이런 필요들을 위해 주님께 기도하라.

다른 사람에게 고백함

야고보고 5:16을 읽어 보라. 다른 사람에게 고백하는 것을 두 종류로 나눌 수 있다, 하나는 다른 사람을 돕기 위해 기도할 필요가 있는 경우인데, 이것은 야고보서 말씀의 주제이기도 하다. 또 다른 하나는 다른 사람들로부터 용서받아야 할 필요가 있는 경우이다.

다른 사람을 돕는 기도 야고보서는 치유가 고백의 결과라는 사실을 말하고, 고백은 합심하여 기도함으로써 치유된다는 의미를 담고 있다. 합심기도는 상습적으로 죄를 범하는 영역에서 더욱 효과적이다. 제7단원에서 본 바와 같이 합심기도는 혼자 기도하는 것보다 훨씬 강하다.

서로 고백할 때는 신중할 필요가 있다. 치유받기 위한 합심기도를 위하여, 어느 범위까지 죄에 대하여 말해야 하는지 야고보서 5:16에서 힌트를 얻을 수 있다. 때때로 사람들은 죄 씻음을 위해 다른 사람에게 짐을 지울 수 있다. 그러나 이 경우에 치유보다 다른 사람에게 상처를 가져다 주는 결과가 된다. 하나님의 참된 치유는 자신과 다른 사람들을 포함한 완전함에 있다. 다른 사람에게 상처를 주지 않고, 주님에게서 치유를 받을 수 있는 고백을 해야 한다.

"그러므로 너희 죄를 서로 고백하며 병이 낫기를 위하여 서로 기도하라"(약 5:16).

중보기도를 위한 고백의 유형 중 가장 좋다고 생각되는 것에 V표 하라.

☐ 나의 잘못과 죄를 위하여 함께 기도할 사람이 필요할 때, 함께 기도할 사람에게 잘못을 말할 수 있어야 한다. 그러나 고백은 다른 사람에게 상처를 주거나 손해를 입히지 않아야 한다.

☐ 나의 잘못과 죄를 위하여 함께 기도할 사람이 필요할 때, 교회 앞에서 잘못을 말할 수 있어야 한다. 그러나 고백이 다른 사람의 감정이나 평판에 손해를 끼친다고 하더라도 나는 치유받을 필요가 있다.

합심기도는 상습적으로 죄를 범하는 영역에서 더욱 효과적이다.

첫 번째 진술이 답이다. 합심기도는 매우 유익하다. 그러나 당신은 다른 사람의 감정이나 평판을 희생시키면서 자신의 깨끗함을 추구해서는 안 된다.

다른 사람에게용서 받음 때때로 개인의 죄는 가족이나, 친구들, 직장 동료, 혹은 교회 등 다른 사람에게 해를 입히는 경우가 있다. 아간이 개인적으로 범죄했지만 하나님의 진노는 이스라엘을 향해 타올랐다. 36명의 생명을 앗아갔으며, "백성의 마음이 녹아 버렸다"(수 7:5). 아간의 죄가 그 나라에 해를 입혔고, 그는 공적으로 죄를 고백해야 했다(수 7:18-26).

요한일서 1:5-9에서는 고백되지 않은 죄가 교제를 깨뜨린다는 것을 암시하고 있다. 죄가 어떤 사람들에게 해를 입혔을 때, 죄 고백은 해를 입은 사람들에게 해야 한다(아간의 죄처럼). 그리고 죄 고백은 해를 입은 그룹에 한정되어야 한다. 다른 사람에게 공적인 죄를 고백할 때는 다음과 같은 원리에 따라야 한다. 공적인 죄 고백은 해를 받은 사람들 안에서 제한적으로 행해져야 하고, 다른 사람의 사생활이나 평판에 피해가 가지 않게 해야 한다.

"우리가 그에게서 듣고 너희에게 전하는 소식은 이것이니 곧 하나님은 빛이시라 그에게는 어둠이 조금도 없으시다는 것이니라 만일 우리가 하나님과 사귐이 있다 하고 어둠에 행하면 거짓말을 하고 진리를 행하지 아니함이거니와 그가 빛 가운데 계신 것 같이 우리도 빛 가운데 행하면 우리가 서로 사귐이 있고 그 아들 예수의 피가 우리를 모든 죄에서 깨끗하게 하실 것이요 만일 우리가 죄가 없다고 말하면 스스로 속이고 또 진리가 우리 속에 있지 아니할 것이요 만일 우리가 우리 죄를 자백하면 그는 미쁘시고 의로우사 우리 죄를 사하시며 우리를 모든 불의에서 깨끗하게 하실 것이요"(요일 1:5-9).

다음의 상황을 읽고 적절한 답을 골라 V표 하라.

1. 성준은 교회 사무회의 때 화를 냈다. 그리고 다른 사람의 감정을 상하게 하는 말을 하였다. 그는 누구 앞에서 고백해야 하는가?
   a. 하나님께만
   b. 감정을 상하게 한 사람들에게만
   c. 교회에
   d. 하나님과 교회 앞에

2. 민수는 주님을 떠났고, 다른 남자의 아내와 불륜을 가졌다. 민수의 아내와 그 여자의 남편이 이 사실을 알게 되었다. 민수는 그것이 큰 죄악임을 깨닫고 그 관계를 정리한 후 주님 앞에 자신의 죄를 회개하였다. 이제 민수 자신의 죄를 누구에게 고백할 필요가 있는가?
   a. 그의 아내에게
   b. 그 여자의 남편에게
   c. 그 여자에게
   d. 교회에
   e. a, b, c 모두 앞에

3. 정미는 교회의 핵심적인 지도자이며, 지역사회를 위한 교회 사역으로 인하여 그 사회에서 존경을 받고 있는 사람이다. 그런데 정미는 업무상 횡령을 음모했다는 이유로 체포되었다. 보도매체는 모든 사실을 보도하였다. 정미의 행동은 지역사회 사람들이 교회를 비난하게 하는 결과를 가져왔다. 그녀는 주님 앞에 죄를 회개하였다. 이제 그녀는 자신의 죄를 누구 앞에서 고백해야 하는가?
   a. 아무에게도 할 필요 없다. 하나님 앞이면 충분하다.
   b. 교회에
   c. 지역사회에

죄는 추한 것이다. 일단 죄가 드러나면 그것을 다룰 수 있는 멋진 방법은 없다. 그러나 죄 고백은 죄로 인하여 해를 입은 사람들 내로 제한되어야 한다. 첫 번째 상황은 성준이 하나님과 교회에 대해 범죄한 것이다. 그의 죄가 교회 모든 교인들에게 상처를 준 것이기 때문에 하나님과 교회에 용서를 구할 필요가 있다.

민수의 경우는 보다 더 사적인 죄이다. 그가 하나님께 용서를 구하는 것은 옳았다. 그러나 그의 죄로 인해 상처를 받았던 다른 세 사람에게도 용서를 구할 필요가 있다. 만일 교회에 죄 고백을 한다면, 이 사건과 관련된 다른 사람들에게 상처를 주게 될 것이다.

정미의 범죄는 너무 광범위하게 알려져서 지역사회 모든 사람들에게 고백하는 것이 합당하다. 교회도 그녀로 인하여 손상을 입었다. 정미는 하나님께 용서를 구할 뿐만 아니라, 교회와 지역사회에도 용서를 구해야 한다. 왜냐하면 지역사회도 손해를 입은 범위에 포함되기 때문이다.

오늘, 하나님과 교제하며 동행하는 삶

1. 하나님을 닮고 싶은 성품을 보라(갈 5:22-23; 약 3:17).

2. 당신이 아는 사람 중에 적어도 한 사람이 예수님의 성품을 닮아가는 새 창조물이 될 수 있도록 기도하라. 예수님이 당신을 조정해 주기를 기도하기보다는 예수님이 당신 안에 사시도록 기도하라. 오늘 밤 잠자기 전에 자신에게 다음과 같이 물어 보라.
   "오늘 예수님 안에서 새로운 피조물로 다른 사람에게 보여졌는가?" "예수님 안에서 새로운 피조물이 된 당신을 보여준 사람은 누구인가?"

3. 경건의 시간을 가진 후, 경건한 삶을 완성하라.

경건한 삶

성경말씀

성경에서 하나님이 나에게 주신 말씀

나의 기도제목

제5과
그 밖의 고백, part 2

오늘의 학습목표 예수님으로 인하여 얻은 새로운 삶을 지속적으로 고백하는 방법을 알게 된다.

우리는 예수님을 구세주와 주님으로 고백함으로 새로운 삶을 영위한다. 하나님의 뜻에 따라 살아감으로써 새로운 삶을 지속적으로 영위하게 될 것이다.

예수님을 구세주로 고백함

성경에서 '고백'이란 단어는 우리 죄를 고백하는 것 외에 하나님의 뜻에 따라 사는 것을 언급할 때도 사용된다. 예수님이 하나님의 아들인 것을 고백해야 한다. 마태복음 10:32-33에서는 예수님이 구세주인 것을 고백하지 않는 것도 예수님을 부인하는 것이라고 했다.

예수님을 주님으로 고백함

예수님을 구세주로 '고백'하는 것처럼 예수님을 우리의 주님으로 고백해야 한다. 빌립보서 2:11에 "모든 입으로 예수 그리스도를 주라 시인하였다"고 하였다.

"시몬 베드로가 대답하여 이르되 주는 그리스도시요 살아 계신 하나님의 아들이시니이다"(마 16:16).

"나다나엘이 대답하되 랍비여 당신은 하나님의 아들이시요 당신은 이스라엘의 임금이로소이다"(요 1:49).

"도마가 대답하여 이르되 나의 주님이시요 나의 하나님이시니이다"(요 20:28).

"누구든지 예수를 하나님의 아들이라 시인하면 하나님이 그의 안에 거하시고 그도 하나님 안에 거하느니라"(요일 4:15).

성경구절을 읽고 예수님의 제자들은 무엇이라고 고백했는지 살펴보라.

베드로(마 16:16)____________________
나다나엘(요 1:49)____________________
도마(요 20:28)____________________

당신은 예수님을 당신의 주님으로, 거룩하신 분으로, 왕으로, 하나님으로 삶 가운데계속해서 고백해야 한다. 세상에서는 그런 고백을 필요로 한다. 그런 고백이 당신을 굳게 세워 주며 예수님과 하나임을 기억하게 할 것이다. 고백은 하나님과 하나 됨을 보여주는 중요한 증거이다. 사도 요한은 요한일서 4:15에서 그것을 재확인시켜 주고 있다.

때때로 어떤 그리스도인은 옛 방식에 따라 살 때가 있다. 신약성경에서는 옛 방식을 좋아하는 것은 옳지 않다고 말씀하고 있다. 옛 방식은 참된 새로운 자아 즉, "하나님께서 아들의 형상을 본받게 하기 위하여 미리 정하신 새로운 피조물"(롬 8:29)로부터 벗어난 것이다. 당신은 죄 고백에 대하여 배웠다. 이제 그리스도 안에서 '새로운 피조물'이 된 사람들의 삶 속에 있는 고백을 살펴보자.

새로운 성품을 고백함

아담은 하나님의 형상대로 창조되었다. 그러나 그는 타락하였고, 죄로 인하여 하나님의 형상은 파괴되었다. 예수님이 두 번째 아담 즉 새로운 인간으로 이 세상에 오셨다. 예수님의 희생을 통해서 우리는 새로운 모습의 인간이 될 수 있었다. 고린도후서 5:17을 읽어 보라.

"그런즉 누구든지 그리스도 안에 있으면 새로운 피조물이라 이전 것은 지나갔으니 보라 새것이 되었도다"(고후 5:17).

성경은 성도의 삶이 새롭게 된 것에 대하여 어떻게 말하고 있는지 성경구절을 읽고 적어 보라.

에베소서 4:24 ______________________________

로마서 6:4 ______________________________

로마서 7:6 ______________________________

"하나님을 따라 의와 진리의 거룩함으로 지으심을 받은 새 사람을 입으라"(엡 4:24).

"그러므로 우리가 그의 죽으심과 합하여 세례를 받음으로 그와 함께 장사되었나니 이는 아버지의 영광으로 말미암아 그리스도를 죽은 자 가운데서 살리심과 같이 우리로 또한 새 생명 가운데서 행하게 하려 함이라"(롬 6:4).

"이제는 우리가 얽매였던 것에 대하여 죽었으므로 율법에서 벗어났으니 이러므로 우리가 영의 새로운 것으로 섬길 것이요 율법 조문의 묵은 것으로 아니할지니라"(롬 7:6).

그리스도인이 삶 가운데 찾아야 하는 것 하나는 그리스도 안에서 새로운 삶의 의미를 발견하는 것이다. 우리는 하나님께서 만드신 바 "새사람을 입어야"(엡 4:24) 하고, 우리는 "새 생명 가운데 행해야"(롬 6:4) 하고, 우리는 "영의 새로운 것"(롬 7:6)으로 섬겨야 한다. 우리는 그리스도 안에서 정결하게 되었고 새롭게 되었다. 새로운 피조물은 하나님의 뜻에 따라 온전히 살았던 예수님을 닮는 것이다. 하나님은 우리가 "하늘에 속한 이의 형상을 입도록"(고전 15:49) 모든 노력을 기울이고 계신다.

옆에 있는 항목 중에 하나님이 우리에게 주신 새로운 성품에 V표 해 보라.

그리스도를 완전히 닮는 것은 하나님과 완전히 하나된 결과이다. 옆에 개개의 성품들은 새 성품을 이루는 요소가 되어야 한다. 새로운 성품을 고백하는 것은 예수님과 닮는 생활을 하겠다는 표시이다.

옛 성품의 일을 하려고 돌이킬 때 그것이 죄라는 것을 느껴야 한다. 새로운 성품은 옛 성품에 따라 죄를 짓지 않기 때문에 옛 성품에 따라 사는 것이 죄라고 생각하는 것은 당연한 일이다. 옛 성품의 일을 하는 것은 하나님의 뜻에 따라 사는 것이 아니다.

죄를 지을 때, 당신은 구원받지 못하고 정결하지 못했던 옛 사람으로 돌아가는 것이다. 옛 성품은 새 사람에 맞지 않는다. 옛 성품은 하나님이 당신을 그리스도 안에서 새로운 성품으로 만들려고 하는 위대한 사역에 맞지 않는다. 모든 면에서 하나님의 뜻에 맞게 살아가려고 노력해야 한다. 죄 고백도 구원을 위해서 중요하지만, 새로운 성품에 대하여 고백하는 것도 역시 가치있는 것이다.

고백함으로써 항상 하나님에게 말할 수 있다.(영어의 '고백하다'(confess)는 '…에게 이야기하다'는 라틴어에서 파생하였다.). 하나님께 다음과 같이 고백해

- ☐ 영생
- ☐ 용기
- ☐ 하나님의 백성을 사랑함
- ☐ 인내
- ☐ 거룩한 것을 좋아함
- ☐ 믿음
- ☐ 진리에 대한 헌신
- ☐ 소망
- ☐ 주님을 섬기는 기쁨
- ☐ 온유
- ☐ 평안
- ☐ 성령을 통한 훈련

보라.

"하나님 아버지, 저는 새로운 피조물입니다. 당신의 아들이신 예수 그리스도의 형상을 입은 새로운 성품을 지니고 있습니다. 나의 삶 속에서 새로운 성품이 계속해서 나타나기를 원합니다."

그리스도 안에 있는 새로운 피조물은 하나님과 더불어 영원히 기쁜 삶을 살 것이다. 그리고 하나님의 뜻에 따라 살게 되면, 이 세상에서도 하나님과 기쁘게 살 수 있다.

고린도후서 5:17을 다시 읽고, 하나님과 함께 살아가는 당신의 성품을 알아보라. 고백해야 할 옛 성품은 없는가? 당신을 기쁘게 하는 새 성품은 무엇인가?

하나님의 방법과 일치함

예수님이 당신의 삶에서 주님이 될 때, 그는 주인이고 당신은 그에게 순종하는 종이다. 하나님의 뜻에 순종하는 것은 하나님의 뜻을 따른다는 가장 좋은 고백이다. 하나님의 뜻에 따른다는 것은 순종을 포함하고 있음을 의미한다. 예수님의 제자들은 이따금 비겁한 모습과 오해의 잘못을 보여주기도 하지만 순종적인 면은 닮을 만한 가치가 있다. 제자들은 예수님의 명령에 주저하지 않았다. 예수께서 그들에게 "나를 따라 오너라"(마 4:19) 하고 말씀했을 때 그들은 즉시 그물을 버리고 예수님을 좇았다. 예수님은 "누구든지 나를 따라 오려거든 자기를 부인하고 자기 십자가를 지고 나를 따를 것이니라"(마 16:24)고 말씀하셨고 그들은 예수님의 제자가 되기 위해 가족과 그들의 익숙했던 삶을 버렸다.

하나님의 뜻에 따라 산다는 것은, 하나님의 부르심에 우리가 결정을 내리지 않아야 한다는 것이다. 예수님은 우리의 소망이 하나님의 뜻을 따르고 그 뜻에 순종하는 것이라고 말씀하셨다. 우리는 전생애를 통해 하나님의 의와 방법을 지속적으로 확인하면서 살아야 한다.

다음 성경을 읽고 하나님께 고백할 또 다른 것들을 적어 보라.

시편 8; 19:1-6; 104

마태복음 19:5-6 ______________________

마태복음 28:19-20 ______________________

에베소서 5:27 ______________________

____

우리는 하나님이 창조하신 세상의 아름다움을 고백할 수 있다(시 8; 19:1-6; 104). 결혼을 위한 하나님의 의(마 19:5-6), 대위임의 의(마 28:19-20), 교회의 영광(엡 5:27)에 대해 고백할 수 있다.

당신의 삶은 곧 하나님이 진실하고 공평하며 정직하다는 사실을 고백하고 동의하는 것이다. 당신은 예수께서 그의 아버지와 하나이신 것처럼(요 17:23) 하나님의 신성과 하나 되는 것이다.

옆의 여백에 하나님 뜻에 따르고 고백하고자 하는 방법을 써 보라. 기도지침 8 "고백해야 할 주제"를 참고하여 기도해 보라.

오늘, 하나님과 교제하며 동행하는 삶

1. 예수님이 오늘 당신을 만나러 오신다고 상상해 보라. 예수님이 당신의 일중에 함께 계셨다면, 무엇을 했겠는가? 하루종일 예수님과 함께 동행하고, 예수님의 말씀을 듣고, 예수님의 말씀에 따라 순종하면서 지내는 당신을 생각해 보라. 예수님을 따르도록 하라. 예수님을 인도하려고 하지 말며 어디로, 어떻게 가실 것인지 명하지 말라. 단지 그분의 발걸음을 좇으라. 하루를 마칠 때 이 방법이 전에 살았던 방법과 어떤 차이가 있는지 곰곰이 생각해 보라.

2. 기도지침 8의 "예수님께 대한 고백"을 다시 보고, 그 고백으로 기도하라.

3. 경건의 시간을 가진 후, 경건한 삶을 완성하라.

경건한 삶

성경말씀

성경에서 하나님이 나에게 주신 말씀

나의 기도제목

제9단원

간구의 원리들을 적용하기

핵 심 개 념 하나님께 간구할 때는 하나님이 제시한 원리와 절차에 따라 그분의 뜻 안에서 바른 태도로 구해야 한다.

단원학습목표 하나님께 간구할 때 성경적 원리들을 이해하고 따르게 된다.

암 송 구 절 "너는 내게 부르짖으라 내가 네게 응답하겠고 네가 알지 못하는 크고 비밀한 일을 네게 보이리라"(렘 33:3).
"내 이름으로 무엇이든지 내게 구하면 내가 행하리라"(요 14:14).

관련기도지침 기도지침 9 간구의 원리(286쪽)

믿음으로 간구함

델로즈는 싸우스웨스턴 신학대학원 수요 아침 기도모임 때 긴급기도를 요청하였다. 그녀는 베키라는 여고생과 친분이 있었다. 델로즈는 베키에게 구원에 대해 설명했지만 잘 알지 못하는 것으로 보였다. 그런데 그날 아침 일찍 베키의 어머니가 전화로 베키가 가출했다는 놀라운 소식을 전해 주었다. 그 당시 우리 시에는 마약집단들이 있었고, 그들은 부모가 찾지 못하도록 가출 학생들을 숨겨 주는 패거리를 거느리고 있었다. 우리는 베키의 안전이 염려스러웠다. 그러나 더욱 두려운 것은 하나님에 대한 신앙이 없이 버려진 그녀의 영혼이었다.

우리는 열심히 기도했다. 우리는 성령께서 베키를 집으로 돌려보내기 원하신다는 것을 느꼈다. 또 우리는 델로즈가 베키에게 다시 복음을 전할 기회를 가질 수 있고, 하나님께서 그 전도자에게 큰 영적 능력을 부어 주실 것을 위해 간구하였다. 간구함으로써 우리는 믿음이 강해졌으며, 그러한 믿음은 다른 사람들에게도 격려가 되었다. 결론적으로 우리는 베키의 귀환과 회개를 보게 되었다.

그날 오후 그녀의 어머니는 베키의 전화를 받았다. 그녀는 자기의 소재를 밝히고 데려가 주기를 요청했다. 델로즈는 베키의 집으로 곧바로 갔고, 돌아온 베키를 위로하고 치료해 주었다. 그리고 베키에게 가장 위대한 친구인 예수님을 소개하였다. 델로즈는 베키에게 예수님은 과거의 모든 일들을 기꺼이 용서해 주시는 분이라고 설명하였다. 베키는 예수께 자기를 구원해 주실 것과 친구가 되어 주시기를 기도하였다.

나는 아내와 함께 그녀의 가정을 심방하였고 그녀가 교회에서 많은 친구들을 사귈 수 있다고 말해 주었다. 그 다음 주일 아침 베키는 교회 청년회의 따뜻한 환영을 받았고, 예배 중에 회중 앞에서 신앙을 고백하였다. 그리고 얼마 있다가, 침례를 받고 교회의 강력한 복음 증거자가 되었다. 또한 수요 기도모임을 통해서 믿음으로 기도한다는 것의 의미를 더 크게 깨달았다.

제1과

기도에 초청하시는 하나님

오늘의 학습목표 하나님께서 기도에 초청하셨다는 사실을 알게 되고 바울이 사용했던 간구의 원리를 이해하게 된다.

이번 단원에서 기도 파트터와 함께 정한 기도 날짜와 시간을 아래에 써 보라.

기도지침 1 "하나님이 기도에 응답하실 만한 이유"를 다시 보라. 하나님이 기도에 응답해야 하는 이유를 얼마나 자주 보여주는가? 해당되는 것에 V표 하라.

- ☐ 언제나 한다. '하나님이 기도 응답해 주어야 하는 이유가 있는가?' 라는 질문을 계속 하고 있다.
- ☐ 대부분 한다.
- ☐ 가끔 한다.
- ☐ 거의 드물다. 나는 내 관점이 아닌 하나님의 관점에서 기도하는 법을 배울 필요가 있다.

제1단원에서 하나님께서 기도에 응답하시는 이유 4가지를 배웠다. 그것들 중 하나를 기초로 하여 하나님이 기도에 응답해 주셔야 하는 이유로 제시하기도 한다. 나는 당신이 하나님의 관점에서 기도생활을 지속적으로 개선하기를 바란다.

이번 단원에서 기도의 내용과 방법을 지도해 주는 여덟 가지 원리에 대해 배울 것이다. 이 원리들을 중보기도의 특징들을 점검하는 기준을 만들어서 아래에 그려 놓았다.

간구의 원리

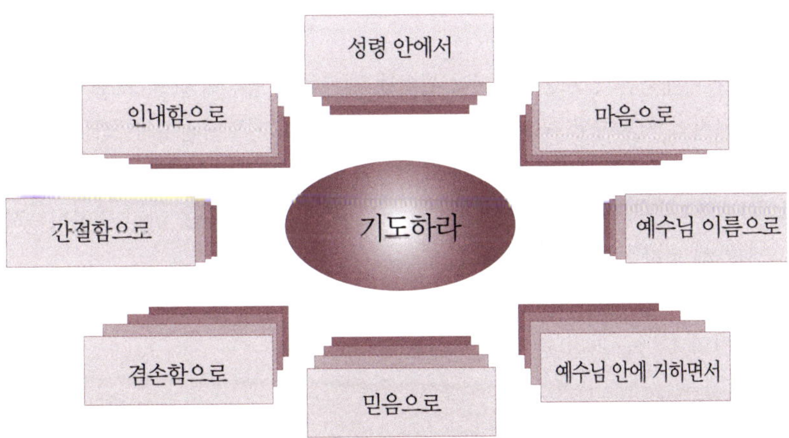

"구하라 그리하면 너희에게 주실 것이요 찾으라 그리하면 찾아낼 것이요 문을 두드리라 그리하면 너희에게 열릴 것이니"(마 7:7).

"내 이름으로 무엇이든지 내게 구하면 내가 행하리라"(요 14:14).

"너희가 내 안에 거하고 내 말이 너희 안에 거하면 무엇이든지 원하는 대로 구하라 그리하면 이루리라"(요 15:7).

"지금까지는 너희가 내 이름으로 아무 것도 구하지 아니하였으나 구하라 그리하면 받으리니 너희 기쁨이 충만하리라"(요 16:24).

경건한 삶

성경말씀

성경에서 하나님이 나에게 주신 말씀

나의 기도제목

하나님께서 기도하게 하심

하나님께 기도하는 주된 이유는 예수께서 제자들에게 기도하라고 말씀하셨기 때문이다. 예수님은 하나님께 기도하라고 거듭 말씀하신다.

➲ 예수님이 기도하는 자들에게 무엇을 약속하셨는지 성경구절을 읽고 써 보라.

마태복음 7:7__________

요한복음 14:14__________

요한복음 15:7__________

요한복음 16:24__________

하나님은 기도하라고 하셨고, 기도하기 원하신다. 그러나 하나님의 뜻, 하나님의 원리, 하나님의 절차 안에서만 기도하기 원하신다.

새로운 방향 설정

일반적인 견해와는 달리 기도하라는 예수님의 말씀은 백지수표가 아니다. 그 말씀에는 우리로 하나님의 나라에 들어가게 하는 목적이 있다. 마태복음 7:7의 말씀은 삶 속에서 요구되는 모든 것을 담고 있는 산상수훈의 배경 안에 있다. 요한복음의 기도에 대한 말씀은 예수님의 마지막 설교 혹은 강연의 배경 안에 있다. 그 말씀은 성령강림 후에 그의 영광이 나타날 것을 다루고 있다. 모든 기도의 용사들은 이 두 가지의 위대한 설교를 잘 알아야 한다.

마태복음 5장-7장의 관점에 당신을 맞추도록 하며, 또 요한복음 14장-17장에서 교회의 머리이신 예수님의 목적에 당신을 맞추어야 한다. 이것은 평생 해야 할 일이다. 「기도의 삶」에서 공부한 하나님의 방식 안에서 기도하면 더 효과적으로 응답받을 수 있다.

오늘, 하나님과 교제하며 동행하는 삶

1. 오늘 마태복음과 요한복음에서 뽑아낸 개념들을 당신의 특별 기도제목들과 관련지어 기도하고 묵상해 보는 시간을 가지라. 기도지침 9의 "하나님께서 기도하게 하심"을 다시 읽어 보고, 한 성경구절, 개념, 명령, 약속에 집중하라. 그 말씀을 통해 하나님께서 오늘 당신에게 무슨 말씀을 하기 원하시는지 생각해 보라.

2. 경건의 시간을 가진 후, 경건한 삶을 완성하라.

제2과
성령과 마음으로 간구함

오늘의 학습목표 성령 안에서 마음을 다해 간구한다는 의미가 무엇인지 알게 된다.

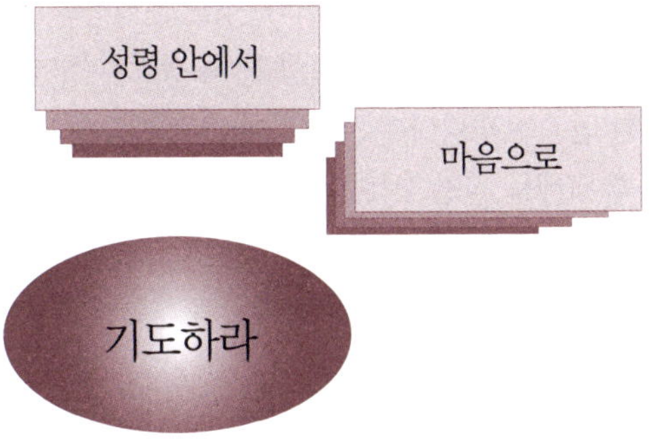

예수님은 제자들에게 하나님의 원리 안에서 기도하라고 말씀하셨다. 고린도전서 14:15 읽어 보라. 만약 우리가 성령과 마음 중에 하나라도 무시하고 기도하면, 그 기도는 불완전하고 균형을 잃게 된다.

"내가 영으로 기도하고 또 마음으로 기도하며"(고전 14:15).

성령 안에서 기도함

성령 안에서 구하는 것이 중요한 이유는 성령을 통해서만 능력이 나오기 때문이다. 여호와께서는 "힘으로 되지 아니하며 능력으로 되지 아니하고 오직 나의 영으로 되느니라"(슥 4:6하)고 말씀하셨다. 만약 하나님의 일을 하는 것이라면, 인간의 수단이나 힘으로 되지 않고 성령을 통해서만 이루어질 것이다. 하나님의 방법은 인간의 수단으로 할 수 없는 것을 행한다. 바울은 영적 힘이 하나님의 전신갑주를 입음에서 나온다고 말하면서, "모든 기도와 간구를 하되 항상 성령 안에서 기도하고"(엡 6:18상)라고 하였다.

성령충만. 성령 안에서 기도하는 첫 단계는 성령으로 충만하여야 하는 것이다(엡 5:18). '충만함'이란 완전성을 뜻한다. 성령 밖에서는 어떠한 것도 해낼 수 없고, 성령 안에서는 미루어지는 일이 없다. 만약 성령충만하게 되면, 성령은 우리 삶의 모든 영역에 관여하시고, 영향을 미치시고, 우리는 성령에게 모든 것을 순복해야 한다.

피해야 할 위험들. 성령 안에서 구하는 모든 것은 성령이 주시는 마음으로부터 나오는 것이지 이기적인 동기와 자기 유익에서 나오는 것이 아님을 의미한다. 성령 안에서 기도하도록 할 때 당신이 피해야 할 두 가지 위험이 있다.

"하나님의 성령을 근심하게 하지 말라 그 안에서 너희가 구원의 날까지 인치심을 받았느니라"(엡 4:30).

"성령을 소멸하지 말며"(살전 5:19).

다음의 두 성경구절을 읽고 그리스도인이 해서는 안 될 두 가지 일을 써 보라.

에베소서 4:30 ______________________________

데살로니가전서 5:19 ______________________________

하나는 우리가 살아가면서 죄로 인해 성령을 근심하게 해서는 안 된다는 것이다. 다른 하나는 성령을 소멸하지 않는 것이다. 성도가 성령의 인도하심에 반응하지 않을 때, 성령의 접근을 거부하거나 불순종할 때 성령은 소멸될 수 있다.

위의 성령에 대한 권고는 명령이며 그 명령에 대한 복종은 의지의 문제이다. 성경이 직접 명령할 때에(예를 들면 "성령의 충만을 받으라") 우리의 직무는 단순히 순종하는 것뿐이다. 하나님은 기도하는 자를 성령충만하게 하신다. 단 에베소서 4:30이나 데살로니가전서 5:19의 직접적인 명령에 그들이 불순종하여 거스르지 않는다면 말이다.

다음의 행동과 연관된 위험을 서로 연결해 보라. 성령의 근심은 (A), 성령의 소멸은 (B)를 써 넣어라.

__________ 1. 하나님이 믿지 않는 친척들에게 편지 쓰기를 원하시는 것을 알고도 계속 미루고 있다.

__________ 2. 분노하여 신랄하고 냉소적인 말을 하였다.

성령을 슬프게 하는 경우는 어떤 것인가?

____

성령을 소멸하는 경우는 어떤 것인가?

____

죄를 짓거나 성령이 성품을 해치는 것은 성령을 근심하게 하는 것이다. 성령의 인도하심이나 촉구에 불순종할 때 성령을 소멸하는 것이다. 그러므로 답은 1-B이고 2-A이다.

잠시 멈추고 성령과의 관계를 위해 기도하라. 당신이 성령을 근심하게 하거나 소멸하는 점은 없는가?

성령 안에서 기도는 것은 성령과 일치되어 기도함을 말한다. 우리의 뜻이 성령의 뜻과 일치되어야 하며 우리의 기대가 성령의 기대와 합일되어야 한다. 우리는 성령이 원하지 않는 것을 기도할 수 없다. 우리는 진지하게 기도하는 모든 문제들에 대한 하나님의 뜻을 알기를 구해야 한다. 성령 안에서 기도하는 것은 성령충만 이상의 의미를 지닌다. 그것은 성령이 당신에게 기도하게 하는 것이고, 성령의 인도하심에 귀 기울이는 것이며, 성령에 따르는 것을 포함한다.

마음으로 기도함

기도에 영향을 주는 두 번째 원리는 마음으로 구하는 것이다. 마음은 중요하다. 왜냐하면 마음 없는 영은 미성숙한 것이기 때문이다. 고린도전서 14:20에 있는 바울의 말을 읽어 보라. 성숙한 기도 생활은 영적 · 지적으로 모든 측면에서 성장하는 것이다.

"형제들아 지혜에는 아이가 되지 말고"(고전 14:20).

전도서 5:1-2을 읽어 보라. 마음으로 기도하는 것에 대해 무엇이라고 말하고 있는가?

____

____

"너는 하나님의 집에 들어갈 때에 네 발을 삼갈지어다 가까이 하여 말씀을 듣는 것이 우매한 자들이 제물 드리는 것보다 나으니 그들은 악을 행하면서도 깨닫지 못함이니라 너는 하나님 앞에서 함부로 입을 열지 말며 급한 마음으로 말을 내지 말라 하나님은 하늘에 계시고 너는 땅에 있음이니라 그런즉 마땅히 말을 적게 할 것이라"(전 5:1-2).

부모와 교사들은 "네가 하고자 하는 일을 항상 마음속에 가지고 있어라"고 종종 말한다. 이 말이 기도에도 적합한가? 적합하다면 그 이유는 무엇인가?

____

____

마음은 당신의 기도를 형성할 수 있는 기구이다. 마음으로 기도를 정확하게 하고 구체화시킨다. 고린도전서 14:8을 읽어 보라. 막연한 기도는 역사하지 않는다. 왜냐하면 하나님께서 그 기도에 응답할 방향도 없고, 채워 줄 기준도 없기 때문이다. 전도서에서는 말은 적게 하고 생각은 잘 드러내야 한다고 했다. 당신은 기도해야 하는 마음을 항상 가지고 있어야 한다.

"만일 나팔이 분명하지 못한 소리를 내면 누가 전투를 준비하리요"(고전 14:8).

그렇다고 해서 딱딱하고 형식적인 기도문을 읽으라는 뜻은 아니다. 당신이 중요하다고 생각하는 문제를 깊이 생각한 후 준비된 마음으로 하나님께 나아가 기도하라는 의미이다. 그러므로 "기도표"를 이용하는 것은 매우 유용하다. 기도표는 항상 기도할 수 있도록 도와주기도 하고 중요한 기도제목을 빠뜨리지 않게 방시해 준다.

298쪽에 있는 "매일 중보기도"를 읽어 보라. 299쪽에 있는 "매일 기도표"에 매일 기도제목 두 가지를 써 보라. 298쪽에 있는 "주간 중보기도"를 읽어 보라. 300쪽에 있는 "주간 기도표"에 매주 기도제목을 써 보라. 다음 단원에서 누구와 무엇을 기도표에 적어야 하는지 배우게 될 것이다.

경건한 삶

성경말씀

성경에서 하나님이
나에게 주신 말씀

나의 기도제목

기도표는 기도제목을 분명하고, 정확하고, 구체적이게 하고, 마음으로 기도하는 원리를 실천하도록 도와줄 것이다. 또 기도표는 기도 중에 공상하거나 목적 없이 방황하지 않게 도와줄 것이다.

성령 안에서 기도하는 것은 마음의 정함이 없이 성령 안에서만을 말하는 것이 아니며, 마음으로 기도하는 것은 성령 밖에서 마음으로만 기도한다는 뜻도 아니다. 성령으로 충만하고 마음이 기도를 제어할 때 성령은 기도를 도울 수 있다. 성령에게 민감할 때, 성령은 당신의 마음과 영을 움직일 것이다.

오늘, 하나님과 교제하며 동행하는 삶

1. 오늘 적은 "매일 기도표"를 다시 읽어 보고, 그 기도제목으로 성령을 통하여 기도할 수 있도록 하나님께 기도하라. 기도응답을 위하여 강한 감동이 필요하다고 생각하는가? 특별히 더 관심을 가지고 있는 기도제목이 있는가? 이러한 것은 주관적인 것 같지만, 성령이 당신 마음에 감동한 것이기도 하다. 성령은 당신을 기도하도록 이끄신다. 잠시 멈추고 성령이 당신의 마음을 움직인 기도제목으로 기도해 보라. 성령은 당신이 기도하도록 항상 깨우고 있다. 당신이 기도하고자 하는 마음이 아주 강하게 들도록 성령은 항상 일하신다. 지체하지 말고 계속 기도하라. 기도지침 9의 "기도의 원리"에서 '성령 안에서 기도하라' 와 '마음으로 기도하라' 는 내용을 다시 읽어 보라.

2. 경건의 시간을 가진 후, 경건한 삶을 완성하라.

제3과
예수님 안에 거하면서 예수님 이름으로 간구함

오늘의 학습목표 예수님 안에 거하면서 예수님의 이름으로 기도하게 된다.

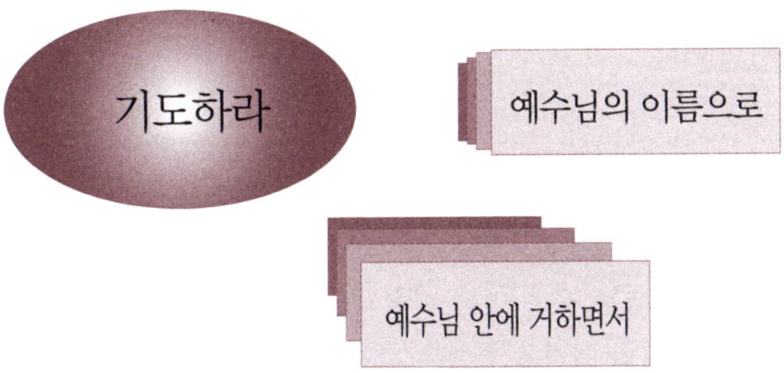

예수님의 이름으로 기도함

기도의 세 번째 원리는 예수님의 이름으로 기도하는 것이다. 요한복음 14:14을 읽고, 예수님의 말씀을 가장 잘 표현한 것 하나를 선택하라.

☐ 당신이 원하는 것
☐ 하나님의 마음과 뜻에 맞는 것

당신은 두 번째 내용을 선택했을 것이다. 예수님의 이름으로 간구하는 원리를 더 자세히 공부해 보자.

"내 이름으로 무엇이든지 내게 구하면 내가 행하리라"(요 14:14).

"너희가 내 안에 거하고 내 말이 너희 안에 거하면 무엇이든지 원하는 대로 구하라 그리하면 이루리라"(요 15:7).

요한복음 14:14은 예수님의 뜻을 열정적으로 행하기 원하는 사람들을 위한 말씀이다. 예수님의 이름은 기도에 합법적인 권위를 부여한다. 예수님 없이는 하나님의 관심을 이끌어낼 수 없다. 예수님의 이름으로 기도할 때 당신의 간구를 예수님의 도덕적 순결성과 그분의 가치 위에 올려 놓을 수 있다. 예수님의 이름으로 기도할 때, 그 응답된 기도는 하나님께 영광을 돌리게 한다. 요한복음 15:7을 읽어 보라.

예수님의 이름으로 간구할 때, 먼저 "예수님이 이 상황에서 원하는 것은 무엇인가?"를 자문해 보라. 예수님이 하시고자 하는 일을 당신의 기도제목이 되게 하라. 예수님의 이름을 사용할 때, 당신은 그를 대신하며 그분처럼 행동하는 것이 된다. 예수님의 소망, 성품, 감사, 견해를 지녀라.

"이러므로 우리도 항상 너희를 위하여 기도함은 우리 하나님이 너희를 그 부르심에 합당한 자로 여기시고 모든 선을 기뻐함과 믿음의 역사를 능력으로 이루게 하시고 우리 하나님과 주 예수 그리스도의 은혜대로 우리 주 예수의 이름이 너희 가운데서 영광을 받으시고 너희도 그 안에서 영광을 받게 하려 함이라"(살후 1:11-12).

이 사실은 성령으로 하여금 당신 마음속에서 예수님의 마음으로 역사하도록 하는 이유가 된다(빌 2:5-11; 고전 2:10-16). 예수님의 마음 없이는 예수님의 소망, 성품, 감사, 견해를 알 수 없다. 바울은 데살로니가 교인들을 위해 기도할 때 이 원리를 사용하였다. 데살로니가후서 1:11-12을 읽어 보라.

믿는 친구를 위해 바울의 기도를 사용하여 기도해 보라. "너희"라는 대명사 대신에 당신 친구의 이름을 넣어 보라. 예수께서 당신 친구의 삶 속에서 일어나는 일로 인해 영광을 받는다는 것을 기억하라. 이 구절을 사용해서 몇몇 사람들을 위해 기도하라.

기도해 준 사람의 이름을 써 보라.

예수님의 이름을 경솔히 사용하지 말라

예수님의 이름을 사용하는 것은 어떤 마술적인 결과를 일으키는 의식이 아니다. 그것은 당신이 예수님의 인격을 취하는 것을 말한다. 이름의 사용은 고결성을 필요로 한다.

문둥병자 나아만 장군은 엘리사의 기도로 치유된 후 사례하려고 하였지만 엘리사는 거절하였다. 그러나 그의 종 게하시가 몰래 나아만을 뒤쫓아가서 엘리사의 이름을 사용해 나아만으로부터 은 두 달란트와 옷 두 벌을 사취하였다(왕하 5:20-27). 게하시는 엘리사의 성품에 맞지 않는 일에 그의 이름을 사용하였다. 결국 그는 자신의 속임수로 인해 문둥병에 걸렸다.

바울이 예수님의 이름으로 기적을 일어나게 하는 것을 보고, 유대인 제사장 스게와의 일곱 아들이 예수님의 이름으로 기적을 행했다. 그들은 예수님의 인격과 어긋나게 예수님의 이름을 사용하려 하였다. 그러나 그들이 쫓아내려고 하던 악귀는 "예수도 내가 알고 바울도 내가 알거니와 너희는 누구냐" 하며 오히려 그들에게 뛰어올라 그들을 제압하였다.

예수님의 이름을 사용할 때는 특별히 신중해야 한다. 예수님의 이름을 사용할 때 당신은 예수님과 그의 나라 또는 그의 인격을 대리하는 것이다. 이름은 그 사람을 내포하며 이름의 사용은 그 사람이 나타내는 모든 것을 포함한다. 그러므로 예수님의 이름을 부주의하게 사용하여 기도해서는 안 된다.

예수님의 이름으로 기도하는 원리를 아래에 요약하라.

기도지침 9의 "간구의 원리" 중 '예수님의 이름으로 기도하라'와 당신이 쓴 내용을 비교하라.

예수님 안에 거하면서 간구함

기도의 네 번째 원리는 예수님 안에 거하는 것이다. 요한복음 15:7을 다시 읽어 보라. 거한다는 것은 남아 있는 것, 계속적으로 있는 것, 지속하는 것, 반대 없이 받아들이는 것을 뜻한다. 예수님의 말씀이 지속적으로 우리 안에 머물거나 남아 있다면 우리의 사고방식이나 기도의 방법은 영향을 받을 것이다. 이것은 우리가 그의 제자라는 증거이다. 예수님은 "너희가 내 말에 거하면 참 내 제자가 되고"(요 8:31)라고 말씀하셨다. 예수님 안에 거한다는 것은 여러 가지 방법으로 표현될 수 있지만, 특히 기도는 예수님 안에 거하는 수단이 될 뿐 아니라 예수님 안에 거함으로 인한 결과도 된다.

예수님 안에 거하는 것은 당신의 삶과 중요한 연관이 있다. 주님과의 교제시간은 규칙적이며 지속적이어야 하고, 그래야만 당신은 하나님과 지속적으로 동행하는 삶을 살게 된다. 다시 말하면, 예수님 안에 거하는 것이 중단되어서는 안 되는 것이다.

당신은 쉬지 않고 기도해야 한다(살전 5:17). 쉬지 않고 하는 행위가 바로 호흡이다. 호흡이 육신의 삶에 필요한 것처럼, 기도는 영적인 삶에 필수 불가결한 것이다. 성경에 나타난 기도의 인물들은 우리가 따라야 할 좋은 모범이다.

기도는 예수님 안에 거하는 수단이 될 뿐 아니라 예수님 안에 거함으로 인한 결과도 된다.

성경을 읽고 아래 물음에 답하라.

다니엘 6:10을 읽고, 다니엘이 인생의 위험에 처했을 때에도 했던 습관은 무엇인지 써보라.

"다니엘이 이 조서에 왕의 도장이 찍힌 것을 알고도 자기 집에 돌아가서는 윗방에 올라가 예루살렘으로 향한 창문을 열고 전에 하던 대로 하루 세번씩 무릎을 꿇고 기도하며 그의 하나님께 감사하였더라"(단 6:10).

____

사도행전 2:42을 읽고, 예루살렘에 태동한 초대교회의 기도 습관은 어떠했는지 써 보라.

"그들이 사도의 가르침을 받아 서로 교제하고 떡을 떼며 오로지 기도하기를 힘쓰니라"(행 2:42).

____

사도행전 6:4을 읽고, 사도들이 기도에 관해 원한 것은 무엇이었는지 써 보라.

"우리는 오로지 기도하는 일과 말씀 사역에 힘쓰리라 하니"(행 6:4).

____

로마서 1:9; 골로새서 1:9; 데살로니가전서 1:2-3을 읽어라. 바울은 기도의 횟수에 대해 교회들에게 뭐라고 말하였는가?

"내가 그의 아들의 복음 안에서 내 심령으로 섬기는 하나님이 나의 증인이 되시거니와 항상 내 기도에 쉬지 않고 너희를 말하며"(롬 1:9).

"이로써 우리도 듣던 날부터 너희를 위하여 기도하기를 그치지 아니하고 구하노니 너희로 하여금 모든 신령한 지혜와 총명에 하나님의 뜻을 아는 것으로 채우게 하시고"(골 1:9).

"우리가 너희 모두로 말미암아 항상 하나님께 감사하며 기도할 때에 너희를 기억함은 너희의 믿음의 역사와 사랑의 수고와 우리 주 예수 그리스도에 대한 소망의 인내를 우리 하나님 아버지 앞에서 끊임없이 기억함이니"(살전 1:2-3).

로마서 1:9 ________________________________

골로새서 1:9 ________________________________

데살로니가전서 1:2-3 ________________________________

다니엘은 인생의 위기에서도 하루 세 번씩 기도하였다. 예루살렘 교회는 꾸준히 기도하는 교회였다. 사도들은 교회를 위해 봉사할 일곱 집사를 뽑기 원했다.

그들에게 일을 맡긴 후 사도들은 기도와 말씀에 몰두할 수 있었다(행 6:4), 바울은 쉬지 않고 언제나 교회들을 위해 기도하였다. 성경에 나타난 기도의 인물들은 항상 기도하는 태도로 지냈으며 우리에게 지속적인 기도의 본을 제시하고 있다.

예수님의 말씀에 거한다는 것은 예수님의 명령을 지킨다는 것을 의미한다. 따라서 말씀을 신중하게 적용해서 항상 기도해야 한다.

예수님은 "내 안에 거하라 나도 너희 안에 거하리라 가지가 포도나무에 붙어 있지 아니하면 스스로 열매를 맺을 수 없음같이 너희도 내 안에 있지 아니하면 그러하리라 나는 포도나무요 너희는 가지라 그가 내 안에, 내가 그 안에 거하면 사람이 열매를 많이 맺나니 나를 떠나서는 너희가 아무것도 할 수 없음이라"(요 15:4-5)고 말씀하셨다. 예수님 안에 거하는 사람의 삶에는 어떤 놀라운 약속이 있는가?

예수님 안에서 간구하는 원리를 요약하여 써라.

기도지침 9의 "간구의 원리"에서 '예수님 안에 거하면서 기도하라'와 당신이 쓴 내용을 비교하라.

오늘, 하나님과 교제하며 동행하는 삶

1. 예수님의 이름을 적용하여 다음 내용을 생각하면서, 현재 당신이 아는 대로 간략히 말해 보라.

- 예수님은 하나님이시다. 예수님의 이름으로 완전해진다고 말할 수 있다. 그 이유는 예수님은 하나님이시고 그의 이름은 영원히 영광받기 때문이다.
- 예수님은 인간으로 오셨다. 비록 예수님이 인간으로 오셨지만, 예수님의 이름이 결코 죄로 손상되지 않으며, 오히려 예수님의 이름으로 말미암아 모든 인간이 새로운 영광으로 들려 올라갈 것이다.
- 예수님은 기적을 보여주셨다. 예수님의 이름으로 기적이 일어났고, 기적은 예수님의 이름을 온전하게 하였다. 그렇기 때문에 예수님의 이름은 경외할 가치가 있다.
- 예수님은 비유를 말씀하셨다. 예수님의 이름은 선생님으로서 존경받을 만한 가치가 있고, 또 그의 이름은 농사, 파종, 양치는 일, 농장을 빌려 주는 일 등의 평범한 것들의 가치를 높여 준다고 말할 수 있다.
- 예수님이 죽으셨나. 예수님의 죽음이 당신에게 그리스도인이라는 이름을 주었다. 예수님은 빌라도의 심판 앞에서도 그의 이름이 사용되게 할 만큼 겸손하였다.
- 예수님은 부활하셨다. 예수님이 부활의 능력을 당신에게 보여주신 것에 대하여 예수님께 영광을 돌릴 것이다.

2. 당신의 기도가 점점 성숙해지면, 당신은 예수님의 무오성, 가르침, 종 됨, 사랑, 그 밖의 것들에 대해 예수님께 영광을 돌릴 것이다. 오늘 하나님 앞에 무릎 꿇고 당신의 가치가 아니라 예수님의 이름으로 합당하게 기도하라.

3. 경건의 시간을 가진 후, 경건한 삶을 완성하라.

경건한 삶

성경말씀

성경에서 하나님이 나에게 주신 말씀

나의 기도제목

제4과

믿음과 겸손함으로 기도함

오늘의 학습목표 믿음과 겸손함으로 기도하는 원리들을 알고 실천하게 된다.

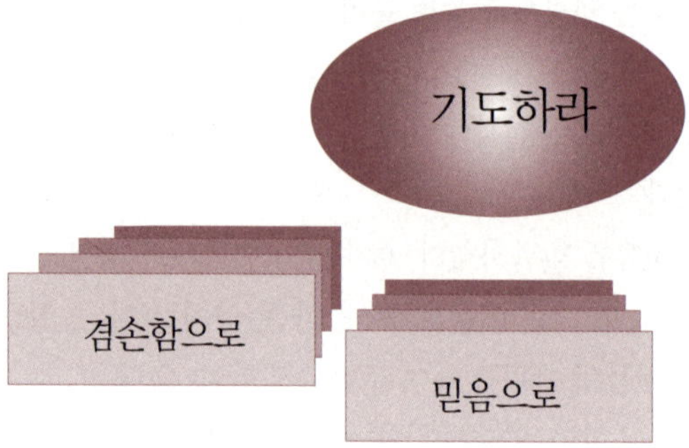

믿음으로 기도함

"믿음이 없이는 하나님을 기쁘시게 하지 못하나니 하나님께 나아가는 자는 반드시 그가 계신 것과 또한 그가 자기를 찾는 자들에게 상 주시는 이심을 믿어야 할지니라"(히 11:6).

믿음과 겸손함도 당신의 기도를 인도하는 자세이다. 기도하기 위해 지녀야 할 가장 중요한 태도는 믿음이다. 왜냐하면 믿음은 바로 하나님과의 관계에 기초가 되는 것이기 때문이다. 히브리서 11:6을 읽어 보라.

믿음으로 기도하는 것은 다음 사항들을 포함한다.

- 마음속에 의심 없이 기도함.
- 기도한 것들이 이루어질 것을 믿음.
- 하나님은 변하지 않는 분이심을 생각함.
- 하나님께서는 능히 응답해 주실 권세와 능력이 있음을 인정함.
- 당신의 삶에 두신 하나님의 뜻과 그분의 돌보심을 확신함.
- 성경의 약속들을 제시하고 하나님께 그 말씀을 이루어 달라고 기도함.

믿음으로 기도하는 것에 대해 읽을 때 다음 사항을 지키라.

당신이 이해할 수 없는 부분은 의문부호(?)로 표하라.
믿음으로 기도하는 태도를 함양하도록 도와주는 부분은 별표(★)를 하라.
당신이 행하기에 어려움을 느끼는 부분은 동그라미(○)로 표하라.
특별한 방법으로 계속 시행하기를 원하는 부분은 화살표(→)를 하라.

의심 없이 믿는 것. 예수님은 제자들의 믿음을 복돋우기 위해 큰 약속을 하셨다. 십자가에 달리시기 전 며칠 동안 예수님은 제자들이 큰 믿음을 가질 필요가 있다고 생각했다. 제자들은 점점 중대한 시점에 직면하게 되었고, 예수님은 특별한 행동을 취하셨다. 예수님은 열매를 맺지 못하는 무화과나무를 저주하셨고, 그 나무는 곧 시들어 버렸다. 제자들이 그것을 보고 놀라자, "예수께서 그들에게 대답하여 이르시되 하나님을 믿으라 내가 진실로 너희에게 이르노니 누구든지 이 산더러 들리어 바다에 던져지라 하며 그 말하는 것이 이루어질 줄 믿고 마음에 의심하지 아니하면 그대로 되리라"(막 11:22-23)고 하셨다. 믿음으로 기도하는 것의 두 가지 측면이 "의심없이 기도하고 기도한 것은 이루어질 것을 믿으라."는 약속의 말씀 속에 제시되어 있다.

흔들리지 않고 지속적으로 기도하는 것. 기도생활에 대한 하나님의 목적 중 하나는 그분의 인격을 닮는 것이다. 예수님의 속성 안에서 예수님의 이름을 사용해야 한다. 믿음은 불변성과 지속성이 있어야 한다. 흔들리는 것은 예수님의 성품과 반대되는 것이다. 야고보서는 "오직 믿음으로 구하고 조금도 의심하지 말라 의심하는 자는 마치 바람에 밀려 요동하는 바다 물결 같으니 이런 사람은 무엇이든지 주께 얻기를 생각하지 말라"(약 1:6-7)고 했다. 믿음은 지속되는 특징이 있다.

믿음은 불변성과 지속성이 있어야 한다.

기도 응답하시는 하나님의 권위와 능력을 인정하는 것. 로마의 백부장이 예수께 하인을 고쳐 달라고 간구했다. 예수님은 하인에게 가서 치료하겠다고 제안하였으나 백부장은 "주여 내 집에 들어오심을 나는 감당하지 못하겠사오니 다만 말씀으로만 하옵소서 그러면 내 하인이 낫겠사옵나이다"라고 하였다. 유대인도 받아들이지 않았던 예수님의 권위를 잘 알지 못했던 백부장이 예수님 안에 있는 권위를 인정하였다. 예수님이 칭찬한 경우는 아주 적은데, 백부장은 예수님의 칭찬을 받았다. 예수님은 둘러싸고 있는 무리에게 "내가 진실로 너희에게 이르노니 이스라엘 중 아무에게서도 이만한 믿음을 보지 못하였노라"고 하시면서 그에게 "가라 네 믿은 대로 될지어다"(마 8:5-13)라고 말씀하셨다. 또 다른 경우, 예수님은 두 소경을 치료하셨다. 예수님은 "내가 능히 이 일 할 줄을 믿느냐"라고 물었을 때, 그들이 긍정적인 대답을 하였기 때문에 "너희 믿음대로 되라"(마 9:28-29)고 말씀하였다.

하나님의 뜻과 돌보심을 확신함. 복음 자체가 믿음을 이끌어낸다. 복음은 우리에게 하나님의 돌보심과 목적을 깊이 신뢰하도록 고취시킨다. 바울은 복음이 믿음의 기초이며 "믿음은 들음에서 나며 들음은 그리스도의 말씀으로 말미암는다"(롬 10:17)고 하였다. "말씀"은 예수님과 그의 사역에 대한 복음이다. 만약 우리가 위대한 예수님의 말씀을 진실로 믿는다면, 다른 말씀 속에 있는 하나님을 믿을 수 있다.

하나님의 말씀을 견지함. 하나님은 우리에게 귀중한 약속을 많이 주셨다. 하나님은 조건이 충족되면 그 약속들을 지키실 수 있으며, 또 지키시고자 한다. 믿음은 하나님이 약속을 신실하게 지킨다는 것을 믿는 것이다. 이것이 하나님의 약속은 믿음에 따라 기도응답이 달라진다는 데에 바탕을 두어야 하는 이유이다(제4단원 제2과 참조). 기도의 약속들을 기록하고 암송하고, 또 읽어 보라. 당신의 기도는 신실하신 하나님의 약속에 기초해야 한다.

➲ 마가복음 9:14-27을 읽으라. 24절에서 아버지의 기도는 무엇인가?

➲ 믿음으로 기도하라. 필요하면, 24절의 아버지의 기도로 기도하라. 당신의 기도제목을 써 보라.

겸손함으로 기도함

겸손도 믿음 못지않게 중요한 태도라고 성경은 말한다. 하나님이 솔로몬에게 하신 말씀인 역대하 7:13-14을 읽어 보라.

이 약속의 정확한 성취는 요시야의 성전예배 회복과 그가 주님께 돌아오는 사건에서 발견된다. 하나님은 그에게 "마음이 연약하여 하나님 앞 곧 내 앞에서 겸손하여 옷을 찢고 통곡하였으므로 나도 네 말을 들었노라"(대하 34:27)고 말씀하셨다.

"혹 내가 하늘을 닫고 비를 내리지 아니하거나 혹 메뚜기들에게 토산을 먹게 하거나 혹 전염병이 내 백성 가운데에 유행하게 할 때에 내 이름으로 일컫는 내 백성이 그들의 악한 길에서 떠나 스스로 낮추고 기도하여 내 얼굴을 찾으면 내가 하늘에서 듣고 그들의 죄를 사하고 그들의 땅을 고칠지라"(대하 7:13-14).

➲ 누가복음 18:10-14을 읽고 두 사람의 대조되는 태도를 비교하라.

예수님은 눈을 들어 하늘을 향하지 못하고 있는 세리의 겸손을 칭찬하시며 "이 죄인에게 긍휼을 베푸소서"라고 기도하셨다. 동시에 "다른 사람과 같지 않음"을 감사하였던 교만한 바리새인은 책망하셨다. 바리새인은 세리를 경멸하면서 자신이 세리보다 나은 점을 지적하였다. 그는 자기 의로 충분하였기 때문에 다른 사람이 필요 없다고 고백하였다.

겸손은 다른 사람들을 필요로 한다. 겸손하게 기도하는 것은 우리의 필요를 하나님 안에서 인정하는 것이다. 겸손은 하나님께 순복한다. 자만, 방자함, 독선은 겸손한 태도를 방해한다. 겸손의 외적 표현은 무릎을 꿇는 것이다. 겸손은 무릎 꿇는 것을 요구하지는 않지만 무릎을 꿇는 것은 겸손을 나타내는 한 표현이다. 시편에서 무릎을 꿇는 것이 당연한 것임을 보여준다. 시편 95:6에 "오라 우리가 굽혀 경배하며 우리를 지으신 여호와 앞에 무릎을 꿇자"고 하였다. 성경에서 다니엘(단 6:10), 베드로(행 9:40), 바울(엡 3:15)과 같은 위대한 인물도 종종 무릎을 꿇고 기도했다.

오늘, 하나님과 교제하며 동행하는 삶

1. 믿음의 결핍은 신뢰의 부족이다. 하나님이 신뢰할 만한 분이신 것을 증명해 주어도 우리가 깨닫지 못하기 때문에 신뢰하지 못한다. 오늘, 하나님을 신뢰하게 해 달라고 기도하라. 하나님은 신뢰할 만한 분이신 것을 깨닫게 해 달라고 기도하라. 하나님이 당신을 위하여 해 주신 일을 기도하라. 당신이 받은 축복들을 세어 보라. "하나님은 신뢰할 만한 분이십니다. 하나님은 약속을 지키시는 분입니다."라고 말해 보라. 기도지침 9의 "간구의 원리"에서 '믿음으로 기도하라'를 다시 읽어 보라.

2. 겸손의 비결은 하나님이 어떤 분이신지를 이해하는 데 있다. 교만은 하나님의 위대하심을 깨닫지 못했음을 의미한다. 하나님 앞에 온전히 겸손할 수 있도록 하나님의 영광, 거룩함, 위대함을 잊지 않게 해 달라고 기도하라.

3. 경건의 시간을 가진 후, 경건한 삶을 완성하라.

경건한 삶

성경말씀

성경에서 하나님이 나에게 주신 말씀

나의 기도제목

제5과

간절함과 인내로 기도함

오늘의 학습목표 간절함과 인내로 기도하게 된다.

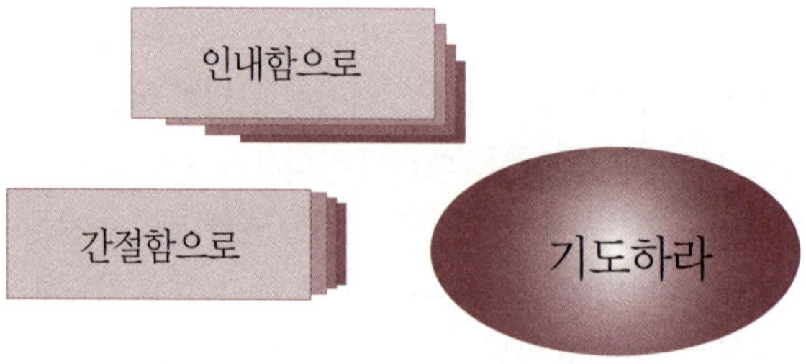

간절함으로 기도함

하나님을 기쁘게 하는 또 다른 태도는 간절함이다. 성경에서 간절한 기도는 거짓이 없으며 가슴에 와 닿는 것들이다. 기도의 중요성을 마음으로 깊이 느끼는 믿음은 진지하고 열렬하게 기도한다. "의인의 기도는 역사하는 힘이 큼이니라"고 말한 야고보는 엘리야를 그 모범적인 인물로 제시하면서 "그가 비가 오지 않기를 간절히 기도한즉 삼 년 육 개월 동안 땅에 비가 오지 아니하였다"라고 말하고 있다(약 5:16-17).

다음의 성경구절들을 읽고 기도의 특징을 써 보라.

열왕기하20:1-5 ______________________________

골로새서4:1-13 ______________________________

누가복음22:44 ______________________________

성경을 통해 간절함은 기도의 능력과 관련이 있다는 것을 알 수 있다. 히스기야는 통곡하였다(왕하 20:3), 바울은 골로새 교인들에게 에바브라가 "항상 저희를 위해 애써 기도한다"(골 4:12)고 말했다. 가장 모범적인 예로 예수님은 아주 간절하고 뜨겁게 기도해서 "땀이 핏방울이 되어 떨어지는 것 같았다"(눅 22:44)고 했다.

여기 한 마디의 경고가 필요하다.

믿음은 간절함에서 만들어지는 것이 아니라 간절함이 믿음을 만든다.

"그 때에 히스기야가 병들어 죽게 되매 아모스의 아들 선지자 이사야가 그에게 나아와서 그에게 이르되 여호와의 말씀이 너는 집을 정리하라 네가 죽고 살지 못하리라 하셨나이다 히스기야가 낯을 벽으로 향하고 여호와께 기도하여 이르되 여호와여 구하오니 내가 진실과 전심으로 주 앞에 행하며 주께서 보시기에 선하게 행한 것을 기억하옵소서 하고 히스기야가 심히 통곡하더라 이사야가 성읍 가운데까지도 이르기 전에 여호와의 말씀이 그에게 임하여 이르시되 너는 돌아가서 내 백성의 주권자 히스기야에게 이르기를 왕의 조상 다윗의 하나님 여호와의 말씀이 내가 네 기도를 들었고 네 눈물을 보았노라 내가 너를 낫게 하리니 네가 삼 일 만에 여호와의 성전에 올라가겠고"(왕하 20:1-5).

"그리스도 예수의 종인 너희에게서 온 에바브라가 너희에게 문안하느니라 그가 항상 너희를 위하여 애써 기도하여 너희로 하나님의 모든 뜻 가운데서 완전하고 확신 있게 서기를 구하나니 그가 너희와 라오디게아에 있는 자들과 히에라볼리에 있는 자들을 위하여 많이 수고하는 것을 내가 증언하노라"(골 4:12-13).

"예수께서 힘쓰고 애써 더욱 간절히 기도하시니 땀이 땅에 떨어지는 핏방울 같이 되더라"(눅 22:44).

간구를 설명하는 단어 옆에는 덧셈 표시(+)를 하고 간구가 아닌 것에는 뺄셈 표시(−)를 하라.

______ 진심에서 우러난	______ 성실히
______ 가장하여	______ 열렬히
______ 마음으로 느끼며	______ 피상적으로
______ 거짓으로	______ 진지하게

간구할 때 믿음은 진심에서 우러나와 마음을 움직이고, 성실하고 열렬히 기도하게 한다. 간절한 기도는 위장되거나, 거짓되거나, 피상적이지 않다.

인내함으로 기도함

인내는 매우 중요하다. 예수님은 인내의 필요성을 가르치기 위해 두 가지 비유를 말씀하셨다. 누가복음 11:5-10과 18:1-8을 읽으라. 두 비유를 기초로 하여 인내의 기도에 대해 설명하라.

____

____

신약성경에서는 인내의 기도를 "간구"라고 말한다. 누가복음 11:8의 이 단어는 "부끄러움이 없다"는 뜻이다. 하나님께 부끄러워하지 않고 끈질기게 기도해야 한다는 것이다. 간구에 대한 예수님의 첫 비유는 친구에게 떡 세 덩이를 끈질기게 구하는 사람에 대한 것이다. 누가복음 11:8을 읽어 보라.

"내가 너희에게 말하노니 비록 벗 됨으로 인하여서는 일어나서 주지 아니할지라도 그 간청함을 인하여 일어나 그 요구대로 주리라"(눅 11:8).

누가복음에서 예수님은 "항상 기도하고 낙심하지 말라"고 말씀하셨다. 한 과부가 재판장에게 가서 원수를 갚아 달라고 부끄럼 없이 계속 간청했고, 재판장은 과부의 간청을 들어주었다. 하나님은 불의한 재판장보다 더 빨리 기도에 응답해 주실 것이라고 예수님이 말씀하셨다. 예수님은 "인자가 올 때에 세상에서 믿음을 보겠느냐"라는 질문으로 이 비유를 끝마친다. "계속해서 간청하는 사람이 믿음이 있는 사람"이라는 것이 이 비유의 핵심이다. 인내의 반대는 낙심과 포기다. 인내를 가지고 기도하는 것이 하나님의 목적을 이루게 하는 하나님의 방식이다.

"예루살렘이여 내가 너의 성벽 위에 파수꾼을 세우고 그들로 하여금 주야로 계속 잠잠하지 않게 하였느니라 너희 여호와로 기억하시게 하는 자들아 너희는 쉬지 말며 또 여호와께서 예루살렘을 세워 세상에서 찬송을 받게 하시기까지 그로 쉬지 못하시게 하라"(사 62:6-7).

인내는

① 하나님이 원하는 바를 확신하게 한다.
② 우리가 원하는 바를 확신하게 만든다.
③ 낙심하게 하는 환경을 보지 않게 훈련한다.
④ 하나님에게 초점을 맞추도록 만든다.
⑤ 더욱 간절하도록 한다.
⑥ 참된 믿음을 나타낸다.

"모든 기도와 간구로 여러 성도들을 위하여 구하라"(엡 6:18).

경건한 삶

성경말씀

성경에서 하나님이 나에게 주신 말씀

나의 기도제목

마태복음 15:21-28에 끈질기게 기도하는 또 다른 예가 있다. 가나안 여인이 예수님께 자기 딸을 고쳐 달라고 간청했을 때 예수님은 놀랍게도 냉정히 거절하셨다. 예수님은 여인을 무시한 채 자신이 유대인들만을 위해 보냄을 받았으며 "자녀의 떡을 취하여 개들에게 던짐이 마땅하지 아니하니라"고 하여 여자에게 부끄러움까지 주셨다. 그러자 여인은 "개들도 제 주인의 상에서 떨어지는 부스러기를 먹나이다"라고 하여 부끄러움에 개의치 않고 예수님이 응답해 주셔야 하는 이유를 말했다. 예수님은 그녀를 칭찬하시면서 "여자여 네 믿음이 크도다 네 소원대로 되리라"고 말씀하시고, 여인의 딸을 고쳐 주셨다.

예수님은 그 여인의 믿음을 이미 알고 계셨지만 제자들에게 참 믿음에 대해 보여 주기 위해 여인에게 끈질김을 요구한 것이었다. 여인이 끈기 있게 졸랐을 때 예수님은 그녀의 믿음을 칭찬하셨고, 간청을 들어주셨다.

성경은 간구의 또 다른 예를 보여주고 있다.

사무엘상 15:11에서 사무엘은 기도 중에 어떻게 인내를 보여주었는가?

사도행전 12:5에서 교회가 베드로를 위해 기도할 때 어떻게 인내를 보여주었는가?

하나님이 사무엘에게 사울을 세워 왕 삼은 것을 후회한다고 말씀하셨을 때 "사무엘이 근심하여 온 밤을 여호와께 부르짖었다"고 했고, 헤롯이 베드로를 옥에 가두었을 때 "교회는 그를 위하여 간절히 하나님께 기도했다"(행 12:5)고 했다.

이사야 62:6-7과 에베소서 6:18을 읽고 성경에서 인내하여 기도하라고 권고한 말씀을 확인하라.

인내는 구걸하는 것이 아니다. 인내는 하나님을 변화시키는 것이 아니라 당신을 변화시키는 것이다. 끈기 있게 기도할 때 인내의 습관이 형성된다. 인내하는 기도는 믿음을 증명하며, 당신의 영적 감각은 하나님의 말씀을 더 분명하게 들을 수 있게 한다. 인내는 우리에게 기도 응답하게 해 주시는 하나님의 중요한 방법 중에 하나이다.

오늘, 하나님과 교제하며 동행하는 삶

1. 이번 단원에서, 하나님의 방법대로 기도하기 위해 취해야 할 몇몇 태도들을 배웠다. 당신은 믿음, 겸손, 간절한 태도로 기도해야 한다. 기도지침 9의 "간구의 원리"를 다시 읽어 보라. 하나님을 기쁘시게 하는 기도 태도로 발전시킬 수 있도록 기도하라. 기도의 태도를 발전시켜 나갈 때, 당신은 하나님께 영광을 돌리게 된다. 당신이 포기했던 기도가 있는가? 기도지침 9의 "간구의 원리"에서 '인내함으로 기도하라'를 다시 읽어 보라.

2. 경건의 시간을 가진 후, 경건한 삶을 완성하라.

제10단원

기도응답의 장애와 지연

핵심개념 이 단원에서는 기도응답이 없거나 지연될 때 올바르게 대처하는 방법을 배우게 된다.

단원학습목표 기도응답이 지연되는 이유와 더욱 효과적으로 응답받는 기도가 되도록 인도하시는 하나님의 도우심을 알게 된다.

암송구절 "내가 나의 마음에 죄악을 품었더라면 주께서 듣지 아니하시리라" (시 66:18).
"구하여도 받지 못함은 정욕으로 쓰려고 잘못 구하기 때문이라"(약 4:3)

관련기도지침 기도지침 10 기도응답의 장애와 지연(288쪽)

일시적 실망

나는 한때 선교사가 아니라 선교사를 가르치기 위해 하나님이 나를 부르셨다는 것 때문에 낙담한 적이 있다. 특별히 1974년 가을에는 그 문제와 씨름을 하였다. 설상가상으로 우리는 돈이 거의 떨어져 가고 있었다. 텍사스 크리스천 대학교에 다니는 딸의 수업료를 분납할 돈도 없었다. 필사적으로 기도하였지만, 기도하면 할수록 재정은 더욱 악화되었다.

딸이 작은 사고를 당했을 때, 보험회사는 병원비를 전부 부담해 주지 않았다. 대학교에서 두 번째 통고를 받았고, 우리는 전보다 더 열심히 기도했다. 빚은 더 기지고, 우리의 기도는 더욱 열정적이 되어 갔다.

딸이 우리와 주말을 지내기 위해 집에 왔지만 마음이 심란해 보였다. 아내는 딸에게 괴로운 일이 있으면 말해 보라고 했다. 딸은 마침내 3주 동안 머리가 쪼개지듯 아프고 가슴이 두근거리면서 치통이 있었다고 실토했다. 딸은 우리 가정의 재정적 어려움을 알고 있었으므로, 더 이상 큰 부담을 주지 않으려고 고통을 참고 있었던 것이다. 그러나 그 치아에는 종양이 있었으므로 치료를 위해 전문의에게 가지 않으면 안 되었다. 치과의사가 계산서를 집으로 보내겠다고 했지만, 그것이 얼마나 되는지 수납계원에게 묻지 않을 수 없었다. 치료비는 백 달러였고 우리에게는 치과보험이 없었다!

나는 빚을 갚을 수 없다는 사실에 낙담한 것이 아니라, 기도에 대한 응답이 지연되고 있다는 것 때문에 자포자기했다. 주님께 나의 기도생활이 정체상태에 빠져 있는 이유를 가르쳐 달라고 기도하였다. 그리고 나서 주님과의 관계와 다른 사람들과의 관계에 대한 모든 측면을 재검토하기 시작했다.

일련의 환경은 나의 주의를 아내 래번과의 관계로 돌리게 하였다. 우리는 내가 알고 있는 한 세상적으로도 모범적인 결혼을 하였지만, 이제 나는 에베소서 5:25-32의 명령에 따라 진지한 자세로 새롭게 살펴보기 시작했다. 나는 전에는 아내의 성결을 위해 남편의 책임이 얼마나 중요한지를 깨닫지 못했다. 그리스도께서 신부인 교회를 위해 하시는 것처럼, 남편은 "티나 주름잡힌 것이 없이" 하나님께 아내를 드릴 수 있어야 한다. 나는 아내에게 예수님의 교회에 대한 사랑을 새롭게 이해시켜 줌으로써, 이러한 새로운 태도가 하나님의 사랑에 대해 새로운 무엇인가를 그녀에게 알게 해 주기를 위해 기도했다.

어느 날 나는 가벼운 마음으로 래번에게 물었다. "당신은 하나님이 선교사 되는 것을 나에게 왜 허락하지 않는다고 생각하오?" 그러자 아내는 "당신은 그것에 대해 최근에 하나님께 말해 본 적이 있나요?" 하고 되물었다. 하나님이 이미 나의 사명을 결정하셨고 하나님이 정하신 것에 대해 반항하기 원하지 않기 때문에 그것에 대해 기도하기 원치 않는다고 대답했다. 그녀는 나에게 다짐시켜 말하기를 "그러면 아마 당신은 세미나에서 '하나님은 친구이십니다. 왜냐하면 여러분은 그분과 대화할 수 있기 때문입니다' 하고 가르치는 것을 중지해야 할 거예요"라고 하였다. 나는 예수께서 라오디게아 교회에게 문을 열면 들어가 함께 식사를 하시겠다(계 3:20)고 말씀하신 것을 기억하였다. 우리 기도실에 맑은 고기 수프 두 그릇을 갖도 놓고 내가 왜 선교사역에 그렇게 열중인가를 들어보시라고 '친구'를 초청하였다. 그 기도시간에 나는 마침내, 선교사가 중요한 것처럼, 하나님은 선교사를 돕는 자들과 가르치는 자들 또한 필요로 하신다는 것을 깨달았다.

11월 말에, 나는 딸이 다니는 대학 당국으로부터 편지를 받았다. "이름을 알리기를 원치 않는 어떤 친구 분이 이번 학기만 등록금을 지불하셨음을 알려 드리는 바입니다." 병원비용도 크리스마스 전에 모두 지불되었다! 기도응답이 지연됨을 통해 우리는 일시적인 고통의 희생보다 훨씬 큰 영적인 유익을 거두었다.

제1과
하나님의 기도응답

오늘의 학습목표 기도가 응답되지 않는 이유를 이해하게 된다.

➲ 이번 단원에서 기도 파트너와 기도 시간표를 작성하고 날짜와 시간을 기록하라.

하나님이 기도에 응답하는 방식

다음 글에서 하나님이 기도응답하시는 네 가지 방법을 찾아보라.

하나님은 우리의 기도를 들으시고, 기도의 무게를 주의 깊게 재어보신다. 하나님이 기도응답하시는 많은 예를 성경에서 볼 수 있다. 하나님은 우리의 기도에 응답(Yes)해 주시지만, 어떤 사람은 너무 이기적이기도 하다. 때때로 하나님 나라를 확장하는 데 온전하지 못한 사람들을 위해서 기도하기도 한다. 하나님의 모든 행위는 거룩하고, 지혜롭고, 사랑이다. 하나님이 시종일관 변함이 없으시다면, 우리의 성장을 위협할 수 있는 잘못된 것은 장려해 주지 않는다. 그러므로 하나님은 때때로 우리의 기도에 응답해 주시지 않는 것이다(No). 하나님이 기도에 응답해 주시는 또 다른 방식은 기도를 전혀 듣지 않는 것이다(시 66:18).

하나님이 기도응답을 지체하는 데에는 목적이 있다. 하나님은 당신의 필요와 당신의 미래를 아시고, 하나님의 시간표에는 항상 빈틈이 없다. 그래서 때때로 하나님의 기도응답은 지연되기도 한다.

하나님이 기도응답을 지체하는 데에는 목적이 있다.

➲ 하나님이 기도요청에 응답하시는 네 가지 방법은 무엇인가?

기도지침 10의 "하나님이 기도응답하시는 방식"을 보고 당신의 답을 맞추어 보라.

기도는 하나님의 응답이 있기도 하지만, 장애물이 생기고 응답이 지연될 때도 있다. 지금까지 「기도의 삶」을 공부해 오면서, 기도의 가장 큰 장애는 기도하지 않는 것이라는 것을 알았을 것이다. 하지만 때때로, 가장 뛰어난 기도의 용사라 할지라도 기도응답을 받지 못해 실망할 수 있다. 신실한 기도의 사람이 되어서 기도의 장애물에 맞서야 한다.

성경은 기도응답을 받지 못하는 많은 이유들을 보여주었고, 그것들을 통해서 기도의 지침을 제시해 준다. 우리가 생각해 볼 기도응답의 세 가지 장애물은 죄,

잘못된 동기, 불신이다.

기도응답을 멈추게 하는 표시

응답하지 않는 다섯 가지 기도

성경에 기록된 다음 다섯 가지 기도를 연구해 보자. 잘못된 기도는 무엇이며, 기도가 왜 응답받지 못하는지 알아보자.

"주께서 내게 이같이 행하실진대 구하옵나니 내게 은혜를 베푸사 즉시 나를 죽여 내가 고난당함을 내가 보지 않게 하옵소서"(민 11:15).

1. 민수기 11:10-15을 읽어 보라. 모세는 이스라엘 민족이 광야에서 먹을 음식이 없다고 불평하자 기도했다. 15절에서 그는 무엇을 구했는가?

____

이 기도에서 무엇이 잘못되었다고 생각하는가?

____

모세는 '나' 또는 '나를' 이라는 말을 몇 번 사용했는가? ______________

2. 사울은 하나님께 여러 차례 불순종하였으며, 블레셋의 침략을 받았다. 사무엘상 28:3-7을 읽어 보라. 사울의 기도응답을 가로막은 것은 무엇이었는가?

____

3. 사무엘하 12:13-23에 나오는 다윗의 기도를 읽어 보라. 다윗은 무엇을 구하였는가?

____

하나님이 왜 아이를 살려 주지 않으셨다고 생각하는가?

____

4. 마태복음 20:20-23에서 야고보와 요한의 어머니 살로메의 간청을 읽어 보라. 여인은 무엇을 구하였는가?

____

살로메의 간청이 응답되지 않은 이유가 무엇이라고 생각하는가?

---

5. 바울의 기도체험을 고린도후서 12:7-10에서 볼 수 있다. 바울은 무엇을 기도하였는가?

바울의 기도가 응답되지 않은 이유는 무엇인가?

가장 위대한 기도의 사람들이라 할지라도 때때로 잘못 기도하는 경우가 있었고, 그들의 기도는 응답되지 않았다(No). 죽여 달라고 하는 모세의 기도는 주님의 뜻이 아니었고, 하나님은 그의 기도를 응답해 주지 않았다. 모세는 하나님에게 소명되었고, 하나님이 맡기신 일이 너무 힘들자, 모세는 죽음으로써 그 일에서 벗어나고자 하였다. 여기서 모세는 '나'라는 말을 13번 사용하였고, 그는 하나님의 뜻이 아니라 자신의 입장에서 생각하였다. 이기적인 동기가 모세의 문제 중 하나였다. 또 다른 문제는 하나님께 대한 불신이었다. 그는 하나님께서 백성들을 위해 고기를 제공하실 수 있으리라고 믿지 못했다.

수넴에서 블레셋 군대를 본 사울왕은 기도했지만 하나님의 응답을 받지 못했다(삼상 28:6). 사울은 하나님의 뜻을 반복하여 지키지 않았고, 성경은 "내가 나의 마음에 죄악을 품었더라면 주께서 듣지 아니하시리라"(시 66:18)고 말씀하였다. 사울왕은 신접한 자와 박수들을 처형함으로써 외적으로는 하나님께 순종했다. 그러나 하나님은 사울왕의 마음에 관심이 있으셨다. 하나님의 응답이 지연되자, 사울왕은 자신의 미래를 말해 줄 무당을 찾았다. 사울왕의 실패는 기도가 응답되지 않게 했고, 죄가 하나님과 사울왕을 갈라놓았다(사 59:2). 사울왕의 실패는 하나님의 뜻에 따르지 않고 죄를 지은 것에 대한 자업자득이었다.

아들을 살려 달라는 다윗의 기도(삼하 12:16)는 응답되지 않았다. 아이가 죽을 것이라는 하나님의 결정은 나단 선지자에 의해서 이미 예고된 바 있었다(삼하 12:14). 다윗의 기도는 하나님의 뜻이 아니었다. 더군다나 아들은 간음의 열매였다. 만일 아들이 살아났다면 바로 그 사실이 또 다른 죄를 낳게 하는 기회 즉, 주의 원수들로 하나님을 모독하는 기회를 제공하였을 것이다.

살로메는 주의 나라에서 자기 두 아들을 권세와 영광의 자리에 앉게 해 달라고 예수님께 간청했다. 이 여인과 아들들은 예수께서 지상왕국을 세울 것이라고 기대하고 있었다. 그들은 자신이 무엇을 구하는지 이해하지 못했다. 예수께서는 그러한 자리는 주지 않는다고 말씀하셨다.

기도가 응답되지 않는 또 다른 경우들이 있는데, 그것은 우리가 잘못 구한 것이 아니라 영적인 깊이를 담고 있을 수 있는 경우이다. 바울은 "육체의 가시"를 제거해 달라고 기도하였지만, 이 기도는 응답되지 않았다. 그 이유는 바울이 죄를 범했기 때문이거나 하나님의 뜻을 잘못 이해한 탓은 아니었다. 가시는 "여러 계시를 받은 것이 지극히 크므로 너무 자고하지 않게 하시려고" 하나님이 바울에게 있게 하신 것이었다. 이 가시가 없었다면 그의 겸손은 위대하게 발전하지 못했을 것이다. 바울의 나약함에도 불구하고 하나님은 그의 업적을 통해서 영광을 받으셨다. 주님은 "내 은혜가 네게 족하도다 이는 내 능력이 약한 데서 온전하여짐이라"(고후 12:7-9)고 바울에게 말씀하셨다. 바울은 기도가 응답되지 않는 곳에서 하나님의 뜻을 보았다. 하나님의 능력은 바울이 연약한 데서 더욱 분명하게 나타났다.

이 사실은 우리가 좌절을 어떻게 받아들일 것인가에 대해 가르쳐 준다. 하나님은 어떤 사람보다도 더 위대하시다. 하나님을 사랑하고 하나님의 뜻을 위해 부름받은 사람들을 위해 하나님은 어떤 환경에서도 선을 이끌어내실 수 있다(롬 8:28).

로마서 8:28을 읽으라. 기도응답이 없을 때, 삶 속에서 그것을 큰 경험으로 사용할 수 있게 해 달라고 기도하라.

"오직 너희 죄악이 너희와 너희 하나님 사이를 갈라 놓았고 너희 죄가 그의 얼굴을 가리어서 너희에게서 듣지 않으시게 함이니라"(사 59:2).

기도응답이 없을 때의 자세

기도응답이 없다고 해서 열등감을 가질 필요는 없다. 성경의 많은 위대한 사람들도 경우에 따라 기도응답을 받지 못한 때가 있었다. 기도응답이 없을 때 하나님은 그 이유를 우리에게 알게 해 주신다. 모세, 사울왕, 다윗, 살로메, 바울의 실례를 통하여 그것을 보았다.

"우리가 알거니와 하나님을 사랑하는 자 곧 그의 뜻대로 부르심을 입은 자들에게는 모든 것이 합력하여 선을 이루느니라"(롬 8:28).

기도응답이 없을 때 하나님께 물어 보라. "기도응답이 되지 않는 것을 통하여 무엇을 나타내 보여주기를 원하십니까?" 하나님은 우리의 죄, 잘못된 동기, 불신을 보여주실 것이다. 당신이 영적으로 더 크게 성장하기를 하나님이 원하시는 것을 깨닫게 할 것이다.

기도에 응답되지 않는 것은 우리의 관점이 이기적인 열망을 가지고 있기 때문이다. 성경은 우리에게 "너희는 하나님의 은혜에 이르지 못하는 자가 없도록 하고 또 쓴 뿌리가 나서 괴롭게 하여 많은 사람이 이로 말미암아 더럽게 되지 않게 하며"(히 12:15)라고 말씀하였다. "하나님의 성령을 근심하게 하지 말라"는 명령 다음에, "너희는 모든 악독과 노함과 분냄과 떠드는 것과 비방하는 것을 모든 악의와 함께 버리고"(엡 4:30-31)라고 말씀하였다. 물론 여기에는 하나님을 대적하는 악독과 분노도 포함된다.

바울의 생애는 배울 만한 본이 된다. 기도응답이 없을 때 바울은 하나님이 자기보다 더 지혜로우시다는 것을 믿었고, 하나님에 대한 믿음을 지켰다. 바울은 기도응답을 받지 못했지만, 계속해서 주님과 동행하는 삶을 살았다. 바울의 경우, 기도응답이 되지 않은 것이 '하나님은 인간보다 더 지혜로우시다!' 는 새로운 통찰력을 갖게 하는 기회가 되었다.

기도응답이 되지 않을 때 하나님의 도우심이 필요함을 깨달아야 한다. 기도응답이 되지 않은 것을 성장을 위한 기회로 사용하라.

➲ 기도가 응답되지 않을 때, 당신은 그것을 어떻게 받아들일지 V표 하라.

☐ 하나님께 화를 내고 그분께 책임이 있다고 주장할 것이다.
☐ 기도를 중지할 것이다.
☐ 이 경험을 통해 배우고 성장할 수 있게 해 달라고 하나님께 기도할 것이다.
☐ 과거를 잊고 다른 일로 옮겨 갈 것이다.

오늘, 하나님과 교제하며 동행하는 삶

이전에 한 기도를 기억할 수 있는가? 나는 하나님과의 교제가 무르익어서 나의 기도가 응답될 것이라고 확신했던 때를 기억한다. 하나님께서 나를 지켜보고 계셨음을 생각할 때 당황스러워지는 기도 또한 기억할 수 있다. 나는 얼마나 이기적이었던가? 만약 엘리야와 이사야가 나를 지켜보고 있었다면 하나님의 영광이 내게는 이차적이라고 말할 수 있지 않을까?

당신의 기도가 응답받을 만큼 효과적이었는가? 기도가 당신에게 얼마나 중요한가? 기도의 첫 번째 열쇠는 믿음이다. 장애물을 해결할 핵심은 기도가 응답받지 않은 이유를 해결하는 것이다. 기도응답의 장애물인 죄, 그릇된 동기, 불신에서 변화되어야 기도는 응답받을 수 있다.

1. 하나님 앞에 머리를 숙이고 하나님만이 당신에게 중요하며 기도는 하나님과의 교제를 의미하기 때문에 중요한 것임을 고백하라. 그리고 기도에 장애가 되는 이유 중 주께서 가장 중요하게 생각하는 것부터 단호하게 해결하라. 기도의 장애물을 해결해 주시고 기도 응답을 받을 수 있게 도와 달라고 하나님께 기도하라.

2. 경건의 시간을 가진 후, 경건한 삶을 완성하라.

경건한 삶

성경말씀

______

성경에서 하나님이 나에게 주신 말씀

______

나의 기도제목

______

제2과
기도응답에 장애가 되는 죄

오늘의 학습목표 기도응답에 장애가 되는 여섯 가지 죄의 형태를 이해하고 그것을 피할 길을 알아보게 된다.

"여호와의 손이 짧아 구원하지 못하심도 아니요 귀가 둔하여 듣지 못하심도 아니라 오직 너희 죄악이 너희와 너희 하나님 사이를 갈라 놓았고 너희 죄가 그의 얼굴을 가리어서 너희에게서 듣지 않으시게 함이니라"(사 59:1-2).

"내가 나의 마음에 죄악을 품었더라면 주께서 듣지 아니하시리라"(시 66:18).

"그러므로 각처에서 남자들이 분노와 다툼이 없이 거룩한 손을 들어 기도하기를 원하노라"(딤전 2:8).

기도 가운데 하나님을 닮아간다. 만일 당신이 하나님에게서 고의적으로 도망하려 하거나 하나님의 속성에 반대되는 행위를 하고자 한다면, 기도응답을 받지 못할 것이다. 당신이 하나님을 무력화시켰다거나 하나님의 능력을 기도에 응답하지 못하도록 축소시킨 것은 아니다. 오히려 기도응답받을 수 있는 자격을 스스로 박탈한 것이다. 하나님이 축복할 수 없는 위치에 자신을 자리 잡게 한 것이다. 이사야와 시편을 읽어 보라.

어떤 죄든지 기도응답받지 못하게 중대한 영향을 끼치며, 기도응답의 큰 장애물이 된다. 성경은 기도응답받지 못하는 특별한 여섯 가지 죄를 알려준다. 우리는 모든 죄를 피하여야 하지만, 성경에서 말씀하신 기도응답의 장애물 여섯 가지는 특별히 주의해야 한다. 장애물로서 언급되고 있는 특별한 죄는 아래 그림과 같다.

기도응답에 장애물이 되는 죄

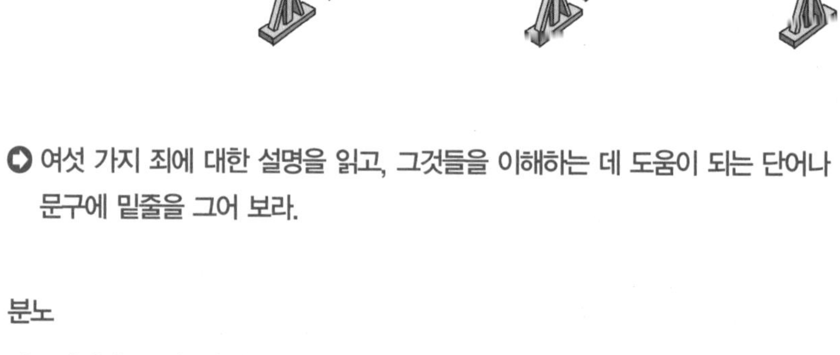

➡ 여섯 가지 죄에 대한 설명을 읽고, 그것들을 이해하는 데 도움이 되는 단어나 문구에 밑줄을 그어 보라.

분노

디모데전서 2:8을 읽어 보라. 하나님의 분노는 인간의 분노와 같지 않다. 하나님의 분노는 거룩하며 불변하는 하나님 속성의 한 부분이다. 하나님은 죄, 불의,

불공정에 대해 영원히 분노하신다. 하나님은 결코 원한이 없으시고, '정신 없이 성내지' 않으시고, 결코 자신을 제어하지 못하는 분이 아니시다. 따라서 하나님은 분노하실 때도 거룩하시다.

반면에 인간의 분노는 거룩하지 못하다. 그것은 언제나 갑작스럽게 일어나며, 사람들은 분노할 때 종종 자신을 제어하지 못하거나 오랫동안 원한을 품는다. 그러므로 하나님의 분노와는 다른, 인간의 분노는 기도응답의 장애물이다.

당신이 생각하기에 거룩하지 못한 분노에는 어떠한 것들이 있는가?

우상숭배

이스라엘 장로들이 에스겔에게 자문을 구하러 갔을 때, 하나님은 다음과 같이 말씀하셨다. "인자야 이 사람들이 자기 우상을 마음에 들이며 죄악의 걸림돌을 자기 앞에 두었으니 그들이 내게 묻기를 내가 조금인들 용납하랴"(겔 14:3). 그들의 마음에는 우상이 있었으며, 하나님이 원하시던 것은 마음이었다(잠 23:26). 이스라엘 사람들은 "너를 위하여 새긴 우상을 만들지 말고 또 위로 하늘에 있는 것이나 아래로 땅에 있는 것이나 땅 아래 물 속에 있는 것의 어떤 형상도 만들지 말며"(출 20:4)라는 두 번째 계명을 지켜 왔다고 생각했다. 그러나 그들은 우상을 만들어 섬겼다.

하나님은 당신의 마음이 오직 하나님만을 위해서 열정적이기 원하시고, 오직 하나님께만 충성하기 원하신다. 당신이 하나님보다 더 사랑하는 것이 있다면 그것은 마음의 우상이며 기도응답을 가로막는 것이다.

오늘날 마음의 우상으로는 어떠한 것들이 있는가?

거의 모든 것이 우상이 될 수 있다. 돈, 직업, 옷, 또 다른 사람, 텔레비전, 오락, 쾌락, 여가활동 등 모든 것들이 우상이 될 수 있다.

무관심

연약한 자와 무력한 자의 필요에 대한 무관심은 죄이다. 도움을 요청하는 것에 대해 우리 귀를 막는 것은 가난한 자, 억압받는 자, 과부, 고아, 감옥에 갇힌 자를 사랑하시는 하나님께 합당하지 않다. 잠언 21:13을 읽어 보라. 마음이 열려진 관대함은 하나님과 같고, 하나님의 마음을 얻는다. 하나님은 궁핍한 자의 도움을 거부하거나 가난한 자를 학대하는 사람의 기도를 듣지 않으신다.

"귀를 막고 가난한 자가 부르짖는 소리를 듣지 아니하면 자기가 부르짖을 때에도 들을 자가 없으리라"(잠 21:13).

➲ 잠언 21:13에서는 우리가 사람을 돕지 않고 동정을 보여주지 않는다면, 우리가 도움을 구할 때 어떤 일이 일어난다고 하였는가?

____

____

만일 당신이 어려움에 처한 자의 부르짖음에 무관심하다면 당신이 도움을 요청할 때도 도움을 받지 못할 것이다.

위선

기도응답을 받지 못하게 하는 네 번째 죄는 위선적인 기도이다. 하나님보다는 오히려 사람들에게 보이기 위하여 하는 기도는 특히 하나님께 불쾌한 것이다. 마태복음 6:5에서 예수님의 가르침을 보라. 위선은 하나님보다 사람의 칭찬을 받기 위해서 기도하는 것이라고 예수님이 말씀하셨다. 그들은 하나님이 아니라 사람에게 말했고, 결국 사람에게만 보상을 받을 것이다.

당신이 다른 사람을 도울 때 하나님은 기뻐하실 것이고, 당신의 기도에 더 잘 응답해 주실 것이다. 다른 사람에게 보이는 기도가 아니라, 하나님이 기뻐하시는 일을 하고 하나님에게만 기도할 때 응답되기 쉽다. 마태복음 6:5을 다시 읽고 그 위험을 극복하게 해 달라고 기도하라.

용서하지 않는 마음

다른 사람들을 용서하지 못하는 것도 기도응답에 장애물이 된다. 마가복음 11:25의 예수님 말씀을 보라. 예수님은 기도응답에 장애가 되는 다른 어떤 죄보다도 이 죄에 대해 더욱 많이 가르치셨다.

➲ 다음 성경구절에서 예수께서 무엇을 가르치셨는지 당신 자신의 말로 쓰라.

마태복음6:14-15______________________________________

마태복음18:35______________________________________

우리 죄를 용서하시기 위하여 희생양이 되신 예수님은 자신이 너무 값진 대가를 치르셨기 때문에 용서하는 것을 매우 가치 있는 일로 여기신다. 용서는 우리 안에서 예수님의 인격과 같은 것을 만들어낸다. 그러나 예수님과 같이 되기를 거부할 때 매우 값비싼 대가를 지불하게 된다. 용서하지 않는 마음을 보여준다면 하나님도 우리를 용서하지 않을 것이다.

깨어진 관계

당신과 다른 사람 사이에 깨어진 관계가 계속되도록 방치하는 것은 용서하지 않는 마음과 마찬가지다. 깨어진 관계가 지속되어서는 안 된다. 마태복음 5:23-

"또 너희는 기도할 때에 외식하는 자와 같이 하지 말라 그들은 사람에게 보이려고 회당과 큰 거리 어귀에 서서 기도하기를 좋아하느니라 내가 진실로 너희에게 이르노니 그들은 자기 상을 이미 받았느니라"(마 6:5).

"서서 기도할 때에 아무에게나 혐의가 있거든 용서하라 그리하여야 하늘에 계신 너희 아버지께서도 너희 허물을 사하여 주시리라"(막 11:25).

"너희가 사람의 잘못을 용서하면 너희 하늘 아버지께서도 너희 잘못을 용서하시려니와 너희가 사람의 잘못을 용서하지 아니하면 너희 아버지께서도 너희 잘못을 용서하지 아니하시리라"(마 6:14-15).

"너희가 각각 마음으로부터 형제를 용서하지 아니하면 나의 하늘 아버지께서도 너희에게 이와 같이 하시리라"(마 18:35).

"그러므로 예물을 제단에 드리려다가 거기서 네 형제에게 원망들을 만한 일이 있는 것이 생각나거든 예물을 제단 앞에 두고 먼저 가서 형제와 화목하고 그 후에 와서 예물을 드리라"(마 5:23-24).

"남편들아 이와 같이 지식을 따라 너희 아내와 동거하고 그를 더 연약한 그릇이요 또 생명의 은혜를 함께 이어받을 자로 알아 귀히 여기라 이는 너희 기도가 막히지 아니하게 하려 함이라"(벧전 3:7).

24의 예수님 말씀을 보라. 만약 우리가 교회에서 감정이 상한 형제나 자매와 화해하려 하지 않았다면 그것을 올바르게 할 책임은 우리에게 있다. 그렇지 않으면 하나님은 우리의 제물을 받지 않으실 것이다.

죄는 가까운 사람과의 관계를 깨어지게 한다. 만약 남편이 아내를 무시한다면 기도는 응답되지 않을 것이라고 베드로전서에서 말씀하였다. 베드로전서 3:7을 읽어 보라. 원활한 관계는 기도응답을 받는 큰 잠재력이 된다. 그러나 가까운 관계는 상처받기 쉽고, 기도응답받기 어렵게 할 위험도 있다.

➲ 지금까지 내용 중에서 당신이 밑줄 그은 단어나 문구를 사용하여 다음 여섯 가지 죄의 정의를 기록하라.

분노 ______________________________

____

우상숭배 ______________________________

____

무관심 ______________________________

____

위선 ______________________________

____

용서하지 않는 마음 ______________________________

____

깨어진 관계 ______________________________

____

기도지침 10의 "기도응답에 장애물이 되는 죄"를 다시 보고, 당신의 답과 맞는지 확인하라.

오늘, 하나님과 교제하며 동행하는 삶

1. 기도지침 10의 "기도응답에 장애물이 되는 죄"를 보고 응답받는 기도에 장애가 되는 죄에는 무엇이 있는지 알아보라. 당신의 기도에 가장 자주 장애가 되는 것은 무엇인가? 하나님이 기도응답해 주지 못하게 하는 장애물이 있다면, 그 장애물을 없애게 해 달라고 기도하라.

2. 경건의 시간을 가진 후, 경건한 삶을 완성하라.

경건한 삶

성경말씀

____

성경에서 하나님이 나에게 주신 말씀

____

나의 기도제목

____

제3과
기도응답되지 않게 하는 잘못된 동기

오늘의 학습목표 기도응답에 대한 잘못된 동기의 결과를 이해하고 기도의 동기를 점검한다.

당신은 왜 기도하는가?

기도의 동기가 기도응답이 되느냐 혹은 안 되느냐 여부를 결정한다. 기도할 때는 올바르고 순수한 동기를 가지고 해야 한다.

➲ 다음 성경구절에서는 육체와 악한 것을 위한 우리의 갈망에 대하여 무엇이라고 말하고 있는가?

고린도전서 10:6 ______________________
로마서 13:14 ______________________
갈라디아서 5:17 ______________________

"이러한 일은 우리의 본보기가 되어 우리로 하여금 그들이 악을 즐겨 한 것 같이 즐겨 하는 자가 되지 않게 하려 함이니"(고전 10:6).

"오직 주 예수 그리스도로 옷 입고 정욕을 위하여 육신의 일을 도모하지 말라"(롬 13:14).

"육체의 소욕은 성령을 거스르고 성령은 육체를 거스르나니 이 둘이 서로 대적함으로 너희가 원하는 것을 하지 못하게 하려 함이니라"(갈 5:17).

"구하여도 받지 못함은 정욕으로 쓰려고 잘못 구함이라"(약 4:3).

우리는 출애굽하던 이스라엘 민족들처럼 악한 것을 구하지 말아야 한다(고전 10:6). 또한 우리의 욕망에 자신을 맡기지 말아야 한다(롬 13:14). 육체는 성령과 정반대이다(갈 5:17).

잘못된 동기

야고보서 4:3을 읽어 보라. 야고보서는 이기적인 정욕을 잘못된 기도 동기라고 하였다. 정욕은 강한 성적인 욕망뿐 아니라 다른 것들을 향한 강한 열망도 된다. 만일 하나님이 당신의 잘못된 기도에 응답해 주신다고 한다면, 그 응답 자체가 죄를 위한 기회가 될 수 있을 것이다.

우리는 살로메, 야고보, 요한처럼 우리의 기도가 무엇을 수반하는지 모든 것을 깨닫지는 못한다. 이것은 특히 기도가 이기적인 동기에서 유발되었을 때 분명히 나타난다. 우리가 잘못 구한 것들 중에는 다른 사람에게 상처를 주거나 하나님 나라를 손상시키는 경우도 있다.

➲ 잘못된 동기로 기도한 것을 하나님은 어떻게 응답하시는가? 올바른 대답에 V표 하라.

- ☐ 항상 응답해 주신다.
- ☐ 항상 응답해 주지 않는다.
- ☐ 응답하실 때도 있고, 응답하지 않을 때도 있다.

대부분의 경우에 하나님은 잘못된 동기로 구한 기도에 응답하지 않으신다. 하나님은 우리에게 무엇이 최선인지 아신다. 그래서 하나님은 종종 우리의 기도를 허락하지 않으신다.

이스라엘 백성이 출애굽하여 다베라에 있을 때, 하나님은 악한 동기로 구한 기도에 응답해 주시지 않았을 뿐만 아니라, 그 결과는 이스라엘이 기대한 것과는 거리가 멀었다. 하나님의 진노가 나타나서, 이스라엘 백성 중 얼마를 불로 소멸하셨다(민 11:1). 하나님은 엄청난 메추라기 떼를 보내 고기를 먹게 하셨지만, "고기가 아직 이 사이에 있어 씹히기 전에 여호와께서 백성에게 대하여 진노하사 심히 큰 재앙으로 치셨으므로"(민 11:33)라고 하여 이스라엘 백성의 불평과 잘못된 기도에 대하여 큰 재앙을 내리셨다.

잘못되고 이기적인 동기로 기도할 때, 하나님은 보통 기도응답하지 않으신다. 그러나 때때로 하나님은 잘못된 동기의 기도에도 응답해 주시기도 한다. 그때 그 대답의 결과는 가장 나쁜 것임을 알아야 한다.

순수한 동기

잘못된 동기의 반대는 순수한 동기이다. 하나님께서 받으실 만한 유일한 순수성은 당신 안에 있는 주 예수 그리스도의 순수성이다. 당신은 그리스도의 마음을 가져야 한다(빌 2:5). 그러기 위해 예수님을 매우 잘 알아야 한다. 예수님의 삶과 인격 속에 빠져 듦으로써 예수님이 생각하는 것처럼 생각해야 한다. "만일 예수께서 이와 같은 상황에 계시다면 예수님은 어떻게 기도하실까?" 물어 볼 수 있어야 한다.

하나님이 기뻐하시는 기도는 "내가 원하는 것을 하기 위해 어떻게 하면 하나님의 마음을 움직일 수 있을까?" 하고 말하는 것이 아니라, 반대로 "만일 내가 하나님의 뜻대로 할 수 있다면…라고 기도할 텐데" 하고 말하는 것이다. "만일 하나님이 이러한 상황에서 나에게 기도할 것을 가르치신다면 그분은 무엇이라고 기도하실 것인가?" 하고 생각하면서 기도하라. "나의 양식은 나를 보내신 이의 뜻을 행하며 그의 일을 온전히 이루는 이것이니라"(요 4:34)고 예수께서는 말씀하셨다. 그후에 예수님은 다시, "내가 하늘에서 내려온 것은 내 뜻을 행하려 함이 아니요 나를 보내신 이의 뜻을 행하려 함이니라"(요 6:38)고 말씀하셨다. 예수님과 마찬가지로 당신의 마음이 하나님의 뜻을 이루기 위한 열심히 불탈 때 당신은 순수하다고 할 수 있다.

오늘, 하나님과 교제하며 동행하는 삶

1. 암송구절인 야고보서 4:3을 다시 읽어 보라. "매일 기도제목표"와 "주간 기도표"를 보고, 지금 기도하고 있는 제목이 무엇인지 점검하라. 그릇된 동기로 기도하고 있기 때문에 지우거나 바꾸어야 할 기도제목은 없는가? 하나님이 원하시는 것을 당신이 원하게 해 달라고 기도하라. 당신의 의지와 기도제목을 하나님께 맡기고 이렇게 기도하라. "만일 내가 하나님의 뜻을 알 수 있게 해 주신다면 하나님의 뜻에 따라 기도하겠습니다."

2. 경건의 시간을 가진 후, 경건한 삶을 완성하라.

경건한 삶

성경말씀

성경에서 하나님이
나에게 주신 말씀

나의 기도제목

제4과

기도응답을 막는 불신

오늘의 학습목표 기도에서 불신을 극복하는 방법을 이해하고 하나님에 대한 믿음을 나타내 보인다.

믿음의 기도의 반대

9단원에서 믿음이 기도에서 반드시 필요한 것임을 배웠다. 믿음으로 기도하는 것에 대해 공부한 것을 간단히 살펴보라. 믿음은 기도의 용사에게 반드시 필요한 태도이다. 믿음의 결여 또는 불신은 기도응답을 받지 못하게 한다.

➡ 믿음으로 기도하는 것과 관련된 몇몇 측면들이 아래에 열거되어 있다. 각 항목에 믿음이 부족한 사람 혹은 믿음이 없는 사람이 할 수 있는 행동이나 태도를 적어 보라.

1. 마음에 의심 없이 기도하는 것

---

2. 기도하는 것이 이루어질 것이라고 믿는 것

---

3. 하나님의 불변하는 속성을 반영하는 것

---

4. 기도응답해 주시는 하나님의 권위와 능력을 인정하는 것

---

5. 당신의 삶에 대한 하나님의 목적과 하나님의 돌보심에 확신을 갖는 것

---

6. 성경의 약속을 믿고 기도하고 그 약속을 지켜 주실 것을 믿는 것

당신이 쓴 내용은 다음과 같을 것이다. (1) 의심, 불신, 의문 (2) 동요, 의심, 믿지 않음 (3) 모순, 쉽게 변함, 이중적인 마음 (4) 기도응답해 주실 하나님의 능력을 의심함 (5) 하나님이 당신의 가장 큰 관심에 유념치 않고, 하나님의 돌보심을 믿지 않음 (6) 성경의 약속을 기도에 적용하지 않고, 성경이 당신을 위한 약속이라는 것을 믿지 않고, 하나님이 약속을 지키지 않는다고 생각하는 것.

불신의 비극

다음 성경구절을 읽고 불신 때문에 기도응답되지 않는 것을 써 보라.

히브리서 3:7-19 ____________________

마태복음 13:53-58 ____________________

마태복음 17:14-21 ____________________

히브리서에서는 출애굽한 첫 번째 세대는 불신 때문에 약속의 땅에 들어갈 수 없었다고 말한다(히 3:19). 예수님의 고향 사람들은 '예수님을 배척하였다'. 왜냐하면 그들은 예수님을 평범한 목수의 아들로만 생각하였기 때문이다. 그들이 믿지 않았기 때문에 예수께서는 거기서 많은 능력을 행하지 아니하셨다. 예수님의 제자들은 귀신 들린 소년을 치유하여야 했지만, 불신 때문에 치유할 수 없었다.

야고보서는 믿지 않고 기도하는 사람은 바람에 밀려 요동하는 바다 물결처럼 마음이 불안정하다고 말씀하였다. 하나님 나라에서는 당신의 믿음대로 받게 되고, 믿음이 응답되는 것이다. 믿음이 없으면 기도응답도 없다.

불신의 두 가지 이유는 다음과 같다

1. 하나님이 주시지 않을 것이라는 걱정.
2. 당신이 구하는 것이 너무 크고 너무 어렵다는 걱정.

불신의 극복

예수님의 말씀에 집중하라. 믿음의 가장 큰 촉진제 중 하나는 예수님의 말씀이다. 로마서 10:17을 읽어 보라. 이 말씀은 믿음을 어떻게 성장시킬 수 있는지 알게 해 주는 아주 중요한 구절이다. 예수님을 믿는 믿음은 하나님의 보좌로 갈 수 있는 수단이다. 바울은 에베소서 3:12에서 "우리가 그 안에서 그를 믿음으로 말미암아 담대함과 확신을 가지고 하나님께 나아감을 얻느니라"고 말하였다. 예수님은 모든 시련과 시험을 극복하였으며, 심지어 죽음도 이기셨다. 죽음은 우리 모두가 직면하는 최대의 위협이지만, 예수께서는 그 죽음을 이기셨다. 그렇게 하여 예수님

"그러므로 믿음은 들음에서 나며 들음은 그리스도의 말씀으로 말미암았느니라"(롬 10:17).

"통치자들과 권세들을 무력화하여 드러내어 구경거리로 삼으시고 십자가로 그들을 이기셨느니라"(골 2:15).

은 지옥의 권세뿐만 아니라 세상의 모든 권세자들을 무찔렀다(골 2:15). 예수님은 사단의 최고의 무기를 꺾으셨고, 지옥이 내놓을 수 있는 최고의 것을 이기셨다. 예수님은 우리의 믿음에 도움이 될 만한 것은 모두 행하셨다. 믿음에 이르는 가장 큰 비밀은 예수님께 집중하는 것이며, 예수님의 말씀에 관심을 기울이는 것이다.

불신을 극복할 수 있는 가장 좋은 방법 중 하나를 당신 자신의 말로 써 보라.

______

______

다음 성경말씀을 읽고 불신을 극복하는 데 도움을 줄 수 있는 것에는 무엇이 있는지 적어 보라.

히브리서 3:13-14 ______

______

매일 서로 권고하라 믿음이 하나의 태도이듯, 불신앙도 태도이다. 다른 사람들이 당신의 태도에 영향을 줄 수 있다. 히브리서에서는 사악한 죄로 인하여 완악한 마음을 가지지 않도록 교회에서 서로 도와주라고 말씀하였다. 다른 그리스도인을 도와주고, 믿음을 격려해 주고, 믿음을 위해서 함께 기도하고, 믿음을 지키도록 붙잡아 주라.

"오직 오늘이라 일컫는 동안에 매일 피차 권면하여 너희 중에 누구든지 죄의 유혹으로 완고하게 되지 않도록 하라 우리가 시작할 때에 확신한 것을 끝까지 견고히 잡고 있으면 그리스도와 함께 참여한 자가 되리라"(히 3:13-14).

히브리서 3:13-14의 의미를 생각해 보고, 당신의 생각을 써 보라.

______

______

예수님을 신뢰하라 당신은 그리스도인이 될 때, 예수 안에서 믿음을 가질 수 있다. 예수님이 당신을 위하여 십자가에서 죽으심으로, 당신을 구원하신 것을 믿는다. 히브리서에서는 믿음을 끝까지 견고하게 잘 지키라고 말씀하였다. 그 믿음을 놓치지 말라.

금식기도하라 제자들은 어린 소년에게 있던 악한 영을 쫓을 수 없었다. 예수께서는 그들의 문제는 불신이라고 말씀하셨다. 겨자씨 한 알 만한 크기의 믿음만으로도 산을 충분히 옮길 수 있는데, 제자들은 믿음이 없었기 때문에 악한 영을 쫓아내지 못했다. 예수께서는 믿음을 얻기 위해서 기도하고 금식할 것을 말씀하셨다. 13단원에서 금식에 대해 좀 더 자세히 살펴볼 것이다.

오늘, 하나님과 교제하며 동행하는 삶

오래 전에 나의 사고방식을 변화시킨 하나의 기도를 발견했다. 나는 매일 아침 "주여 나의 눈을 열어 영적인 실제를 보게 하시고, 나의 귀를 열어 당신의 음성을 듣게 하소서."라고 기도하였다. 오늘날 믿음의 가장 큰 장애물은 관찰에 의해 검증되지 않는 것은 사실이 아니라는 교육이다. 이것은 영적인 것을 사실로 받아들일 수 없다는 거절이다. 불신은 기본적으로 영적인 말을 생각할 수 없게 한다. 「기도의 삶」을 10단원까지 공부하면서 영적인 생각을 하지 못하게 하는 장애물이 많이 없어졌을 것이다.

1. 영적으로 성장하게 해 주신 하나님께 감사하라. 영적인 실재를 볼 수 있는 눈을 열어주시고 하나님의 음성을 들을 수 있는 귀를 열어 달라고 기도하라. 기도지침 10의 "불신의 두 가지 이유"와 "불신 극복"을 참고하라.

2. 경건의 시간을 가진 후, 경건한 삶을 완성하라.

경건한 삶

성경말씀

성경에서 하나님이 나에게 주신 말씀

나의 기도제목

제5과
기도응답이 지연되는 기도

오늘의 학습목표 기도응답이 늦는 것은 목적이 있기 때문임을 이해하고, 기다리는 법을 배우게 된다.

기도응답이 없는 기도

어떤 기도는 몇 년이 지나도 응답받지 못할 수 있다. 기도응답의 지연은 좌절과 슬픔의 원인이 될 수도 있다. 그러나 기도응답이 지연되는 이유를 알면, 기도생활에 도움이 될 것이다.

옆 여백에 "응답이 지연된 기도제목"이란 제목을 쓰고, 지금까지 기도했던 기도제목과 현재 기도하고 있는 기도제목을 써 보라. 이 목록은 당신의 기도시간에 항상 도움이 될 것이다.

기도지침 10의 "기도응답을 멈추게 하는 표시"를 참고하여, 당신의 죄, 잘못된 동기, 불신 때문에 기도응답을 받지 못한 것은 아닌지 살펴보라. 만일 그렇다면, 그 기도제목을 옆 여백에 써 보라.

성경에서 기도응답이 지연된 경우를 살펴보자.

사가랴와 엘리사벳

먼저 침(세)례 요한 부모의 기도체험이다. 천사 가브리엘이 사가랴에게 나타나, "사가랴여 무서워하지 말라 너의 간구함이 들린지라"(눅 1:13)고 알려주었다. 누가복음 1:7에 "엘리사벳이 잉태를 못하므로 그들에게 자식이 없고 두 사람의 나이가 많더라"(눅 1:7)고 하여 사가랴의 아내 엘리사벳이 나이가 많아도 자식이 없었기 때문에 아이를 낳을 수 있도록 여러 해 동안 하나님께 기도했다는 것을 알 수 있다. 그러나 나이를 점점 더 먹어 늙어 가자, 사가랴와 엘리사벳은 아이 낳게 해 달라는 기도를 멈추었을 것이다.

누가복음 1:5-25, 57-66을 읽어 보라. 하나님이 왜 아이를 낳게 해 달라는 그들의 기도에 대한 응답을 지연하셨다고 생각하는가?

기도응답이 지연된 이유는 하나님의 뜻에 있다. 그 이유가 무엇인지 정확히는 알 수 없다. 다만 누가복음 1:6에 "이 두 사람이 하나님 앞에 의인이니 주의 모든 계명과 규례대로 흠이 없이 행하더라"는 말씀으로 이해할 수 있다. 하나님 앞에 의인이었던 그들에게 인간적으로 불가능한 상황 가운데서도 하나님의 능력을 나타내 보여주고자 하는 것이 하나님의 뜻이었을지 모른다. 아들을 달라고 기도했을 때, 하나님은 태어날 메시아의 길을 예비하는 가장 크고 거룩한 일이 부여될 사람을 양육하기에 적합한 인물임을 알았다.

그들에게는 특별히 침(세)례 요한의 부모가 될 자질이 있었다. 하나님은 그들을 선택하셨고 그들의 기도는 응답되었다. 그러나 아들의 출생 시기는 기다리지 않으면 안 되었다. 왜냐하면 아들의 출생은 예수님의 탄생 바로 앞에 있어야 했기 때문이었다.

누가복음에서는 사가랴와 엘리사벳이 "하나님 앞에 의인"이었다고 말한다. 그들의 삶 속에는 어떤 원망이나 비난도 없었다. 그들은 '아무런' 응답이 없는 것처럼 보이는 것을 은혜로 받아들였다. 사가랴는 천사의 말에 충격을 받았다. 그는 다음과 같이 말했다. "내가 이것을 어떻게 알리요 내가 늙고 아내도 나이가 많으니이다"(눅 1:18). 사가랴는 더 이상 그 기도가 응답되리라고 기대하지 않았지만, 계속해서 신실하게 주님을 섬겼다. 사가랴와 엘리사벳은 기도응답이 지연되고 있음에도 불구하고 계속 하나님과 교제하면서 살았다.

기도응답이 지연된 이유는 하나님의 뜻에 있다.

다니엘

다니엘도 기도응답이 지연되는 것을 경험했다.

다니엘 10:2-14에서 그의 경험에 대해 읽고 다음의 질문에 답하라.

1. 다니엘의 기도응답은 얼마나 지연되었는가?

---

2. 다니엘이 하나님께 기도한 것은 무엇이라고 생각하는가?(12, 14절)

---

3. 다니엘의 기도 응답은 왜 지연되었는가?

"그가 내게 이르되 다니엘아 두려워하지 말라 네가 깨달으려 하여 네 하나님 앞에 스스로 겸비하게 하기로 결심하던 첫날부터 네 말이 응답 받았으므로 내가 네 말로 말미암아 왔느니라 그런데 바사 왕국의 군주가 이십일 일 동안 나를 막았으므로 내가 거기 바사 왕국의 왕들과 함께 머물러 있더니 가장 높은 군주 중 하나인 미가엘이 와서 나를 도와주므로"(단 10:12-13).

놀라운 환상을 본 다니엘은, 하나님 앞에서 겸손하게 기도하였다. 그러나 기도응답은 3주간 지연되었다. 다니엘 10:12-13을 읽고, 천사가 다니엘에게 나타나서 말한 내용을 보라.

사단의 권세가 기도응답을 지연시키하는 요인이 될 수 있다. 사단도 기도응답을 지연시킬 수 있다는 것을 이 사건을 통해서 알 수 있다. 하나님은 악한 세력이 방해할 수 없는 시간에 기도응답해 주시기에, 그 시간 동안 기도응답은 지연되는 것이다. 그러나 하나님은 기도응답을 지연시킨다고 해서 다니엘이 크게 압박당하지는 않게 하셨다.

사가랴와 엘리사벳이 기도응답이 지연되는 동안에 보인 것과 같은 태도를 다니엘도 보여주었다. 즉 그는 "세 이레 동안을 슬퍼"(단 10:2)하였으면서도 믿음을 지켰다. 다니엘은 하나님께 신실함을 지켰으며, 기도응답을 기다리는 동안 주님 앞에 금식하기도 했다(단 10:3). 다니엘은 주님 안에서 계속 거하고 있었다.

기도응답의 지연에 기다림으로 대처하라

하나님의 뜻에 따라 기도응답의 시기를 정한다. 하나님이 어떤 분이냐에 따라 우리의 믿음이 정해진다. 기다림은 하나님과 우리의 관계가 깊이 박힌 뿌리와 같은 것을 보여 준다. 영적인 뿌리 조직은 "많은 기도, 성경말씀에 대한 깊은 관심, 주님께 많이 다가감"에 의해 성장한다. 하나님과의 깊은 관계를 표현하는 영적인 뿌리 조직은 긴 가뭄도 견뎌낼 수 있게 한다. 그러므로 기도응답이 지연될 때 대처할 수 있는 가장 좋은 방법 중 하나는 예수님 안에서 기다리는 것이다.

다니엘, 사가랴, 엘리사벳에게서 주목할 만한 것은 그들의 믿음이 기도응답에 좌우되지 않았다는 것이다. 그들은 주님 안에서 기다렸으며, 기도응답이 지연됨에도 불구하고 주님과의 지속적인 교제는 하나님을 기쁘시게 하는 것이었다. 천사는 다니엘을 가리켜 "은총을 크게 받은 사람이여"(단 10:19)라고 하였으며, 누가복음에 보면 사가랴와 엘리사벳을 일컬어 "하나님 앞에 의인"(눅 1:6)이라고 하였다. 하나님은 신앙의 높은 인격과 믿음의 경건함을 지닌 이러한 사람들을 선택하셔서 기도응답이 지연된다고 해도 하나님의 뜻에 따라 반드시 응답된다는 것을 보여주신다. 기도응답 때문이 아니라 우리의 하나님이시기 때문에 우리는 하나님에게 신실해야 한다.

그리스도인인 친구 중 한 사람이 어떤 문제를 가지고 당신에게 찾아왔다고 가정해 보라. 그는 기도응답을 받지 못한 채 오랜 시간 동안 어떤 문제를 놓고 기도해 왔다. 그는 좌절하고, 실망하고, 낙담하였다. 그는 그 '문제'를 진단하기 위해 당신의 도움을 필요로 한다. 이번 단원에서 공부한 것을 사용하여, 그를 돕기 위한 단계를 옆 여백에 적어 보라.

오늘, 하나님과 교제하며 동행하는 삶

기도응답을 지연시키는 가장 중요한 이유는 그 기다리는 과정을 통해 인내를 배우게 하려는 것이다. 기다림은 무의식적인 습관이 아니며 지성이나 훈련을 요구하지도 않는다. 기다림은 의지적인 행동이다.

기다림을 위한 한 가지 시험은 기도응답이 지연되는 것이다. 모든 응답이 즉각적으로 이루어진다면, 기독교는 마술에 지나지 않을 것이다. 요셉, 다니엘, 바울 같이 성경 속에서 기도의 사람들 삶에서 중요한 것은 하나님이 그들을 항상 돌보아 주셨다는 것이 아니라, 그들이 어떤 환경 속에서도 하나님의 뜻을 계속 기다렸다는 것이다. 그들은 외적인 환경과 상관없이 계속해서 참고 기다렸다.

1. 당신을 위한 하나님의 계획이 성경 속에 있는 인물과 같다는 것을 알 수 있게 해 달라고 기도하라. 그리고 신실하고 인내하는 기도의 용사가 되겠다고 기도하라.

2. 경건한 시간을 가진 후, 경건한 삶을 완성하라.

경건한 삶

성경말씀

성경에서 하나님이
나에게 주신 말씀

나의 기도제목

제11단원

자신과 다른 사람을 위한 기도

핵심개념 자신과 다른 사람을 위한 의인의 열심 있는 기도는 아무리 어려운 일이라고 해도 응답된다.

단원학습목표 개인기도 및 중보기도를 효과적으로 하는 방법을 알고 기도하게 된다.

암송구절 "아무것도 염려하지 말고 다만 모든 일에 기도와 간구로, 너희 구할 것을 감사함으로 하나님께 아뢰라"(빌 4:6).
"하늘에 계신 우리 아버지여 이름이 거룩히 여김을 받으시오며 나라가 임하시오며 뜻이 하늘에서 이루어진 것같이 땅에서도 이루어지이다 오늘 우리에게 일용할 양식을 주시옵고 우리가 우리에게 죄 지은 자를 사하여 준 것 같이 우리 죄를 사하여 주시옵고 우리를 시험에 들게 하지 마시옵고 다만 악에서 구하시옵소서 나라와 권세와 영광이 아버지께 영원히 있사옵나이다 아멘"(마 6:9하-13).

관련기도지침 기도지침 11 자신과 다른 사람을 위한 기도(289쪽)

기도가 살렸다!

전화를 받으니 짐이었다. "헌트씨, 오늘 선교음악 강의가 있는 날입니까?" 짐은 신학대학원에서 선교음악 수업을 듣고 있는 학기 중에, 수업시간에 기도했던 몇몇 기도제목이 응답받은 것에 매우 감동되어 있었다. 나는 짐에게 목요일에 수업이 있다고 말해 주었고, 그는 아주 마음 아픈 기도제목을 함께 기도해 달라고 했다. 그해 2월, 그가 살고 있는 도시에서 레이 증후군(소아에게 흔히 있는 치사율이 높은 뇌장애)이 발발했다. 예전에 11명의 아이가 이 병에 걸렸는데, 그중 9명이 죽었다.

짐이 교회에서 가르친 열 살된 로라도 이 병에 걸렸다. 로라는 지난 여름성경학교 때부터 교회에 출석하기 시작했다. 로라는 병에 걸리기 6주 전에, 예수님을 자신의 구세주로 영접했다. 지금 로라는 혼수상태이다. 수업 중에 모두 함께 그 기도제목으로 기도해 주겠다고 짐에게 약속했다. 로라의 믿음과 삶의 변화를 주님께서 돌아보시고, 로라의 병이 빨리 나을 수 있도록 기도했다. 금요일에 로라의 병세는 상당히 호전되었고, 토요일에 그녀는 눈을 떠서 병실에 있는 아버지를 알아보았다. 로라는 다음과 같이 말했다. "예수님이 나를 살려주셨어요!" 그날 오후에 의사는 로라가 살아날 것이라고 아버지에게 확신있게 말했다. 두 주일 후에 로라의 전 가족은 예수님을 영접했다.

1974년 4월 3일 수요일, 「노스 힐스 뉴스 레코드」(the North Hills News Record) 신문은 1면에 다음과 같은 큰 표제어를 기사로 실었다. '기도가 살렸다!' 이 기사는 레이 증후군에 걸렸던 로라가 놀랍게 회복된 것에 대한 것이었다.

제1과
기도의 모범

오늘의 학습목표 자신과 다른 사람의 영적 성장을 위해서 기도해야 한다는 것을 알게 된다.

이번 단원에서 기도 파트너와 기도할 시간을 정하고 날짜와 시간을 기록하라.

다음 내용을 읽고 □에 V표 하고, 질문에 간단히 답을 써 보라.

□ 1. 기도지침 1의 "하나님이 기도에 응답하시는 이유"를 읽어 보라. 당신이 가장 자주 사용하는 이유는 어느 것인가?

□ 2. 기도지침 9의 "간구의 원리"를 읽어 보라. 가장 힘든 간구의 원리는 어느 것인가?

□ 3. 교재 176쪽에 가서 "하나님께서 기도하게 하심"이라는 제목의 내용을 읽어라.

이번 단원에서는 당신 자신과 다른 사람을 위한 기도를 공부하게 될 것이다. 이러한 기도를 매일 할 수는 없지만 기도할 때 지침으로 사용할 수 있을 것이다.

간구하는 기도

마태복음 7:7-8 말씀에서 적용된 기도의 세 가지 태도는 무엇이라고 생각하는가?

구하라의 의미 ______________________

찾으라의 의미 ______________________

두드리라의 의미 ______________________

제 9단원에서 기도의 중요성과 간구의 원리를 배웠다. 마태복음의 이 구절은 의지, 열심, 그리고 끈기 있는 태도가 필요함을 지적해 준다. 또한 구체적으로 기도

"구하라 그리하면 너희에게 주실 것이요 찾으라 그리하면 찾아낼 것이요 문을 두드리라 그리하면 너희에게 열릴 것이니 하는 이마다 받을 것이요 찾는 이는 찾아낼 것이요 두드리는 이에게는 열릴 것이니라"(마 7:7-8).

해야 한다. 구체적인 기도가 아닌 일반적인 기도는 일반적인 응답을 받을 것이다. 성경의 기도 사례를 통하여 좀 더 분명하게 기도하는 방법을 알 수 있다.

기도의 모범

1. 마태복음 6:9-13에서 예수께서 제자들에게 가르친 기도를 살펴보라. 예수님의 제자들은 어떤 기도를 하였는가?

10절 ______________________________

11절 ______________________________

12절 ______________________________

13절 ______________________________

잠시 자신을 위해 이 기도를 사용하여 기도하라. 당신의 상황에 맞게 구체적으로 기도하라.

2. 요한복음 17:5에서 예수님은 개인기도를 하셨다. "아버지여 창세전에 내가 아버지와 함께 가졌던 영화로써 지금도 아버지와 함께 나를 영화롭게 하옵소서." 이것은 예수님만이 할 수 있는 개인기도였다. 예수님께서는 제자들에게 무엇을 기도하라고 하셨는가?

11절 ______________________________

15절 ______________________________

17절 ______________________________

21절 ______________________________

24절 ______________________________

"이러므로 내가 하늘과 땅에 있는 각 족속에게 이름을 주신 아버지 앞에 무릎을 꿇고 비노니 그의 영광의 풍성함을 따라 그의 성령으로 말미암아 너희 속사람을 능력으로 강건하게 하시오며 믿음으로 말미암아 그리스도께서 너희 마음에 계시게 하시옵고 너희가 사랑 가운데서 뿌리가 박히고 터가 굳어져서 능히 모든 성도와 함께 지식에 넘치는 그리스도의 사랑을 알고 그 너비와 길이와 높이와 깊이가 어떠함을 깨달아 하나님의 모든 충만하신 것으로 너희에게 충만하게 하시기를 구하노라"(엡 3:14-19).

3. 에베소서 3:14-19을 읽고, 친구를 위하여 다음의 기도제목으로 기도하라.

- 그의 속사람이 능력으로 강건하게 되기를(16절)
- 믿음으로 말미암아 그리스도께서 그의 마음에 계시기를(17절상)
- 그리스도의 사랑을 알 수 있게 되기를(18절)
- 하나님의 모든 충만하신 것으로 충만하게 되기를(19절)

4. 에베소서 1:15-23을 읽고, 바울의 또 다른 기도를 써 보라.

17절 ______________________________

18절 ____

19절 ____

5. 골로새서 1:9-12을 읽고, 그리스도인을 위한 바울의 기도를 써 보라.

9절 ____

10절 ____

11절 ____

6. 빌립보서 1:9-11을 읽고, 바울의 기도제목을 써 보라.

9절 ____

10절 ____

11절 ____

기도지침 11의 "기도제목 모범"을 당신이 쓴 답과 비교해 보라.

영적인 문제를 강조하라

위의 "기도의 모범"에 열거된 주제들을 묵상해 보라.
영적인 것이 얼마나 되는가? ______________________
물질적인 필요나 변화에 대한 것이 얼마나 되는가? ______________________

예수님과 바울의 기도는 둘 다 영적인 변화를 위한 기도를 첫째로 삼았음을 알 수 있다. 그들의 기도는 영적인 문제들에 대한 관심이 물질적인 필요를 위한 기도를 훨씬 능가하였다. 이 기도에 나오는 25가지, 또는 그 이상의 기도 중에서, 오직 한 가지만 물질적 또는 육신을 위한 관심사, 즉 일용할 양식을 위한 기도였다.

이 말은 우리가 육신을 위한 관심 또는 물질적인 관심에 대해 기도하지 말아야 한다는 것이 아니라, 우리의 기도가 영적인 관심에 역점을 두어야 한다는 지적이다. 우리는 먼저 하나님의 영광과 목적을 위해 먼저 구해야 한다. 예수께서는 하나님의 이름이 거룩해지고, 그의 나라가 임하며, 그의 뜻이 이 땅에 이루어지기를 기도하라고 가르쳐 주셨다. 우리를 위해서 기도하는 것보다 하나님을 위해서 먼저 기도해야 한다.

요한복음 17장의 중보기도는 예수님이 그의 생애 중 가장 음울하고 어려운 순간에 하신 기도이다. 그럼에도 예수님의 기도는 흔들림이 없는 사랑으로 가득 찬 숭고한 기념탑이 되었다. 예수님은 단지 몇 가지만 구하셨지만 반복해서 그것의 중요성을 강조하셨다. 예수님의 기도는 매우 큰일을 위한 것이었고, 그 기도에는 예수님의 제자들도 깨닫지 못하는 무게와 중요성이 있었다.

"이로써 우리도 듣던 날부터 너희를 위하여 기도하기를 그치지 아니하고 구하노니 너희로 하여금 모든 신령한 지혜와 총명에 하나님의 뜻을 아는 것으로 채우게 하시고 주께 합당하게 행하여 범사에 기쁘시게 하고 모든 선한 일에 열매를 맺게 하시며 하나님을 아는 것에 자라게 하시고 그의 영광의 힘을 따라 모든 능력으로 능하게 하시며 기쁨으로 모든 견딤과 오래 참음에 이르게 하시고 우리로 하여금 빛 가운데서 성도의 기업의 부분을 얻기에 합당하게 하신 아버지께 감사하게 하시기를 원하노라"(골 1:9-12).

"내가 기도하노라 너희 사랑을 지식과 모든 총명으로 점점 더 풍성하게 하사 너희로 지극히 선한 것을 분별하며 또 진실하여 허물 없이 그리스도의 날까지 이르고 예수 그리스도로 말미암아 의의 열매가 가득하여 하나님의 영광과 찬송이 되기를 원하노라"(빌 1:9-11).

경건한 삶

성경말씀

성경에서 하나님이
나에게 주신 말씀

나의 기도제목

오늘, 하나님과 교제하며 동행하는 삶

1. 하나님께 기도할 때 반드시 영적인 간구를 늘리는 데 역점을 두라. 하나님 나라에서 당신 역할에 대해 기도하라. 당신 생각에는 그 나라를 위해 어떠한 기도가 필요한가? 하나님 나라의 일에 참여하고 있는 지도자들을 위해 기도하라. 그리스도의 몸의 연합을 위해 기도하라.

2. 바울이 에베소, 골로새, 빌립보에 있는 신자들을 위해 기도한 것을 다시 살펴보라. 「기도의 삶」 모임에서 네 명을 선택하여, 바울이 한 것처럼 그들의 삶 속에 영적 변화가 일어나도록 기도하라. 옆 여백에 그들의 이름을 쓰고 당신의 요청을 더욱 구체적으로 적어 보라. 이 네 사람을 위해서 매주 한 번씩 기도하라.

3. 경건의 시간을 가진 후, 경건한 삶을 완성하라.

제2과
당신을 위한 개인기도

오늘의 학습목표 성경에 나타난 개인을 위한 기도를 공부함으로써 자신의 기도제목을 작성하게 된다.

당신을 위한 세 가지 기도제목

당신 자신을 위해서 기도해야 한다. 기도의 모범(마 6:9-13)에서 예수님은 제자들에게 하나님의 이름과 나라를 위한 기도 후에 자기 자신을 위한 세 가지 기도를 가르치셨다.

- 일용할 양식을 위해서
- 죄 용서를 위해서
- 시험에서 건져 주시도록

이 세 가지 기도는 하나님이 우리의 육신을 위해 필요한 것, 하나님과의 관계를 회복 하는 일, 우리의 능력을 넘어서는 힘으로부터 우리를 보호하는 일에 관심이 계신 것을 알게 해 준다. 시험은 죄에 대한 유혹과 시련 둘 다를 말하지만, 특별히 하나님은 우리가 감당할 만한 시험만 우리에게 주신다고 약속하셨다(고전 10:13). 따라서 우리는 하나님께 구해 달라고 기도할 수 있다.

제1과에서 마태복음 6:9-13의 주기도문을 가지고 기도하였다. 위에 있는 세 가지 기도제목을 가지고 기도하라. 그중에서 당신에게 가장 중요한 개인기도 제목은 무엇이며, 그 이유는 무엇인가?

인도하심을 위하여 기도함

예수께서는 당신의 필요를 위해서 기도하라고 말씀하셨을 뿐만 아니라, 예수님 개인의 필요를 위해서 기도하셨다. 예수님은 종종 인도하심을 위해 기도하셨다. 열두 제자를 선택하기 위하여 밤새도록 기도하셨다(눅 6:12-13). 가버나움에서 갈릴리로 사역을 넓혀 가실 때에도 예수님은 아침 일찍 일어나 "한적한 곳"에 가셔서 먼저 기도하셨다(막 1:35-39). 예수님의 기도는 하나님의 인도하심을 받기 위해서는 먼저 기도해야 한다는 것을 알게 해 준다.

성경에서 하나님의 인도하심을 간구하였던 또 다른 인물들을 찾을 수 있다.

"이 때에 예수께서 기도하시러 산으로 가사 밤이 새도록 하나님께 기도하시고 밝으매 그 제자들을 부르사 그 중에서 열둘을 택하여 사도라 칭하셨으니"(눅 6:12-13)

"이에 다윗이 여호와께 묻자와 이르되 내가 가서 이 블레셋 사람들을 치리이까 여호와께서 다윗에게 이르시되 가서 블레셋 사람들을 치고 그일라를 구원하라 하시니 다윗의 사람들이 그에게 이르되 보소서 우리가 유다에 있기도 두렵거든 하물며 그일라에 가서 블레셋 사람들의 군대를 치는 일이리이까 한지라 다윗이 여호와께 다시 묻자온대 여호와께서 대답하여 이르시되 일어나 그일라로 내려가라 내가 블레셋 사람들을 네 손에 넘기리라 하신지라"(삼상 23:2-4).

1. 사무엘상 23:2-4에서, 다윗은 어떤 인도하심을 위하여 기도하였는가?

2. 창세기 24:12-14에서, 아브라함의 종 엘리에셀은 어떤 인도하심을 위해 기도하였는가?

당신은 하나님께서 어떻게 인도하여 주시기를 원하는가?

지혜를 위해 기도함

성경에는 지혜를 구하는 기도가 있다. 지혜를 위해 기도하는 것은 당연한 자세이다. 야고보서 1:5을 읽어 보라.

1. 열왕기상 3:9-12에서 지혜를 구한 사람은 누구인가?

2. 로마서 16:19에서 로마 교인이 지혜롭게 되도록 기도한 사람은 누구인가?

3. 마태복음 10:16에서 보내는 자들을 위해 지혜를 구하였던 사람은 누구인가?

지금 당신이 지혜를 구하는 기도를 해야 할 특별한 이유가 있는가?

당신을 위한 다른 기도제목

성경을 살펴볼 때, 대부분의 기도들이 개인에게만 국한된 것처럼 보이지만, 실제로는 하나님의 일에 큰 유익을 가져왔다.

다음 성경구절을 읽고 각 사람이 기도하였던 내용을 적어 보라.

아브람(창 15:2-6) ____________________

한나(삼상 1:10-11) ____________________

"그가 이르되 우리 주인 아브라함의 하나님 여호와여 원하건대 오늘 나에게 순조롭게 만나게 하사 내 주인 아브라함에게 은혜를 베푸시옵소서 성 중 사람의 딸들이 물 길으러 나오겠사오니 내가 우물 곁에 서 있다가 한 소녀에게 이르기를 청하건대 너는 물동이를 기울여 나로 마시게 하라 하리니 그의 대답이 마시라 내가 당신의 낙타에게도 마시게 하리라 하면 그는 주께서 주의 종 이삭을 위하여 정하신 자라 이로 말미암아 주께서 내 주인에게 은혜 베푸심을 내가 알겠나이다"(창 24:12-14).

"너희 중에 누구든지 지혜가 부족하거든 모든 사람에게 후히 주시고 꾸짖지 아니하시는 하나님께 구하라 그리하면 주시리라"(약 1:5).

"누가 주의 이 많은 백성을 재판할 수 있사오리이까 듣는 마음을 종에게 주사 주의 백성을 재판하여 선악을 분별하게 하옵소서 솔로몬이 이것을 구하매 그 말씀이 주의 마음에 든지라 이에 하나님이 그에게 이르시되 네가 이것을 구하도다 자기를 위하여 장수하기를 구하지 아니하며 부도 구하지 아니하며 자기 원수의 생명을 멸하기도 구하지 아니하고 오직 송사를 듣고 분별하는 지혜를 구하였으니 내가 네 말대로 하여 네게 지혜롭고 총명한 마음을 주노니 네 앞에도 너와 같은 자가 없었거니와 네 뒤에도 너와 같은 자가 일어남이 없으리라"(왕상 3:9-12).

"너희의 순종함이 모든 사람에게 들리는지라 그러므로 내가 너희로 말미암아 기뻐하노니 너희가 선한 데 지혜롭고 악한 데 미련하기를 원하노라"(롬 16:19).

"보라 내가 너희를 보냄이 양을 이리 가운데로 보냄과 같도다 그러므로 너희는 뱀 같이 지혜롭고 비둘기 같이 순결하라"(마 10:16).

사가랴(눅 1:13) ______________________________

히스기야(왕하 20:1-3) ______________________________

베드로(행 9:36-42) ______________________________

위에 있는 모든 기도들은 물질과 육신을 위한 기도이지만, 그에 대한 응답은 위대한 영적인 결과를 가져왔다. 아브람은 아들을 위해 기도하였으며, 그 기도의 응답인 이삭은 하나님이 택한 백성들 가운데 아주 중요한 인물이 되었다. 아들을 간구한 한나의 기도는 이스라엘 역사의 중추적인 인물들 중 하나인 사무엘의 출생을 가져왔다. 사무엘은 이스라엘의 마지막 사사였으며 후에 등장하는 이스라엘의 위대한 선지자들의 원형이 되었다. 사가랴가 아들을 구한 기도는 예수님의 선구자인 침(세)례 요한을 태어나게 하였다. 비록 이들의 기도가 자기를 위한 것이고 사적인 것이었으나, 하나님께서는 그들의 기도를 인도하셨으며 궁극적으로 하나님의 목적을 이루셨다.

성경에 나타난 다른 개인적인 기도들도 예상하지 못한 하나님의 목적을 성취한 유익을 가져오기도 했다. 죽을 병에 걸렸던 히스기야는 죽지 않게 해 달라고 기도하였다. 그 기도로 인하여 히스기야는 살 수 있었으며, 그를 통해 므낫세가 태어났다. 비록 므낫세는 사악한 왕이었지만, 그가 왕위를 계승함으로 메시아의 계보인 다윗의 계보가 보존되었다.

도르가의 부활을 위한 베드로의 기도는 욥바에서 많은 사람들을 회심시켰으며, 그로 인해 교회가 성장하였다. 의심할 여지없이 도르가는 전과 같이 다른 사람들의 필요를 채우는 그녀의 사역을 계속하였을 것이다. 이와 같이 경건한 사람들의 개인적이며 사적인 기도가 하나님의 일에 큰 유익을 가져올 수 있다.

당신을 위한 기도제목은 당신의 문제를 해결해 줄 뿐만 아니라, 당신이 생각했던 것보다 더 큰 일을 이루어내기도 한다. 당신의 개인 기도제목은 하나님의 일에도 큰 유익이 되고 하나님의 목적을 성취할 수도 있다는 것을 기억하라. 이것이 성경의 가르침이다.

오늘, 하나님과 교제하며 동행하는 삶

1. 당신의 개인 기도제목은 하나님과의 관계를 더욱 나아지게 한다. 하나님께서 당신의 기도제목을 어떻게 보실지 생각해 보라. 최근에 작성한 기도제목 혹은 오늘 당신이 작성한 기도제목을 생각해 보라. 그리고 당신의 기도가 응답됨으로써, 하나님의 영광을 위하여 혹은 하나님의 일을 위하여 무슨 일이 일어나는지 생각해 보라. 그리고 다음과 같이 말하여 보라.

"저의 기도에 응답해 주심으로 하나님의 나라가 임하소서."

2. 경건의 시간을 가진 후, 경건한 삶을 완성하라.

경건한 삶

성경말씀

____

성경에서 하나님이 나에게 주신 말씀

____

나의 기도제목

____

제3과

다른 사람을 위한 기도

오늘의 학습목표 성경 속의 인물들처럼 친구, 원수, 세상의 지도자들, 민족과 병든 자들을 위해 중보기도하는 것을 배우게 된다.

당신은 다음 말에 동의하는가, 동의하지 않는가?

"중보기도는 하나님의 뜻을 성취하고 하나님의 나라를 이루어지게 할 때 최고의 능력과 목적에 도달하게 된다."

□ 동의한다.
□ 동의하지 않는다.

당신이 그렇게 생각하는 이유는 무엇인가?

____

____

중보기도

다른 사람을 위한 기도를 흔히 중보기도라고 한다. 다른 사람을 우리 자신처럼 사랑하기 위해서는 우리를 위해 기도하는 것처럼 다른 사람을 위해서도 기도해야 한다. 요한복음 17장에서 예수께서 제자들을 위해 기도하신 것을 볼 수 있다. 특히 최후의 만찬 때 시몬을 위한 기도가 가장 절실한 기도였다. 사단이 제자들을 밀 까부르듯 하려고 청구하였음을 말씀하신 후에, 예수께서는 시몬에게 말씀하셨다. "그러나 내가 너를 위하여 네 믿음이 떨어지지 않기를 기도하였노니 너는 돌이킨 후에 네 형제를 굳게 하라"(눅 22:32). 예수님의 이 기도가 사도행전 4:8-12의 공회 앞에 선 베드로에게 큰 용기를 주었다. 공회 회원들은 "베드로와 요한의 담대함을 보았으며" 동시에 "그들이 예수와 함께 있었던 사실을 기억하였다"(행 4:13).

이외에도 당신이 기억해야 할 중보기도의 예들에는, 우리들을 위한 예수님의 기도(히 7:25; 9:24; 롬 8:33-34), 베드로를 위한 예루살렘 교회의 기도(행 12:5), 교회들을 위한 바울의 기도(엡 1:15-20; 골 1:9-11; 빌 1:9; 살전 3:10-13; 살후 1:11) 등이 있다. 그리고 데살로니가, 로마, 에베소, 골로새, 빌립보에 있는 교회들을 위한 바울의 기도를 포함시킬 수 있다.

중보기도는 하나님의 뜻을 성취하고 하나님의 나라를 확장시키려는 의도에서 행해질 때 최고의 능력에 이른다. 이러한 사실은 제1과에서 우리가 배웠던 영적인 것에 강조를 두는 것과 서로 연결된다. 그러나 하나님의 뜻은 우리의 영적 필요뿐 아니라 우리가 필요로 하는 모든 것을 포함한다. 성경은 우리가 기도해 주어야 할 사람들을 보여준다.

친구와 친지들을 위한 기도

친구와 친지들을 위해 기도해 준 바울을 통해서 우리도 친구와 친지를 위해서 기도해 주어야 하는 것을 배울 수 있다.

➲ 다음 성경구절을 읽고 바울이 그의 친구들을 위해서 어떻게 기도하였는지 설명하라.

디모데후서 1:3 ____________________

빌레몬서 1:4 ____________________

디모데후서 1:16 ____________________

"주간 기도표"에 친구와 친지를 위한 기도제목을 써 보라. 그리고 추가하고자 하는 사람들의 이름과 그 내용들도 기록하라.

원수들을 위한 기도

누가복음 6:28; 23:34; 디모데후서 4:16을 읽어 보라. 이 단원을 시작하면서 당신에게 상처를 준 사람을 이미 용서했을 것이다. 그 사람들은 당신의 기도를 필요로 한다. 원수를 위하여 일주일에 한 번씩 기도해 주도록 하라.

"주간 기도표"에 원수를 위한 기도제목을 써 보라. 정기적으로 기도하고 싶은 사람의 이름과 기도제목을 써 보라.

잠시 멈추어 원수들을 용서하고 그들의 영적 변화를 위해 기도하라.

나라의 지도자를 위한 기도

바울은 공예배에서 기도해야 할 부류의 사람들을 알려주었다. 디모데전서 2:1-2을 읽어 보라. 예레미야는 바벨론에 포로로 잡혀간 사람들에게 기도해야 할 부류의 사람들을 알려 주었다. 예레미야 29:7을 읽어라. 우리는 나라의 지도자를 위해서 기도해야 한다.

"주간 기도표"에 나라의 지도자를 위한 기도를 적어 보라. 거기에 정기적으로 기도하고자 하는 사람의 이름을 적어 보라. 대통령, 국회의장, 대법원장, 재판

"내가 밤낮 간구하는 가운데 쉬지 않고 너를 생각하여 청결한 양심으로 조상적부터 섬겨 오는 하나님께 감사하고"(딤후 1:3).

"내가 항상 내 하나님께 감사하고 기도할 때에 너를 말함은"(몬 1:4).

"원하건대 주께서 오네시보로의 집에 긍휼을 베푸시옵소서 그가 나를 자주 격려해 주고 내가 사슬에 매인 것을 부끄러워하지 아니하고"(딤후 1:16).

"너희를 저주하는 자를 위하여 축복하며 너희를 모욕하는 자를 위하여 기도하라"(눅 6:28).

"아버지 저들을 사하여 주옵소서 자기들이 하는 것을 알지 못함이니이다"(눅 23:34).

"내가 처음 변명할 때에 나와 함께 한 자가 하나도 없고 나를 버렸으나 그들에게 허물을 돌리지 않기를 원하노라"(딤후 4:16).

"그러므로 내가 첫째로 권하노니 모든 사람을 위하여 간구와 기도와 도고와 감사를 하되 임금들과 높은 지위에 있는 모든 사람을 위하여 하라 이는 우리가 모든 경건과 단정함으로 고요하고 평안한 생활을 하려 함이라"(딤전 2:1-2).

"너희는 내가 사로잡혀 가게 한 그 성읍의 평안을 구하고 그를 위하여 여호와께 기도하라 이는 그 성읍이 평안함으로 너희도 평안할 것임이라"(렘 29:7).

"너희 중에 병든 자가 있느냐 그는 교회의 장로들을 청할 것이요 그들은 주의 이름으로 기름을 바르며 그를 위하여 기도할지니라 믿음의 기도는 병든 자를 구원하리니 주께서 그를 일으키시리라 혹시 죄를 범하였을지라도 사하심을 받으리라 그러므로 너희 죄를 서로 고백하며 병이 낫기를 위하여 서로 기도하라 의인의 간구는 역사하는 힘이 큼이니라"
(약 5:14-16).

"예수께서 가버나움에 들어가시니 한 백부장이 나아와 간구하여 이르되 주여 내 하인이 중풍병으로 집에 누워 몹시 괴로워하나이다 예수께서 들으시고 놀랍게 여겨 따르는 자들에게 이르시되 내가 진실로 너희에게 이르노니 이스라엘 중 아무에게서도 이만한 믿음을 보지 못하였노라"(마 8:5-6, 10).

"가나안 여자 하나가 그 지경에서 나와서 소리 질러 이르되 주 다윗의 자손이여 나를 불쌍히 여기소서 내 딸이 흉악하게 귀신 들렸나이다 하되 이에 예수께서 대답하여 이르시되 여자여 네 믿음이 크도다 네 소원대로 되리라 하시니 그 때로부터 그의 딸이 나으니라"
(마 15:22, 28).

"예수께서 그들의 믿음을 보시고 중풍병자에게 이르시되 작은 자야 네 죄 사함을 받았느니라 하시니"
(막 2:5).

"이에 열두 해를 혈루증으로 앓는 중에 아무에게도 고침을 받지 못하던 여자가 예수께서 이르시되 딸아 네 믿음이 너를 구원하였으니 평안히 가라 하시더라"(눅 8:43, 48).

관들과 지도자들, 시장과 기타 공직에 있는 사람들을 중보기도에 포함시키라.

바울이 디모데에게 기도하라고 말했던 것처럼 당신이 기도하기로 기록한 사람들을 위해 기도하라.

나라를 위한 기도

우리나라는 영적 각성과 영적 갱신이 필요하다. 우리는 하나님을 경외하며 예수님께 순종하는 자세로 돌아가야 한다. 죄를 사랑하고 하나님께 마음을 강팍하게 하는 것은 국가적 재앙을 초래한다. 우리나라의 많은 그리스도인은 나라의 영적 각성을 위해서 기도하고 있다. 교회는 자신의 정결과 나라가 영적으로 새로워지기를 기도해야 한다.

나라를 위해 기도할 때 당신이 의지할 있는 큰 약속은 역대하 7:14의 말씀이다. 제4단원 5과에 이 말씀의 약속과 그 조건들을 296쪽 "성경의 약속 기록표"에 이미 기록하였다. 그 약속을 찾아서 다시 살펴보라.

이 약속은 솔로몬 시대에 이스라엘의 미래를 위하여 하나님이 약속해 주신 말씀이다. 그러나 그 약속은 오늘날 우리에게도 유효하다.

잠시 멈추어, 나라의 영적 각성을 위해 당신과 함께 기도할 만한 사람들이나 단체를 적어보라. 친구가 나라와 국민을 위해서 기도하게 하기 위해서 당신은 무엇을 할 수 있는가?

"매일 기도표" 혹은 "주간 기도표"에 나라의 영적 각성을 위해서 기도할 특별 기도제목을 적어 보라. 당신이 적은 기도제목을 성경공부시간에 가지고 와서 다른 팀원들과 나누도록 하라.

병든 사람들을 위한 기도

야고보서 5:14-16을 읽어 보라. 예수님은 많은 사람들의 병을 고쳐주셨고, 기적이 일어나게 하였다. 예수님께 병을 고쳐 달라고 간구했던 사람들은 믿음이 있었고, 예수님의 권능을 알고 있었고, 예수님께 열정적이었고, 인내하였고, 겸손하게 구하였다.

다음 성경구절을 읽고, 믿음으로 병 고침을 받은 사람은 누구인지 찾아보라.

마태복음 8:5-6, 10 ______________________________
마태복음 15:22, 28 ______________________________
마가복음 2:5 ______________________________
누가복음 8:43, 48 ______________________________

병든 사람들은 매일 기도의 도움이 필요하므로, 병든 사람들을 위한 기도제목을 299쪽 "매일 기도표"에 기록하라. 그리고 잠시 그들을 위해 기도하라.

오늘, 하나님과 교제하며 동행하는 삶

1. 디모데전서 2:1-2은 교회 지도자인 디모데에게 한 말이다. 교회는 "임금들과 높은 지위에 있는 모든 사람들"을 위해 기도해야 한다. 교회의 모든 모임에서 나라의 지도자를 위하여 기도하라.

2. 역대하 7:14에 근거하여 기도하라. 기도 소그룹이나 교회에서 나라와 시를 위하여 기도하라. 교회와 교단을 통하여 하나님의 목적이 이루어지고 교회가 나라에 영향을 줄 수 있도록, 대중매체와 그 영향력을 정결하게 하도록, 신실하게 믿는 사람이 교회와 나라의 지도자가 되도록 기도하라.

3. 경건의 시간을 가진 후, 경건한 삶을 완성하라.

경건한 삶

성경말씀

성경에서 하나님이 나에게 주신 말씀

나의 기도제목

제4과
불신자를 위한 기도

오늘의 학습목표 불신자를 위한 기도의 다섯 단계를 이해하고, 불신자를 위해서 불쌍한 마음을 가지고 기도하게 된다.

마음의 소원

당신은 얼마나 자주 불신자의 이름을 부르면서 기도하는가?

- ☐ 거의 매일
- ☐ 일주일에 두 번 이상
- ☐ 일주일에 한 번
- ☐ 일주일에 한 번도 하지 않음

불신자를 위해 얼마나 자주 기도하는가는 불신자에 대하여 어떻게 생각하는가를 보여주는 척도이다. 불신자를 위한 기도는 불신자의 삶에 영향을 주는 당신의 믿음과 불신자는 죽어서 지옥에 간다는 믿음을 나타낸다.

유대인을 위한 바울의 "마음의 소원과 기도"는 그들의 구원이었다(롬 10:1). 바울은 그리스도의 마음을 생각했으며 그로 인해 그의 마음은 하나님의 마음과 같이 되었다. 기도의 본질은 하나님의 뜻과 일치를 이루는 것인데, 하나님께서는 인간의 구원을 위해 죽으신 예수님을 영접하지 아니하고 죽게 되는 것을 바라지 않으신다. 그리고 모든 사람이 회개하기를 원하신다(벧후 3:9). 기도를 하면 할수록 우리의 생각은 하나님의 생각을 닮게 되며, 신실한 기도의 용사인 당신은 불신자에 대한 관심이 더 커질 것이다. 또한 하나님처럼 "모든 사람이 구원을 받으며 진리를 아는 데에 이르기를 원하는"(딤전 2:4)자리에 이를 것이다.

"형제들아 내 마음에 원하는 바와 하나님께 구하는 바는 이스라엘을 위함이니 곧 그들로 구원을 받게 함이라"(롬 10:1).

불신자를 위한 기도에는 그들이 예수님을 영접하는 것뿐만 아니라 그들의 영적 성장을 위한 기도도 포함된다.

"주의 약속은 어떤 이들이 더디다고 생각하는 것 같이 더딘 것이 아니라 오직 주께서는 너희를 대하여 오래 참으사 아무도 멸망하지 아니하고 다 회개하기에 이르기를 원하시느니라"(벧후 3:9).

하나님의 관점에서 생각하기

불신자를 위하여 기도할 때는, 하나님의 관점에서 생각해야 한다. 우리가 예수님에게 복종하고, 성령이 충만하여 성령의 인도를 받으며, 하나님의 뜻을 알고자 할 때, 하나님은 우리의 관점을 그분의 관점과 동일하게 하심으로 기도를 이끌어 주신다. 그렇게 될 때 우리의 믿음과 행동을 하나님께서 주신 비전에 일치시킬 수 있고, 우리는 하나님께서 주기 원하시는 것을 구할 수 있고, 그로 인한 하나님의 기도응답에 기뻐하게 된다.

기도를 통하여 불신자가 예수님을 영접하고, 침(세)례를 받고, 교회의 일원이 됨으로 주님께 영광이 되게 한다.

눈을 감고, 당신이 하나님의 심판대 앞에 서 있으며, 당신이 예수님께로 인도한 사람도 함께 서 있는 모습을 그려 보라. 그 자리에서 당신은 하나님께 무슨 말을 할 것이며, 하나님께서 당신에게 무슨 말씀을 하실 지 생각해 보라. 하나님 앞에서 같이 서 있을 사람의 이름을 써 보라.

불신자를 위한 기도의 다섯 단계

① 불신자를 위한 참된 관심과 사랑을 계발한다.
② 당신 주위의 불신자 중에서 특별히 관심이 가는 사람을 찾는다.
③ 그 사람을 위해 구체적인 기도하라.
④ 기도를 지속적으로 하라.
⑤ 하나님께서 그 사람을 구원하게 하실 각 단계마다 감사하라.

제1단계 : 참된 관심과 사랑을 계발함

기독교 역사는 불신자의 구원을 위해 불타는 가슴을 안고서, 자신의 건강과 안락함 그리고 심지어 가족까지도 포기하였던 사람들의 이야기로 가득 차 있다. 데이비드 브레인너드는 뉴잉글랜드의 인디언들을 위해 번민하며 기도하였는데, 기도하면서 '죽도록 울었던' 인물로 묘사되고 있다. 그는 결핵으로 인해 선교 사역을 그만두어야 했다. 존 낙스는 "저에게 스코틀랜드를 주십시오. 그렇지 않으시면 저를 죽게 해 주십시오' 하고 기도하였다. 인도의 선교사 윌리암 캐리는 첫 결신자를 얻기까지 7년의 세월을 번민해야 했다.

불신자들의 최후가 얼마나 두려운지 깊이 깨닫게 해 달라고 기도하라. 성장해 가는 그리스도인이 하나님의 손 안에서 안전하다는 것을 알 때에 불신자를 위한 기도는 하지 않게 된다. 즉 하나님의 손 안에서 안전하다는 사실이 구원에 감사하면서 전도하는 모습으로 나타나지 아니하고 도리어 우리는 안전하니 지옥의 영원한 형벌은 우리와 아무 상관이 없다는 식의 무관심한 태도를 갖게 하는 것이다. 지옥의 무서움을 다시금 깨닫고, 지옥에서 당신을 건져내기 위하여 고통받으신 예수님을 다시 한 번 보게 해 달라고 기도하라.

제2단계 : 특별히 관심을 가질 사람을 발견함

불신자를 위한 기도는 구체적이어야 한다. 구체적인 사람을 위하여 구체적인 기도제목으로 기도해야 한다.

불신자를 위한 기도는 구체적이어야 한다. 구체적인 사람을 위하여 구체적인 기도제목으로 기도해야 한다.

당신과 관계를 맺고 있는 사람들 중에 불신자의 이름을 기록하라. 그리고 그중에서 당신과 가장 가깝게 지내는 사람들을 선택하라.

친척 ______________________________

친구 ______________________________

지인(사업적인 혹은 사교적인 영역에서) ______________

그들을 당신의 기도표에 첨가시키라. 그중에서 예수님을 영접할 가능성이 가장 큰 세 사람은 누구라고 생각되는가?

____

예수님을 영접할 가능성이 가장 희박하다고 생각되는 사람은 누구인가?

____

제3단계 : 기도함

이 사람들을 위해 기도할 때, 단지 하나님만이 영향을 줄 수 있음을 기억하라. 하나님께서 간섭하지 않는 부분에 대해서는 당신도 간섭할 수 없다. 하나님께서는 인간의 의지를 자유롭게 두신다. 따라서 예수님을 영접하느냐 영접하지 않느냐는 결정은 자신이 해야 한다. 하나님께서는 불신자에게 강요하지 않으신다.

➲ 당신이 적은 각 사람들을 위해 다음의 기도를 하라. 지시한 대로 기도한 후에는 빈칸에 V표 하라.

☐ 주님, 불신자에게 효과적으로 전도할 수 있게 해 주십시오.
☐ 주님, 불신자의 삶의 환경들을 주장하셔서 생활의 사소한 부분에서까지도 예수님께 주목하도록 해 주십시오.
☐ 주님, 죄를 깨닫는데 큰 힘이 되는 성령을 보내 주십시오.
☐ 아버지 하나님, 예수님이 죄에서 우리를 구원했다는 것을 성령을 통하여 깨닫게 해 주십시오.

제4단계 : 지속적으로 기도함

하나님은 끈질기고 지속적인 것을 귀히 여기신다는 사실을 기억하라. 그리고 당신의 믿음을 시험하기 위해 응답을 지연하신다는 점도 기억하라. 예수님의 구원에 관하여 설명 듣는다든지 이전에 암송했던 성경말씀을 기억나게 해 준다든지와 같이 불신자를 위하여 기도할 수 있는 새로운 방법을 알게 해 달라고 기도하라. 불신자가 예수님을 영접할 수 있도록 도울 수 있는 구체적인 사람을 위하여 기도하라. 흔들림없이 지속적으로 기도하라.

제5단계 : 하나님께 감사함

전도 대상자가 구원에 이르도록 성장하는 모습에 대해 민감해지도록 기도하라. 그 과정이 두드러지게 보이지 않는다고 하더라도 정기적으로 감사하라. 아내와 나는 우리가 한 불신자를 위하여 기도하기 시작하였을 때 성령이 이미 그의 마음을 돌리기 시작했음을 알고 있었다. 우리는 고무되었고, 성령께서 그 사람의 죄를 깨닫게 하신다는 것을 알게 되었다. 그는 성령을 통하여 예수님을 영접하게 된 것을 경험하였다.

불신자를 위한 비전 확대

불신자를 위해 기도할 때, 전 세계에 흩어져 있는 불신자에 대한 하나님의 크신 비전을 잊지 말도록 하라. 그리고 아래에 있는 내용을 가지고 기도하라.

- 국내외에 있는 선교사들이 예수님의 대사로 부름받았다는 소명의식을 잊지 않게 해 달라고 기도하라. 가능하다면, 알고 있는 선교사들의 이름을 부르면서 기도하라.
- 국내외 선교활동을 통하여 불신자들이 속히 예수님을 영접할 수 있도록 기도하라. 전도 대상자의 필요를 채워주고, 전도 대상자와 관계를 맺고, 전도 대상자를 예수님께로 인도할 수 있도록 선교사의 민감성을 위하여 기도하라.
- 교회의 진도 비전을 너 크게 해 주실 것과 전도 훈련을 할 수 있도록 기도하라.
- 불신자를 전도하고자 하는 영적부담을 더하게 해 달라고 기도하고, 전도의 기술과 민감성을 위하여 기도하라.

오늘, 하나님과 교제하며 동행하는 삶

1. 제2단계에서 당신이 기록한 세 사람을 위해 하나님께 지속적으로 중보기도하라. 그리고 제3단계에서 언급한 네 가지 기도제목을 놓고 기도하라. 기도지침 11의 "불신자를 위한 기도의 다섯 단계"와 "불신자를 위한 비전 확대"를 참고하라.

2. 전도를 담당하는 교회목회자를 위해서 중보기도하라. 전도담당 목회자가 불신자 전도에 대한 영적 부담을 가지며, 교회 또한 그 부담을 같이 할 수 있도록 기도하라.

3. 경건의 시간을 가진 후, 경건한 삶을 완성하라.

경건한 삶

성경말씀

성경에서 하나님이 나에게 주신 말씀

나의 기도제목

제5과
다른 그리스도인들을 위해 기도함

오늘의 학습목표 그리스도인의 하나 됨, 보전, 성화를 위한 예수님의 모범을 본받도록 기도한다.

"나는 세상에 더 있지 아니하오나 그들은 세상에 있사옵고 나는 아버지께로 가옵나니 거룩하신 아버지여 내게 주신 아버지의 이름으로 그들을 보전하사 우리와 같이 그들도 하나가 되게 하옵소서"(요 17:11).

"아버지여, 아버지께서 내 안에, 내가 아버지 안에 있는 것 같이 그들도 다 하나가 되어 우리 안에 있게 하사 세상으로 아버지께서 나를 보내신 것을 믿게 하옵소서"(요 17:21).

"내게 주신 영광을 내가 그들에게 주었사오니 이는 우리가 하나가 된 것 같이 그들도 하나가 되게 하려 함이니이다"(요 17:22).

"곧 내가 그들 안에 있고 아버지께서 내 안에 계시어 그들로 온전함을 이루어 하나가 되게 하려 함은 아버지께서 나를 보내신 것과 또 나를 사랑하심 같이 그들도 사랑하신 것을 세상으로 알게 하려 함이로소이다"(요 17:23).

"

요한복음 17장에서 예수님은 제자들을 위하여 기도하셨다. 예수님은 제자들이 하나님의 나라를 확장해 갈 수 있는 지도자가 될 만한 영적 성장을 이루게 해 달라고 기도하셨다. 예수님이 제자들을 위해서 기도하신 것은 다음의 것들이었다.

제자들을 위한 예수님의 기도

① 하나 됨	② 보전과 구원	③ 성화

하나됨

예수께서는 제자들의 하나 됨을 위해 기도하셨다. 예수님이 원하셨던 하나됨은 바로 그날 밤 제자들 사이에 있었던 '누가 크냐'는 다툼으로 인해 깨어졌다(눅 22:24-27). 요한복음 17장에서 예수님은 네 가지 관점에서 네 번에 걸쳐 하나됨을 위해 하나님께 기도하셨다.

아래 성경을 읽고, 예수님께서 제자들의 하나됨을 위해 언급하신 관점과 관련 있는 것에 연결하라.

1. 요한복음 17:11	a. 그들은 동일한 영광을 가졌다.
2. 요한복음 17:21	b. 그들은 성부와 동일한 관계를 가졌다.
3. 요한복음 17:22	c. 그들은 세상에 대해 동일한 증거를 가졌다.
4. 요한복음 17:23	d. 그들은 동일한 이름을 가졌다.

예수께서는 제자들의 하나됨을 위해 다음의 네 가지 관점에서 기도하셨다. 예수께서 그들에게 주었던 이름의 관점(11절), 예수께서 아버지(성부)와 가지셨던 완전한 하나됨의 관점(21절), 예수께서 제자들에게 주신 영광의 관점(22절), 제자들의 하나됨이 세상에 증거가 될 것이라는 관점(23절). 예수님께서 중요하게 여기셨던 것은 우리 기도의 한 부분이 되어야 한다.

하나됨과 관련된 요한복음 17장에 있는 네 개의 구절들을 다시 읽고(11, 21-23절), 당신 교회가 영적으로 하나되기를 위해 기도하라.

보전과 구원

예수께서는 믿는 자들의 보전과 구원을 위해 기도하셨다. 예수님은 대제사장으로서 제자들의 보전을 위하여 두 번씩이나 기도하셨다.

➡ 아래 성경말씀을 읽고, 당신이 교인들을 위해서 기도하는 비슷한 기도제목을 기록하라.

요한복음 17:11 ____________________

____

요한복음 17:15 ____________________

____

예수님은 제자들과 함께 계실 때, 제자들을 지키고 보호하셨다. 예수께서 제자들과 함께 계시지 않게 될 때, 그들은 하나님의 보호하심을 필요로 한다. 예수님의 기도의 모범을 적용해서 다른 그리스도인들을 위해 다음과 같이 기도할 수 있다.

"하나님 아버지, 당신의 이름으로 ____________를 지키시고 보호하소서."
"하나님 아버지, ____________를 사단으로부터 지키시고 보호하소서."

누가복음 22:24-34을 읽으라. 예수께서 겟세마네 동산에 기도하러 가시기 바로 전에 제자들 사이에 무슨 일이 발생하였는가?

____

제자들은 예수께서 죽으시기 바로 전날 서로 다투었다. 예수께서는 사단이 제자들을 넘어뜨리려고 한다고 시몬 베드로에게 말씀하셨다. 누가복음 22:31에 있는 대명사 "너희"는 복수이다. 따라서 사단은 모든 제자들을 넘어뜨리려고 하였다. 제자들은 그날 밤에 잠시 잘못하기는 했지만, 제자들을 위한 예수님의 기도응답은 사도행전에 나타나고 있다. 제자들은 다른 사람들과 함께 예루살렘과 유대와 사마리아와 그리고 세상 끝에 있는 많은 사람들을 예수께로 인도한 사람이 되었다. 제자들의 보호와 구원을 위한 예수님의 기도가 나중에 응답된 것이다.

신약성경에 구원을 위한 몇몇 중요한 기도가 있다. 바울은 로마교회와 데살로니가교회들에게 자기의 구원을 위해 기도하도록 부탁하였다. 바울은 무엇으로부터 구원받기를 기도했는가?

로마서 15:30-31 ____________________

데살로니가후서 3:2 ____________________

"나는 세상에 더 있지 아니하오나 그들은 세상에 있사옵고 나는 아버지께로 가옵나니 거룩하신 아버지여 내게 주신 아버지의 이름으로 그들을 보전하사 우리와 같이 그들도 하나가 되게 하옵소서"(요 17:11).

"내가 비옵는 것은 그들을 세상에서 데려가시기를 위함이 아니요 다만 악에 빠지지 않게 보전하시기를 위함이니이다"(요 17:15).

"형제들아 내가 우리 주 예수 그리스도와 성령의 사랑으로 말미암아 너희를 권하노니 너희 기도에 나와 힘을 같이하여 나를 위하여 하나님께 빌어 나로 유대에서 순종하지 아니하는 자들로부터 건짐을 받게 하고 또 예루살렘에 대하여 내가 섬기는 일을 성도들이 받을 만하게 하고"(롬 15:30-31).

"또한 우리를 부당하고 악한 사람들에게서 건지시옵소서 이는 믿음은 모든 사람의 것이 아니니라"(살후 3:2).

"그들을 진리로 거룩하게 하옵소서 아버지의 말씀은 진리니이다"(요 17:17).

경건한 삶

성경말씀

성경에서 하나님이
나에게 주신 말씀

나의 기도제목

극히 위험한 지역에서 선교하는 선교사를 위해서 기도하고 있다고 가정해 보라. 그 선교사를 위해서 당신은 어떤 기도를 할 수 있겠는가?

믿지 않는 사람과 무례하고 사악한 사람들로부터 어떤 사람의 보호와 구원을 기도할 수 있다. 선교사처럼 위험한 곳에서 주의 일을 하는 다른 그리스도인을 위하여 기도하는 것은 중요한 중보기도 사역이다.

성화

예수께서는 제자들의 성화를 위해 기도하셨다. 예수께서는 제자들이 진리 안에서 거룩하게 되기를 기도하셨다(요 17:17). 성화는 '거룩하게 된다' 는 뜻이며, 거룩은 '구별되어 있다' 는 의미이다. 성화를 위한 기도도 중요한 기도이다. 우리는 진리 안에서 구별되어야 하고, 진리는 청결함이므로 세상에 속한 어떤 불순물도 구별된 자들의 마음에 허용되어서는 안 된다. 바울은 영적인 자녀들의 거룩함을 위해서 기도하였다. 데살로니가전서 3:12-13을 읽어 보라. 교회와 그리스도인은 거룩하고 성화되기 위하여 기도해야 한다.

다른 그리스도인의 성화를 위한 기도제목을 옆 여백에 써 보라. 가능하다면, 그 기도제목을 모임에서 함께 나누도록 하라.

오늘, 하나님과 교제하며 동행하는 삶

1. 당신이나 가족 중에 유혹, 세속에 물듦, 속임, 오해로부터 보호받아야 할 기도제목이 있는지 생각해 보고, 그것을 위하여 기도하라. 기도지침 11의 "다른 그리스도인을 위한 기도"를 참고하라.

2. 위험한 지역에서 사역하는 그리스도인들을 위해 기도하라.

3. 이슬람 국가, 유대인들, 그리고 공산국가에 있는 그리스도인들을 위해 기도하라.

4. 당신 교회의 하나됨과 성화를 위하여 기도하라.

5. 경건의 시간을 가진 후, 경건한 삶을 완성하라.

제12단원

선교를 위한 기도

핵 심 개 념	땅 끝까지 복음이 전해지기 원하시는 하나님의 뜻을 이루는 선교에 동참하기 위하여 선교사를 지원하거나 중보기도를 한다.
단원학습목표	기도를 통해 세계 복음화에 동참하는 방법을 이해하여 국내외 선교에 필요한 사항들을 알아 기도한다.
암 송 구 절	"이에 제자들에게 이르시되 추수할 것은 많되 일꾼이 적으니 그러므로 추수하는 주인에게 청하여 추수할 일꾼들을 보내 주소서 하라 하시니라"(마 9:37-38). "끝으로 형제들아 너희는 우리를 위하여 기도하기를 주의 말씀이 너희 가운데서와 같이 퍼져 나가 영광스럽게 되고"(살후 3:1).
관련기도지침	기도지침 12 선교를 위한 기도(291쪽)

난관 극복을 위한 기도

던과 비오르 부부는 미국 남침례교 최초의 음악 선교사였다. 던은 첫 번째 안식년을 맞아 우리 교회 선교학교에서 강의를 하게 되었다. 우리 부부와 교회는 그가 콜롬비아에서 겪은 핍박에 관한 이야기를 듣고 진지하게 기도하게 되었다.

그들이 두 번째 안식년을 맞아 귀국했을 때, 아직도 콜롬비아에 가혹한 핍박이 계속되고 있다는 사실을 짐작할 수 있었다. 그러나 세 번째 안식년에 그들과 우리는 콜롬비아에서 일어난 놀라운 난관 극복의 성공담을 함께 나눌 수 있었다. 시 차원의 〈메시아〉 공연으로 콜롬비아 침례교회가 전국판 일간지에 최초로 언급되었고, 시 당국자들과 가톨릭 지도자들은 침례교회를 예전과는 달리 상당히 존중심을 가지고 대우하였던 것이다. 그들의 복음증거가 더욱 효과적이기를 바라는 나의 기도는 계속되었다. 그후의 편지들에 의하면 콜롬비아인들의 내규모 구원운동이 전개되었다고 한다. 이처럼 나는 오래 전의 기도에 대한 뒤늦은 응답들을 보면서 기도하는 일이 즐거워졌다.

그들 선교사 부부는 세 번째 안식년을 맞기 바로 직전에 연이은 신체적 질병으로 어려움을 당하기 시작하였다. 던은 고교시절의 무릎 부상이 재발해 무릎뼈의 일부를 녹여 제거해야만 했고, 등과 뼈에 여러 문제들이 발생하여 그를 괴롭히기 시작했다. 얼마 후에는 비오르가 질병으로 고통을 당했다. 외부적인 어려움이 대부분 해결되자 사단은 그들의 몸을 공격하는 것 같았다. 나와 아내는 던이 열세 번의 대수술을 받는 동안 더욱 기도에 진력했다. 우리는 던 부부의 육체적 건강과 복음증거를 위해서 뿐만 아니라 그들이 용기를 가지도록 기도하였다.

던의 강인한 용기와 비오르의 굽힐 줄 모르는 헌신은 그들이 콜롬비아에서 희생하며 바친 노력 이상의 결과를 가져왔다. 음악 선교사의 규모는 두 명의 선교사에서 약 백 명에 이를 만큼 성장하였는데, 그들 가운데 다수는 던과 비오르의 개척자적인 백절불굴의 인내에 감동한 자들이었다. 던 부부는 기쁨과 보상에 대해서만 언급했지만 그들의 사역은 결코 용이하거나 평탄하지 않았다. 숱한 곤경과 난관이 그들의 사역과 가정, 심지어는 육체에까지 밀려왔으며, 이런 상황은 선교사역의 말기에 이르기까지 계속되었다. 미국 남침례교단은 그들이 힘든 일을 당하는 동안 기도로 후원하였다. 그리하여 이들 부부는 길고도 험난한 사역의 수행과정에서 난관을 극복할 수 있었던 것이다.

1985년에 이들 부부는 사역을 마치고 장기간의 요양이 필요한 상태로 은퇴를 하게 되었다. 그들의 열심 있는 사역과 선교분야에서의 놀라운 추진력으로 견고해진 콜롬비아의 신생 교회들과 새신자들은 광범위한 기도가 이룩해 낼 수 있는 것이 무엇인지 입증해 준다. 비록 기도하는 사람들이 기도응답을 깨닫지 못하는 순간에도 하나님은 그들의 기도를 통하여 일하신다.

제1과
소명과 파송

오늘의 학습목표 선교사로 소명받고 파송되는 과정을 이해하고, 선교를 위하여 좀 더 효과적으로 기도하게 된다.

➲ 이번 단원 동안 기도 파트너와 기도할 시간을 작성해서 날짜와 시간을 적어 보라.

___

이번 단원에서 당신의 기도는 세계를 위한 기도로 확대될 것이다. 하나님은 모든 세계, 곧 무한히 떨어져 있는 별에서부터 작은 아이 하나에 이르기까지 그분이 창조하신 모든 만물에 관심을 기울이신다. 하나님의 가장 큰 관심은 예수님의 죽음과 부활에 관하여 듣고 영접하는 모든 사람들에게 있다. 당신 역시 온 세계를 향한 비전과 관심이 필요하다.

보내심을 받은 자들

우선 당신의 주의력을 '보내심을 받은 자들' 이란 의미를 지닌 선교사에 집중시켜라. 선교라는 단어는 '보내다' 라는 라틴어에서 유래되었다. 사도라는 단어도 '보냄 받은 자' 의 뜻으로 헬라어에서 유래했다. 예수님은 가장 위대한 '보내심을 받은 자' (히 3:1)였다. 예수께서 제자들을 '사도' 로 임명하셨을 때, 사도들 역시 보냄을 받은 자들(눅 6:13)이었다. 마가복음 3:14에서도 '이에 열둘을 세우셨으니 이는 자기와 함께 있게 하시고또 보내사 전도도 하며' 라고 하였다. 바울은 스스로 사도라 칭했는데 오늘날 그는 최초의 기독교 선교사로 간주된다.

➲ 이상의 지식을 사용하여 다음 단어들을 정의해 보라.

선교사 ___

사 도 ___

보내심을 받은 자 중 가장 위대한 예수님은 또한 다른 사람들을 보내셨던 분이다. 예수님은 천국복음을 전파하도록 갈릴리 전역에 열두 제자를 파송하셨다(마 10:5). 그후 베레아 지방에서는 칠십 인을 파송하셔서 그의 길을 예비하게 하셨다(눅 10:1). 그들을 파송한 것은 예수님 자신의 파송과 아주 유사하다. 마태복음 10:25을 읽고, 예수님이 열두 제자에게 하신 말씀을 보라. 예수님이 제자들을 파송하였기 때문에 제자들은 하나님께서 파송하신 예수님을 닮아야 했다. 누가복음

"그러므로 함께 하늘의 부르심을 받은 거룩한 형제들아 우리가 믿는 도리의 사도이시며 대제사장이 신 예수를 깊이 생각하라"(히 3:1).

"예수께서 이 열둘을 내보내시며 명하여 이르시되 이방인의 길로도 가지 말고 사마리아인의 고을에도 들어가지말고"(마 10:5).

"그 후에 주께서 따로 칠십인을 세우사 친히 가시려는 각 동네와 각 지역으로 둘씩 앞서 보내시며"(눅 10:1).

"제자가 그 선생 같고 종이 그 상전 같으면 족하도다 집 주인을 바알세불이라 하였거든 하물며 그 집 사람들이랴"(마 10:25).

"너희 말을 듣는 자는 곧 내 말을 듣는 것이요 너희를 저버리는 자는 곧 나를 저버리는 것이요 나를 저버리는 자는 나 보내신 이를 저버리는 것이라 하시니라"(눅 10:16).

"아버지께서 나를 세상에 보내신 것 같이 나도 그들을 세상에 보내었고"(요 17:18).

"예수께서 또 이르시되 너희에게 평강이 있을지어다 아버지께서 나를 보내신 것 같이 나도 너희를 보내노라"(요 20:21).

"예수께서 나아와 말씀하여 이르시되 하늘과 땅의 모든 권세를 내게 주셨으니 그러므로 너희는 가서 모든 민족을 제자로 삼아 아버지와 아들과 성령의 이름으로 세례를 베풀고 내가 너희에게 분부한 모든 것을 가르쳐 지키게 하라 볼지어다 내가 세상 끝날까지 너희와 항상 함께 있으리라 하시니라"(마 28:18-20).

"예수께서 모든 도시와 마을에 두루 다니사 그들의 회당에서 가르치시며 천국 복음을 전파하시며 모든 병과 모든 약한 것을 고치시니라 무리를 보시고 불쌍히 여기시니 이는 그들이 목자 없는 양과 같이 고생하며 기진함이라 이에 제자들에게 이르시되 추수할 것은 많되 일꾼이 적으니 그러므로 추수하는 주인에게 청하여 추수할 일꾼들을 보내 주소서 하라 하시니라"(마 9:35-38).

"너희는 넉 달이 지나야 추수할 때가 이르겠다 하지 아니하느냐 그러나 나는 너희에게 이르노니 너희 눈을 들어 밭을 보라 희어져 추수하게 되었도다"(요 4:35).

10:16을 읽고, 예수님이 70명의 제자를 파송하면서 하신 말씀을 보라. 파송된 사람은 파송한 사람과 같은 것이다.

요한복음 17:18; 20:21; 마태복음 28:18-20을 읽고 예수님이 파송한 사람들과 예수님 사이의 관계를 묵상해 보라. 선교에서 당신의 역할은 무엇인가?

어떤 의미에서 모든 그리스도인은 예수님이 파송한 사도이거나 선교사이고, 예수님의 선교사역의 한 부분을 이룬다. 그리스도인으로서 당신의 과제는 선교를 위해서 무엇을 할 것인지 혹은 선교를 어디에서 할 것인지 발견하는 것이다.

이번 단원에서 우리는 두 가지 내용을 마음에 새기면서 선교사를 위해 기도해야 한다. 첫째, 우리들은 모두 선교에 참여하도록 부름을 받았기 때문에 모든 그리스도인을 위해 기도함으로써 하나님 나라를 확장하는 데 일익을 담당해야 한다. 둘째, 어떤 사람들은 풀타임 선교사로 소명받았는데, 이들은 하나님의 나라를 확장하기 위하여 다른 나라나 지역으로 파송된 사람들이다.

파송을 위한 기도

마태복음 9:35-38을 읽으라. 예수님은 제자들에게 말씀하셨지만, 우리도 동일하게 이 명령을 지켜야 한다. 예수님의 명령은 무엇인가?

예수님은 추수할 일꾼들을 위해 기도하라고 말씀하셨다. 모든 사람에게 선한 목자이신 예수님의 인도하심이 필요하다. 우리는 모두 선교사로서 하나님을 섬길 수는 없지만 기도로 선교사역의 중요한 부분을 감당할 수는 있다.

예수님은 일꾼을 필요로 하셨고, 그것을 묘사하기 위해서 추수 비유를 사용하셨다. 요한복음 4:35을 읽어 보라. 예수님은 추수할 곡식을 위하여 일할 일꾼이 필요하다고 말씀하셨다.

추수하기 위해서 무엇을 기도해야 하는가?

- 당신이 속한 교회의 청 · 장년들이 선교에 대한 성령의 부르심에 민감해지도록 기도한다.
- 당신의 자녀들이 추수할 일꾼으로 부름받도록 기도한다.
- 대학생 혹은 신학생들이 그들의 생애 중에 하나님의 특별한 계획을 자각하도록 기도한다.
- 복음전도자와 목회자를 위해 기도한다.

■ 당신이 추수에 참여할 수 있도록 기도한다.

잠시 멈추고, 일꾼으로 소명받도록 기도하라. 주님이 당신의 마음속에 떠오르게 하는 사람을 위해서 기도하고, 그 사람의 이름을 옆 여백에 써 보라.

파송자들

초대교회부터 선교사를 파송하였고, 하나님과 교회는 선교사의 파송자이다. 성경에 보면 선교사는 성령에 의해서 파송되었고, 파송하도록 성령에 의해 확신한 교회에 의해서 파송되었다.

사도행전 13:1-4의 '선교사 파송 예배'에 관해 읽어 보라. 그 사건에서 다음 사람들은 각각 어떤 역할을 했는가?

"안디옥 교회에 선지자들과 교사들이 있으니 곧 바나바와 니게르라 하는 시므온과 구레네 사람 루기오와 분봉 왕 헤롯의 젖동생 마나엔과 및 사울이라 주를 섬겨 금식할 때에 성령이 이르시되 내가 불러 시키는 일을 위하여 바나바와 사울을 따로 세우라 하시니 이에 금식하며 기도하고 두 사람에게 안수하여 보내니라 두 사람이 성령의 보내심을 받아 실루기아에 내려가 거기서 배 타고 구브로에 가서"(행 13:1-4).

선지자들과 교사들 ______________________

사울과 바나바 ______________________

안디옥 교회 ______________________

성령 ______________________

이것은 흥미롭고 중요한 장면이다. 혹자는 이것을 기독교 선교운동의 시초라고 주장한다. 다섯 사람은 교회의 지도자였고, 선지자와 교사로 안디옥 교회를 섬겼다. 교회 전체가 주님을 섬기고 금식했는지 아니면 다섯 사람만이 선교를 위한 특별한 모임을 가졌는지 확실히 알지는 못한다. 다만 안디옥 교회가 선교사를 파송하도록 성령이 감동하였다는 것은 알 수 있다. 사도행전 13:2-3은 사울과 바나바가 먼저 선교사로서의 소명을 느꼈을 것이라는 점을 암시하고 있다. 그리고 나서 기도 중에 안디옥 교회는 이에 응답하여 그들을 선교지로 파송했던 것이다.

선교사들을 지명하여 파송하는 일에 참여한 두 부류의 사람들은 누구인가?

____

안디옥교회가 최초의 선교사를 파송하고자 할 때 기도는 어떤 역할을 하였는가?

____

성령은 합심기도하는 중에 일꾼을 부르셨고, 교회는 기도로 선교사를 파송하였다. 기도는 선교사를 파송하는 교회의 책임이고 특권이다.

다음 질문에 답하라.

1. 선교사를 파송하라는 성령의 부르심이 당신이 다니는 교회에서 있었는가?
   □ 예 □ 아니요

경건한 삶

성경말씀

성경에서 하나님이 나에게 주신 말씀

나의 기도제목

2. 부르신 적이 있다면 교회에서는 선교사를 위하여 언제 어떻게 기도했나?

잠시 멈추고, 당신의 교회가 선교사의 부르심과 파송에 관심을 갖고 그들을 위해 더욱 열심히 기도하게 해 달라고 기도하라. 당신은 이 기도를 위해서 어떤 일을 할 수 있는가?

오늘, 하나님과 교제하며 동행하는 삶

1. 추수할 일꾼에 대하여 생각해 보라. 직장, 학교, 운동시간에 사람을 만날 때 추수할 들판을 생각해 보라. 신문을 읽거나 뉴스를 시청할 때도 예수님을 영접해야 할 사람이 많이 있음을 생각하라. 하나님께서 추수할 일꾼을 많이 부르실 날을 위하여 기도하라. 기도지침 12의 "일꾼을 위한 기도"를 참고하라.

2. 경건의 시간을 가진 후, 경건한 삶을 완성하라.

제2과
바울의 기도요청

오늘의 학습목표 바울이 요청한 기도의 내용을 이해하고, 선교사를 위한 기도에 사용하게 한다.

선교사를 위한 여섯 가지 기도

바울은 1세기 때의 선교사였다. 바울은 여러 교회에 서신을 보내 선교지에서 교회를 개척하고 말씀선포와 교육을 감당하는 동안 자신을 위해 기도해 달라고 요청했다.

➲ 다음 성경구절을 읽고 바울이 요청했던 기도제목을 써 보라.

1. 로마서 15:31상 ______
2. 로마서 15:31하 ______
3. 에베소서 6:19 ______
4. 골로새서 4:2-3 ______
5. 골로새서 4:4 ______
6. 데살로니가후서 3:1 ______

바울이 요청한 기도 내용은 (1) 핍박하는 자들로부터 놓임받도록, (2) 바울의 섬김이 예루살렘교회에서 인정받도록, (3) 담대하게 복음을 전하도록, (4) 전도할 수 있는 기회를 주시도록, (5) 말씀을 이해하기 쉽게 전할 수 있도록, (6) 주의 말씀이 퍼져나가 하나님께 영광 돌리는 것이다.

다음은 바울의 요청과 관련 있는 여섯 가지 주요 단어들이다. 이 단어들은 바울과 동일한 일을 하고 있는 선교사를 위해 중보기도를 할 때 기억해야 할 요소이다. 아래 단어들과 연관이 있는 성경구절의 번호를 위에서 찾아서 쓰라.

_____ 받아들임(A-Acceptance, 동역자들과 교인들에 의해)
_____ 담대함(B-Boldness, 전도)
_____ 명료성(C-Clarity, 의사소통)
_____ 구원(D-Deliverance, 악에서)
_____ 확장(E-Extension, 사역)
_____ 결실(F-Fruitfulness, 영적 노고들)

"나로 유대에서 순종하지 아니하는 자들로부터 건짐을 받게 하고 또 예루살렘에 대하여 내가 섬기는 일을 성도들이 받을 만하게 하고"(롬 15:31).

"모든 것 위에 믿음의 방패를 가지고 이로써 능히 악한 자의 모든 불화살을 소멸하고"(엡 6:19).

"기도를 계속하고 기도에 감사함으로 깨어 있으라 또한 우리를 위하여 기도하되 하나님이 전도할 문을 우리에게 열어 주사 그리스도의 비밀을 말하게 하시기를 구하라 내가 이 일 때문에 매임을 당하였노라"(골 4:2-3).

"그리하면 내가 마땅히 할 말로써 이 비밀을 나타내리라"(골 4:4).

"끝으로 형제들아 너희는 우리를 위하여 기도하기를 주의 말씀이 너희 가운데서와 같이 퍼져 나가 영광스럽게 되고"(살후 3:1).

기도지침 12의 "바울의 기도요청"을 참고하여 당신의 답을 확인하라. 바울의 여섯가지 기도제목을 기억하여 선교사, 전도자, 목회자, 평신도 사역자를 위하여 기도할 때 사용하라.

여섯가지 기도제목 중 네 가지를 좀 더 자세히 살펴보자.

받아들임

"이 뜻을 따라 예수 그리스도의 몸을 단번에 드리심으로 말미암아 우리가 거룩함을 얻었노라"(히 10:10).

바울은 예루살렘교회가 자신의 선교업적을 인정해 주기를 원했다. 모든 그리스도인은 '성도'로 거룩한 자이며 죄 사함을 얻은 자들이다(히 10:10). 그리스도의 일꾼들이 주님을 위해서 한 사역들이 교회에서 인정받고 받아들여지도록 기도해 줄 필요가 있다.

교회를 개척하는 사람들은 종종 기존의 교회들이나 외부로부터 큰 어려움을 겪기도 한다. 교회를 개척하는 사람 중에 친한 사람이 있으면, 그 사역의 문이 열리도록 기도하라.

담대함

에베소서 6:19-20을 읽고, 바울이 에베소교회에 요청한 기도제목을 보라. 다른 문화와 위험한 환경 속에서 담대하게 전도하는 것은 쉬운 일이 아니다. 바울은 이를 위해 기도해 달라고 요청했다.

베드로 역시 기도를 요청할 줄 알았다. 공회가 사도들에게 "도무지 예수의 이름으로 말하지도 말고 가르치지도 말라"(행 4:18)고 명령하자, 사도들과 교회는 "주여 이제도 그들의 위협함을 굽어 보시옵고 또 종들로 하여금 담대히 하나님의 말씀을 전하게 하여 주시오며"(행 4:29)라고 기도했다. 이 기도는 기독교 역사에서 기억될 만한 성령의 능력이 나타나는 응답을 받았다(행 4:31). 기도 후의 담대한 전도는 예루살렘을 변화시키는 역사를 일으켰다.

당신이 섬기는 교회의 교인들이 지역사회에서 담대하게 전도할 수 있도록 기도하라. 당신이 살고 있는 지역사회에서 특별히 담대하게 전도해야 하는 지역은 어디인가?

"또 나를 위하여 구할 것은 내게 말씀을 주사 나로 입을 열어 복음의 비밀을 담대히 알리게 하옵소서 할 것이니 이 일을 위하여 내가 쇠사슬에 매인 사신이 된 것은 나로 이 일에 당연히 할 말을 담대히 하게 하려 하심이라"(엡 6:19-20).

에베소서 6:19을 읽고, 당신의 담대함을 위하여 기도하라.

확장

당신은 선교사들과 선교의 확장을 위해 기도해 왔을 것이다. 그러한 기도에 선교사들이 싸우고 있는 영적 전쟁을 위한 기도도 포함되어야 한다. 바울은 골로새서 4:2-3에서 기도의 방법을 말해 주었다. "기도를 계속하고 기도에 감사함으로 깨어 있으라 또한 우리를 위하여 기도하되 하나님이 전도할 문을 우리에게 열어 주사 그리스도의 비밀을 말하게 하시기를 구하라 내가 이 일 때문에 매임을 당하였노라"(골 4:2-3). 선교사가 해야 할 첫 번째 일은 문을 여는 것이다. 현지인의 저항적인 태도, 법적 조치, 비자 연장, 기술적 난관 등 많은 일들이 선교의 문을 잠글 수 있다. 바울의 예에서처럼 선교의 문을 열기 위해서는 기도가 많이 필요하다.

당신이 알고 있는 선교사와 선교지에서의 선교 확장 및 선교 대상 국가의 선교의 문이 열릴 수 있도록 기도하라.

결실

바울은 데살로니가 교회에 "끝으로 형제들아 너희는 우리를 위하여 기도하기를 주의 말씀이 너희 가운데서와 같이 퍼져 나가 영광스럽게 되고"(살후 3:1)라고 기도를 요청하였다. 선교사는 세계 곳곳에서 복음을 전한다. 그러나 이것은 오직 성령의 능력과 역사를 통해서만 결실이 나타날 수 있다. 우리에게는 성령께서 말씀을 영접할 수 있게 하시고, 말씀선포를 위한 통로와 수단을 제공해 주시며, 말씀을 선포하는 자들에게 능력을 주시도록 기도할 수 있는 특권이 있다. 윌리암 캐리는 비록 말씀이 '급속하게 퍼져나가지 않았을지라도' 자신의 소명에 충실했다. 오늘날에는 윌리엄 캐리가 살던 시대보다 기도할 수 있는 여건들이 훨씬 더 좋아졌기 때문에 말씀이 세계 곳곳으로 진파되는 속도는 대부분 우리의 기도에 달려 있다.

선교사들은 복음이 전해지지 않은 곳에서 복음을 전하고 교회를 세우려고 한다. 그들의 사역에 결실이 있기를 위해 기도하라.

오늘, 하나님과 교제하며 동행하는 삶

기도지침 12의 "바울의 기도 요청"을 참고하여 기도하라. 12단원을 공부하는 동안 매일 바울의 기도 방법으로 기도해 보라.

1. 당신 교회의 목사님을 위하여 바울의 여섯 가지 기도를 사용하여 기도하라.

2. 선교사와 그가 선교하고 있는 나라의 지도자를 위하여 바울의 기도를 사용하여 기도하라. 그 나라에 있는 모든 그리스도인을 위하여 기도하라.

3. 국내에서 활동하는 전도자와 해외에서 활동하는 선교사를 각각 두 명씩 선택하여 기도하라.

4. 경건의 시간을 가진 후, 경건한 삶을 완성하라.

경건한 삶

성경말씀

성경에서 하나님이
나에게 주신 말씀

나의 기도제목

제3과
네 가지 선교명령

오늘의 학습목표 네 가지 선교명령을 이해하여 이 땅에 임할 하나님 나라를 위하여 인내하면서 기도하게 된다.

네 가지 선교명령

① 모든 사람은 하나님이 주신 구원을 필요로 한다.
② 하나님은 모든 사람이 회개하고 구원받기를 원하신다.
③ 하나님의 계획은 모든 나라와 모든 민족에게 복음을 전하는 것이다.
④ 모든 인류는 반드시 하나님의 영광을 선포해야 한다.

선교명령에 기초한 네 가지 기도

① 불신자가 복음을 들을 수 있도록 기도하라.
② 불신자가 회개하고 믿도록 기도하라.
③ 선교사들의 파송을 위하여 기도하라.
④ 하나님께서 영광을 받으시도록 기도하라.

명령 1 : 모든 사람은 하나님이 주신 구원을 필요로 한다

모든 민족이 하나님을 영접하기 원했던 고대 유대인의 오랜 바람이 예수님의 사역을 통해서 완전히 이루어졌다. 예수님의 구속사역이 완성됨에 따라 인류의 구원 문제가 풀렸고, 보편적인 구원이 가능해졌다. 누가복음 24:47을 읽어 보라. 예수님은 인류의 죄 사함의 시기가 가까웠음을 제자들에게 알려주셨다. 예수님이 승천하시기 전에 제자들에게 하신 말씀이 사도행전 1:8을 읽어 보라. 이 말씀에 따라 제자들은 예수님의 죽으심과 부활을 담대하게 전하였다.

"또 그의 이름으로 죄 사함을 받게 하는 회개가 예루살렘에서 시작하여 모든 족속에게 전파될 것이 기록되었으니"(눅 24:47).

"오직 성령이 너희에게 임하시면 너희가 권능을 받고 예루살렘과 온 유대와 사마리아와 땅 끝까지 이르러 내 증인이 되리라 하시니라"(행 1:8).

선교사가 전해야 할 메시지는 무엇인가? 예수님은 바울에게 이방인한테 가서 "그 눈을 뜨게 하여 어둠에서 빛으로, 사탄의 권세에서 하나님께로 돌아오게 하고 죄 사함과 나를 믿어 거룩하게 된 무리 가운데서 기업을 얻게 하리라"(행 26:18)고 말씀하셨다. 오늘날 선교사를 위하여 기도할 때 이 말씀을 인용해야 할 것이다. 우리는 복음이 모든 사람에게 전해지도록 기도해야 한다.

● 불신자에게 구원이 왜 필요하다고 생각하는가? 그 이유에 모두 V표 하라.

☐ 죄인은 지옥에서 영원히 고통받을 것이기 때문이다.
☐ 불신자는 영적 어둠 속에서 인생을 살기 때문이다.
☐ 불신자는 죄와 사단의 권세에 매여 살기 때문이다.
☐ 사람은 죄 용서를 받아야 하고, 그들이 지고 가는 무거운 죄 짐을 벗어버려야 하기 때문이다.

우리는 때때로 에베소서 2:1에서 말씀하는 "허물과 죄로 죽었던" 사람들의 참혹한 운명에 대하여 잊어버리는 경향이 있다. 위에 제시된 것은 하나님의 구원이 필요한 적절한 이유이다. 만일 당신이 불신자의 구원을 위해 진지하게 기도할 수 없다면, 예수님을 믿지 않는 사람의 운명이 어떻게 되는지 분명히 깨닫게 해 달라고 기도해야 한다. 불신자를 위한 동정심을 달라고 기도하라.

잠시 멈추어, 불신자가 복음을 들을 수 있도록 기도하라.

명령 2 : 하나님은 모든 사람이 회개하고 구원받기를 원하신다

이것이 구원을 주신 이유이다. 하나님은 우리를 사랑하시고, 모든 사람들의 하나님이 되기 원하신다. 호세아 2:23을 읽어 보라. 로마에 있는 유대인들이 예수님을 영접하지 않자 바울이 말한 사도행전 28:28을 읽어 보라. 하나님의 말씀을 전하는 선교사는 "세상 땅 끝까지" 하나님의 말씀을 이루기 위해서 일하고 있다. 하나님은 모든 사람들이 구원받기 원하신다. 하나님의 뜻에 따라, 모든 사람들이 예수님을 영접하고, 회개하고, 믿는 사람이 되기를 기도해야 한다.

"그런즉 하나님의 이 구원이 이방인에게로 보내어진 줄 알라 그들은 그것을 들으리라 하더라"(행 28:28).

잠시 멈추어, 불신자가 예수님을 영접하고, 회개하고, 믿을 수 있도록 기도하라.

명령 3 : 하나님의 계획은 모든 나라와 민족에게 복음을 전하는 것이다

하나님의 계획은 선교사와 땅 끝까지 모든 민족들에게 예수님의 복음을 전하는 사람을 통해서 이루어진다. 예수님은 종말에 관해 다음과 같이 예언하셨다. "이 천국 복음이 모든 민족에게 증언되기 위하여 온 세상에 전파되리니 그제야 끝이 오리라"(마 24:14). 성경이 비록 세계 주요 언어들로 번역되었다고는 하지만 세계에는 수천 가지 방언들과 언어가 존재하며 아직 성경을 모든 언어로 번역하지 못했다. 세계 인구 중 대다수는 그리스도인이 아니기에, 하나님의 계획을 이루기 위해서는 이들이 하나님께로 나아올 수 있는 여러 수단이 필요하다.

"민족들"이라는 단어를 통해 예수님은 중앙에서 통제되는 정부들보다는 오히려 문화적 집단이나 민족을 언급하는 것 이 아닌가 추측할 수 있다. 현재 세계에는 거의 13,000개의 언어를 사용하는 민족이 있고, 그 중에서 6,322개의 민족에게 복음이 전해지지 않고 않았다. 그들은 세계 인구의 54%에 이른다. 복음이 전해지지

"그의 영광을 백성들 가운데에, 그의 기이한 행적을 만민 가운데에 선포할지어다"(시 96:3).

"그들이 주의 나라의 영광을 말하며 주의 업적을 일러서 주의 업적과 주의 나라의 위엄 있는 영광을 인생들에게 알게 하리이다"(시 145:11-12).

않은 민족 중에 2,161개 언어사용 민족은 복음이 거의 들어가지 못하고 있다. 이들은 세계 인구의 30%를 차지한다.

수많은 불신자가 죽기 전에 예수님을 영접하기 원한다면, 선교를 위한 우리의 노력은 더 빨리 진행되어야 한다. 모든 교회와 모든 그리스도인은 땅 끝까지 복음을 전할 수 있도록 선교사를 위해서 기도해야 한다.

잠시 멈추고, 파송된 선교사를 위해서 특별히 다음의 기도제목으로 기도하라.

- 교회를 세우고 성도를 제자로 삼는 교회 개척자를 위해서.
- 복음 전도자를 위해서.
- 복음을 전하고 다른 사람을 훈련하는 교사를 위해서.
- 선교사를 훈련하여 타문화권 혹은 국가에 파송하는 교회나 선교단체를 위해서.
- 타언어권 사람들이 읽을 수 있는 성경을 보급하는 데 도움을 줄 수 있는 성경 번역자를 위해서.

명령 4 : 모든 인류는 반드시 하나님의 영광을 선포해야 한다

구약성경에서는 유대인 외에 다른 민족도 하나님의 영광만을 위해서 살아가기를 열렬히 소망하였다. 시편 96:3; 145:11-12을 읽어 보라. 하나님은 다른 사람에게 전도하기 원하신다. 이것이 선교의 목적이다.

오늘날 세계 어떤 지역에서는 돌이나 나무 혹은 금속으로 만든 우상에게 영광을 드린다. 많은 나라에서는 부, 권력, 사회적 지위 등이 우상이 되기도 한다. 유대인들은 대체로 이런 거짓 우상을 멀리 하려고 했다(사 44:9-20; 합 2:19). "여호와가 만일 하나님이면 그를 따르고 바알이 만일 하나님이면 그를 따를지니라" (왕상 18"21)고 말한 엘리야처럼 우상을 끊어버리고 하나님만을 따라야 한다. 이스라엘 백성들이 고백했던 것처럼 모든 그리스도인은 "여호와 그는 하나님이시로다 여호와 그는 하나님이시로다"(왕상 18:39)라고 고백해야 한다. 우리는 하나님의 영광만을 위하여 기도해야 한다. 왜냐하면 하나님은 창조주이시고 예수님을 통하여 우리를 구원해 주셨기 때문이다.

당신은 하나님의 영광을 위하여 기도한 적이 있는가?

☐ 예　　☐ 아니오

다음과 같이 하나님이 당신의 기도에 응답해 주시고, 기도응답에 관련된 일을 적극적으로 할 수 있도록 인도해 달라고 기도하라.

1. 불신자가 복음을 듣게 해 달라고 기도하고, 성서공회나 기드온협회 혹은 성서번역 단체처럼 선교지 성경보급을 위해서 번역하는 기관에 헌금하게 해 달라고 기도한다.

2. 불신자가 예수님을 영접하여 회개하고 예수님을 믿을 수 있도록 기도하고, 불신자 이웃이나 직장 동료에게 전도할 수 있게 해 달라고 기도한다.
3. 선교사가 파송되게 해 달라고 기도하고, 선교사와 선교사의 사역을 지원할 수 있게 해 달라고 기도한다.
4. 하나님께서 영광받으시기를 기도하고, 새신자가 하나님께 영광 돌릴 수 있는 방법을 알도록, 돕는 기회를 달라고 기도한다.

네 가지 선교명령의 성취를 위하여 하나님은 당신이 특별히 어떤 일을 하기 원하신다고 생각하는가? 당신이 그 일을 할 수 있게 해 달라고 기도하라. 그리고 당신은 하나님이 하게 하신 일에 기쁘게 순종할 것을 기도하라.

오늘, 하나님과 교제하며 동행하는 삶

1. 기도지침 12의 "선교명령에 기초한 네 가지 기도"를 참고하라. 오늘 그 네 가지 기도제목으로 기도하라. 특별히 한 대륙, 한 나라, 혹은 국내 선교를 위하여 집중하여 기도하라.

2. 경건의 시간을 가진 후, 경건한 삶을 완성하라.

경건한 삶

성경말씀

성경에서 하나님이 나에게 주신 말씀

나의 기도제목

제4과

선교사에게 필요한 것

오늘의 학습목표 선교사의 사역에 필요한 것을 이해하고, 그 필요를 위하여 기도하게 된다.

선교사들을 파악하라

선교사의 필요를 응답받기 위한 가장 좋은 기도는 당신이 알고 있는 선교사의 구체적 필요를 위해서 기도하는 것이다. 선교사를 위하여 기도하려면, 선교사에 관한 정보를 알아야 한다. 당신이 해야 할 몇 가지 방법을 제시한다.

- 선교 보고를 하는 컨퍼런스에 참석하여 선교사의 사역과 선교사의 필요를 기록하라.
- 한 선교사를 정하여, 선교지에 대하여 공부하고, 선교사에게 편지나 카드도 써 보고, 때때로 전화도 해 보라. 선교사에게 긴급히 필요한 일이 무엇인지 알아내라. 그러나 정보를 얻기 위하여 그들의 귀중한 시간을 빼앗아서는 안 된다.
- 많은 선교사들은 친구나 후원자에게 소식지를 보낸다. 그들의 소식지를 보낼 주소를 기록할 뿐만 아니라, 소식지 발행 비용을 부담하기도 하라.
- 선교사에 관한 책이나 간행물을 읽어 보라. 거기서 당신이 알게 된 선교사를 위하여 기도하라.
- 선교사에 관한 신문(세속신문이나 교회신문)을 읽어 보고, 뉴스를 들어 보라. 거기서 선교와 선교사를 위하여 당신이 기도할 수 있는 기도제목을 적어라.

선교사들의 구체적인 필요사항에 관한 정보를 알게 해 주는 여러 방법 중에 하나를 선택하라. 선교사의 필요를 채우기 위해 당신은 구체적으로 무엇을 기도하겠는가?

선교사의 개인적 필요사항

개인적인 필요사항

① 언어와 문화
② 건강과 안전
③ 자녀와 늙으신 부모
④ 영적 성장과 정서적 안정

선교사에게는 누구나 개인적 필요가 있다. 만약 이것들이 충족되지 못하면, 선교 사역에 방해가 될 수 있다. 그중 하나는 언어 문제로서, 선교사는 선교지에서 효과적으로 의사소통하기 위하여 언어를 습득해야 한다. 언어와 더불어, 선교사는 선교지의 문화를 배워야 더 효과적으로 의사소통할 수 있다. 이 두 가지 어려운 문제는 많은 선교사들이 반드시 해결해야 할 가장 큰 문제이기도 하다. 때때로 생활환경이 위협까지는 되지 않더라도 선교사의 어려움이 되기도 한다. 특별이 선교사가 먹어야 하는 선교지의 음식이 기도제목이 되기도 한다. 어떤 경우에는 적절한 교통수단이 없어서 선교에 문제가 있을 수도 있고, 거주할 집을 위해서도 기도해야 한다. 선교사들이 악전고투하면서 좌절과 낙담하는 문제들은 끝없이 산적해 있다. 그들은 종종 다른 사람들의 도움 없이 짐을 메야만 한다. 당신의 기도는 선교사의 이런 모든 필요에 도움이 될 수 있도록 하나님께서 이 지상에 마련해 놓으신 중요한 대비책이다.

당신의 기도는 선교사의 이런 모든 필요에 도움이 될 수 있도록 하나님께서 이 지상에 마련해 놓으신 중요한 대비책이다.

당신이 어떤 나라 선교사가 되었다고 생각해 보라. 선교지에서 당신이 직면할 수 있는 문제를 생각하고 그 내용을 써 보라.

언어와 문화 ____________________

____

건강과 안전 ____________________

____

자녀와 늙으신 부모 ____________________

____

영적 성장과 정서적 안정 ____________________

____

만일 당신이 그 나라의 선교사라면, 위의 내용 중에 당신에게 가장 큰 기도제목은 무엇이겠는가?

"나의 하나님이 그리스도 예수 안에서 영광 가운데 그 풍성한 대로 너희 모든 쓸 것을 채우시리라"(빌 4:19).

선교사역에 필요사항

선교사역을 위한 기도는 예수님의 지상명령을 수행하고 불신자에게 복음을 전하기 위하여 필요하다. 선교사와 선교지 성도는 사단이 지배하는 지역을 복음으로 정복하여 하나님의 나라를 세우려고 해야 한다. 그 싸움에서 선교사가 승리할 수 있도록 우리는 기도하는 것이다. 선교사가 선교사역을 감당하는 데 필요한 사항이 몇 가지 있다.

경건한 삶

성경말씀

성경에서 하나님이
나에게 주신 말씀

나의 기도제목

선교사역에 필요한 사항

1. 현지인들과의 협력 관계
2. 전문직 직업(교사, 의사, 농업기술자, 회계사 등)
3. 전도와 교회 개척에서의 성공
4. 제자훈련과 교회양성의 효율성

다음에 열거된 구체적인 필요들은 위에 박스 안에 있는 일반적인 필요사항 중 어떤 것과 관련이 있는지 그 번호를 각 항 앞 빈 줄에 적어라.

_____ A. 의료선교사는 선교지에서 의료를 베풀기 전에 포르투갈어 의사고시에 합격해야 한다.

_____ B. 50명의 새신자는 선교사가 그들을 돕기 위하여 마을에 방문하기를 기다린다.

_____ C. 금년 봄에 한 예배 모임이 교회조직으로 되기를 원한다.

_____ D. 선교사가 새신자 제자훈련 그룹에서 사용할 지도자용 책을 써 달라고 요청했다.

_____ E. 선교사가 불신자 전도를 위한 전도팀을 훈련시키고 있다.

_____ F. 선교사들과 피선교국 교회 지도자들이 차기년도의 재정 자원 사용의 우선순위를 확정짓기 위하여 회의를 열고 있다.

해답 : A-2, B-4, C-3 혹은 4, D-4, E-3, F-1

선교사를 위한 기도

많은 사람들이 선교사들의 생일에 그들을 위해 기도한다. 선교사들은 특별한 날에 해 주는 중보기도로 큰 문제를 해결하기도 한다. 어떤 선교사들은 생일에 많은 사람들의 기도가 드려지고 있다는 것을 알기 때문에 그날까지 중요한 결정들을 미루어 놓기까지 한다. 해외선교 기관에서 기도 달력을 공급받아 선교사를 위해서 항상 기도할 수 있어야 한다.

오늘, 하나님과 교제하며 동행하는 삶

1. 빌립보서 4:19을 읽고, 선교사에 대한 약속을 생각해 보라.

2. 오늘은 선교사의 필요를 위하여 기도해 보라. 기도지침 12의 "선교사의 개인적인 필요사항", "선교사역에 필요한 사항"을 사용하여, 당신의 생각에 자극을 주라. 만약 개인적으로 알고 있는 선교사가 있다면, 그를 위해 기도하라.

3. 경건의 시간을 가진 후, 경건한 삶을 완성하라.

제5과
세계를 위한 기도

오늘의 학습목표 하나님은 세상 모든 사람을 구원하시고자 한다는 것을 깨닫고, 온 세상에 선교할 수 있도록 기도한다.

세계를 위한 기도

성경은 처음부터 끝까지 선교에 관하여 말씀하고 있다. 하나님은 이방 니느웨에 요나를 보내셔서 회개를 선포하게 하셨다(욘 1:2). 하나님이 우주를 통치하신다는 것은 구약 전편에 흐르는 친숙한 주제이다(시 22:27; 82:8; 86:9; 사 66:23; 합 2:14 등). 예수님의 우주 통치는 재림을 통해서 성취될 것이다. 시편에서는 온 세상이 유일하게 참되신 하나님을 경외하고 찬양하기를 원한다고 하였다. 시편 67편의 기도는 당신에게도 이 세계를 위한 기도로 적절한 것이다.

시편 67편을 읽고, 세계 모든 나라에 하나님의 복음이 전해지기를 원하는 표현에 동그라미로 표하라.

잠시 멈추고, 세계 모든 민족 선교를 위하여 기도하라.

세계선교를 위한 기도제목

다음 글을 읽으면서 세계 모든 민족을 위해 기도해야 할 단어들이나 구절에 밑줄을 그어라.

하나님은 이 세계를 전체적인 상황속에서 보신다. 전쟁, 혁명과 같은 급변하는 격동, 홍수, 기근, 가뭄과 같은 재난뿐만 아니라 계속되는 정치적, 경제적, 사회적, 종교적 위기들을 함께 보신다. 우리도 역시 현 정세를 인식하고 이 여건들에 관해 주의를 기울여야 한다. 가능한 한 우리의 기도는 세계를 포용해야만 한다. 끊임없이 문제가 일어나는 국가들과 위기상황에 처한 나라들을 위해 기도해야 한다.

한 나라의 정치, 경제, 사회적 분위기는 복음의 확산에 영향을 미친다. 기도는 빈곤이나 억압과 같이 복음의 전파와 수용에 방해가 되는 연이은 문제들의 극복에도 필요하니.

하나님은 권력을 가진 자, 억압받는 자, 상처입은 자, 상처를 치료하고 있는 자, 부자, 가난한 자, 젊은 사람, 늙은 사람, 그리스도인, 비그리스도인 등 모든 사람에게 관심이 있다. 다른 나라에서 발생한 문제에 관한 뉴스를 들을 때 기도할 수 있도록 우리 자신을 훈련시켜야 한다.

"하나님은 우리에세 은혜를 베푸사 복을 주시고 그의 얼굴 빛을 우리에게 비추사 주의 도를 땅위에 주의 구원을 모든 나라에게 알리소서 하나님이여 민족들이 줄을 찬송하게 하시며 모든 민족들이 주를 찬송하게 하소서 온 백성은 기쁘고 즐겁게 노래할지니 주는 민족들을 공평히 심판하시며 땅 위에 나라들을 다스리실 것임이니다 하나님이여 민족들이 주를 찬송하게 하시며 모든 민족으로 주를 찬송하게 하소서 땅이 그의 소산을 내어주었으니 하나님 곧 우리 하나님이 우리에게 복을 주시리로다 하나님이 우리에게 복을 주시리니 우리에게 땅의 모든 끝이 하나님을 경외하리로다" (시 67편)

선교지가 처한 상황에 관한 정보는 라디오, 텔레비전, 신문, 영화, 서적, 잡지 등의 매체를 통하여 알 수 있고, 우리는 대중매체를 통하여 끊임없이 기도제목을 제공받을 수 있다.

추수기에 주님은 우리가 선교를 위하여 기도할 수 있도록 자극하는 소식을 많이 알게 해 주실 것이다. 가끔 우리는 외국 선교사들을 추방하기 시작한 정부들에 대해 듣는다. 어떤 경우는 여러 가지 복잡한 행정절차가 비자 획득이나 연장을 할 수 없도록 하기도 한다. 때로는 테러 집단들이 선교사들을 위협한다. 이러한 소식들은 뉴스 매체를 통하여 우리에게 위기 상황을 알려 준다.

어떤 그리스도인은 많은 국가의 지도자를 위하여 기도하도록 소명받았다고 생각하기도 한다. 그들은 국가 지도자들의 회심을 위하여 기도하고, 하나님께서 이들 지도자를 이 세계에서 하나님의 뜻을 수행하는 도구로 사용하시기를 위하여 기도한다. 하나님께서 당신에게 이 기도사역을 주셨는지도 모른다.

➲ 아래에 세계선교를 위한 기도제목을 써 보라.

____

____

____

____

____

국내에서 세계 선교를 위한 기관을 확인하고, 그 기관에서 요청하는 선교 기도제목을 위하여 중보기도로 동참하도록 하라.

선교의 기능과 사역을 위한 기도는 세계를 위한 기도를 조직화하는 또 하나의 방법이다. 이번 단원 각 과를 통하여 당신은 한 나라를 위하여, 한 대륙을 위하여, 혹은 더 넓은 세계를 위해 기도해야 한다.

선교 기능/사역

제1일 – 교회발전, 영적 각성, 제자훈련
제2일 – 교회개척, 전도, 협력전도
제3일 – 지도자 훈련(신학교, 성경 및 평신도 기관, 신학 연장교육)
제4일 – 병원, 임상, 진료소, 보건소
제5일 – 출판사역, 문서보급
제6일 – 대중매체(텔레비전, 라디오, 영화)
제7일 – 학생전도, 청소년 사역

이번 단원 성경암송 구절을 다시 암기해 보라.

오늘, 하나님과 교제하며 동행하는 삶

1. 298쪽에 "주간 중보기도" 중에 '선교를 위하여 기도하라' 내용을 읽고 오늘은 세계에서 일어나는 일을 위하여 기도해 보라.

2. 당신이 다른 나라 도시에 가 보거나 다른 나라 사람을 만난다고 생각해 보라. 기도지침의 12의 시편 67편을 읽고, 다른 나라에 참 하나님을 알게 하려고 선교하는 장면을 그려 보라.

3. 선교를 위하여 적은 기도제목을 다시 보고, 그 기도제목을 놓고 기도하라.

4. 경건의 시간을 가진 후, 경건한 삶을 완성하라.

경건한 삶

성경말씀

성경에서 하나님이
나에게 주신 말씀

나의 기도제목

제13단원

기도사역의 확립

핵 심 개 념　중보기도는 이 세상에서 하나님 나라의 목표를 성취하기 위한 하나님의 능력이 펼치게 하는 사역이다.

단원학습목표　개인과 교회가 중보기도 사역을 수행할 수 있는 방법을 이해하고 하나님께서 중보기도 사역에 어떻게 참여하기를 원하시는지 알게 된다.

암 송 구 절　"여호와의 눈은 온 땅을 두루 감찰하사 전심으로 자기에게 향하는 자들을 위하여 능력을 베푸시나니"(대하 16:9상).
"우리 가운데서 역사하시는 능력대로 우리가 구하거나 생각하는 모든 것에 더 넘치도록 능히 하실 이에게 교회 안에서와 그리스도 예수 안에서 영광이 대대로 영원무궁하기를 원하노라"(엡 3:20-21).

매일 새로운 아침

많은 그리스도인들처럼 경건한 가정에서 자라난 나는 여러 번 수양회에 참가했고, 크리스천 대학에서 공부했고, 많은 부흥을 보기도 했다. 그러나 '부흥'이 '새로움'을 내포하고 있다는 사실을 말해 준 사람은 아무도 없었다.

나는 1956년 여름에 박사과정(Ph. D.)을 시작했다. 학문적 성공의 조기달성은 내게 짜릿한 만족을 주었다. 특별히 일부 교수님들이, 음악학 학자가 되는 것에 대해 너무 좋은 예측을 해 주었기 때문에 더욱 그랬다. 그해 가을 내내 나는 내 인생의 한 새로운 지향점을 향해 무작정 나아가기 시작했다. 직업과 성공은 나의 목표였다. 나는 결코 교회 출석을 거르지 않았으나 그렇다고 활발하게 교회에 참여하지도 않았다. 나의 깊은 내면세계에서는 자아라는 그릇된 신을 섬기고 있었니.

그러던 중 어떤 학생이 자기에게 아무 소용이 없는 것이라며 독일어 성경 한 권을 내게 주었다. 나는 흥미가 생겼고, 성경 언어의 묘미를 만끽하게 되었다. 이삼일 후, 나는 다소 전문적인 강좌를 준비하기 위하여 아침 일찍 일어났다. 강의 준비는 예상했던 것과는 달리 다소 쉬웠다. 나는 준비를 신속하게 마치고 나서 새 성경으로 독일어 공부를 하기로 결심했다. 요한복음 1장을 택하여 평상시와 똑같이 읽어가기 시작했다. 그런데 영어로는 그토록 익숙했던 단어들이 외국어로 읽으니 마치 감전된 듯이 나를 사로잡았다. 예수님의 영광과 예수님의 인성 속에 보여지는 존귀한 위엄이 전에는 도무지 깨달을 수 없었던 차원으로 성경 속에 존재해 있었다. 성경을 읽는 매일매일 시간시간 내내 마치 갈증난 사람이 물을 찾듯이 요한복음에 묘사된 예수님의 위엄에 대하여 파고들기 시작했다. 그토록 심취되어 요한복음을 읽고 난 후 나는 성경 전체를 읽기로 결심하였다.

출애굽기 3장을 읽던 날 아침, 나에게는 새로운 일이 일어났다. 동틀 무렵, 불은 붙어 있으나 불타지 않는 떨기나무에 호기심을 지닌 채 다가가는 모세에 관해 읽었다. 그날 아침 하나님은 “이리로 가까이 오지 말라 네가 선 곳은 거룩한 땅이니 네 발에서 신을 벗으라”(5절)고 분명히 내게 말씀하고 계셨다. 나는 무한히 거룩한 분의 면전에 서 있다고 느꼈고, 모세가 어떤 느낌을 가졌는지 아주 잘 이해할 수 있었다(모세는 하나님 뵈옵기를 두려워하여 얼굴을 가렸다.) 나는 무릎을 꿇고 말았다(당신 역시 그랬을 것이라 믿는다.). 무한히 거룩한 분의 놀랍고도 압도적인 힘을 나는 도저히 감당할 수 없었다. 눈물이 쏟아지는 가운데 나는 나의 이기적인 목표에 대한 선택을 해야 했다. 그후 나의 삶을 모두 예수님의 위해서 헌신하겠다고 조건없이 주님의 주권에 맡겼다.

그날 아침 출세욕은 사라졌고, 자아 역시 죽었다. 모든 것이 새로웠다. 이제는 내 인생에 새로운 봄이 도래했고, 새로운 응답은 전도 가운데 나타났다. 새 노래가 내 마음에서 샘솟았다. 그것은 바로 새 생명, 새 능력, 새 기쁨이었다. 그 11월의 아침은 수년 전의 아침이다. 하나님의 신실하심은 경건의 시간을 30분에서 2시간 이상으로 늘리게 하셨다. 아, 말씀의 영광과 아름다움이여! 물론 그것으로 충분하다고는 할 수 없다. 성경말씀은 달이 가고 해가 바뀔수록 이전보다 날로 새롭고 더욱 신선하다.

‘새로운 이라는 단어는 성경에 담긴 아름다운 말들 가운데 하나이다. 하나님의 긍휼은 “아침마다 새로우니”(애 3:23)라고 했다. 나는 그 새로움에 대한 흥분으로 아침을 시작한다. 성장이란 단어에는 새로움 곧 새 생명의 증가라는 의미가 함축되어 있다. 성장하는 그리스도인의 삶은 매일매일 끊임없이 새로워지는 것이 당연하다.

제1과
개인적인 기도사역

오늘의 학습목표 개인 중보기도 사역을 발전시킬 수 있는 방법들을 이해하고, 지속적으로 기도하게 된다.

➲ 이번 단원을 공부하는 동안 기도 파트너와 함께 기도할 시간표를 정하고, 그 날짜와 시간을 적어 보라.

기도의 용사들

교회 역사를 살펴보면, 극소수의 사람들만이 지속적이고 열심 있는 중보기도 사역에 대한 고귀한 소명을 받아들였다. 이런 비범한 기도자들을 보통 '기도의 용사들' 이라고 부른다. 기도는 그들의 삶 속에서 중요한 사역이 되었고, 그들의 사역은 예수님의 몸인 교회에서 중요하였다.

「기도의 삶」을 공부하는 사람이 모두 기도의 용사가 되도록 부르심을 받는 것은 아닐 것이다. 그러나 이 과정을 공부하는 사람들은 모두 기도사역에 참여하도록 세우심을 입었다. 하나님께서 당신에게 어느 정도까지 기도사역에 동참하기 원하시는지 알게 해 달라고 기도하라. 개인적 기도사역을 지속적으로 발전시킬 수 있기 원해야 한다. 또한 하나님께서 당신의 교회 기도사역에도 참여하도록 부르셨다는 것을 깨달아야 한다. 이번 과에서는 개인적인 기도사역을 잘할 수 있게 하는 몇 가지 개념을 살펴보겠다.

쉬지 않는 기도

다음 내용들을 읽어 가면서 "쉬지 말고 기도하라"(살전 5:17)는 명령을 좀 더 잘 수행할 수 있는 방법들에 밑줄을 긋도록 하라.

쉬지 않는 기도는 두 가지 차원을 지닌다. 첫째, 다니엘이 하루에 세 번씩 기도한(단 6:10) 것처럼 당신의 기도는 규칙적이고 지속적이어야 한다. 사도행전에 나타난 교회 성도들은 꾸준히 "기도하기를 힘썼다"(행 2:42)고 했고, 바울은 "내가 밤낮 간구하는 가운데 쉬지 않고 너를 생각하여"(딤후 1:3)라고 디모데에게 말했다.

이제까지 당신은 규칙적으로 매일 '경건의 시간' 을 가졌고, 식사시간에는 감사기도를 해 왔다. 이 밖에도 하루 중에 잠깐씩 간단한 기도를 했을 것이다.

" 다니엘이 이 조서에 왕의 도장이 찍힌 것을 알고도 자기 집에 돌아가서는 윗방에 올라가 예루살렘으로 향한 창문을 열고 전에 하던 대로 하루에 세 번씩 무릎을 꿇고 기도하며 그의 하나님께 감사하였더라"(단 6:10).

"그들이 사도의 가르침을 받아 서로 교제하고 떡을 떼며 오로지 기도하기를 힘쓰니라"(행 2:42).

"아닥사스다 왕 제이십년 니산월에 왕 앞에 포도주가 있기로 내가 그 포도주를 왕에게 드렸는데 이전에는 내가 왕 앞에서 수심이 없었더니 왕이 내게 이르시되 네가 병이 없거늘 어찌하여 얼굴에 수심이 있느냐 이는 필연 네 마음에 근심이 있음이로다 하더라 그 때에 내가 크게 두려워하여 왕께 대답하되 왕은 만세수를 하옵소서 내 조상들의 묘실이 있는 성읍이 이제까지 황폐하고 성문이 불탔사오니 내가 어찌 얼굴에 수심이 없사오리이까 하니 왕이 내게 이르시되 그러면 네가 무엇을 원하느냐 하시기로 내가 곧 하늘의 하나님께 묵도하고 왕에게 아뢰되 왕이 만일 좋게 여기시고 종이 왕의 목전에서 은혜를 얻었사오면 나를 유다 땅 나의 조상들의 묘실이 있는 성읍에 보내어 그 성을 건축하게 하옵소서 하였는데 그 때에 왕후도 왕 곁에 앉아 있었더라 왕이 내게 이르시되 네가 몇 날에 다녀올 길이며 어느 때에 돌아오겠느냐 하고 왕이 나를 보내기를 좋게 여기시기로 내가 기한을 정하고" (느 2:1-6).

"너는 범사에 그를 인정하라 그리하면 네 길을 지도하시리라"(잠 3:6).

긴박한 상황에서도 간단하게 기도한 예인 느헤미야 2:1-6을 읽어 보라. 느헤미야는 언제 기도했고, 왜 기도했는지 써 보라.

시간 ______________________________

이유 ______________________________

느헤미야는 예루살렘에 남아 있는 동족들 때문에 괴로워했다. 그는 하나님께 이 문제에 대해 자세히 기도했다(느 1:5-11). 그는 기도가 항상 지속될 수 있을 만큼 개인기도시간을 많이 가졌다. 마침 왕이 느헤미야에게 요청할 것이 있으면 말하라고 했을 때 그는 "하늘의 하나님께 묵도하고"(느 2:4) 원하는 것을 말했다. 그 때의 기도는 짧을 수밖에 없었다. 느헤미야는 왕을 통하여 하나님의 뜻이 이루어지기를 원했다. 느헤미야는 쉬지 않고 기도하는 사람이었다.

둘째, 쉬지 않는 기도는 생활 속의 모든 것들을 하루 종일 하나님과 관련시키는 지속적인 자세를 가리킨다. 그런 기도의 지속성은 삶의 매순간마다 하나님이 함께하신다는 것을 알 수 있는 한 방법이다. 바울은 로마교회와 골로새교회를 위하여 쉬지 않고 기도했다(롬 1:9; 골 1:9). 당신은 어떤 환경 가운데서도 하나님을 발견할 수 있다. 아름다운 풍경을 보면 창조주 하나님을 찬양하지 않을 수 없고, 크고 작은 축복이라도 감사의 원인이 된다. 감사하는 자세는 모든 기도응답과 모든 선물의 원천이 하나님임을 인정하는 것이다.

쉬지 않는 기도는 하나님이 당신과 항상 함께 계시게 하는 습관이다. 잠언 3:6을 읽어 보라. 모든 축복은 하나님께로부터 난 것이다. 또한 모든 결핍은 하나님의 관심을 끌게 한다. 하나님의 모든 속성은 찬양을 받으실 만하다. 이와 같은 하나님과의 끊임없는 접촉을 계발하려면 상당한 집중력이 요청된다. 그러나 쉬지 말고 기도하라는 말씀에 순종할 때 그 보상은 하나님이 함께 동행해 주시는 기쁨이 될 것이다.

"쉬지 말고 기도하라"는 명령에 더 잘 순종할 수 있는 방법을 적어 보라.

____

금식기도

"금식할 때에 너희는 외식하는 자들과 같이 슬픈 기색을 보이지 말라 그들은 금식하는 것을 사람에게 보이려고 얼굴을 흉하게 하느니라 내가 진실로 너희에게 이르노니 그들은 자기 상을 이미 받았느니라 너는 금식할 때에 머리에 기름을 바르고 얼굴을 씻으라 이는 금식하는 자로 사람에게 보이지 않고 오직 은밀한 중에 계신 네 아버지께 보이게 하려 함이라 은밀한 중에 보시는 네 아버지께서 갚으시리라"(마 6:16-18).

지금은 점차 사라져 가고 있지만 매우 강력한 효과가 있음이 밝혀졌던 훈련이 바로 금식이다. 모세도 금식했고(출 34:28), 예수님도 금식했다(마 4:2). 예수님은 마태복음 6:16-18에서 금식하라고 말씀하셨다.

당신도 때때로 금식이라는 방법을 선택할지 모른다. 금식의 가치는 당신의 의지를 하나님께 집중하는 데 있다. 금식을 하면 의지는 육체적인 식욕에 "아니오"라고 말하게 되고, 가장 고귀하고 값어치 있는 욕망은 육체적인 것이 아니라 영적인 것임을 확신하게 해 준다. 또한 세상적 세계와는 의도적으로 단절하고, 오직 하나님께만 마음을 향하게 한다.

당신의 일이나 다른 사람을 위하여 신경 쓸 일이 없을 때, 금식은 가장 잘 이루어지며 기도에 전념할 수 있게 한다. 때로는 금식할 때 혼자 있는 것이 지혜로울 수 있다. 모세와 예수님도 금식할 때 혼자 있었다. 특별한 일을 위하여 기도할 때는, 배우자나 친구와 함께 금식하는 것이 좋다. 금식은 부흥이나 어떤 필요 혹은 오직 하나님께 헌신하고자 하는 훈련을 위해서 특별한 기도의 일환으로 시도될 수도 있다.

금식하는 방법은 부분적으로 혹은 완전하게 할 수도 있다. 부분적인 금식은 음료나 과일주스 등을 마시지만 밥이나 고기처럼 단단한 음식은 먹지 않고 하는 금식이다. 금식은 한 끼니를 먹지 않거나 여러 끼니를 먹지 않고, 기간을 정해 놓지 않고 길게 할 수도 있다. 대부분 두 끼니 이상 금식할 경우 저녁 식사를 하지 않는 것부터 시작한다. 금식은 당분 섭취가 불가능하므로 신체적 질병, 특히 당뇨라든가 저혈당 증세가 있는 사람들은 하지 말아야 한다. 육체적으로나 정신적인 격무에 시달리면서 금식하는 것도 현명하지 못하다.

예수께서는 보이기 위한 어떤 외적 표시를 하지 말라고 교훈하셨다. 금식은 사람들에게 알리기 위한 것이 아니다. 모든 진실한 기도와 마찬가지로 하나님을 향한 것이다.

예수께서 금식하실 때에는 매우 중요한 시점에 서 있었다. 그것은 예수님께서 공생애를 시작하기 직전에 금식이 이루어졌다는 점이다. 모세도 역시 금식하면서 시내산에서 두번째 십계명을 받았다. 이 두 가지 경우에서 볼 때, 금식은 인류의 중대사에 관계되는 기도에 힘을 제공해 주었던 것을 알 수 있다.

다음 사례들 가운데 금식이 적절하다고 생각되는 것들에 V표 하라.

- ☐ 중요한 결정을 내려야 할 경우
- ☐ 기도를 통해 하나님께 좀 더 가까이 나가기 원하는 경우
- ☐ 자제가 되지 않을 경우
- ☐ 어렵고 중요한 과제를 준비하는 경우
- ☐ 특별한 기도제목을 놓고 더욱 강력히 기도하고자 할 경우

금식기도는 이 모든 상황에 적절한 것이 될 수 있다. 하나님께 초점을 맞추고자 할 때 금식기도 해 보라.

특별 개인기도 사역

어떤 사람들은 특정 관심사를 위한 기도에 하나님께서 자신을 불렀다고 깨닫는다. 그들은 그 특정 사항들을 위한 특별 중보기도 사역을 발전시킬 수 있다. 당신도 특별 중보기도를 해 주어야 한다고 생각해 보았을 것이다. 특별 중보기도제목은 다음과 같은 것이 있다.

- 국가 지도자
- 교단
- 특정 나라의 선교사
- 국내 특정 지역의 교회 개척자
- 선교사 가족
- 지역사회 내의 특정 불신자
- 집안일에 묶여 있는 어른
- 교회 각 기관과 성경공부반
- 병원에 입원중인 환자
- 개교회 지도자 자원 봉사자
- 교회에 출석하지만 구원을 얻지 못한 어린이와 청소년

이보다 더 많은 주제들이 중보기도제목이 될 수 있다.

당신이 특별 중보기도 사역에 참여하기를 원하는지 기도해 보라. 만약 특별 중보기도 사역에서 기도할 기도제목을 하나님이 주셨다면, 그 기도제목을 써 보라.

하나님께서는 우리 모두가 이 관심사들을 위해 기도하기 원하시고, 예수님의 몸인 교회의 각 지체들을 위한 특별 사역을 갖고 계시다는 점을 기억하라. 하나님께서 당신을 부르신 것은 바로 기도사역을 위해서이지만 이 특별 기도사역에 당신을 부르시지 않았다고 해도 열등감을 가져서는 안 될 것이다. 당신의 소명은 다른 영역에 있을 것이기 때문이다.

보행기도

필요한 것을 채워주어야 할 장소를 걸어가다가 기도제목이 있을 때에 어디에서나 기도하여 응답받을 수 있는 것이 보행기도이다. 걸어다닐 때에 하나님이 기도응답해 주시기 원하는 방식에 따라 저절로 기도하게 한다

많은 그리스도인은 지역사회의 거리를 걸어 다니면서 보행기도를 한다. 그들은 걸어 다닐 때, 지역사회의 영적 각성을 위하여 기도한다. 걸어다니는 것에는 마법이 있는 것도 아니고, 보행기도를 위한 특별한 형식도 없다. 그러나 필요한 것을 채워주어야 할 장소를 걸어가다가 기도제목이 있을 때에 어디에서나 기도하여 응답받을 수 있는 것이 보행기도이다. 걸어다닐 때에 하나님이 기도응답해 주시기 원하는 방식에 따라 저절로 기도하게 한다.

도움이 필요한 곳에 가까이 가는 것은 기도해 주어야 하는 사람들에게 가까이

갈 수 있게 한다. 특별한 사람이나 가정을 위하여 기도함으로써, 지역사회에 가까이 다가갈 수 있다. 그러나 우리는 지역사회 전체의 필요를 더 많이 보기 위하여 보행기도를 할 수 있다.

보행기도는 혼자 혹은 다른 사람과 함께할 수 있다. 당신이 걷고 있을 때, 당신이 만날 사람을 위해서 기도하고, 성령이 그 사람의 필요를 알 수 있게 해 달라고 기도하라. 당신이 걸을 때에 성경적 기도제목으로 기도하고 하나님의 약속을 강조하라.

➲ 보행기도할 계획을 세우고, 장소와 시간을 써 보라.

오늘, 하나님과 교제하며 동행하는 삶

1. 집 안을 둘러보면서 당신이 보관하고 있는 사람들의 사진을 보면서 그들을 위해 기도하라. 선물을 보거든 그 선물을 준 사람을 위해 기도하라. 신문이나 텔레비전을 보면서 세계의 지도자들과 각종 희생자들, 억압받는 사들을 위해 기도하라. 여행을 하면서 눈에 들어오는 교회가 있다면 그 교회들이 하나님께 영광돌리고 그분이 찬송받도록 기도하라. 집 밖에서 일할 경우에는 주변에서 일하는 사람들을 위하여 기도하라. 모든 환경적 요소들이 하나님과의 대화를 일깨워 주는 표시등이 되게 하라. 그리하여 하나님께서 친히 알고 계시는 일과 이 세계에서 그분이 하시기 원하는 일들에 관해 하나님과 대화하라. 쉬지 않고 기도하기를 계속 배워라.

2. 경건의 시간을 가진 후, 경건한 삶을 완성하라.

경건한 삶

성경말씀

성경에서 하나님이
나에게 주신 말씀

나의 기도제목

제2과
교회의 기도사역

오늘의 학습목표 교회의 기도사역에 교인들을 참여시키는 기회를 제공할 수 있는 방법을 이해한다.

제 7단원에서 교회가 기도하는 집으로서의 기능을 할 수 있는 방법을 살펴보았다. 제7단원 제4과로 돌아가서 다시 한 번 보라.

당신이 섬기는 교회가 기도에 대해 강조하는 방법은 무엇인가?

기도조정자

교회 규모와 기도사역의 확대에 따라, 교회 기도사역의 계획과 조정이 필요하다. 교회 전체의 기도사역을 담당하는 기도조정자는 임명하거나 선출한다. 목회자와 기도조정자는 다른 사람들과 더불어 현재 상황에 어떤 기도사역이 교회에 가장 적합한가를 기도하면서 결정한다. 그리고 나서, 기도사역에 관해 교회에 널리 알리고, 필요한 조직을 만들어 봉사할 사람들을 등록시킨다.

한 사람이 모든 짐을 지는 것보다 기도사역의 다양한 측면을 나누어 봉사하는 것이 교회 차원에서 더 많은 일을 할 수 있을 것이다. 특별 프로젝트나 강조되어야 할 일을 감당할 사람들을 소명해 달라고 기도하라. 기도자들을 충원하는 방법에는 목회자의 편지, 주보나 게시판 알림, 개인적인 심방 등이 있다.

특별 프로젝트나 강조되어야 할 일을 감당할 사람들을 소명해 달라고 기도하라.

교회에서 교인들을 기도사역에 참여시킬 수 있는 다양한 방법들을 검토해 보라. 다음 내용은 당신의 생각을 자극하도록 도움을 주는 예들이다.

특별 프로젝트 기도팀

목회자를 위하여 목회자가 2~5명의 집사들에게 그의 사무실에서 기도해 줄 것을 예배 시간에 요청한다. 그 사람들은 책임감을 가지고 목회자를 위하여 기도한다.

행사나 프로젝트를 위하여 교회의 모든 활동은 기도로 세워져야 한다. 교회는 선교여행, 심방, 어린이 성경교육, 계절 성경학교, 성탄절과 부활절, 음악제 등의 교회 행사와 활동을 위해 기도해 줄 기도팀을 구성해야 한다.

기도예배

주중예배는 중요한 기도예배가 된다. 그 예배를 기도모임이라 부른다면, 예배의 일차적 초점은 기도임이 분명하다. 새벽예배든 저녁예배든 아니면 오전예배든 주중에는 어느 날에나 열릴 수 있다. 어떤 예배에서든지 목회자는 전 회중을 함께 기도하게 하거나 혹은 소그룹으로 나누어 기도하게 할 수 있다.

교회 각 기관에서의 기도

기도는 교회 각 기관에서 모두 권장되어야 한다(성경공부반, 제자훈련반, 남여선교회, 성가대 등). 모든 소그룹 모임과 예배에 기도가 반드시 포함되어야 한다. 모든 모임에서 지도자는 묵상, 중보기도, 찬양과 감사의 시간을 갖고, 회중의 통성기도를 인도 하거나 혹은 조용한 기도를 요청할 수 있다.

모든 소그룹 모임과 예배에 기도가 반드시 포함되어야 한다.

가정예배

가정예배를 드리도록 권장한다. 단순한 가정예배는 간단한 성경읽기와 가족 중 한 사람이나 혹은 몇 사람의 기도를 포함하면 된다.

기도 그룹

효과적인 기도그룹에는 장년 기도그룹, 여성 기도그룹, 청소년 기도그룹, 성경공부 기도그룹 등이 있다. 이들 그룹은 자신들이 정한 시간에 모일 수 있다. 자발적인 기도그룹은 이웃끼리, 가정 안에서, 아파트 단위로 아니면 기타 적절한 상황 속에서 구성하도록 권장하여야 한다.

그물망 기도

그물망 기도에서는 한 사람의 연결자가 있어야 한다. 연결자는 그물을 구성하고 있는 다른 두 명에게 전화를 걸게 될 것이다. 각 그룹의 지도자들은 그물망 안에서 연결된 다음 그룹 지도자에게 전화하고, 자기 그룹의 첫 번째 사람에게 전화한다. 각자 그물망 도표를 가지고 있어, 연결이 여의치 않을 경우, 다음 사람에게 전화를 하여 그물망을 계속 이어가야 한다. 대략 8명으로 새로운 그룹을 만들 수 있고, 새 그룹은 이미 등록된 그룹에 덧붙여서 그물망을 만들 수 있다.

기도제목 요청

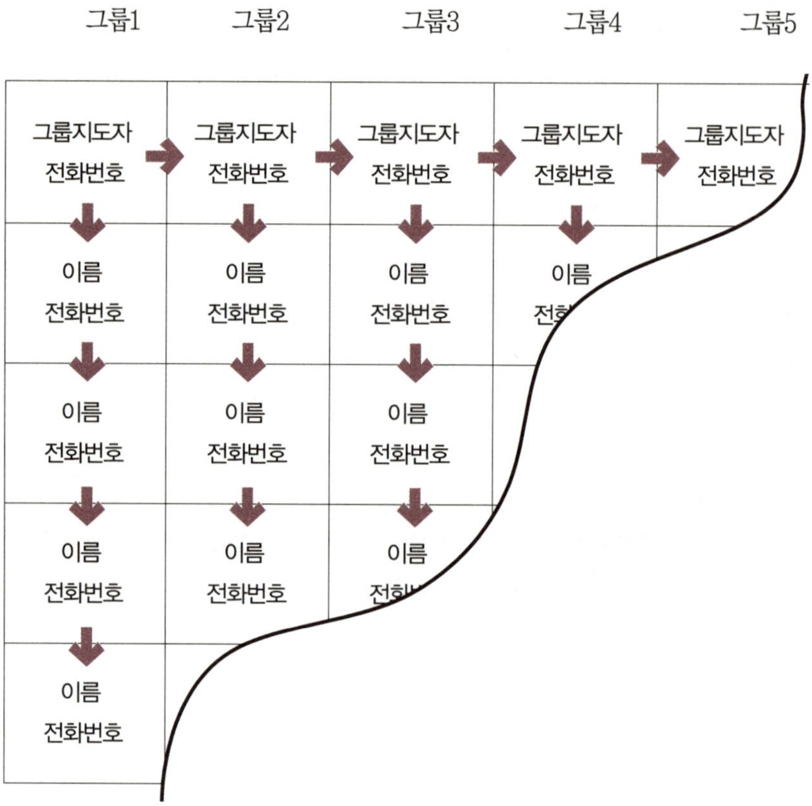

"그가 어떤 사람은 사도로, 어떤 사람은 선지자로, 어떤 사람은 복음 전하는 자로, 어떤 사람은 목사와 교사로 삼으셨으니 이는 성도를 온전하게 하여 봉사의 일을 하게 하며 그리스도의 몸을 세우려 하심이라 우리가 다 하나님의 아들을 믿는 것과 아는 일에 하나가 되어 온전한 사람을 이루어 그리스도의 장성한 분량이 충만한 데까지 이르리니"(엡 4:11-13).

합력하여 드리는 기도는 놀라운 힘을 지닌다!

기도를 위한 식사모임

그리스도인들이 함께 식사한 후 기도를 드리기 위해서 모인다. 이 식사모임은 특별 행사로 진행되거나 정기적인 주간 기도모임으로 가질 수도 있다. 예를 들어 보자.

- 실업인 조찬 모임
- 주부 브런치(brunch : 아침과 점심 사이의 식사, 늦은 아침식사)모임
- 점심시간에 갖는 직장인 동료 모임
- 주간 심방 직전의 십대 식사 기도모임

특별 기도 시간들

기도 경계경보 목회자는 도박성 짙은 국민투표, 예기치 못한 위기, 사람들의 생명을 위협하는 여러 사건 등을 위하여 특별 기도시간을 가질 수 있도록 교회에 긴급기도를 요청한다.

기도대회 목회자는 기도대회를 위하여 함께 기도하는 시간을 갖자고 요청한다. 정해진 시간 동안 한 마음으로 기도하자고 강조한다. 세계선교를 위한 기도대회나 영적 각성을 위한 기도대회 같은 것들이 여기에 포함된다.

금식기도 목회자는 교인들이 금식기도하도록 권면한다. 참여는 전적으로 자발적이어야 하며, 매우 중대한 문제나 회개의 기간 중에 알맞는 기도이다.

철야기도 소그룹이나 개인들이 특정 시간을 정하여 밤을 새우면서 연속으로 기도한다.

기도주간. 해외선교회 주간, 국내선교회 주간, 중요한 관심사 등 중요한 기도제목들을 특별히 강조할 때, 긴요하고 특별한 기도를 위해 기간을 별도로 정하여 기도한다.

몇 단원을 공부하면서, 당신이 출석하는 교회의 기도사역에 참여하는 문제를 놓고 이야기해 왔고, 기도해 왔으며, 생각해 왔다. 당신은 교회 기도사역을 어떻게 할 생각인가? 당신의 교회를 위해서 기도해야 할 기도사역은 어떤 유형이 있는가? 그 유형을 아래에 적어 보라.

하나님은 어떤 사람을 교회 기도사역의 지도자로 쓰시는가?

교회 기도사역의 지도자가 될 만한 사람이 되게 해 달라고 기도하라.

기두하도록 교회를 훈련함

에베소서 4:11-13을 읽고, 은사를 가진 사람들이 교회에서 해야 할 사역에 관하여 생각해 보라. 잠시 멈추고 교회 사역자를 위하여 기도하라.

목회자나 기도 사역자는 설교하는 사람을 위하여 기도하고, 가르치는 사람을 위하여 기도하고, 소식지에 글을 올리는 사람을 위하여 기도하라. 그런 것은 기도의 모본 혹은 응답받는 기도의 모본이 되기도 한다.

기도는 우리 모두에게 주신 하나님의 은사이다. 모든 교인과 기관은 교회가 기도의 집이 되도록 관심을 가져야만 한다. 경쟁은 하나님이 일하실 수 있는 자리가 없게 한다. 교회의 사명을 다하기 위해서는 오직 하나님 한 분만이 주실 수 있는 영적 하나 됨과 협력이 필요하다. 교회가 더욱 열심히 기도하기 원하는 사람들은 마음을 합하고 손을 맞잡아야 한다. 합력하여 드리는 기도는 놀라운 힘을 지닌다!

오늘, 하나님과 교제하며 동행하는 삶

1. 당신 교회의 목회자와 교회 지도자 그리고 교회 일을 하는 사람들을 위해서 기도하라. 연합된 기도를 할 수 있는 담대한 지도력을 위해 기도하라. 또 교회 기도사역을 위해서 부름받은 사람들을 위해 기도하라.

2. 경건의 시간을 가진 후, 경건한 삶을 완성하라.

경건한 삶

성경말씀

성경에서 하나님이 나에게 주신 말씀

나의 기도제목

제3과
중보기도 사역, part 1

오늘의 학습목표 중보기도 사역의 필요성과 요건들을 알고 중보기도에 헌신하게 된다.

오늘 공부는 교회에서 중보기도 사역을 위한 조직 형성의 기본 유형을 제공한다. 먼저, 역사 속에 나타나 중보기도를 생각해 보자.

백 년 간 이어진 한 시간의 중보기도

1727년, 스물 네 명의 남자들과 스물 네 명의 여자들이 하루에 한 시간씩 그들의 교회와 세계전도를 위하여 기도하기로 합의하였다. 그들은 하루에 두 사람씩 기도했다. 해를 거듭하면서 이 작은 기도모임에 다른 사람들도 가담하였다. 이 모임은 바로 모라비안 형제단이다. 그들은 한 시간의 중보기도를 백 년 간 실천하였다.

그들 중에 많은 사람들이 처음에는 그린랜드로, 그 다음에는 미국으로, 결국에는 땅 끝에 이르기까지 선교사로 부르심을 입었다. 요한 웨슬리도 1738년에 런던의 알더스게이트가의 모라비안 모임에 참여하였다. 그날 저녁 설교를 듣는 가운데 웨슬리의 마음은 뜨거워졌다. 그 체험 후, 웨슬리는 열정적인 복음 전도자가 되어 영국과 미국에서 시작된 대각성운동의 핵심 인물로 활약하였다. 모라비안 형제단은 백 년 간 중보기도를 하는 동안 세계선교에 직접적 · 간접적으로 지대한 영향을 끼쳤다. 이 모든 것이 중보기도에 헌신했던 사십팔 명의 남녀에 의해 시작되었다는 사실을 기억하라. 우리 시대에 위대한 영적 각성이 일어나는 것을 보려면, 연합하여 지속적으로 열심히 중보기도에 자신을 헌신해야만 한다. 새로운 백 년 기도모임의 한 일원이 되어 보지 않겠는가?

우리 시대에 위대한 영적 각성이 일어나는 것을 보려면, 연합하여 지속적으로 열심히 중보기도에 자신을 헌신해야만 한다.

중보기도 사역은 많은 수의 참여자와 조직이 필요하지만 소수의 헌신된 중보자들만 있어도 역시 효과적일 수 있다. 당신의 교회와 국가에 대대적인 기도의 부흥이 일어나기를 기도하라.

중보기도 사역

많은 교회들이 중보기도야말로 하나님의 뜻이 이 땅 위에서 실현될 수 있도록 그분의 능력을 역사하게 하는 원리임을 재발견하고 조직적인 중보기도 사역을 개발하는 중이다. 중보기도 사역은 교회에서 장기간 계속적인 기도를 유지하기 위해 시도하는 프로그램의 일종이다. 여기에는 하루 24시간, 주 7일 계획이 포함될 수도 있고 이보다는 짧은 기간, 예컨대 낮 동안이나 주말 프로그램이 될 수도 있다. 각 시간대를 담당하기 위한 많은 수의 사람들이 등록되어 통상적으로 일주일에 한 시간씩 한 번 기도하게 된다. 기도사역에 자발적으로 참여하는 사람의 수와 이용 가능한 시설 여부가 중보기도 사역의 범위를 결정지을 것이다. 중보기도는 노동이다. 당신은 다른 사람을 위해 중재해 본 적이 있을 것이다. 당신은 중보기도, 즉 노동을 어떻게 묘사하겠는가?

노동의 사전적 정의는 "장애물들을 극복하기 위해서나 목표의 달성 혹은 결과의 산출을 위해 육체적 정신적 수고를 유지하는 것"이다. 예수께서는 "항상 기도하고 낙망하지 말라"(눅 18:1)고 교훈하셨다. 중보기도는 집중과 끈기 그리고 성실이 요청된다. 그리고 영적 전쟁을 치르는 데 치명적인 무기가 된다. 뿐만 아니라 거대한 장애물을 극복할 수도 있다. 기적적인 응답도 중보기도를 통해 이루어진다. 그렇다. 중보기도는 노동인 것이다.

어떤 교회들은 모든 교인들을 중보기도 사역에 참여시키는 실수를 범한다. 그런 교인들은 탈진, 실망, 좌절, 죄책감 등으로 인하여 기도사역을 통해 맛볼 수 있는 기쁨을 얻을 수 없게 된다. 만일 지금 막 중보기도 사역을 시작하고 있다면 현재 가지고 있는 자원과 자발적으로 참여하고자 하는 사람들과 더불어 작게 시작할 것을 숙고해 보라. 조직을 더 커지게 하여 중보기도 사역을 확대할 수도 있고, 응답된 기도가 참여자들을 기도에 더욱 관심을 가지게 함으로써 중보기도 사역을 확대할 수 있다.

중보기도 사역 진행자

교회가 실시하는 중보기도 사역의 규모에 관계없이 진행자를 두는 것이 도움이 된다. 한 사람 혹은 두 사람으로 된 한 조가 사역의 과제들을 앞장서서 이끌고 나가도록 한다. 진행자의 주요 직무는 사역을 조직하는 것, 참여자들을 등록시키는 것, 훈련을 제공하는 것, 중보기도 사역을 매일 진행하는 것, 교회에 사역을 보고하는 것 등이다. 진행자는 자원 일꾼들에게 책임을 분담시켜 주고 필요에 따라 도움을 요청하는 일을 한다.

조직

계획안 A 기도자가 몇 명밖에 되지 않고 기도하고자 계획한 시간 또한 얼마 되지 않는 경우에는 비공식적인 조직으로 충분할 것이다. 참여자들은 사역이 원활하게 진행되는가를 함께 점검하면서 일할 수 있다.

계획안 B 기도자의 수와 시간이 증가할 때는 진행자가 필요하다. 진행자는 필요에 따라 권한과 책임을 다른 사람에게 위임해 줄 수 있고, 위임받은 사람은 총무나 간사로 중보기도 사역을 도울 수 있다. 총무는 새로운 기도제목이 있을 때마다 교체하는 일을 하고, 필요한 물품들을 공급하며, 교회에 제출할 보고 자료를 작성한다.

계획안 C 24시간 연속 중보기도 사역을 하기 위해서는 한 명의 진행자를 비롯해 총무 1인과 매일매일 기도를 인도하는 기도팀 팀장이 필요하다. 팀장은 자신들이 담당한 날의 기도시간이 확실하게 채워지고 있는지 확인하고, 그 시간에 기도할 수 없는 사람이 있는 경우에는 다른 사람으로 대체시키는 일도 한다. 전화 기도 요청에도 응하여 상담, 특별 사역, 양육 등의 전화 관련 사역을 할 수 있는 사람이 필요하기도 하다.

중보기도 사역 참여자와 기도 시간

계획안 A 성숙한 그리스도인과 경험 있는 기도의 용사를 활용하라. 지원자는 약간의 오리엔테이션과 훈련을 거친 후 활동할 수 있다. 모든 참여자들은 자신이 맡은 기도제목을 다른 사람에게 이야기해서는 안 된다. 참여가 가능한 소그룹이 중보기도를 할 수 있는 시간으로는 토요일 아침, 주일 오후, 금요일 저녁 등이 적절하다.

계획안 B 참여자들이 많으면 매일 특정 시간에, 예를 들어 오후 7시부터 9시까지 열릴 수 있다. 또 금요일 저녁이나 토요일 저녁처럼 주중 특정일을 정할 수도 있다.

계획안 C 24시간 연속 중보기도 사역을 하기 위해서는 일주일에 매일 한 시간씩 담당할 인원으로 최소한 168명의 기도자가 필요하다. 한 시간마다 한 명 이상의 기도자를 확보할 수 있어야 연속기도가 가능하기 때문이다. 그리고 대신 기도할 수 있는 인원도 넉넉하게 준비하는 것이 좋다. 대체 인원이 있어 매주 기도에는 참여하지 못하더라도 빠지는 사람들을 대신하여 그 시간을 채울 수 있게 운영하면 좋을 것이다.

훈련

계획안 A 아주 작은 규모의 모임이라도 기본적인 과정과 내용을 훈련해야 한다. 물론 개인의 기도생활이 성장하는 기회가 된다면 훨씬 유익할 것이다. 기도의 기초훈련을 받는 것도 좋은 출발점이 된다.

계획안 B 「기도의 삶」은 기도자들에게 훈련의 기회를 제공한다. 중보기도 사역의 의무를 가르치고, 기도할 때 성실성, 시간 엄수, 예의 등을 지속적으로 지키게 하라. 기도 수련회와 단기 교회훈련 역시 중보기도 훈련의 기회를 제공해 줄 수 있다.

계획안 C 기도실에 전화가 비치되어 있을 경우 기도자들은 중보기도 요청 상담 전화를 받는 방법을 배워야 한다. 전화 통화에서 섣불리 상담해 주려는 시도를 하지 말도록 주의를 시키고, 기도요청 양식에 그 내용을 정확히 기록하게 한다. 자신이 맡은 시간을 지킬 수 없을 때에는 진행자나 총무가 그 사실을 파악하여 대체 인원을 투입하도록 하고, 다른 사람들을 위하여 자신이 맡은 기능을 다하는 것이 얼마나 중요한 일인지 이해시킨다. 월별 모임이나 분기별 모임은 계속 교육을 위

헌신이 있다면, 중보기도 사역은 큰 능력을 보여줄 수 있다.

한 기회로 사용할 수 있다. 효율을 높이고 기도시간이 흥미와 신선감으로 유지될 수 있는 방법들을 훈련해야 한다.

당신의 교회

다음 과에서 우리는 중보기도 사역을 발전시킬 수 있는 좀 더 상세한 내용을 살펴볼 것이다. 당신의 교회가 이미 중보기도 사역을 하고 있으면 그 기도 사역을 확대하거나 개선방법에 대해 생각해 보고, 아직 시작하지 않았다면 하나님께서 중보기도 사역에 사용하실 사람에 대하여 생각해 보라.

다음 각 주제에 대한 당신의 생각을 적고, 그 내용을 「기도의 삶」 모임에서 나누어 보라.

중보기도 사역 진행자 ____________________

중보기도 사역 조직 ____________________

중보기도 사역 참여자 ____________________

중보기도 사역 시간 ____________________

중보기도 사역 훈련 ____________________

오늘, 하나님과 교제하며 동행하는 삶

1. 헌신이 있다면, 중보기도 사역은 큰 능력을 보여줄 수 있다. 당신의 교회, 교회의 모든 기도제목, 중보기도 사역, 기도의 용사들을 위해 기도하라. 하나님께서 교인들 중에 기도의 용사로 은사를 주시고 소명해 주시도록 기도하라. 마지막으로 이 교재를 함께 공부하고 있는 회원들이 교회의 기도사역을 이끄는 지도자가 되게 해 달라고 기도하라.

2. 경건의 시간을 가진 후, 경건한 삶을 완성하라.

경건한 삶

성경말씀

____

성경에서 하나님이 나에게 주신 말씀

____

나의 기도제목

____

제4과
중보기도 사역, part 2

오늘의 학습목표 교회 중보기도 사역의 세부사항에 관하여 살펴본다.

장소

계획안 A 아주 기본적인 경우 기도자들이 자신의 집에서 기도해도 무방하다.

계획안 B 교회학교 교실이나 세미나실, 교회 본당 등 빈 공간을 활용할 수 있다. 가능하다면 특정 공간을 기도실로 별도 지정해 주어야 한다. 문을 잠그는 시간에 기도하는 사람들에게는 열쇠가 필요하다. 어차피 외부로 통하는 출입문이 있어야 하므로 자물쇠 하나는 꼭 필요하고 따라서 참여자들은 각각 한 개의 열쇠나 그 이상의 열쇠가 필요할 것이다. 단 여성은 반드시 낮 시간에만 참여하도록 해야 한다.

가능하다면 특정 공간을 기도실로 별도 지정해 주어야 한다.

계획안 C 기도실에 외부에서도 기도자가 출입할 수 있는 입구가 있어야 한다. 어떤 교회는 특별 기도실을 건축하거나 기도탑을 만들기도 하며, 본당에서 분리시키기도 하고 부속 건물로 두기도 한다.

기도제목

계획안 A 같은 장소에서 기도하지 않을 때, 기도제목은 매주 지정된 시간에 전화로 서로 나눌 수 있다. 각자 기도제목 노트를 준비하고 제목은 물론 응답 사항도 기록한다. 같은 장소를 사용할 수 있으면 한 권의 노트나 기도제목을 적은 표를 기도 참여자들이 사용할 수 있게 한다. 기도제목들을 주보나 소식지 등에 게재할 수도 있다.

기도제목들은 주보나 소식지 등에 게재될 수도 있다.

계획안 B 본 교재에서 사용하는 기도표를 활용할 수 있다. 목회자들, 교회 지도자들, 선교사들, 교인들, 선교 관련 정기 간행물과 기타 자료에서 기도제목을 받아 사용할 수 있다. 병원 입원자 명단이나 새신자 명단 역시 도움이 된다. 중보기도 사역자는 현재 선교 현장의 기도제목을 위하여 선교 중보기도팀에서 두 명 정도의 회원을 요청할 수도 있다.

계획안 C 어떤 교회는 별도의 기도 전용 전화를 설치하여 교회와 지역사회에 배포함으로써 지역사회 사람들이 기도를 요청할 수 있게 한다. 중보기도 사역이 널리 알려져 세계 전역의 사람들로부터 전화나 우편을 통해 기도제목이 들어오기도 한다.

준비물과 시설

계획안 A 가장 간단한 기도사역 유형이지만 최소한 기도제목 노트 한 권 정도는 있어야 하며, 원할 때는 각자 성경과 찬송가를 소지해야 한다.

계획안 B 기도실을 갖추는 것은 기도자에게 큰 도움이 된다. 아래 내용들의 전부 혹은 일부가 제공되어야 한다.

기도실을 갖추어 주는 것은 기도자에게 큰 도움이 된다.

- 무릎 꿇을 수 있는 단이나 탁자와 의자
- 여러 가지 번역본 성경
- 기도에 관한 도서들
- 출석자들에 관한 일람표나 기록들
- 기도응답을 확인할 수 있는 기도응답표
- 중보기도했던 사람들에 대해 적을 수 있는 기도용지들
- 지속적으로 기도해야 할 기도제목과 특별한 강조사항을 적은 카드와 노트. 기도제목으로는 성경공부 교사, 제자훈련 지도자, 교회직원, 긴급사태, 각종 회의와 컨퍼런스, 교회의 심방, 예산, 집사들, 기타 교회의 사역을 위한 것이다.
- 노트 등 필기도구

계획안 C 확대된 중보기도 사역을 위해서는 다음과 같은 내용을 추가할 수 있다.

- 교인, 불신자, 환자, 선교 등의 기도제목을 구분하여 기록한 색깔로 분류된 카드.
- 기도제목을 받을 전화
- 특수한 도움을 필요로 하는 사람들을 위해 도움을 제공할 수 있는 상담자나 기관들이 적혀 있는 목록
- 스테인드 글라스 창문, 성화, 벽에 걸어놓은 성구 액자 등의 장식물들
- 기도가 필요하다는 사실을 알려주거나, 찬양과 감사를 드리기에 합당한 기도응답들을 알려주거나, 값진 영적 조언 등을 제공해 주는 기독교계와 일반 세계의 사건을 뉴스로 실은 교회 게시판

각종 양식들

회중의자 비치용 기도제목 요청서 기도제목을 적어서 기도를 요청할 수 있도록 회중의자나 교회 입구 등에 비치해 두는 양식이다. 날짜, 기도제목, 관계 있는 사람, 주소 및 전화번호, 적절한 경우 요청서를 작성한 사람의 이름, 기도제목을 교인과 나눌 것인지 아니면 비밀로 할 것인지의 여부 등을 묻는 항목이 있어야 한다.

기도요청서 위 양식과 동일한 항목들을 포함해야 하며, 추가로 요청서를 받은 사람의 이름을 적는 난과 담임목사나 교역자가 알아야 하는지 여부 등을 기록하는 항목이 있어야 한다.

기도전보 우편엽서를 이용한 기도문이다. 기도자는 기도대상자에게 격려하는 우편엽서를 보내야 한다. 우편엽서에는 교회 이름과 주소를 적어야 하고, 유명한

기도 인용문이나 기도에 관한 성경의 약속 구절 등을 포함시킬 수 있고, 또 기도전용회선이 있는 경우 교회의 기도 전화번호도 포함시킨다.

기도 대치인 요청서 연속 중보기도 일정표에 짜여 있지만 사정으로 인하여 기도순서를 지키지 못할 경우에 기도 대치인을 요청하는 신청서이다. 기도자 이름, 기도 대치인이 필요한 날짜와 시간을 쓰고 서명을 한다.

기도응답서 응답받은 기도가 있을 때 작성하는 양식이다. 이 양식을 통해 기도의 용사들을 격려하고, 적절한 것이면 교회와 함께 그 내용을 나누도록 한다. 이 양식은 응답받은 기도제목, 기도와 응답에 관련된 사람, 주님께서 응답해 주신 방법, 기도일과 응답일 등이 포함 된다.

기타 양식들 이 밖에도 기도 참여자 등록양식, 기도 시간과 기도자 일정을 정하는 양식, 출석부 등의 양식이 필요하다.

중보기도 사역 매뉴얼

기도사역이 확대되어 가면 기도자들에게 매뉴얼을 제공할 수도 있는데 매뉴얼에는 다음 사항을 수록할 수 있다.

- 목적문
- 기도사역의 약사
- 기도자의 헌신 약정문
- 기도 참여자의 책임 사항들
- 기도사역 수행방법
- 따라야 할 절차
- 이용 가능한 자원과 사용법
- 해야 될 일과 하지 말아야 될 일을 포함하고 있는 지침들
- 기도시간 준비법에 관한 제안들
- 기도시간의 효과적인 사용법에 관한 제안들
- 성경 속의 기도인물과 기도에 대한 약속의 말씀
- 불신자, 환자, 위정자, 교회 지도자, 다른 그리스도인, 선교사 등을 위한 모범 기도문
- 기도의 효과나 중보자의 역할에 관한 영감 넘치는 인용문
- 개인훈련을 제공할 수 있는 도서, 테이프, 기타 자료 목록
- 기도 참여자와 대체 기도자의 명단과 전화번호
- 기타 각 교회만의 기도사역을 위한 독특한 정보

당신의 교회

지역 내에서 기도사역을 수행하고 있는 다른 교회들을 찾아보라. 그 교회에 중보기도를 위한 양식, 매뉴얼, 기도 절차들, 지침들이 있다면 이러한 것들을 독자적으로 계발하는 데 걸리는 시간을 절약할 수 있다. 또한 당신의 교회가 기도사역

을 발전시켜 나가려고 할 때 매우 큰 도움이 될 만한 실제적인 조언을 해 줄 수도 있을 것이다.

교회의 기도 사역에 관련된 다음의 주제를 생각해 보고 적어 보라.

중보기도 장소 ____________________

중보 기도제목 ____________________

준비물과 시설 ____________________

각종 양식들 ____________________

중보기도 사역 매뉴얼 ____________________

오늘, 하나님과 교제하며 동행하는 삶

1. 지금쯤 교회의 중보기도 사역을 위한 좋은 생각이 있어야 한다. 교회의 기도 사역에 관한 기도표를 옆 여백에 만들어 보고, 중보기도 사역을 위한 당신의 꿈을 위해 기도하라

2. 경건의 시간을 가진 후, 경건한 삶을 완성하라.

경건한 삶

성경말씀

____

성경에서 하나님이 나에게 주신 말씀

____

나의 기도제목

____

제5과
결 론

오늘의 학습목표 하나님과 개인적인 교제를 더욱더 향상시키기 위하여 헌신하게 된다.

성장

「기도의 삶」이 단순히 당신의 영성을 입증하는 증명서가 되지 않게 해야 한다. 많은 사람에게 있어서 증명서는 과정을 끝낸 것과 같다. 이런 사람들은 대학 졸업이 공부의 종료를 의미하는 것이다. 세상에서는 증명서가 어떤 권위를 증명해 주기도 한다.

그러나 기독교적인 관점에서 볼 때, 당신이 가지고 있는 유일한 증명서는 예수님이 당신과 함께 동행해 주시는 것이다. 「기도의 삶」은 기도의 용사가 되었다고 말할 수 있는 권리를 주는 것이 아니며, 이 교재로 공부를 마쳤다고 해서 기도응답의 조건이 되는 것도 아니다. 기도응답은 오로지 예수님 덕분이다. 예수님의 이름에 의지해서 기도해야만 응답받게 된다. 하나님이 기도응답해 주는 조건인 도덕적 완전함과 죄로부터의 순결함은 오직 예수님에게만 있기 때문에 예수님의 이름으로 기도해야 하는 것이다. 또한 성령은 당신의 기도를 하나님이 응답해 주시도록 도와주신다.

성장은 그리스도인의 정상적인 삶이다. 그리스도인의 삶은 발전해야 하다. 베드로후서 3:18을 읽어 보라. 기도생활에 지속적인 거듭남이 반드시 필요하고, 순례의 길과 같은 인생을 살아가는 동안 나날이 기도생활이 나아져야 한다. 위대한 기도의 사람들은 삶 가운데서 심오한 거듭남을 체험한 사람들이다. 그들의 일생을 기록한 전기를 읽어 보면, 마음과 심령을 끊임없이 새롭게 하였다는 사실을 알 수 있다.

"오직 우리 주 곧 구주 예수 그리스도의 은혜와 그를 아는 지식에서 자라 가라"(벧후 3:18).

위대한 기도자들의 개인적인 기도생활을 배우라. 위대한 기도자들의 전기는 당신에게 교훈을 더해 줄 것이다. 이용 가능한 자료들은 선교사들과 설교자들에 관한 전기를 비롯해서 가치 있는 것들이 많이 있다.

성장 계획

때때로 계획의 부재로 인하여 우리가 해야 할 일을 하지 못하는 경우가 있다.

당신의 기도생활과 기도사역에 대하여 생각해 보라. 지금까지 13단원을 공부하는 동안 기록한 경건한 삶을 읽어 보고, 하나님이 당신에게 하신 말씀이 무엇인지 아래에 간단히 적어 보라.

하나님과 동행하는 삶을 살면서 지속적으로 성장하기 위한 당신의 계획은 무엇인가? 그 활동과 계속 성장해 갈 수 있는 단계를 써 보라.

이번 단원의 주제에 관한 당신의 계획을 성경공부 팀원과 나눌 수 있도록 준비하라. 당신이 매일 경건한 시간을 가지기를 바란다. 경건한 시간 속에서 하나님이 주신 말씀과 당신의 기도제목을 계속 기록하라. 그럼으로써 하나님과 동행한 내용을 적은 일지를 만들어낼 수 있을 것이다.

나이와 더불어 깊어지는 기도생활

기도생활은 나이가 들어감에 따라 점점 더 성장해야만 한다. 성경에 등장하는 노인들의 기도는 육체의 힘이 약해져 갈 때 오히려 기도의 힘이 증가한다는 사실을 잘 일깨워준다. 야곱은 죽기 직전에 요셉의 아들들을 축복했고(창 48:20), 모세도 죽음을 앞두고 이스라엘을 축복하였다(신 33:2-3). 비록 예수께서 세상적 나이로는 노인이 아니었지만, 예수님의 가장 위대한 기도는 숙으시기 바로 선날 밤에 있었다(요 17장). 성경에 나타난 기도의 인물들은 그들의 생애가 끝나는 날까지 왕성한 기도생활을 지속했다. 오늘날도 은퇴 이후에는 기도에 헌신할 수 있는 시간이 더 많기 때문에 기도시간을 더욱 증가시켜야 한다. 하나님은 그리스도의 몸인 교회를 위하여 큰 사역을 할 수 있도록 노인의 기도를 사용하신다. 노인은 많은 경험의 열매, 더 많은 지혜, 기도할 수 있는 더 많은 시간 등으로 인하여 기도응답에 많은 유익을 줄 수 있다.

당신은 교회에서 훌륭한 기도 용사로 만들 수 있는 노인을 알고 있는가? 그들의 이름을 적으라.

노인의 기도사역을 발전시키고 노인이 기도의 전사로 성장할 때, 그들은 교회에서 큰 일을 감당할 것이다. 집 밖 출입이 어려운 노인에게는 전화를 통해서 합심기도에 동참하게 하고, 집 밖 출입이 어려운 여러 회원들을 묶어 주어 전화로

"그 날에 그들에게 축복하여 이르되 이스라엘이 너로 말미암아 축복하기를 하나님이 네게 에브라임 같고 므낫세 같게 하시리라 하며 에브라임을 므낫세보다 앞세웠더라"(창 48:20).

"그가 일렀으되 여호와께서 시내 산에서 오시고 세일 산에서 일어나시고 바란 산에서 비추시고 일만 성도 가운데에 강림하셨고 그의 오른손에는 그들을 위해 번쩍이는 불이 있도다 여호와께서 백성을 사랑하시나니 모든 성도가 그의 수중에 있으며 주의 발 아래에 앉아서 주의 말씀을 받는도다"(신 33:2-3).

"우리가 선을 행하되 낙심하지 말지니 포기하지 아니하면 때가 이르매 거두리라"(갈 6:9).

"그러므로 내 사랑하는 형제들아 견실하며 흔들리지 말고 항상 주의 일에 더욱 힘쓰는 자들이 되라 이는 너희 수고가 주 안에서 헛되지 않은 줄 앎이라"(고전 15:58).

경건한 삶

성경말씀

성경에서 하나님이 나에게 주신 말씀

나의 기도제목

합심기도하게 해 줄 수도 있다.

노인 기도 사역을 인도할 수 있는 지도자를 보내 달라고 기도하라. 만약 당신 마음에 어떤 사람이 떠 오르면 "매일 기도표"에 그 이름을 적고 기도하라.

과정을 마치며

당신의 가장 큰 목표 가운데 하나는 하나님이 당신에게 원하시는 기도의 특별한 사역을 완성하는 것이다. 바울은 "형제들아 나는 아직 내가 잡은 줄로 여기지 아니하고 오직 한 일 즉 뒤에 있는 것은 잊어버리고 앞에 있는 것을 잡으려고 푯대를 향하여 그리스도 예수 안에서 하나님이 위에서 부르신 부름의 상을 위하여 달려가노라"(빌 3:13-14)고 말했다. 나중에 바울은 "나는 선한 싸움을 싸우고 나의 달려갈 길을 마치고 믿음을 지켰으니"(딤후 4:7)라고 말하면서 자신의 삶에 만족을 표시했다. 요한복음 17장에서 예수님은 "아버지께서 내게 하라고 주신 일을 내가 이루어 아버지를 이 세상에서 영화롭게 하였사오니"(4절)라고 하여 하나님께 영광 드리는 기도를 했다..

성경적인 기도생활은 생애를 마칠 때까지 계속해서 견고해질 것이다. 본 교재를 마치면서 예수님의 제자로서 드릴 수 있는 가장 위대한 기도는, 이 세상의 삶을 다 마치고 영원한 세계로 그 발을 들여놓을 때 예수님처럼 혹은 바울처럼 "나의 달려갈 길을 마치고 당신께서 내게 하라고 주신 일을 내가 이루었나이다"라고 하나님께 말할 수 있게 해 달라는 것이어야 한다. 갈라디아서 6:9과 고린도전서 15:58을 읽어 보라.

마치면서 드리는 축복

"능히 너희를 보호하사 거침이 없게 하시고 너희로 그 영광 앞에 흠이 없이 기쁨으로 서게 하실 이 곧 우리 구주 홀로 하나이신 하나님께 우리 주 예수 그리스도로 말미암아 영광과 위엄과 권력과 권세가 영원 전부터 이제와 영원토록 있을지어다 아멘"(유 1:24-25).

오늘, 하나님과 교제하며 동행하는 삶

1. 제13단원까지 공부하면서 기도의 삶을 살 수 있도록 향상되게 하신 하나님께 감사하라. 남은 삶 동안 그리스도인으로 또한 기도의 용사로 성장시켜 달라고 기도하라.

2. 경건의 시간을 가진 후, 경건한 삶을 완성하라.

기도지침 1

하나님이 기도에 응답하실 만한 이유

원리 : 기도의 기본은 하나님이 당신의 기도에 응답해 주어야 하는 이유를 제시해야 한다.

적용 시간 : 기도할 때마다

적용 방법 : 하나님이 당신의 기도에 응답해 주어야 하는 이유를 스스로 물어 보라. 그리고 나서 기도에 응답해 주어야 하는 이유를 하나님께 제시하라.

하나님이 기도에 응답하시는 이유

1. 기도는 하나님을 인정하는 것이다.
   - 명예(Honor) – 선한 이름, 명성, 온전하심.
   - 속성(Character) – 하나님의 특성
   - 영광(Glory) – 하나님 속성 중에서 빛나는 광채
   - 주권(Sovereignty) – 초월적인 탁월함, 권능, 권위
2. 기도는 대제사장이신 예수님의 중보로 이루어진다.
3. 기도는 성령의 중보로 이루어진다.
4. 기도는 하나님과 예수 그리스도와 연결된 사람에게서 나온다.
   - 아버지와 아들
   - 주인과 종

하나님의 속성표

속 성	성경구절	속 성	성경구절
인고	민 14:18		
자비	민 14:18		
용서	민 14:18		

기도 응답표

기도제목	근　　거	응답내용

기도지침 2

하나님을 아는 것

하나님의 이름

1. 하나님(엘로힘, Elohim)-주권, 능력, 창조주
2. 주(아도나이, Adonai)-주님, 통치자, 소유자
3. 여호와(Yahweh)-영원하시고, 변함 없으시고, 신실하신 분
4. 여호와는 나의 준비자(여호와 이레, Jehovah-Jireh)
5. 여호와는 나의 치료자(여호와 라파, Jehovah-Rophe)
6. 여호와는 나의 깃발(여호와 닛시, Jehovah-Nissi)
7. 여호와는 나를 거룩하게 하시는 분(여호와 메카데쉬, Jehovah-M' Kaddesh)
8. 여호와는 나의 평강(여호와 살롬, Jehovah-Shalom)
9. 여호와는 나의 목자(여호와 로이, Jehovah-Rohi)
10. 여호와는 나의 의(여호와 치드케누, Jehovah-Tsidkenu)
11. 나와 함께 계시는 여호와(여호와 삼마, Jehovah-Shammah)
12. 전능하신 하나님(엘 샤다이, El-Shaddai)-능력있고 모든 것을 주시는 분

다른 이름들

예수님의 이름

1. 생명의 떡
2. 세상의 빛
3. 양의 문
4. 선한 목자
5. 부활과 생명
6. 길
7. 진리
8. 생명
9. 랍비
10. 재판장
11. 대제사장
12. 만왕의 왕
13. 만주의 주
14. 친구
15. 형제
16. 포도나무

다른 이름들

마리아의 송가

누가복음 1:47-55을 사용하라.

1. 하나님은 나의 구주이시다(47절).
2. 하나님은 나를 돌보신다(48절).
3. 하나님은 능력이 있다(49절).
4. 하나님은 나에게 큰 일을 행하신다(49절).
5. 하나님은 거룩하시다(49절).
6. 하나님은 그분을 두려워하는 자에게 긍휼을 베푸신다(50절).
7. 하나님의 힘을 나타내 보여주신다(51절).
8. 하나님은 교만한 자를 흩으신다(51절).
9. 하나님은 권세있는 자를 내리치신다(52절).
10. 하나님은 비천한 자를 높이신다(52절).
11. 하나님은 주리는 자에게 좋은 것으로 배부르게 하신다(53절).
12. 하나님은 부자에게 아무것도 주지 않으신다(53절).
13. 하나님은 그의 종을 돕는다(54절).
14. 하나님은 긍휼히 여기신다(54절).

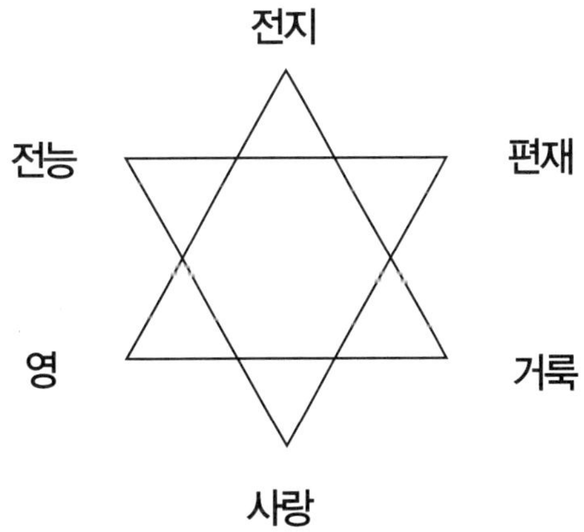

기도지침 3

기도의 독특성

사용 시기 : 하나님께 기도해야 할 필요, 상황, 관심이 변했을 때 사용하라.

사용 방법 : 당신이 처한 상황과 비슷한 상황에 처했던 성경의 인물을 찾으라. 성경에서 그들의 기도를 주의 깊게 살펴보고 지금까지와 다른 관점에서 기도하라.

성경에 나타난 기도의 인물들

인 물	독특성	기도내용	인물에게 하나님의 의미
고넬료	하나님을 경외하는 자	하나님을 찾음	진실한 하나님
다니엘	하나님의 충성된 일꾼	신실하게 되는 것	지극히 높으신 하나님
에녹	하나님과 동행하는 자	하나님과 동행하는 삶	동행하시는 하나님
아브라함	하나님의 친구	하나님과 대화	친구
야곱	하나님을 붙드는 자	끈질긴 기도	축복하시는 하나님
모세	이스라엘의 중보자	대화와 논쟁	거룩하신 하나님
기드온	하나님의 군사	순종	위대한 지휘관
한나	믿는 자	하나님을 믿음	믿음에 응답하시는 분
엘리야	하나님의 선지자	하나님을 영화롭게 함	전능하신 하나님
엘리사	영적인 자	하나님의 임재를 봄	임재하시는 하나님
히스기야	이스라엘의 왕	하나님께 돌아섬	이스라엘의 하나님
느헤미야	하나님의 종	하나님께 탄원함	의로우신 하나님
이사야	사모하는 자	하나님을 섬김	올바르신 하나님
예레미야	하나님의 대언자	하나님 앞에서 깨어짐	의로우신 하나님
에스겔	하나님의 파수꾼	하나님을 바라봄	경고자이신 하나님
마리아	하나님께 수종드는 여종	하나님을 찬양함	전능하신 하나님
베드로	목회자	담대하게 됨	주권자 혹은 주님
바울	능력과 지식이 풍부한 자	하나님과 함께 삶	영광스러운 능력
사도 요한	예수님이 사랑하는 자	예수님과 교제	사랑의 하나님
예수	하나님의 아들, 종	하나님의 일에 참여	아버지 혹은 주님

다윗의 기도

성경구절	기도의 독특성	기도내용	인물에게 하나님의 의미
시편 18:1-3	군사	하나님께 찬양기도	구원자 하나님
시편 51	죄인	고백과 회개기도	용서하시는 하나님
시편 23	양	하나님께 찬양기도	목자
시편 7:6, 8, 11	도망자	탄원기도	재판장이신 하나님
역대상 29:14	예물 드리는 자	예배기도	예물의 근원
사무엘하 12:16	아버지	자녀를 위한 기도	주님
사무엘하 24:17	왕	신하를 위한 탄원기도	주님
시편 103	예배자	하나님을 송축하는 기도	주님
요약	독특한 사람	하나님을 인정함	주님

기도지침 4

기도에서 성경 사용

기도에서 성경의 가치

1. 성경은 기도를 준비하게 해 준다.
2. 성경은 길을 인도해 준다.
3. 성경은 지혜를 준다.
4. 성경은 기도제목을 준다.

기도중에 성경을 사용하는 방법

1. 기도응답을 확신하게 하는 성경 약속을 인용한다.
2. 기도가 응답되었을 때 찬양한 것을 인용한다.
3. 현재 상황에 맞는 성경구절을 적용한다.
4. 기도나 찬양의 성경구절을 사용한다.
5. 성경구절을 사용하여 기도한다.

하나님의 명령

싱경구절	명령

기도지침 5
감사기도

시기 : 항상

방법 : 찬양과 감사해야 하는 일을 기록하고, 감사의 주제와 감사의 태도에 대하여 다음 내용을 참고하라.

감사에 대한 그리스도인의 자세

감사는 큰 일이든 작은 일이든, 좋은 일이든 나쁜 일이든 모든 일에 하나님께 지속적으로 감사하는 것을 의미한다. 감사는

1. 삶의 전반에 걸쳐 나타난다.
2. 하나님께서 선하신 분임을 믿는다.
3. 하나님을 신뢰한다.
4. 하나님을 영화롭게 한다.

영적 은혜에 대한 감사

다음 내용에 대하여 하나님께 감사하라.

1. 사람에 대한 감사
2. 영적 체험에 대한 감사
3. 하나님 나라 확장에 대한 감사

감사하는 방법

1. 물질을 드리는 감사
2. 말로 하는 감사
   - 과거의 축복
   - 현재 우리 삶 속에서 도우시는 하나님의 섭리
   - 미래에 이루어질 일
3. 기도
4. 찬양

돌판 위에 새긴 나의 감사

기도지침 6

기도를 통한 예배

하나님을 찬양하는 말들

1. 광대하심과 높임
2. 즐거움과 기쁨
3. 존귀를 드림
4. 찬양함
5. 경배함
6. 영광 드림
7. 할렐루야
8. 호산나
9. 송축함
10. 존중함

기도에 사용할 시편

1. 권면 : 34, 67, 147, 148, 149, 150편
2. 피난 : 11, 16, 57, 71, 91, 121, 124, 141편
3. 묵상 : 1, 42, 62, 65, 84, 119편
4. 위엄 : 8, 19, 24, 29, 48, 50, 76, 93, 97, 113편

예배 방법

1. 몸동작
2. 음악
3. 예물
4. 기도
5. 찬양

당연히 받으실 만한 예수님

어린양이신 예수님은 다음의 내용을 받으실 만하다.

1. 권능
2. 부
3. 지혜
4. 힘
5. 영예
6. 영광
7. 축복

십자가에서 죽으신 어린 양 예수님만이 모든 것을 받으실 만하다.

하나님이 찬양받으실 만한 이유

하나님은 무한하시고, 초월적이시고, 유일하시고, 온전하시기 때문에 찬양받으실 만하다.

찬양받으실 만한이유	성경구절

기도지침 7

합심기도

합심기도 해야 하는 이유

1. 다른 사람의 기도는 당신의 기도를 강화시켜 준다.
2. 다른 사람은 당신이 보지 못하는 요소들을 볼 수 있다.

가정예배를 위한 Tip

1. 교회 목사님과 영적 지도자들은 가정예배를 드려 성도들의 모범이 되어야 한다.
2. 남편과 아내는 서로 협력하여 가정에서 영적 지도력을 발휘해야 한다.
3. 가정예배의 요소로 다음의 것들이 포함될 수 있다.
   - 성경 본문
   - 읽은 것에 관한 의견과 생각을 나눔.
   - 함께 생활한 것에 관하여 이야기함.
   - 교회에 관해 이야기함.
   - 주님의 일 중에서 우리가 기도로 영향을 줄 수 있는 것들을 이야기함.
   - 기도가 필요한 가족과 친구에 관하여 이야기함.
   - 기도
4. 토론한 문제들의 해결책을 마련해야 한다는 강박감을 갖지 말라.
5. 영적으로 보이려 하거나 다른 이보다 더 감명 깊은 기도를 해야 한다는 강박감을 갖지 말라.
6. 당신의 모습 그대로 자연스럽게 기도하라.
7. 아침에 가정예배를 드리고, 하루 중 틈틈이 가족들을 위해 기도하라.
8. 만약 가정예배를 저녁에 드리는 것이 적당하다면 주님과 함께하는 시간의 영원한 가치를 위하여 텔레비전 시청을 포기하라. 가장 좋은 시간은 아마도 잠자리에 들기 직전일 것이다.

선교사와 공산국가에 있는 성도를 위한 기도

1. 다음의 제목으로 기도하라.
   - 성경을 확보할 수 있도록
   - 협박, 투옥, 박해, 밀고자 등의 고난으로부터 보호받도록
   - 직업을 잃거나 생계수단이 차단당했을 때 생필품을 얻을 수 있도록
   - 전도할 수 있는 지혜를 주시고, 전도할 수 있도록 인도해 주시고, 전도의 열매를 맺을 수 있도록
   - 시민권을 보장받는 지역으로 인도받도록
2. 그들을 도우려는 선교사역과 다른 기관을 위하여 기도하라.
3. 신문이나 선교 보고서 등을 통해서 알게 된 사람을 위하여 기도하라.
4. 예배드릴 수 있는 자유와 성경을 출판 보급할 수 있도록 정부가 완화한 태도를 가지도록 기도하라.

기도 제목			
		다른 기도제목	성경구절
1. 그리스도의 일꾼을 보내어 주시도록	마 9:38		
2. 그리스도인의 열매를 위하여	요 15:16		
3. 전도의 담대함을 위하여	행 4:24-31		
4. 성령충만을 위하여	행 8:15		
5. 투옥된 자를 위하여	행 12:5		
6. 선교사를 위하여	행 13:2-5		
7. 교회 지도자를 위하여	행 14:23		
8. 화목을 위하여	고후 5:20		
9. 옳은 삶을 위하여	고후 13:7		
10. 모든 그리스도인을 위하여	엡 6:18		
11. 사랑, 지식, 총명을 위하여	빌 1:9		
12. 보전을 위하여	살전 5:23		
13. 권좌에 있는 사람을 위하여	딤전 2:1-2		
14. 지혜를 위하여	약 1:5		
15. 치유를 위하여	약 5:14-16		

기도지침 8
하나님의 뜻에 따르기

고백 : 똑같은 것을 말하고, 동의하는 것

죄 고백의 단계
1. 죄를 범했음을 인정하라.
2. 죄를 회개하고 죄에서 돌이키라.
3. 하나님의 용서하심을 받아들이라.

죄 용서를 믿는 이유
1. 성경이 죄 용서를 약속한다.
2. 성경이 죄가 제거된 상태를 보여준다.
3. 예수님의 보혈이 양심을 깨끗하게 한다.
4. 용서받은 자는 다른 사람을 용서할 수 있다.

고백해야 할 주제
1. 죄를 고백하라.
2. 당신의 필요를 위해 고백하라.
3. 다른 사람의 필요를 위해 고백하라.
4. 예수 안에서 거듭남을 고백하라.
5. 예수님이 당신의 구주이심을 고백하라.
6. 예수님이 당신의 주님이심을 고백하라.
7. 하나님의 방법이 옳음을 고백하라.
8. 진리를 고백하라.

예수님께 대한 고백
1. 베드로 : "주는 그리스도시요 살아계신 하나님의 아들이시니이다"(마 16:16).
2. 나다나엘 : "랍비여 당신은 하나님의 아들이시요 당신은 이스라엘의 임금이로소이다"(요 1:49).
3. 도마 : "나의 주님이시요 나의 하나님이시니이다"(요 20:28).

시편 51편 죄 고백의 모델
잘못
1. 하나님을 거역하고 자기의 방식으로 살아가는 죄(1절)
2 도덕적으로 타락한 죄(2절)
3. 말씀을 지키지 않거나 하나님의 기준에 미치지 못한 죄(2절)
4. 사악함(4절)

하나님께 구해야 할 것
1. 하나님의 은혜(1절)
2. 죄용서(1절)
3. 정결(2, 7절)
4. 죄에서 구원(14절)
5. 입술을 열어 찬송(15절)

기도응답으로 인한 변화
1. 지혜를 알게 됨(6절).
2. 눈보다 정결해짐(7절).
3. 즐겁고 기쁜 소리를 들음(8절).
4. 정한 마음을 받음(10절).
5. 정직한 영을 받음(10절).
6. 전도함(12절).
7. 자원하는 심령을 주심(12절).

다른 사람에게 고백
공적인 고백은 제한되어야 한다. 다른 사람의 사생활을 침해하거나 비평해서는 안 된다.

죄 용서에 대한 그림

미가 7:18-19

이사야 38:17

시편 103:12

기도지침 9
간구의 원리

하나님께서 기도하게 하심

"구하라 그리하면 너희에게 주실 것이요 찾으라 그리하면 찾아낼 것이요 문을 두드리라 그리하면 너희에게 열릴 것이니"(마 7:7).

"내 이름으로 무엇이든지 내게 구하면 내가 행하리라"(요 14:14).

"너희가 내 안에 거하고 내 말이 너희 안에 거하면 무엇이든지 원하는 대로 구하라 그리하면 이루리라"(요 15:7).

"지금까지는 너희가 내 이름으로 아무 것도 구하지 아니하였으나 구하라 그리하면 받으리니 너희 기쁨이 충만하리라"(요 16:24).

간구의 원리

1. 성령 안에서 기도하라.

성령 안에서 기도한다는 것은 모든 기도가 이기적인 동기나 자기 욕심에서 나오는 것이 아니라, 성령 안에서 나온다는 것을 의미한다.

2. 마음으로 기도하라.

마음은 당신의 기도제목을 구체적이게 할 수 있는 도구이다. 그 마음으로 신중하고 구체적으로 기도제목을 만들어야 한다.

3. 예수의 이름으로 기도하라.

예수님의 이름을 사용할 때 예수님이 당신의 대표가 되게 하는 것이고, 예수님에게 하는 것처럼 당신에게 하도록 할 수 있다. 당신은 예수님이 원하시는 것을 기도하는 것이고, 예수님의 속성으로 기도한 것이고, 예수님의 태도와 인격으로 기도한 것이 된다. 예수님의 이름으로 기도할 때, "예수님이 이 상황에서 원하는 것은 무엇인가?"를 자문해 보라. 예수님이 하시고자 하는 일을 위하여 기도하도록 하라.

4. 예수님 안에 거하면서 기도하라.

기도는 예수님 안에 거할 수 있는 수단이기도 하고, 예수님이 거하기 때문에 일어나는 결과이기도 하다. 예수님 안에 거할 때 예수님과 지속적인 교제를 나눌 수 있고, 쉬지 않고 기도하게 되고, 오직 예수님의 말씀만을 따르게 된다. 가지가 포도나무에 머물러야 하듯이 그리스도인도 예수님 안에 거해야 한다.

5. 믿음으로 기도하라.

- 마음속에 의심 없이 기도하라.
- 기도한 것들이 이루어질 것을 믿어라.
- 하나님은 변치 않는 분이심을 생각하라.
- 하나님께서는 능히 응답해 주실 권세와 능력이 있음을 인정하라.
- 당신의 삶에 두신 하나님의 뜻과 그분의 돌보심을 확신하라.
- 성경의 약속들을 제시하고 하나님께 그 말씀을 이루어 달라고 기도하라.

6. 겸손하게 기도하라.

겸손은 다른 사람들을 필요로 한다. 겸손하게 기도하는 것은 우리의 필요를 하나님 안에서 인정하는 것이다. 겸손은 하나님께 순복한다. 자만, 방자함, 독선은 겸손한 태도를 방해한다. 겸손의 비결은 하나님을 깨닫는 것이다. 그러므로 교만은 하나님의 위대 하심을 깨닫지 못하게 한다.

7. 간절함으로 기도하라.

간절히 기도할 때 믿음은 진심에서 우러나와 마음을 움직이고, 성실하고 열렬히 기도하게 한다. 당신은 올바르게, 열심히, 매우 간절하게 기도해야 한다. 간절한 기도는 위장되거나 피상적이지 않다.

8. 인내함으로 기도하라.

인내는 포기하는 것이 아니라, 지속적인 것이다. 하나님은 다음의 내용을 위하여 인내하게 하신다.

- 하나님이 원하는 바를 확신하게 한다.
- 우리가 원하는 바를 확신하게 만든다.
- 낙심하게 하는 환경을 보지 않게 훈련한다.
- 하나님에게 초점을 맞추도록 만든다.
- 더욱 간절하도록 한다.
- 참된 믿음을 나타낸다.

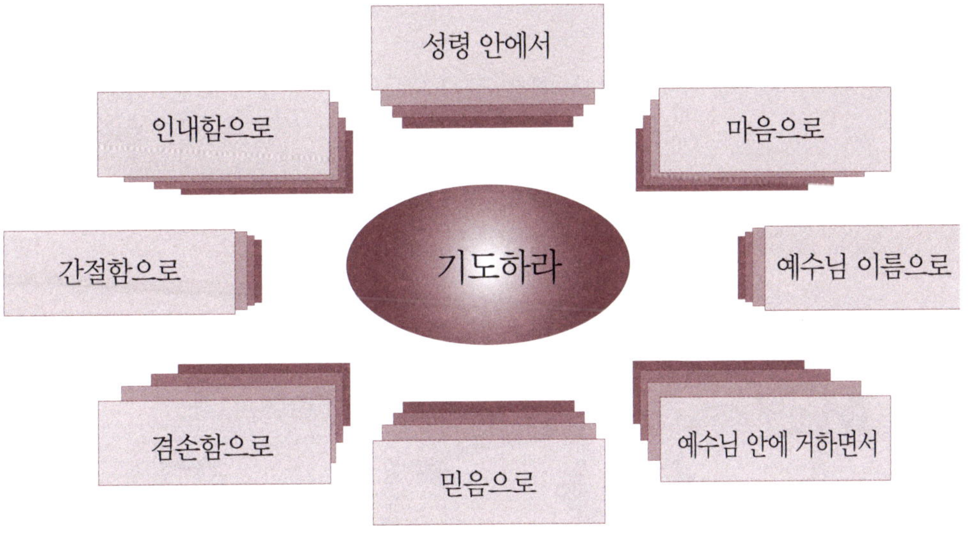

기도지침 10
기도응답의 장애와 지연

하나님이 기도응답하시는 방식

1. Yes
2. No
3. 기다리게 하심
4. 듣지 않으심

기도응답을 멈추게 하는 표시

불신의 두 가지 이유

1. 하나님이 주시지 않을 것이라는 걱정
2. 당신이 구하는 것이 너무 크고 너무 어렵다는 걱정

불신 극복

1. 예수님의 말씀에 집중하라.
2. 서로 권고하라.
3. 예수님을 신뢰하라.
4. 금식기도 하라.

기도응답에 장애물이 되는 죄

1. **분노(딤전 2:8)**
   성냄, 자제력을 잃음, 보복적이 태도를 가짐.
2. **우상숭배(겔 14:3)**
   하나님보다 사람이나 물질을 더 사랑하는 것, 마음의 우상
3. **무관심(잠 21:13)**
   가난한 사람을 무시하거나 도움을 베풀지 않음.
4. **위선(마 6:5)**
   하나님에게 기도하기보다는 사람에게 보이기 위하여 기도함.
5. **용서하지 않는 마음(막 11:25)**
   자신에게 잘못한 사람을 용서해 주지 않음.
6. **깨어진 관계(마 5:23-24)**
   다른 사람과 계속 깨어진 관계를 유지함.

- 하나님이 주시지 않을 것이라는 걱정
- 당신이 구하는 것이 너무 크고 너무 어렵다는 걱정

기도지침 11
자신과 다른 사람을 위한 기도

기도제목 모범

마태복음 6:9-13

1. 하나님의 나라가 임하고 하나님의 뜻이 이 땅에 이루어지게 해 달라고 기도하라(10절).
2. 일용할 양식을 위하여 기도하라(11절).
3. 죄 용서를 위하여 기도하라(12절).
4. 시험에 들지 않게 하고 죄악에서 구해 달라고 기도하라(13절).

요한복음 17장

1. 하나되게 해 달라고 기도하라(11절).
2. 죄악에 빠지지 않게 해 달라고 기도하라(15절).
3. 세상에 속하지 않고 하나님의 말씀으로 거룩하게 해 달라고 기도하라(17절).
4. 그리스도인이 하나된 모습을 보여 불신자들이 예수님을 믿을 수 있게 해 달라고 기도하라(21절).
5. 예수님과 함께 있는 그리스도인을 보고 믿지 않는 사람도 예수님의 영광을 보게 해 달라고 기도하라(24절).

에베소서 3:14-19

1. 속사람이 강건하게 해 달라고 기도하라(16절).
2. 믿음으로 말미암아 예수님이 마음속에 있게 해 달라고 기도하라(17절).
3. 예수님의 사랑을 알게 해 달라고 기도하라(18절).
4. 하나님의 사랑으로 충만하게 해 달라고 기도하라(19절).

에베소서 1:15-23

1. 지혜와 계시의 영으로 하나님을 알게 해 달라고 기도하라(17절).
2. 마음의 눈을 밝혀 달라고 기도하라(18절).
3. 부르심의 소망을 알게 해 달라고 기도하라(18절).
4. 기업의 영광을 알게 해 달라고 기도하라(18절).
5. 힘의 위력으로 역사하는 것을 알게 해 달라고 기도하라(19절).

골로새서 1:9-12

1. 하나님의 뜻을 아는 것으로 채워 달라고 기도하라(9절).
2. 주께 합당하게 행하여 범사에 기쁘시게 하고, 모든 선한 일에 열매를 맺게 하고, 하나님을 아는 것에 자라게 해 달라고 기도하라(10절).
3. 모든 능력으로 능하게 하고, 기쁨으로 모든 견딤과 오래 참음에 이르게 해 달라고 기도하라(11절).

빌립보서 1:9-11

1. 사랑이 모든 지식과 총명으로 풍성할 수 있도록 기도하라(9절).
2. 지극히 선한 것을 분별할 수 있게 해 달라고 기도하라(10절).
3. 진실하고 허물이 없게 해 달라고 기도하라(10절).
4. 의의 열매를 가득히 맺을 수 있게 해 달라고 기도하라(11절).

중보기도 제목

1. 친구와 친지들
2. 원수들
3. 나라의 지도자들
4. 나라
5. 병든 사람
6. 다른 사람들

불신자를 위한 기도의 다섯 단계

1. 불신자를 위한 참된 관심과 사랑을 계발한다.
2. 당신이 관계를 맺고 있는 불신자 중에서 특별히 관심있는 사람을 찾는다.
3. 그 사람을 위해 구체적인 기도하라.
   - "주님, 불신자에게 효과적으로 전도할 수 있게 해 주십시오."
   - "주님, 불신자의 삶의 환경들을 주장하셔서 생활의 사소한 부분에서까지도 예수님께 주목하도록 해 주십시오."
   - "주님, 죄를 깨닫는데 큰 힘이 되게 하는 성령을 보내 주십시오."
   - "아버지 하나님, 예수님이 죄에서 우리를 구원했다는 것을 성령을 통하여 깨닫게 해 주십시오."
4. 기도를 지속적으로 하라.
5. 하나님께서 불신자를 구원하실 각 단계마다 감사하라.

불신자를 위한 비전 확대

1. 국내외에 있는 선교사들이 예수님의 대사로 부름 받았다는 소명의식을 기억하게 해 달라고 기도하라. 가능하다면, 알고 있는 선교사들의 이름을 말하면서 기도하라.
2. 국내외 선교활동을 통하여 불신자들이 속히 예수님을 영접할 수 있도록 기도하고, 전도 대상자의 필요를 채워주고, 전도 대상자와 관계를 맺고, 전도 대상자를 예수님께로 인도할 수 있도록 선교사의 민감성을 위하여 기도하라.
3. 교회의 전도 비전을 더 크게 해 주실 것과 전도 훈련을 할 수 있도록 기도하라.
4. 불신자를 전도하기 위한 영적인 부담을 더하게 해 달라고 기도하고, 전도의 기술과 민감성을 위하여 기도하라.

다른 그리스도인을 위한 기도

1. 하나 됨
2. 보전과 구원
3. 성화

기도지침 12
선교를 위한 기도

일꾼을 위한 기도

1. 당신이 속한 교회의 청·장년들이 선교에 대한 성령의 부르심에 민감해지도록 기도한다.
2. 당신의 자녀들이 추수할 일꾼으로 부름받도록 기도한다.
3. 대학생 혹은 신학생들이 그들의 생애 중에 하나님의 특별한 계획을 자각하도록 기도한다.
4. 복음전도자와 목회자를 위해 기도한다.
5. 당신이 추수에 참여할 수 있도록 기도한다.

바울의 기도요청

1. 받아들임(A-Acceptance) - 동역자와 교인들이 자신의 사역을 인정해 줄 수 있도록 기도를 요청했다(롬 15:31).
2. 담대함(B-Boldness) - 담대하게 전도할 수 있도록 기도를 요청했다(엡 6:19).
3. 명료성(C-Clarity) - 복음을 분명하게 나타낼 수 있도록 기도를 요청했다(골 4:4).
4. 구원(D-Deliverance) - 악한 사람들로부터 구원받을 수 있도록 기도를 요청했다(롬 15:31).
5. 확장(E-Extension) - 전도의 문을 열 수 있도록 기도를 요청했다(골 4:2-3).
6. 결실(F-Fruitfulness) - 영적인 노고로 인하여 열매를 맺을 수 있게 기도를 요청했다(살후 3:1).

선교명령에 기초한 네 가지 기도

1. 불신자가 복음을 들을 수 있도록 기도하라.
2. 불신자가 회개하고 믿도록 기도하라.
3. 선교사들이 파송되도록 기도하라.
   - 교회를 세우고 성도를 제자로 삼는 교회 개척자를 위해서.
   - 복음 전도자를 위해서.
   - 복음을 전하고 다른 사람을 훈련하는 교사를 위해서.
   - 선교사를 훈련하여 타문화권 혹은 국가에 파송하는 교회나 선교단체를 위해서.
   - 타언어권 사람들이 읽을 수 있는 성경을 보급하는 데 도움을 줄 수 있는 성경 번역사를 위해서.
4. 하나님께서 영광을 받으시도록 기도하라.

선교사의 개인적인 필요사항

1. 언어와 문화
2. 건강과 안전
3. 자녀와 늙으신 부모
4. 영적 성장과 정서적 안정

선교사역에 필요한 사항

1. 현지인들과의 협력 관계
2. 전문직 직업(교사, 의사, 농업기술자, 회계사 등)
3. 전도와 교회 개척에서의 성공
4. 제자훈련과 교회양성의 효율성

선교 기능 / 사역

1. 교회발전, 영적 각성, 제자훈련
2. 교회개척, 전도, 협력전도
3. 지도자 훈련(신학교, 성경 및 평신도 기관, 신학 연장교육)
4. 병원, 임상, 진료소, 보건소
5. 출판사역, 문서보급
6. 대중매체(텔레비전, 라디오, 영화)
7. 학생전도, 청소년 사역

시편 67편

하나님은 우리에게 은혜를 베푸사 복을 주시고
그의 얼굴 빛을 우리에게 비추사
주의 도를 땅 위에, 주의 구원을 모든 나라에게 알리소서
하나님이여 민족들이 주를 찬송하게 하시며
모든 민족들이 주를 찬송하게 하소서
온 백성은 기쁘고 즐겁게 노래할지니
주는 민족들을 공평히 심판하시며 땅 위의 나라들을 다스리실 것임이니이다
하나님이여 민족들이 주를 찬송하게 하시며
모든 민족으로 주를 찬송하게 하소서
땅이 그의 소산을 내어 주었으니
하나님 곧 우리 하나님이 우리에게 복을 주시리로다
하나님이 우리에게 복을 주시리니
땅의 모든 끝이 하나님을 경외하리로다

성경암송 방법

1. 필요한 성경을 선택하거나 혹은 만일 성경구절이 정해져 있다면, 그 성경을 당신의 삶에 적용하라.
2. 성경구절을 이해하라. 성경 본문과 관련해서 성경구절을 읽어라. 여러 가지 번역본으로 읽어 보라.
3. 성경구절을 들을 수 있도록 녹음하라. 그 성경구절을 실제로 인용할 수 있는 장소에 놓아두라. 성경구절을 인용했으면 두 번째도 역시 녹음하라.
4. 당신이 읽은 성경에 밑줄을 그으라.
5. 카드에 성경구절과 주제를 쓰라. 이렇게 함으로써 특별한 주제에 맞게 성경구절을 사용할 수 있다.
6. 다른 일을 하다가도 볼 수 있게 잘 보이는 자리에 성경구절을 쓴 카드를 놓아 두라.
7. 성경구절을 암송하려고 노력하라. 성경구절을 단어나 숙어로 나누어 거기에 의미를 달아 한마디 한마디씩 배우라. 그렇게 해서 단어의 온전한 의미를 알게 된다면, 암송은 더 잘될 것이고, 다시 읽기도 더 쉬울 것이며, 시험당했을 때 담대할 것이고, 성경구절을 나누는 사람에게 신뢰와 확신을 줄 것이다.
8. 자꾸 반복해서 읽어라. 이것은 성경을 암송하는 데 매우 중요한 요건이다. 6주 동안 적어도 하루에 한 구절을 다시 읽어라. 그 다음 6주 동안은 주별로 성경을 다시 읽어라. 그 다음부터는 달별로 성경을 다시 읽어라.
9. 마음속에서 생각나게 하는 성경구절을 기도내용에 사용하라. 성경구절을 그림 형식으로 구성해 보고, 노래로 불러도 보고, 자기가 만든 곡에 붙여도 보고, 기도할 때 사용해 보기도 하고, 삶의 부분이 되게도 해 보는 등 가능한 많이 사용하라.
10. 다른 사람이 당신의 성경암송을 점검하게 하라. 그렇지 않으면 당신 스스로 성경암송을 점검해 보라.
11. 성경암송을 즐거워하라. 가족이나 친구와 암송 게임을 해 보라. 예를 들면, 한 사람이 성경구절을 말하면 다른 사람이 그 성경구절을 말하게 하는 것이다. 또, 당신이 요한복음 15:5을 말하면 다른 사람이 그 구절을 정확히 인용해서 말하게 하고 혹은 다른 사람이 성경구절을 먼저 말하고 당신이 그 구절을 정확히 인용하는 것이다.
12. 매주마다 암송해야 할 성경구절 수를 정하라. 많은 구절을 빨리 외우려고 하지 말고, 성경암송을 위하여 하루에 너무 많은 시간을 사용하지 말라.

경건의 시간을 가지는 방법

매일 예수님과 함께 시간을 가지는 것은 예수님을 당신의 삶 중심에 지속적으로 존재하게 한다. 경건의 시간은 예수님과 함께 있는 시간을 가지는 것이고, 만약 경건의 시간을 가지지 않았다면 하루에 적어도 15분 정도는 경건의 시간을 가지도록 하라. 이 약속을 지킨다면 당신은 하나님이 주시는 많은 복을 받게 될 것이다.

경건의 시간을 성공할 수 있는 열쇠

1. 하루 중에서 경건의 시간에 제일 우선권을 두라.

· 하나님과 교제할 수 있는 알맞은 시간을 정하라. 대개 새벽이나 아침 시간이 가장 좋지만 형편에 따라 가장 방해받지 않는 시간을 경건의 시간으로 미리 계획하라.

2. 잠자기 전에 준비하라.

- 선택한 시간이 새벽이나 아침이면 자명종 시계를 맞춰 놓으라. 아침에 잠자리에서 깬 후, 일어나서 바로 경건의 시간을 갖기 어렵다면 운동이나 산책, 또는 세면을 한 후, 몸과 마음이 정리된 상쾌한 상태에서 경건의 시간을 가지도록 하라.
- 외부의 방해를 받지 않고 혼자만의 시간을 가질 수 있는 조용한 장소를 택하라. 경건의 시간에 필요한 성경, 필기도구, 본 교재 등을 경건의 시간을 가질 장소에 미리 갖다 놓으면 시간을 절약할 것이다.

3. 성경 읽는 시간과 기도하는 시간의 균형을 맞추라.

- 경건의 시간 동안 성령의 인도하심을 위해 기도하라.

- 체계적인 계획을 세워서 성경을 읽도록 하라. 여기저기 생각나는 대로 성경을 무질서하게 읽지 말고 성경읽기표를 참고하여 읽어라.
- 성경을 통해서 하나님께서 당신에게 주시는 말씀을 기록하라. 「기도의 삶」을 공부하는 동안에는 교재 여백에 있는 '경건한 삶'에 기록하라.
- 당신이 읽은 성경말씀에서 깨달은 바를 기도하라.
- 기도할 때는 찬양, 고백, 감사, 간구 등 기도의 여러 요소를 사용하라.

4. **경건의 시간을 잘 할 수 있을 때까지 계속하라.**
   - 경건의 시간은 오래 하려는 것보다는 매일 꾸준히 하는 것이 중요하다. 매일 짧은 시간이라도 계속 경건의 시간을 갖는 것이 긴 시간 동안 불규칙하게 오래 하는 것 보다 훨씬 효과적이다.
   - 방해에 대비하라. 사단은 당신이 하나님과 교제하는 것을 방해하려고 한다. 사단은 아주 약한 그리스도인이라고 해도 기도하는 사람을 두려워한다. 사단에 의해서 좌절하지 말고 방해받지 않도록 미리 예방하라.
5. **경건의 시간을 습관적으로 하지 말고 하나님께 초점을 맞추어라.**
   만약 존경하는 사람과 만날 계획이 있다면 당신의 뜻대로 하려고 하지 않을 것이다. 하나님과 만나는 것이 무엇보다도 가장 중요하다. 하나님은 우리가 하나님과 교제할 수 있는 자격을 주셨고, 하나님과 교제하게 하려고 우리를 구원하셨다.

경건한 삶

1. 하나님이 당신의 주님 되심을 찬양하라.
2. 당신의 죄를 고백함으로써, 당신의 뜻과 마음과 감성을 주님께 항복함으로써 당신을 부인하라.
3. 주님이 당신을 잘 사용할 수 있도록 당신의 십자가를 지라.
4. 의심, 주님의 인도를 받아야 할 일, 당신의 나약함, 기도제목들을 기록하라.
5. 당신에게 있는 여러 문제 중에서 하나님이 우선성, 하나님의 뜻을 계시해 주시기를 원하라.

하나님이 하시는 말씀을 들어라

1. 성경을 체계적으로 처음부터 읽되, 하루에 한 장 혹은 그 이상 읽으라. 여러 번역본을 조정해서 읽으라.
2. 하나님이 하시는 말씀을 가르침, 책망, 교정, 훈련 등 네 범주 중에서 하나로 들어라(딤후 3:16-17). 이 네 범주 속에서 하시는 하나님 말씀을 자동적으로 깨달을 수 있을 때까지 성경을 반복해서 읽으라.
3. 당신에게 적용할 수 있는 단어, 구, 구절 등을 표시하라. 암송해야 하는 구절에 '암'이라고 쓰고, 가르침을 주는 구절에 '가'라고 쓰고, 당신 삶을 교정하게 한 구절에 '교'라고 쓰고, 책망한 구절에 '책'이라고 쓰며, 당신을 훈련하신 말씀에는 '훈'이라고 쓰라. 표시한 구절의 범주를 확인하면서 반복해서 읽으라.
4. 읽은 성경을 요약하라. 이 교재를 공부하는 동안 "경건한 삶"을 완성하는 것은 성경을 요약하는 좋은 훈련이 될 것이다.
5. 하나님이 당신에게 말씀하시는 것이 무엇인지 알게 해 달라고 기도하라. 당신의 기도제목을 "경건한 삶"에 기록하라. 나중에 당신이 쓴 "경건한 삶"을 다시 보면, 하나님이 당신에게 말씀하시는 유형을 볼 수 있을 것이다.

성경의 약속

성경의 약속들 모으기

성경의 약속은 하나님께 기도하는 모든 사람들에게 유용하다. 그 약속들은 하나님께서 원하시는 것을 우리에게 말씀해 주시고, 기도응답을 받을 수 있는 조건을 갖추게 한다. 그 약속들을 발견하고, 표시하고, 기록하고, 암송하고, 사용해야 한다.

1. 성경이나 경건 서적을 읽을 때, 설교 혹은 다른 사람의 간증을 들을 때에 약속을 보라. "성경에 있는 기도의 약속들"을 읽어 보라.
2. 성경에 밑줄을 긋거나, 칼라펜을 사용하여 약속을 표시하라.
3. 이 약속들을 296쪽에 있는 "성경의 약속 기록표"에 기록하라.
4. 약속을 암송하고, 하루 종일 그 말씀을 묵상하라.
5. 기도할 때 성경에 있는 약속을 사용하라.

기도 중에 성경을 사용하는 방법

당신이 특별한 상황에 놓여 있을 때 하나님께서는 약속의 말씀들을 생각나게 하시거나, 또는 성경을 읽는 중에 당신이 처한 상황에 맞게 하나님의 말씀을 깨닫게 해 주실 것이다. 그 약속의 말씀을 더 확신하기 위하여 다음의 내용에 대하여 성경에서 공부하라. (1) 약속이 적용된 사람은 누구인가? (2) 약속이 이루어지게 된 조건이 무엇인가?

당신의 필요에 적용할 수 있는 약속을 찾아내고, 그 약속을 사용하여 기도하라. 하나님의 약속을 기억할 때 하나님이 기도응답해 주실 것을 신뢰할 수 있다. 성경의 약속을 사용할 때 당신은 믿음 안에서 기도할 수 있다. 기도해야 할 이유가 생겼을 때, 약속의 말씀을 기억하고 그 약속을 기도할 때 사용하라. 다음과 같은 예를 들 수 있다.

약속 : "사람이 감당할 시험밖에는 너희가 당한 것이 없나니 오직 하나님은 미쁘사 너희가 감당하지 못할 시험 당함을 허락하지 아니하시고 시험당할 즈음에 또한 피할 길을 내사 너희로 능히 감당하게 하시느니라"(고전 10:13).

기도 : "주님, 저는 지금 감당하기 매우 어려운 시험에 부딪혔습니다. 주님의 말씀에 감당하지 못할 시험은 허락하지 않으신다고 하셨습니다. 제가 그 시험을 피할 수 있는 길을 수신다고도 약속하셨습니다. 그 피할 길을 지금 즉시 저에게 보여주시고 제가 그 길로 갈 수 있도록 해 주십시오."

성경에 있는 기도의 약속들

1. "내 이름으로 일컫는 내 백성이 그들의 악한 길에서 떠나 스스로 낮추고 기도하여 내 얼굴을 찾으면 내가 하늘에서 듣고 그들의 죄를 사하고 그들의 땅을 고칠지라"(대하 7:14).
2. "그들이 부르기 전에 내가 응답하겠고 그들이 말을 마치기 전에 내가 들을 것이며"(사 65:24).
3. "너는 내게 부르짖으라 내가 네게 응답하겠고 네가 알지 못하는 크고 은밀한 일을 네게 보이리라"(렘 33:3).
4. "진실로 다시 너희에게 이르노니 너희 중의 두 사람이 땅에서 합심하여 무엇이든지 구하면 하늘에 계신 내 아버지께서 그들을 위하여 이루게 하시리라 두세 사람이 내 이름으로 모인 곳에는 나도 그들 중에 있느니라"(마 18:19-20).
5. "너희가 기도할 때에 무엇이든지 믿고 구하는 것은 다 받으리라 하시니라"(마 21:22).
6. "그러므로 내가 너희에게 말하노니 무엇이든지 기도하고 구하는 것은 받은 줄로 믿으라 그리하면 너희에게 그대로 되리라"(막 11:24).
7. "예수께서 나무에게 말씀하여 이르시되 이제부터 영원토록 사람이 네게서 열매를 따 먹지 못하리라 하시니 제자들이 이를 듣더라"(요 14:14).
8. "너희가 내 안에 거하고 내 말이 너희 안에 거하면 무엇이든지 원하는 대로 구하라 그리하면 이루리라"(요 15:7).
9. "지금까지는 너희가 내 이름으로 아무 것도 구하지 아니하였으나 구하라 그리하면 받으리니 너희 기쁨이 충만하리라"(요 16:24).
10. "아무 것도 염려하지 말고 다만 모든 일에 기도와 간구로, 너희 구할 것을 감사함으로 하나님께 아뢰라 그리하면 모든 지각에 뛰어난 하나님의 평강이 그리스도 예수 안에서 너희 마음과 생각을 지키시리라"(빌 4:6-7).
11. "그러므로 너희 죄를 서로 고백하며 병이 낫기를 위하여 서로 기도하라 의인의 간구는 역사하는 힘이 큼이니라"(약 5:16).
12. "그를 향하여 우리가 가진 바 담대함이 이것이니 그의 뜻대로 무엇을 구하면 들으심이라 우리가 무엇이든지 구하는 바를 들으시는 줄을 안즉 우리가 그에게 구한 그것을 얻은 줄을 또한 아느니라"(요일 5:14-15).

성경의 약속 기록표

성경구절	약속	조건

찬양과 감사 기록표

"기도를 계속하고 기도에 감사함으로 깨어 있으라"(골로새서 4:2)

찬양 / 감사	성경구절	감사한 일

매일 중보기도

매일 기도제목

기도제목을 적는 것은 예전에 기도했던 기도제목을 기억하거나 기도응답이 될 때까지 지속적으로 기도할 수 있도록 도움을 준다. 때때로 기도제목을 보고서 당신의 기도제목을 바꿀 수도 있다. 기도제목을 적는 것은 마음속으로 항상 기도할 수 있게 한다. 매일 중보기도에는 두 가지 기본 범주가 있다.

영속적 매일 중보기도 여기에는 영속적으로 매일 기도해야 할 제목을 적는다. "매일 기도표"를 사용하여, 가족이나 직장 혹은 교회 등과 관련된 제목을 기록하라. 기도제목은 너무 길게 적지 말라. 이 표는 지혜롭게 효과적으로 기도하기 위한 수단으로 사용하는 것이지 이 기도표의 노예가 되어서는 안 된다.

일시적 매일 중보기도 매일 기도해야 할 제목들이기는 하지만, 아픈 사람을 위한 기도, 특별 행사나 프로젝트를 위한 기도, 불신자를 위한 기도 등과 같이 자주 변하는 기도제목들이다. 이 기도제목으로 오랜 시간 기도할 수도 있지만 영속적이지는 않고 일시적인 기도이다.

구체적으로 기도하라

중보기도는 구체적으로 해야 한다. 중보기도는 어떤 변화를 간구하는 것이다. 따라서 하나님께서 기도에 응답하셔서 변화시켜 주시기를 원하는 태도, 사람, 상황 등의 변화를 나타내기 위하여 구체적인 서술형의 말을 사용하는 편이 좋다. 여기에 적절한 단어로는 회개하다, 구원하다, 병을 낫게 하다, 인도하다, 준비해 주다, 번창하게 하다, 부르시다, 멈추게 하다 등과 같은 것들이 있다. 기도응답으로 인한 변화를 구체적이게 하라

"병원 사역에 은혜를 주시고 우리 목사님과 함께해 주소서"와 같은 일반적인 기도를 드리지 않도록 하라. 예수께서는 믿는 자들과 함께하시겠다고 이미 약속하셨다(마 28:20). 구체적 기도제목을 간구하지 않고 행사, 사람, 상황만을 기록하는 것은 구체적으로 기도하는 것이 아니며, 하나님께 상황만 묘사하는 것은 기도하는 것이 아니다. 구체적으로 기도할 때 하나님의 기도응답을 깨달을 수 있고, 그 기도응답에 대하여 구체적으로 감사할 수 있다.

주간 중보기도

주간 기도제목

매일 기도할 기도제목이 너무 많으면 질릴 수 있다. 주간 기도표를 구성하는 것은 효과적인 기도생활에 도움을 줄 수 있다. 기도제목과 주제별로 7개로 나누고, 일주일 단위로 하루 하나씩 하는 것이 좋다.

300쪽에 있는 "주간 기도표"를 사용해도 좋지만, 당신이 원한다면 다른 종이에 당신의 기도표를 새롭게 개발할 수도 있다. 당신의 기도생활에 맞추어 "주간 기도표"에 주제를 추가하라. 예를 든다면, 주일 아침 특별 시간에 불신자를 위하여 기도할 수도 있다. 주중에 개인적 기도제목을 나눌 수도 있다. 기도제목을 어떻게 나누든지 간에, 기도에 질려서 중단하지 않도록 기도제목 수를 조정하라.

선교를 위하여 기도하라

일주일에 하루 이상은 세계 선교를 위해서 기도하라. 선교사의 생일에 선교사를 위하여 기도할 수 있도록 기도 카렌다를 사용할 수도 있다. 주간 선교기도에 선교와 세계 복음화를 위하여 기도하는 데 초점을 맞추고, 기도하는 나라나 대륙을 확인할 수 있도록 지도를 사용하라.

당신은 대륙별로 주일–북미, 월요일–중남미, 화요일–아프리카, 수요일–유럽과 중동, 목요일–아시아, 금요일–호주와 섬 나라들, 토요일–세계 복음화 등으로 나누어 기도할 수도 있다. 선교기도는 매일 기도시간 시작할 때 실시해도 좋다. 특별한 나라를 위한 선교사역에 대하여 알았을 때 "매일 기도표"에 특별 기도제목으로 기록하라. 예를 든다면, 베네주엘라의 한 도시에 있는 새 교회를 위한 기도제목이 있을 때 남미대륙 선교를 위한 기도가 계획된 월요일 기도표에 그 기도제목을 기록하라. 그리고 나서 대륙별 기도제목에서 남미 선교사역을 위하여 기도할 때 베네주엘라에 있는 교회의 기도제목으로 특별하게 기도할 수 있다.

매일 기도표

기도제목	날짜	성경의 약속	기도응답	날짜

주간 기도표

일시 : ____________________

주제 : ____________________

____

____

대륙 : ____________________

기도제목	날짜	기도응답	날짜

요단 사역정신

"그러므로 너희는 가서 모든 민족을 제자로 삼아 아버지와 아들과 성령의 이름으로
침(세)례를 베풀고 내가 너희에게 분부한 모든 것을 가르쳐 지키게 하라
볼지어다 내가 세상 끝날까지 너희와 항상 함께 있으리라 하시니라"

1. For God and Church
   하나님의 영광과 그의 몸 된 교회의 영적 성장과 성숙을 위한 도서를 엄선하여 출판한다
2. Prayer-focused Ministry
   기획 • 편집 • 제작 • 보급의 전 과정을 기도 가운데 진행한다.
3. Path to Church Growth
   건강한 교회를 세우는 축복의 통로로 섬긴다.
4. Good Stewardship and Professionalism
   선한 청지기와 프로정신으로 문서 사역에 임한다.
5. Creating a Culture of Christianity by Developing Contents
   각종 문화 컨텐츠를 개발함으로 기독교 문화 창달에 기여한다.

1단원

또 여호와를 기뻐하라 그가 네 마음의 소원을 네게 이루어 주시리로다 시 37:4

1단원

그를 향하여 우리가 가진 바 담대함이 이것이니 그의 뜻대로 무엇을 구하면 들으심이라 요일 5:14

2단원

우리가 보고 들은 바를 너희에게도 전함은 너희로 우리와 사귐이 있게 하려 함이니 우리의 사귐은 아버지와 그의 아들 예수 그리스도와 더불어 누림이라 요일 1:3

2단원

내가 참으로 주의 목전에 은총을 입었사오면 원하건대 주의 길을 내게 보이사 내게 주를 알리시고 나로 주의 목전에 은총을 입게 하시며 이 족속을 주의 백성으로 여기소서

출 33:13

3단원

여호와여 아침에 주께서 나의 소리를 들으시리니 아침에 내가 주께 기도하고 바라리이다 시 5:3

3단원

하나님이여 주는 나의 하나님이시라 내가 간절히 주를 찾되 물이 없어 마르고 황폐한 땅에서 내 영혼이 주를 갈망하며 내 육체가 주를 앙모하나이다 시 63:1

4단원

여호와께서 내게 이르시되 네가 잘 보았도다 이는 내가 내 말을 지켜 그대로 이루려 함이라 하시니라

렘 1:12

4단원

너희가 내 안에 거하고 내 말이 너희 안에 거하면 무엇이든지 원하는 대로 구하라 그리하면 이루리라

요 15:7

5단원

주 나의 하나님이여 내가 전심으로 주를 찬송하고 영원토록 주의 이름에 영광을 돌리오리니

시 86:12

5단원

범사에 감사하라 이것이 그리스도 예수 안에서 너희를 향하신 하나님의 뜻이니라

살전 5:18

6단원

우리 주 하나님이여 영광과 존귀와 권능을 받으시는 것이 합당하오니 주께서 만물을 지으신지라 만물이 주의 뜻대로 있었고 또 지으심을 받았나이다 하더라 계 4:11

6단원

하나님은 영이시니 예배하는 자가 영과 진리로 예배할지니라

요 4:24

7단원

내 이름으로 일컫는 내 백성이 그들의 악한 길에서 떠나 스스로 낮추고 기도하여 내 얼굴을 찾으면 내가 하늘에서 듣고 그들의 죄를 사하고 그들의 땅을 고칠지라 대하 7:14

7단원

진실로 다시 너희에게 이르노니 너희 중의 두 사람이 땅에서 합심하여 무엇이든지 구하면 하늘에 계신 내 아버지께서 그들을 위하여 이루게 하시리라 두세 사람이 내 이름으로 모인 곳에는 나도 그들 중에 있느니라 마 18:19-20

1단원

This is the confidence we have in approaching God: that if we ask anything according to his will, he hears us 1Jn. 5:14, NIV

1단원

Delight yourself in the LORD and he will give you the desires of your heart Ps. 37:4, NIV

2단원

If you are pleased with me, teach me your ways so I may know you and continue to find favor with you. Remember that this nation is your people Ex. 33:13, NIV

2단원

We proclaim to you what we have seen and heard, so that you also may have fellowship with us. And our fellowship is with the Father and with his Son, Jesus Christ 1Jn. 1:3, NIV

3단원

O God, you are my God, earnestly I seek you; my soul thirsts for you, my body longs for you, in a dry and weary land where there is no water Ps. 63:1, NIV

3단원

In the morning, O LORD, you hear my voice; in the morning I lay my requests before you and wait in expectation Ps. 5:3, NIV

4단원

If you remain in me and my words remain in you, ask whatever you wish, and it will be given you

Jn. 15:7, NIV

4단원

The LORD said to me, "You have seen correctly, for I am watching to see that my word is fulfilled

Je. 1:12, NIV

5단원

Give thanks in all circumstances, for this is God's will for you in Christ Jesus 1Th. 5:18, NIV

5단원

I will praise you, O Lord my God, with all my heart; I will glorify your name forever Ps. 86:12, NIV

6단원

God is spirit, and his worshipers must worship in spirit and in truth Jn. 4:24, NIV

6단원

You are worthy, our Lord and God, to receive glory and honor and power, for you created all things, and by your will they were created and have their being

Re. 4:11, NIV

7단원

Again, I tell you that if two of you on earth agree about anything you ask for, it will be done for you by my Father in heaven. For where two or three come together in my name, there am I with them Mt. 18:19-20, NIV

7단원

If my people, who are called by my name, will humble themselves and pray and seek my face and turn from their wicked ways, then will I hear from heaven and will forgive their sin and will heal their land

2Ch. 7:14, NIV

8단원

만일 우리가 우리 죄를 자백하면 그는 미쁘시고 의로우사 우리 죄를 사하시며 우리를 모든 불의에서 깨끗하게 하실 것이요 요일 1:9

9단원

너는 내게 부르짖으라 내가 네게 응답하겠고 네가 알지 못하는 크고 비밀한 일을 네게 보이리라 렘 33:3

10단원

내가 나의 마음에 죄악을 품었더라면 주께서 듣지 아니하시리라 시 66:18

11단원

아무것도 염려하지 말고 다만 모든 일에 기도와 간구로 너희 구할 것을 감사함으로 하나님께 아뢰라

빌 4:6

12단원

이에 제자들에게 이르시되 추수할 것은 많되 일꾼이 적으니 그러므로 추수하는 주인에게 청하여 추수할 일꾼들을 보내 주소서 하라 하시니라 마 9:37-38

13단원

여호와의 눈은 온 땅을 두루 감찰하사 전심으로 자기에게 향하는 자들을 위하여 능력을 베푸시나니 대하 16:9상

8단원

하늘에 있는 자들과 땅에 있는 자들과 땅 아래에 있는 자들로 모든 무릎을 예수의 이름에 꿇게 하시고 모든 입으로 예수 그리스도를 주라 시인하여 하나님 아버지께 영광을 돌리게 하셨느니라 빌 2:10-11

9단원

내 이름으로 무엇이든지 내게 구하면 내가 행하리라

요 14:14

10단원

구하여도 받지 못함은 정욕으로 쓰려고 잘못 구함이라

약 4:3

11단원

하늘에 계신 우리 아버지여 이름이 거룩히 여김을 받으시오며 나라가 임하시오며 뜻이 하늘에서 이루어진 것 같이 땅에서도 이루어지이다 오늘 우리에게 일용할 양식을 주시옵고 우리가 우리에게 죄 지은 자를 사하여 준 것 같이 우리 죄를 사하여 주시옵고 우리를 시험에 들게 하지 마시옵고 다만 악에서 구하시옵소서 나라와 권세와 영광이 아버지께 영원히 있사옵나이다 아멘 마 6:9하-13

12단원

끝으로 형제들아 너희는 우리를 위하여 기도하기를 주의 말씀이 너희 가운데서와 같이 퍼져 나가 영광스럽게 되고

살후 3:1

13단원

우리 가운데서 역사하시는 능력대로 우리가 구하거나 생각하는 모든 것에 더 넘치도록 능히 하실 이에게 교회 안에서와 그리스도 예수 안에서 영광이 대대로 영원무궁하기를 원하노라 엡 3:20-21

8단원

At the name of Jesus every knee should bow, in heaven and on earth and under the earth, and every tongue confess that Jesus Christ is Lord, to the glory of God the Father Ph. 2:10–11, NIV

8단원

If we confess our sins, he is faithful and just and will forgive us our sins and purify us from all unrighteousness 1Jn. 1:19, NIV

9단원

You may ask me for anything in my name, and I will do it

Jn. 14:14, NIV

9단원

Call to me and I will answer you and tell you great and unsearchable things you do not know Je. 33:3, NIV

10단원

When you ask, you do not receive, because you ask with wrong motives, that you may spend what you get on your pleasures Ja. 4:3, NIV

10단원

If I had cherished sin in my heart, the Lord would not have listened Ps. 66:18, NIV

11단원

Our Father in heaven, hallowed be your name, your kingdom come, your will be done on earth as it is in heaven. Give us today our daily bread. Forgive us our debts, as we also have forgiven our debtors. And lead us not into temptation, but deliver us from the evil one Mt. 6:9b–13, NIV

11단원

Do not be anxious about anything, but in everything, by prayer and petition, with thanksgiving, present your requests to God Ph. 4:6, NIV

12단원

Finally, brothers, pray for us that the message of the Lord may spread rapidly and be honored, just as it was with you 2Th. 3:1, NIV

12단원

Then he said to his disciples, "The harvest is plentiful but the workers are few. Ask the Lord of the harvest, therefore, to send out workers into his harvest field

Ps. 86:12, NIV

13단원

Now to him who is able to do immeasurably more than all we ask or imagine, according to his power that is at work within us, to him be glory in the church and in Christ Jesus throughout all generations, for ever and ever! Amen.

Ep. 3:20–21, NIV

13단원

The eyes of the LORD range throughout the earth to strengthen those whose hearts are fully committed to him. You have done a foolish thing, and from now on you will be at war 2Ch. 16:9, NIV